基于景观系统的特色乡村及其国土整治方法与案例

李红波　尹国斌　刘亚丽　官钦水　等　编著

国家自然科学基金（No.41871179，41261043）资助出版

科学出版社

北　京

内 容 简 介

为提升乡村国土空间生态、景观、社会、产业等多功能，助推乡村全面振兴，本书尝试将风景园林和土地资源两个学科交叉结合，探索部分特色乡村居住空间景观要素整治方法集成应用，选取部分典型案例提炼整理集成治山、治水、治林、治田、治湖、治草的景观要素整治技术和手段；拟定不同产业类型的乡村产业空间整治技术路径，探索产业空间整治的模式；提出并界定乡村国土整治场域的概念内涵，分别论证空间生产场域、污染整治场域、人居环境整治场域、乡村景观整治场域的嵌入路径，构建乡村国土整治场域治理机制。并以厦门市军营村为例，剖析和阐释国土空间景观要素整治方法和路径及实际成效。

本书对从事公共管理、风景园林、生态环境、资源、土地等相关学科的科研人员和高等院校师生及从事国土空间整治、乡村振兴、乡村治理和国土空间规划的实际工作者具有较高的参考价值。

图书在版编目（CIP）数据

基于景观系统的特色乡村及其国土整治方法与案例/李红波等编著. —北京：科学出版社，2020.10
ISBN 978-7-03-066352-8

Ⅰ.①基… Ⅱ.①李… Ⅲ.①乡村-国土整治-研究-厦门 Ⅳ.①F124.5

中国版本图书馆 CIP 数据核字（2020）第 197326 号

责任编辑：杨光华/责任校对：高 嵘
责任印制：彭 超/封面设计：苏 波

科学出版社 出版
北京东黄城根北街 16 号
邮政编码：100717
http://www.sciencep.com

武汉精一佳印刷有限公司印刷
科学出版社发行 各地新华书店经销

*

开本：787×1092 1/16
2020 年 10 月第 一 版 印张：18 3/4
2020 年 10 月第一次印刷 字数：456 000
定价：**158.00 元**
（如有印装质量问题，我社负责调换）

李红波简介

李红波，男，博士，楚天学者特聘教授，博士生导师，就职于华中农业大学公共管理学院，主要从事土地利用与规划、土地经济与管理领域的研究。2009年以来负责主持的省部级及以上课题共9项：国家自然科学基金项目3项，中国博士后科学基金项目2项（特别资助项目和面上项目各1项），教育部人文社会科学基金项目1项，国家民族委员会民族政策理论研究一般项目1项，省级自然科学基金面上项目1项，省级哲学社会科学规划课题一般项目1项。在 Land Use Policy、Quality & Quantity、Transportation Policy、《地理学报》《中国土地科学》等学术期刊上发表学术论文50多篇，出版专著3部，主编/参编教材3部，市/省部级奖励各1项。

尹国斌简介

尹国斌，男，1995年毕业于北京林业大学风景园林专业，高级园林工程师，工艺美术师，长期在厦门从事风景园林规划设计和研究工作。现任厦门宏旭达园林规划设计院院长，厦门风景园林学会规划设计分会会长，厦门十佳景观设计师，福建省林业厅湿地专家、厦门自然资源规划局景观专家、厦门重点项目景观专家。

主持完成了厦门五缘湾湿地公园（85公顷），厦门九溪口公园（248公顷），厦门美峰生态公园（324公顷），三明生态新城湿地公园（75公顷），厦门大埕公园等30多个大型景观项目设计。在技术刊物上发表十多篇论文，曾获中国工程咨询协会一等奖、厦门市科学技术进步奖，多项中国风景园林学会规划设计奖、福建省勘察设计协会园林景观奖、福建省城市规划学会规划设计奖。

刘亚丽简介

刘亚丽，女，硕士毕业于重庆大学工程管理专业，一级建造师、造价工程师，现就职于华中农业大学基建处，主要从事建筑工程建设与管理工作，编著教材2部，参与国家自然科学基金项目1项、省部级课题多项，发表学术论文8篇。

官钦水简介

官钦水，男，2001年毕业于福建农林大学观赏园艺专业，现任厦门园典景观设计有限公司副总经理。从业以来，主持及参与过众多大中型景观项目的设计，秉承"主动关怀，价值服务"的企业核心价值观，执着耐心、专注、严谨、坚持的"工匠精神"，注重每一个细节的打造，追求极致的景观作品。完成的主要作品有厦门海沧湾公园景观设计、厦门海沧大屏山郊野公园景观设计、厦门同安军营村乡村振兴项目景观设计等。

前　言

随着经济的高速增长，我国的乡村国土空间现状普遍不容乐观，生态环境恶化，尤其是乡村景观破败、景观价值缺失、乡村传统文化气息逐渐消失等问题严重影响了乡村可持续高质量发展。建设有特色的美丽乡村，不仅仅是乡村居民的需求，也是乡村振兴基本的空间载体。近年来，党中央、国务院和有关部委出台了一系列规划与文件，如：《乡村振兴战略规划（2018—2022 年）》要求加强特色村庄的保护，统筹保护、利用与发展的关系，努力保持村庄的完整性、真实性和延续性；《农村人居环境整治三年行动方案》对乡村村容村貌整治、污染处理等提出了规范性意见；《关于进一步加强村庄建设规划工作的通知》聚焦村庄发展规划，强化规划先行的基础与思路；2018 年、2019 年两年中央一号文件提出统筹乡村山水林田湖草系统治理，保护生态，治理污染；2019 年底自然资源部发布关于开展全域土地综合整治试点工作的通知。国土整治作为解决乡村发展问题的关键工具，其能否抓住乡村发展的主要矛盾点，是能否破解乡村发展困局的关键环节。

区别于以往的土地整治思路和方法，本书将从乡村平面土地整治转变为乡村多维立面国土空间整治，把空间感、立体感、美感纳入整治目标范畴，通过综合景观要素系统整治工程手段，提升乡村国土空间生态、景观、社会等功能，优化生产、生活、生态空间格局，改善农村人居环境，助推乡村全面振兴。在时代发展需求的背景下，本书立足于村庄国土空间资源及特色景观要素，梳理乡村国土空间整治的发展历程，分析当前特色乡村国土空间整治存在的问题；从景观系统角度辨析特色乡村景观的相关概念和乡村景观价值，介绍国外乡村景观整治经验；从生活性景观要素、生产性景观要素、自然生态景观要素着手，探索乡村国土空间景观要素整治方法集成应用，详细构建乡村国土空间整治场域机制，并结合案例展示景观要素系统整治方法的应用成效。除第 1 章绪论外，其余几章具体研究内容包括以下几个方面。

第 2 章梳理辨析景观、乡村景观、特色乡村景观的相关概念。按照景观塑造过程中人类的影响强度，将乡村景观分为自然景观、经营景观和人工景观。分析乡村景观的多种价值，包括生产价值、生活价值、生态价值、文化价值、美学价值、观赏价值、旅游价值。介绍国外乡村景观整治经验，包括英国乡村景观整治、韩国新村运动、日本合掌村景观整治等乡村整治经验。

第 3 章以乡村肌理、人居环境、乡村多功能景观要素为依据，探索国内特色乡村空间景观要素整治方法集成应用，具体集成乡村建筑景观整治、村口空间景观整治、广场空间景观整治、公共绿化景观整治、住宅庭院景观整治、道路景观整治、文化景观整治及乡村村容整治，为乡村人居环境直接产生功能性美化效果。

第 4 章依据山水林田湖草生命共同体系统治理的基本内涵与特征、山水林田湖草系统治理的原理，集成山水林田湖草系统保护修复关键的实用技术。结合乡村自然资源实际情况，根据治山、治水、治林、治田、治草的景观要素整治目标与整治内容，选取部分典型案例提炼整理集成治山、治水、治林、治田、治湖、治草的景观要素整治技术和手段。

第 5 章阐述乡村产业空间整治的内涵及理论基础、目标与原则，分析整治重点及行为模式、产业空间发展影响因素，拟定不同产业类型的具体乡村产业空间整治技术路径、产业空间整治模式和产业空间布局优化策略，助力乡村产业振兴。

第 6 章提出并界定乡村场域的概念内涵，基于嵌入理论分别论证空间生产场域、污染整治场域、人居环境整治场域、乡村景观整治场域的嵌入路径。遵循共建共治共享的理念，探讨乡村国土整治场域治理机制，进而构建乡村国土整治场域的行动者网络。从组织场域视角分析建立乡村生活性国土整治组织场域模型和乡村生产性国土整治组织场域模型。

第 7 章阐述国土空间景观整治与乡村振兴的内在逻辑联系，剖析乡村振兴的国土空间景观要素整治路径选择与实现方式，并以军营村为例，探讨国土空间景观要素整治下的乡村振兴模式。在厦门市军营村案例分析中，首先分析军营村的现状、条件与政治策略，而后将国土空间景观要素整治内容分为村容村貌整治（包括村容村貌整体规划、庭院整治、道路系统整治、广场空间整治、房屋建筑整治、人居环境整治与九龙溪整治）与产业空间整治（包括产业整治策略与产业整治内容）。军营村的实践检验证明，乡村国土空间景观要素系统的整治方法的集成应用，不仅带来乡村景观质量和人居环境的改善，而且显著提升了乡村经济效益、社会效益和生态效益，有利于乡村振兴战略目标的实现。

本项研究和本书的出版，非常感谢得到两项国家自然科学基金（No.41871179，41261043）的资助和华中农业大学公共管理学院领导的支持。研究灵感来源于两项课题研究和全程参与厦门市同安军营村乡村振兴项目，发现特色乡村空间多功能挖掘和提升过程中，在当下无论是改善乡村人居环境、产业空间重塑还是以生态修复为目的的乡村尺度国土空间整治，都离不开"美"的营造，打造生活性景观、生产性景观还是生态景观，提升乡村空间多功能性，塑造"美"应是国土空间整治的最高标准，而且各类参与整治主体认知、行为逻辑和意愿差异很大。结合多个工程案例和多次实地考察，撰写此书的动力越来越强烈。撰写过程中几位作者在厦门与武汉之间你来我往的多次面对面地研讨和无数次网络交流，最终成稿，大胆尝试土地资源管理专业与风景园林专业跨专业结合、理论与实践的结合、整体空间和微小部位的整治协调，基本达成乡村振兴战略在乡村尺度空间通过具体的整治方法与策略得到落实的目标。

李红波和尹国斌拟定总体框架和大纲，全书由李红波统稿，尹国斌校审，尹国斌和官钦水指导景观技艺及工程案例图整理与绘制。第 1 章由李红波、王鹏飞撰写；第 2 章由刘亚丽撰写；第 3 章由尹国斌、刘亚丽、高艳丽、路亚方撰写；第 4 章由李红波、尹国斌、候蕊撰写；第 5 章由李红波、尹国斌、路亚方撰写；第 6 章由李红波、吴燕、黄悦撰写；第 7 章由官钦水、王鹏飞撰写。

由于作者研究领域和学识的限制、跨专业的理论与实践相结合的尝试，书中难免有不足之处，敬请读者和各位同行专家不吝批评、赐教。

作 者

2020 年 8 月

目 录

第1章 绪论 ··· 1
1.1 概述 ·· 1
  1.1.1 国土空间整治历程 ··· 2
  1.1.2 乡村国土空间整治现状及问题 ································· 3
  1.1.3 特色乡村国土空间整治问题 ···································· 4
1.2 特色乡村和国土空间整治研究的重要性 ······················ 8
  1.2.1 助力"乡村振兴"战略 ·· 8
  1.2.2 促进城乡融合 ··· 8
  1.2.3 构建生命共同体 ·· 9
  1.2.4 创新国土空间整治方法 ··· 10
1.3 特色乡村和国土空间整治研究概况 ···························· 10
  1.3.1 文献统计趋势 ··· 11
  1.3.2 研究进展 ·· 11
  1.3.3 综合评述 ·· 16
1.4 本书研究内容 ·· 18
参考文献 ··· 19

第2章 特色乡村景观 ·· 26
2.1 基本概念 ··· 27
  2.1.1 景观概念 ·· 27
  2.1.2 乡村景观概念 ··· 27
  2.1.3 特色乡村景观概念 ·· 28
2.2 乡村景观分类 ·· 28
  2.2.1 乡村自然景观 ··· 28
  2.2.2 乡村经营景观 ··· 29
  2.2.3 乡村人工景观 ··· 30
2.3 乡村景观价值 ·· 32
  2.3.1 生产价值 ·· 32
  2.3.2 生活价值 ·· 32
  2.3.3 生态价值 ·· 32
  2.3.4 文化价值 ·· 33
  2.3.5 美学价值 ·· 33
  2.3.6 观赏价值 ·· 33
  2.3.7 旅游价值 ·· 33
2.4 国外乡村景观整治经验 ·· 34

		2.4.1 英国乡村景观整治	34
		2.4.2 韩国新村运动	35
		2.4.3 日本合掌村景观整治	37
参考文献			40

第3章 特色乡村村容村貌整治 ... 41

3.1 乡村空间整治 ... 42
3.1.1 乡村空间整治对象 ... 42
3.1.2 乡村空间整治机理 ... 42

3.2 乡村建筑景观整治 ... 44
3.2.1 乡村建筑景观概述 ... 44
3.2.2 乡村民居建筑景观形式 ... 48
3.2.3 乡村建筑外立面整治 ... 53
3.2.4 具体区域建筑景观整治 ... 56

3.3 村口空间景观整治 ... 63
3.3.1 村口景观影响因素 ... 63
3.3.2 村口空间类型 ... 64
3.3.3 村口建筑空间 ... 66
3.3.4 村口引导空间 ... 66
3.3.5 村口空间整治方法 ... 67

3.4 广场空间景观整治 ... 69
3.4.1 广场空间整治原则 ... 69
3.4.2 广场空间整治方法 ... 70

3.5 公共绿化景观整治 ... 73
3.5.1 乡村公共绿化整治原则 ... 73
3.5.2 公共绿化整治方法 ... 74
3.5.3 公共绿地植物景观营造 ... 75

3.6 住宅庭院景观整治 ... 75
3.6.1 庭院绿化整治 ... 76
3.6.2 庭院围栏整治 ... 77
3.6.3 庭院铺装整治 ... 77
3.6.4 庭院景观小品设置 ... 78

3.7 道路景观整治 ... 78
3.7.1 道路铺装样式 ... 79
3.7.2 道路景观绿化 ... 79
3.7.3 道路节点空间 ... 80
3.7.4 道路基础设施 ... 80
3.7.5 巷道空间景观 ... 80

3.8 文化景观整治 ... 81
3.8.1 文化景观保护原则 ... 81

3.8.2　文化景观营造方法 ·· 82
3.9　村容整治 ·· 83
　　　3.9.1　生活污水整治 ··· 83
　　　3.9.2　农村垃圾处理 ··· 90
　　　3.9.3　农村厕所改造 ··· 95
3.10　顶村景观规划案例 ·· 101
　　　3.10.1　顶村现状条件分析 ·· 102
　　　3.10.2　整治策略 ·· 103
　　　3.10.3　整治方案 ·· 105
参考文献 ·· 110

第4章　山水林田湖草综合整治 ··· 111

4.1　山水林田湖草系统治理的基本内涵与特征 ····························· 112
　　　4.1.1　山水林田湖草系统治理的基本内涵 ···················· 112
　　　4.1.2　山水林田湖草系统治理的基本特征 ···················· 112
4.2　统筹山水林田湖草系统治理的原理与关键技术 ····················· 113
　　　4.2.1　山水林田湖草系统治理的原理 ···························· 113
　　　4.2.2　山水林田湖草系统保护修复关键技术 ················ 114
4.3　治山 ·· 115
　　　4.3.1　荒山整治及景观提升原则 ···································· 115
　　　4.3.2　荒山整治目标 ··· 116
　　　4.3.3　荒山整治路径 ··· 117
　　　4.3.4　荒山治理景观提升 ·· 119
　　　4.3.5　厦门军营村白交祠村开荒种茶种树致富案例 ···· 123
4.4　治水 ·· 124
　　　4.4.1　乡村水域生态治理的原则 ···································· 124
　　　4.4.2　不同类型水域景观生态规划设计 ························ 125
　　　4.4.3　厦门海沧过芸溪生态修复与景观整治案例 ········ 138
　　　4.4.4　军营村九龙溪整治案例 ·· 143
4.5　治林 ·· 147
　　　4.5.1　森林分类系统 ··· 148
　　　4.5.2　林地退化原因 ··· 149
　　　4.5.3　林地整治方案 ··· 150
　　　4.5.4　武夷山退茶还林案例 ·· 156
4.6　治田 ·· 157
　　　4.6.1　耕地数量管控 ··· 158
　　　4.6.2　耕地质量提升治理 ·· 159
　　　4.6.3　耕地生态保护治理 ·· 165
　　　4.6.4　农田景观提升治理 ·· 166
　　　4.6.5　农田水利工程基础设施建设 ································ 168

4.7 治草 ... 170
4.7.1 草地利用现状 ... 170
4.7.2 草地分类系统 ... 171
4.7.3 草地整治技术 ... 171
参考文献 ... 173

第5章 产业空间整治 ... 175
5.1 产业空间整治内涵 ... 176
5.2 产业空间整治理论基础 ... 176
5.2.1 城乡关系理论 ... 176
5.2.2 产业融合理论 ... 177
5.3 产业空间整治目标 ... 178
5.3.1 基本定位 ... 178
5.3.2 优化产业空间布局 ... 178
5.3.3 塑造可持续发展产业模式 ... 179
5.3.4 推进"多规合一" ... 179
5.4 特色乡村产业空间整治的基本原则 ... 179
5.4.1 可持续发展原则 ... 179
5.4.2 景观生态保护原则 ... 179
5.4.3 基本农田保护原则 ... 179
5.4.4 远近期结合原则 ... 180
5.4.5 一、二、三产业融合发展原则 ... 180
5.5 产业空间整治重点及行为模式 ... 180
5.5.1 产业空间整治重点 ... 180
5.5.2 产业空间整治行为模式 ... 181
5.6 乡村产业空间发展影响因素 ... 181
5.6.1 自然资源禀赋是基础因素 ... 181
5.6.2 劳动力资源是必要因素 ... 181
5.6.3 社会经济发展水平是决定因素 ... 182
5.6.4 政策支持是推动因素 ... 182
5.7 产业空间整治技术路径 ... 182
5.7.1 农用地整合技术 ... 182
5.7.2 建设用地盘活技术 ... 183
5.7.3 景观改造提升技术 ... 183
5.7.4 道路网络连通技术 ... 183
5.7.5 不同产业类型的空间整治技术 ... 183
5.8 产业空间整治模式 ... 194
5.8.1 "1+2"产业空间整治模式 ... 195
5.8.2 "1+3"产业空间整治模式 ... 195
5.8.3 "1+2+3"产业空间整治模式 ... 196

5.9 乡村产业空间优化策略 ········· 196
5.9.1 盘活存量建设用地 ········· 197
5.9.2 发挥联动综合效应 ········· 198
5.9.3 创新传承产业文化 ········· 198

5.10 案例分析：厦门军营村产业空间整治 ········· 199
5.10.1 整治背景 ········· 199
5.10.2 整治目标与发展定位 ········· 200
5.10.3 发展模式与规划理念 ········· 200
5.10.4 军营村产业空间整治路径 ········· 201

参考文献 ········· 203

第6章 乡村国土整治机制 ········· 204

6.1 乡村场域基本概念 ········· 205
6.1.1 场域 ········· 205
6.1.2 惯习 ········· 205
6.1.3 资本 ········· 206

6.2 乡村场域构建 ········· 206
6.2.1 乡村场域中的行动者 ········· 206
6.2.2 乡村场域的社会关系 ········· 209
6.2.3 乡村场域自然、人文、经济现状调查 ········· 211

6.3 基于嵌入理论的乡村国土整治 ········· 211
6.3.1 空间生产场域嵌入 ········· 212
6.3.2 污染整治场域嵌入 ········· 215
6.3.3 人居环境整治场域嵌入 ········· 218
6.3.4 乡村景观整治场域嵌入 ········· 220

6.4 乡村国土整治场域治理 ········· 222
6.4.1 基本概念 ········· 223
6.4.2 乡村共建共治共享场域治理 ········· 223
6.4.3 场域主体之规划队 ········· 228
6.4.4 场域主体之工商资本所有者 ········· 229
6.4.5 场域主体之党员委员会 ········· 230
6.4.6 场域主体之村民委员会 ········· 235
6.4.7 场域主体之团员委员会 ········· 237
6.4.8 其他治理场域主体 ········· 238
6.4.9 乡村国土整治场域行动者网络 ········· 240

6.5 乡村国土整治组织场域 ········· 244
6.5.1 乡村生活性国土整治组织场域 ········· 245
6.5.2 乡村生产性国土整治组织场域 ········· 247
6.5.3 乡村国土整治场域案例研究 ········· 248

参考文献 ········· 253

第 7 章 军营村国土空间整治案例 ··· 255
7.1 军营村现状、条件 ··· 257
7.1.1 军营村区位条件 ··· 257
7.1.2 军营村资源条件 ··· 257
7.1.3 军营村基本状况 ··· 259
7.2 整治策略 ··· 260
7.3 村容村貌整治 ··· 261
7.3.1 村容村貌整治整体规划 ··· 261
7.3.2 庭院景观整治 ··· 262
7.3.3 道路系统景观整治 ··· 264
7.3.4 广场空间景观整治 ··· 265
7.3.5 房屋建筑景观整治 ··· 265
7.3.6 人居环境整治 ··· 268
7.3.7 九龙溪整治 ··· 270
7.4 产业空间整治 ··· 272
7.4.1 产业整治策略 ··· 272
7.4.2 产业整治内容 ··· 274
7.5 整治成效 ··· 279
7.6 小结 ··· 282
参考文献 ··· 282

后记 ··· 283

第1章 绪　　论

1.1 概　　述

　　自国务院于 2011 年发布《全国主体功能区规划》以来，我国国土空间规划步入了高速发展的轨道。从"多规合一"的提出到自然资源部的成立，国土空间规划体系日臻完善，已经成为指导我国新时代下进一步发展的重要策略。

　　国土空间规划起源于土地利用规划，其不仅关注土地利用布局与结构，更关注在空间范围上系统整体的变化情况。国土空间整治规划作为国土空间规划的专项规划，也将以往的土地整治从单一平面上升到多维立面，把空间感、立体感景观生态纳入整治目标范畴，形成综合性、统筹性的整治手段。国土空间整治作为国土空间规划实施落地的最后一步，是统筹社会、经济、生态协调发展的重要抓手。

　　乡村发展与国土整治密不可分。我国当前的国土整治工作起源于对土地的统筹利用，而土地又是乡村的基础，可以说国土整治工作的丰富与完善，对乡村发展具有重要的推动作用。形势的发展与时代的进步使我国乡村发展在不同时期遇到了不同的问题——从耕地面积锐减到生态环境破坏，显示出乡村发展问题的多变性与复杂性。而国土整治作为解决乡村发展问题的关键工具，其能否抓住乡村发展的主要矛盾点，是破解乡村发展困局的关键。

　　随着城乡统筹一体化的多年发展，我国传统的城乡二元结构已被大量打破，乡村的空间边界日益模糊，城乡联系日益密切。所有乡村问题诸如生态破坏、环境恶化、文化缺失等已经从各个方面影响城镇产业的发展和城镇居民的生活。提高乡村发展质量，建设有气息、有活力的乡村，不仅仅是乡村居民的需求，也是城镇居民的需求，更是整个社会的需求。中央根据社会主要矛盾的转变，适时提出了美丽乡村、"乡村振兴"战略等发展方向，为乡村发展指明了道路。

　　随着经济的高速增长，我国的乡村国土空间现状普遍不容乐观。部分村庄脏、乱、差现象仍然存在；大量具有特色的乡村由于不够重视景观的建设与管护，传统文化气息逐渐消失，景观价值缺失；同时乡村整治过程中民众参与度低、规划不完善等诸多问题也逐渐暴露。鉴于此，党中央、国务院出台了大量政策和指导意见，如《乡村振兴战略规划（2018—2022 年）》要求加强特色村庄的保护，统筹保护、利用与发展的关系，努力保持村庄的完整性、真实性和延续性；《农村人居环境整治三年行动方案》对乡村村容村貌整治、污染处理等提出了规范性意见；《关于进一步加强村庄建设规划工作的通知》聚焦村庄发展规划，强化规划先行的基础与思路；2018 年、2019 年两年中央一号文件提出统筹乡村山水林田湖草系统治理，保护生态，治理污染；自然资源部于 2019 年 12 月启动全域土地综合整治工作，要求到 2020 年全国试点不少于 300 个，浙江、湖北、贵州等多个省份已开展试点安排、部署工作。

　　尽管中央政府针对乡村空间整治不断出台多项政策和指导意见，但其分布在不同政策之中，针对乡村国土空间整治的专业性政策尚未出台，且关于乡村国土空间整治的研究也分散在多个领域,不少学者分别研究了国土空间整治的内涵变迁[1]、国土空间整治与乡村振兴的关系[2]、国土空间整治中的景观建设[3-5]、国土空间整治中的生态问题[6-7]、乡风文明与特色文化产业[8]、农村人居环境状况[9-11]、村域尺度的国土空间规划[12]、景观整治下的空心村[13]等问题,但尚未形成系统性的乡村国土空间整治理论。

乡村的生态与环境是我国生态文明建设的重要组成部分,推动乡村国土空间整治工作的开展,是搭建社会进步、经济发展、生态文明的重要平台,是实现乡村振兴战略、建设美丽中国的重要举措。同时,中国要美,农村必须美,故而将"美感"融入乡村空间整治的过程中,提高整治标准,发挥景观在生态环境中的价值,确保自然景观与人文景观的协调性,是我国乡村未来发展的目标。

本书梳理国土空间整治的发展历程,依据当前特色乡村国土空间景观存在的问题,系统地探索乡村国土空间景观要素的整治内容、整治目标和整治手段,构建乡村国土整治场域机制,为国土整治研究提供全新的视角,并针对性剖析特色乡村国土空间整治的案例,以期为后续的乡村空间整治理论与实践提供参考。

1.1.1 国土空间整治历程

我国国土整治的概念最早可以追溯到1987年1月1日起施行的《土地管理法》,其目标是为土地利用做好规划,统筹利用土地;在1999年修订的《土地管理法》中提出"国家鼓励土地整理",在这一时期,国土整治工作主要集中在土地利用方式上,试图规范土地利用行为、提高土地利用效率。此后我国进行了大规模的土地开发,但耕地面积锐减、生态环境持续恶化的问题接踵而至,鉴于此,中共中央在2008年10月的十七届三中全会中提出"大规模实施土地整治,搞好规划、统筹安排、连片推进",并要求划定永久基本农田。之后,在国土资源部于2012年颁布的《全国土地整治规划(2011—2015年)》中,明确了"土地整治"的术语及含义:在一定区域内,按照土地利用总体规划、城市规划、土地整治专项规划确定的目标和用途,通过采取行政、经济和法律等手段,运用工程建设措施,通过对田、水、路、林、村实行综合整治、开发,对配置不当、利用不合理,以及分散、闲置、未被充分利用的农村居民点用地实施深度开发,提高土地集约利用率和产出率,改善生产、生活条件和生态环境的过程,其实质是合理组织土地利用。国土整治从过去单纯以土地为主要整治目标,转向了关注生产、生活、生态三位一体的方向,国土整治工作进入新纪元[14]。

以往以土地为主要整治目标的国土整治具有鲜明的时代特色,其提出与发展和我国城乡发展状况密不可分[15]。我国城市自改革开放以来发展迅猛,侵占耕地的现象十分普遍,乱占地、占而不用也加剧了我国土地资源紧张的局面。国土整治工作应运而生,起初以土地为主要整治对象,要求统筹安排土地利用,优化用地结构,其核心与终极目标是保障耕地数量与质量。自2000年以来,我国通过国土整治新增的耕地超过6450万亩,建设优质基本农田6亿亩,为我国粮食生产安全做出了巨大贡献。同时,国土整治在统筹城乡发展、集约节约用地方面也发挥了明显作用[16]。但另一方面,我国长时期的粗放型经济发展模式和不甚合理的国土利用方式使得生态环境恶化程度进一步加深,部分地区的生态环境破坏程度已经超越其自身的净化能力,造成了诸如酸雨、水土流失等严重的生态灾害;同时,过度开发、不合理利用资源也促使我国出现了危机,地下水的过度开采使得地表塌陷,对煤炭、矿山、林木等资源进行掠夺式开发以致资源快速枯竭等。国土整治过去以土地为主的思路逐渐暴露出一些问题,其缺乏统筹性、综合性的治理方式使不同地区各自为战,平面单一性致使在对国土整治工作进行规划和评价时,难以综合考虑多维度的联系与变化。资源的不合理利用、生态的破坏已经成为制约我国进一步发展的掣肘。

鉴于此,国务院于2011年发布了第一个国土空间开发规划《全国主体功能区规划》,将我国划分为优化开发、重点开发、限制开发和禁止开发四类区域,要求逐步形成人口、经济、资源环境相协调的空间开发格局,《全国主体功能区规划》打开了我国国土空间规划体系的大门。国土空间规划的逐步确立成为国土整治下一步发展的导向。2018年12月,国务院发布《中共中央国务院关于统一规划体系更好发挥国家发展规划战略导向作用的意见》,再次强调了要强化空间规划的基础作用;要对其他规划提出的基础设施、城镇建设、资源能源、生态环保等开发保护活动提供指导和约束。国土空间规划体系的不断完善,为我国国土整治提供了新的思路:要将传统的平面整治,升级为综合考虑整体生态系统的立面整治,关注区域内系统整体的变化。

在国土空间规划体系不断发展的情况下,2015年5月,中共中央、国务院印发《关于加快推进生态文明建设的意见》,要求"加快推进国土综合整治",国土整治工作开始强调空间统筹性。2017年,国务院印发《全国国土规划纲要(2016—2030年)》(简称《纲要》),将国土空间综合整治列为单独一个章节,指出今后国土空间综合整治的方向,即主要城市化地区、农村地区、重点生态功能区、矿产资源开发集中区及海岸带(即"四区一带")和海岛地区。该《纲要》是我国首个国土空间开发与保护的战略性、综合性、基础性规划,对涉及国土空间开发、保护、整治的各类活动具有指导和管控作用。国土空间整治作为国土空间规划的主要内容和专项实施工程,是国土空间规划实施落地的最后一步,是统筹社会、经济、生态协调发展的重要抓手。推动国土空间整治工作的开展,是搭建社会进步、经济发展、生态文明的重要平台,是实现乡村振兴战略和全面建成小康社会的重要举措。

国土空间整治具有明显的尺度性,大尺度、中尺度与小尺度存在巨大差异,某一尺度上国土整治生态效应的研究结果并不能直接应用到其他尺度,必须经过尺度转换研究才可以推广[17]。乡村作为我国发展工作的重中之重[18],其小尺度属性明显。而我国当前国土空间整治多集中在国家、省级、市级等大、中尺度上,理论研究也多朝向省、市尺度及县域、市域尺度[19],对小尺度整治的指导性方针与研究依然缺乏。尽管住房和城乡建设部于2013年印发了《村庄整治规划编制办法》,要求编制村庄规划,但并未妥善解决我国乡村空间整治中存在的大量问题。目前,我国乡村空间整治缺乏具体性的指导原则与实践经验,已经制约了社会主义新农村的实现与美丽乡村的建设,寻找、探索具有指导性、参考性的乡村空间整治思路与方案迫在眉睫。

1.1.2 乡村国土空间整治现状及问题

我国乡村在改革开放40余年的浪潮中,发生了翻天覆地的变化,取得了举世瞩目的成就。自进入21世纪以来,我国乡村的经济、生态环境发生了巨大变化:一方面,农业发展,农民收入提高;另一方面,生态环境未取得明显改善,部分地区甚至出现了生态环境的恶化与倒退。

　　以往的生态环境与乡村空间治理手段存在明显的缺陷或缺失，致使我国现阶段乡村国土空间整治现状不容乐观[20]。第一，由于缺乏针对乡村尺度的国土空间整治研究与实践工作，乡村政府在进行乡村国土空间整治过程中依然沿用以往的土地整治思路，对空间规划和考虑不足，仍然将土地利用方式的变化作为整治工作的重心，忽略乡村作为系统整体的布局；第二，由于缺乏有效的治污手段和措施，且大量使用化肥、农药、地膜等污染物，加之环保意识薄弱[21]，乡村生态环境持续恶化；第三，私搭乱建的现象普遍存在，生活垃圾的摆放与处理仍未有效解决，道路泥泞、民居质量低也加剧了村容村貌差的局面；第四，由于我国长期以来的小农经济发展模式，土地细碎化严重，进而使得空间破碎化程度高，加大了乡村国土空间整治的难度[22]，乡村与生态环境联系紧密，在进行乡村空间整治工作时，会对周边环境造成明显影响，因此实行综合性、全局性的乡村空间整治势在必行[23]；第五，以往乡村整治与发展过程中，政府占据绝对的主导地位，村民在前期决策及中期治理中的参与度低，致使乡村发展目标与模式难以真正反映村民的实际需求，因而村民对乡村空间整治过程中的景观生态变化无法感同身受，体会不到景观所带来的多种价值，最终丧失了对景观生态整治后期的管理和维护热情，致使我国农村人居环境问题的病症频频复发；第六，当前国土空间整治未能对景观价值引起足够重视，忽略整治过程中景观建设的必要性与迫切性，致使对乡村景观状况调研不够、理解不深、规划理念陈旧、缺乏针对性和创新性，使乡村景观遭到严重破坏，多种功能与价值发生明显退化，此外，大量村庄在建设过程中，过度采用城市建筑风格，追求形态、框架等显性形象，缺乏对自然景观元素和人文资源的深入挖掘，景观同质化趋势日益严重。

1.1.3 特色乡村国土空间整治问题

　　乡村景观生态作为美丽乡村建设的重要组成部分，保护、建设乡村景观是实现乡村振兴战略的重要内容。特色乡村景观具有明显的标志性与典型性，是其有别于一般乡村的特征[24]。同时，特色乡村景观所体现的各要素之间的整体性、联系性、和谐性、系统性和动态性更加突出[25]，研究特色乡村景观变化，寻找合适的乡村国土空间整治方法，能为我国特色乡村的景观建设及空间整治提供借鉴。

　　景观是区域特色文化的直接载体与表现形式[26]。我国地形地势复杂多变、历史悠久，形成了不少独具一格、文化底蕴深厚的特色乡村。但当前我国特色乡村生态环境破坏仍然较为严重，城市化建筑涌现与现代化设施匮乏并存，致使大量原生景观消失或损毁，文化缺失较为严重，"乡风文明"渐行渐远。不少乡村的历史人文景观、特色自然景观不断遭到破坏，乡村文化气息加速流失；不少乡村建设"城镇化"，抛弃乡村风格；不少乡村村容村貌差，污染严重，对乡村景观造成负面影响。文化的消失、故乡认同感的泯灭、生态质量堪忧进一步促使部分地区乡村人口流失，"空心村"现象较为突出，更加剧了该地区乡村环境的恶化程度——乡村出现"空心化"，即意味着乡村缺乏有效的人力来进行乡村的建设与维护，出现"乡村不美—乡村空心化—乡村无人建设更加破败"的恶性循环。距离实现乡村"生态宜居"仍有较长的道路。

村民作为乡村建设的直接主体与受体，无人建设、无人感受成为了乡村国土空间整治的一道难题，而无法参与、无心管护则成为了另一道难题。我国乡村国土整治历来以政府为主导，村民难以参与前期决策，致使村民对整治成效无法感同身受，缺乏对成效的管护热情，个别地区甚至出现了"官治民怨"的恶性局面。村民建设、村民受益是乡村"治理有效"的重要内涵，只有将乡村发展的权利交还到村民，才能真正实现乡村发展。

在众多原因促使下，特色乡村景观的价值已难以发挥。一方面，景观破损程度高，且在空间范围上割裂化明显，集聚效应无法体现，景观空间感、立体感不足，缺乏连续性；另一方面，部分整治工作忽视乡村景观的独特性，片面追求经济效益或盲目保护生态，加之景观生态的整治后期管护工作不足，极大削弱了其治理与开发的效果。景观价值无法发挥会直接影响特色农业的发展，对乡村三大产业的融合造成负面效果，最终影响农业产业升级转型与农民增收，背离了"产业兴旺、生活富裕"的目标。

景观是美感的最直接体现，也是特色乡村有别于其他乡村的重要表现，但目前由于多种原因，我国特色乡村的景观破损较重，致使特色乡村传统文化逐渐消失，景观价值无法发挥，对我国特色乡村发展形成了障碍。特色乡村景观开发与保护并重，发挥特色乡村景观的多重价值，既能为其他乡村的发展提供经验和参考，又是对我国传统文化的重要传承。建设特色乡村已经到了刻不容缓的地步。同时，《乡村振兴战略规划（2018—2022年）》要求探索形成一批各具特色的乡村振兴模式和经验，指出到2022年乡村振兴要取得阶段性成果，特色乡村的发展成为乡村振兴战略中重要的一环。合理开发、整治特色乡村，能够为我国乡村空间整治提供指导与参考，可以说，如何整治、建设具有特色的乡村，是丰富和完善乡村国土空间整治的关键。

1. 特色乡村生态恶化

景观作为一个由不同土地单元镶嵌组成、具有明显视觉特征的地理实体，与生态环境存在明显的耦合关系，既会随着生态环境的变化而变化，也会产生由于景观的变动而造成的生态环境变化。景观作为生物的栖息地，为生物多样性及生态能量循环提供了关键性作用，改变土地利用方式会改变原有的景观生态格局，进而打破原有的生物、能量循环，对生态全局造成影响[27]。

我国经济在改革开放的40余年中得到迅猛发展，但以往粗放型发展模式所带来的生态环境问题日益凸显，环境承载力不断逼近极限，部分地区的环境恶化程度已经超过了环境本身的自净能力，造成了较为严重的生态环境破坏与污染。目前部分城市发展空间逐步达到饱和状态，城市中心已经无法满足其进一步发展的需求，致使城市建设不断向农村扩张。导致农村耕地减少，林地数量、质量不断下降，一定程度上造成并加剧了水土流失。城市周边的优质耕地被占用之后，农民自发的陡坡开荒、毁林耕种等行为，会进一步破坏生态，扩大水土流失面积，使一些乡村成为水土流失的重点防治区域，原有生态景观遭到破坏。这些都意味着经济发展与环境保护的矛盾日趋尖锐，生态保护工作迫在眉睫。

不合理的耕作模式、缺乏现代化的农业生产设备也加剧了生态环境的污染。大量村民在进行农业生产时，为了追求增产、稳产，过度使用化肥、农药等化学制品，在土地中残留了不少化学污染物，之后通过水循环、大气循环等多种途径，对周边环境造成破坏。另一方面，由于施肥、施药设施落后，我国化肥、农药利用率低，2017年化肥与农药的利用率分别为37.8%、38.8%，大量化肥、农药未得到利用就直接进入农田环境，加剧了环境污染的状况。

此外，我国小农经济发展历史悠久，尽管"土地流转"与"三权分置"的推动在一定程度上促进了农业的规模化经营，但长期以来的家庭承包制对土地细碎化的影响十分深远。同时，在2013年出台的《村庄整治规划编制办法》更多集中在生产、生活区域，对于生态区的关注较少。基层政府在制订乡村规划、实施乡村空间整治工作时，缺乏景观生态空间理论指导，仍以土地利用方式的变化为主要整治目标，忽略了由于土地利用方式的变化而带来的空间整体变化，削弱了整治的整体效果，降低了发展的可持续性。

生态环境作为自然景观存在的基础，其不断恶化使得特色乡村自然景观遭受毁灭性打击，大量特色村庄由于以往忽视对生态环境的保护，出现了水土流失、山体滑坡等严重自然灾害，对原有的草地、林地、水源等原生自然景观造成了冲击，特色风景逐渐消逝，而自然景观的破坏又进一步加剧了生态环境的恶化，形成恶性循环。

2. 特色乡村村容村貌差

2006年2月中共中央以"一号文件"的形式发布了《中共中央 国务院关于推进社会主义新农村建设的若干意见》，明确表示要加强村庄规划和人居环境的治理。随着人民生活水平的不断提高和全面建设小康社会的步伐不断加快，农村老百姓们急切地需要改善其生活环境。在"社会主义新农村"的目标要求下，要建立具有地域特色、符合地区生态发展的农村生产、生活、生态环境。在多年的村容村貌整治过程中，我国农村人居环境状况仍然很不平衡，东、中、西部发展差异明显，脏乱差问题在一些地区还比较突出，与全面建成小康社会要求和农民群众期盼还有较大差距，仍然是经济社会发展的突出短板。鉴于此，中共中央办公厅、国务院办公厅于2018年印发了《农村人居环境整治三年行动方案》，要求推进农村生活垃圾治理，开展厕所粪污治理，梯次推进农村生活污水治理，提升村容村貌。

当前我国部分乡村村容村貌差、治污手段单一的问题仍未得到妥善解决。我国农村在近10多年的发展中，生活环境质量与生产环境质量得到了明显提升，但生态环境质量几乎未得到明显改善[10]，农村人居环境质量一般，有待优化[9]。由于缺乏正确的治污理念与有效的治污设施，生活垃圾、污水、厕所粪污等大量污染物被随意处理已经成为一些村庄的痼疾，直接影响了当地的生态情况，客观上对景观生态造成了一定负面影响。

道路泥泞崎岖、污染严重、私搭乱建等现象在一些特色乡村中普遍存在，其对以人文历史为特色的乡村产生了极大的负面影响。诸如宅基地扩张、生活垃圾乱摆乱放对历史人文景观造成直接破坏，同时，由于治理手段的缺失，村容村貌差进入了"破窗效应"的恶性循环，更加剧了特色乡村人文历史景观的损坏程度，"古村落要保护好"成为了特色乡村国土空间整治的重要目标。

3. 特色乡村文化逐渐消失

无论自然景观或是人文景观，都直接反映了区域的自然环境与人文特征，是区域特色的直接表达形式。中国地形地貌复杂多样，人文历史悠久，各个地区根据自身的区域环境，发展出了各具特色的乡村文化与风格，形成了有别于城市的靓丽风景线。乡村特色文化的发展与传承反映了乡村居民精神文明层面的状况，是乡村振兴中"乡风文明"的重要组成部分，关系乡村群众的归属感、幸福感与安全感。同时，乡村特色文化是发展文旅主导产业的源泉。失去了乡村文化，就失去了乡愁，也失去了重要的产业支柱。

由于城市扩张的影响，大量村庄被纳入城市的发展版图。一些距离城市较远的村落发展也受到了城市发展与规划思路的影响。一方面，部分乡村追求城市化发展模式，照搬、套用城市发展经验，盖高楼、建广场，将大量人工元素带入了乡村发展当中，建立了千村一面、单调枯燥的"新村"，破坏了当地原有的景观，古民居、古树名木、古井戏台等特色景观逐渐衰落，失去了乡村所特有的古韵与自然。另一方面，部分特色乡村忽略生态环境规律中，刻意、片面地追求"田成方、路成网、林成行"的建设模式，对当地的人文景观与自然景观造成了巨大改变，尽管以景观生态为指导，但最终偏离了景观生态本身，造成了负面影响。由于受到城市发展模式的影响，不少乡村逐步抛弃原有的特色文化与底蕴，试图与城市接轨，将大量城市与现代元素带入乡村建设之中。

景观破坏、传统文化消失使得不少中国传统民间艺术、民俗表演项目诸如武术、戏曲、舞龙舞狮等逐渐消逝，农村文化市场枯萎，降低了乡村居民的精神生活品质，又进一步影响了传统文化在城镇中的传播与繁荣，削弱了城镇文化市场的多元化程度与繁荣度。同时，特色乡村文化的缺失降低了投身乡村人士的乡村认同感与建设积极性，弱化了乡村特色发展的可能性。

在建设美丽乡村时，要记得住乡愁，保护并传承好传统文化。住房与城乡建设部联合多部门，自2012年起颁布《中国传统村落名录》，对全国传统村落进行摸底调查，至2019年6月，共分5批次将全国6819个村落列入《中国传统村落名录》，并于2013年和2014年分别颁发了《传统村落保护发展规划编制基本要求（试行）》和《关于切实加强中国传统村落保护的指导意见》，进一步加强了对传统村落的保护与发展。景观作为地域内文化、乡俗、历史的传承与载体，只有做好了景观的特色与传承，才能真正地做到对传统文化的保有。

4. 特色乡村景观价值缺失

我国乡村多年来的发展经验印证了一个事实：乡村旅游业是发展乡村经济、提升村民收入的主要手段之一，是农业与第二、第三产业融合的重要方式。乡村旅游业所依托的正是乡村特色景观所展现出的自然美景与文化底蕴，是有别于城镇、有别于现代化的别样风景。

如今，在多种因素共同作用下，特色乡村的自然景观、人文景观逐渐消融，其所具备并带来的经济、文化、娱乐等多种价值在景观的变化与消失中泯灭，特色乡村"特色"不再，逐步沦为普通乡村，不仅是特色乡村居民的损失，也是中国传统文化、优美自然风光的损失，更是中国发展的损失。另一方面，特色乡村的景观损坏已经到了必须引起高度重视的程度：大量人文景观的损坏是不可逆的，受到较大破坏后难以恢复到历史原貌；而部分自然景观的恢复与重建则要花费更大的代价，出现了修复收益小于修复投入却又必须修复的局面，严重影响了特色乡村的旅游业发展，既削弱了村民增收的能力，又降低了城镇居民的生态、娱乐等效益，最终损失的是整个社会的效益。

保护特色乡村景观，围绕特色乡村景观开展国土空间整治工作，既是对特色乡村的进一步发展，又满足了乡村居民和城镇居民对美丽乡村的需求，进而实现"产业兴旺、生活富裕"发展目标。

1.2 特色乡村和国土空间整治研究的重要性

1.2.1 助力"乡村振兴"战略

人口、国土和产业是乡村社会经济发展的核心要素[28]。其中，人口是乡村的发展主体，国土在乡村发展中肩负着为乡村发展提供资源支持的基础性作用，产业则是乡村发展的关键推动力。人口、国土、产业三要素之间存在明显的耦合机制，实现"人口-国土-产业"的协调，可以培育乡村发展动能、盘活乡村资源、增强乡村竞争力，是实现乡村振兴的关键路径。乡村振兴所面对的是乡村衰落，我国乡村尤其是特色乡村衰落明显：大量人员涌入城镇寻找发展机会，乡村产业发展缓慢，国土空间整治难以为继，在三者互相作用、互相影响下，大量特色乡村面临衰落、消失的命运。华夏文明是建立在农业、农村基础上的农耕文明，乡村振兴战略的提出明确了农业在我国经济中的基础性地位，强化了乡村在社会发展中的重要作用，是对我国传统农耕文明的传承，是全面建成小康社会的重要保障。《乡村振兴战略规划（2018—2022 年）》指出要分类推进乡村发展，通过特色乡村彰显和传承中华优秀传统文化，并合理利用乡村特色资源，发展并壮大旅游等特色产业，推动农业与第三产业的融合，提高农民收入；同时，持续改善乡村人居环境，加强生态保护与修复，建立健全长效、多元化的环境保护机制；此外，发挥乡村特色文化，吸引有志之士投身特色乡村的建设之中，为特色乡村发展提供人才支持。

实施乡村振兴战略，是为破解城乡发展不平衡、乡村发展不充分等问题，缓解城镇化过程中乡村快速衰落的局面，弥补全面建成小康社会的乡村短板。国土空间整治是乡村振兴的重要手段，是协调特色乡村"人口-国土-产业"三要素共同发展的关键推动力。通过实施国土空间整治工程，调整特色乡村土地布局、景观构建，打造符合乡村特色的生态环境，提升人居环境质量，进而发挥特色乡村景观优势，建立农业多元化产业，增加乡村居民收入，增强特色乡村吸引力，实现乡村"留得住人"。以国土空间整治实现"国土"推动"产业"、"产业"留住"人口"的良性循环，进而推动特色乡村向"资源-资本-资产"的发展转变，深度挖掘特色乡村的内生发展动力，助力乡村振兴战略的实现。

1.2.2 促进城乡融合

我国多年来的"城市优先"发展方针促使城乡发展差距加大，地区之间的不平衡愈发明显，而中央为解决该问题相继提出的统筹城乡发展、新农村建设、城乡一体化和新型城镇化等宏观战略成果尚不显著，甚至部分矛盾和问题呈现了加剧的趋势[29]。同时，长期以来的城乡二元结构不仅在外在空间上割裂了城镇与乡村的联系，更在内在心理上对城镇居民和乡村居民造成了情感认同缺位，进一步强化了城乡差距。当前城乡融合需求显著，时机成熟。一方面，乡村快速衰落，人口凋敝、经济发展后劲不足，优秀传统文化几近消失，亟须振兴；而另一方面则是城镇居民日益增长的精神文化需求，以及对美丽乡村与传统文化的美好憧憬。发展乡村，促进城乡融合，已经成为了乡村、城镇，乃至全社会的迫切需求。

破除城乡空间与情感壁垒，实现多维度的城乡融合，提高乡村发展水平、增强乡村竞争力是关键所在。增强吸引力的核心在于打造特色并加以发挥，特色乡村在其中扮演了重要角色，其在多种因素下形成的自然景观、人文景观成为推动城乡融合的利器。特色景观所蕴含的多重价值是难以替代且不可估量的，深度挖掘其内在价值，实现不同景观的健康、长久、协调发展，是实现城乡融合的关键路径。国土空间整治工程作为保护特色乡村自然景观、协调发展人文历史景观的核心手段，是缩小城乡差距，促进城乡融合的重要举措，应发挥景观的观赏价值、游憩价值，以实现其经济价值，增加乡村居民非农收入，缩小经济差距。特色乡村所承载的文化不可胜数，大量中国传统文化的瑰宝蕴含在乡村的特色景观之中，传承、发扬传统优秀文化，既能盘活乡村文化市场，又对城镇文化的多元化做出了重要贡献，提高了城镇居民对乡村文化的认知与理解，加强了城镇与乡村之间的认同感。

空间的割裂、情感的对立是当前城乡融合的绊脚石。推动国土空间整治，加强特色乡村的景观建设，既增强乡村的经济实力，又能够促进乡村与城镇的文化交流与沟通，不仅为实现共同富裕迈出了坚实的步伐，更能够从心理与文化上消除城乡居民的隔阂，破除长久以来的身份对立，真正实现城乡统筹一体化、城乡各具特色、城乡同等重要目标。通过对特色乡村的景观生态进行国土空间整治，挖掘特色乡村底蕴，以期实现特色乡村的景观价值，是本书研究的重要目标。

1.2.3 构建生命共同体

自然先于人类存在，且拥有不依赖于人类意志的内在创造力，因此人类必须尊重自然、顺应自然、保护自然，打造人类与自然的生命共同体。习近平同志指出：人的命脉在田，田的命脉在水，水的命脉在山，山的命脉在土，土的命脉在树。生态环境是一个有机整体，各要素彼此之间联系紧密，协同共存。人类是生命共同体链条上的一环，必须依赖于生命共同体而存在，打破生态平衡，最终损失的只能是人类自己。

将生态环境的变迁与人类发展紧密结合，关注生态系统内部要素的变化，推动国土空间整治工程，是保护生态、维系绿色发展的必然路径。首先，国土空间整治强调生态环境的整体性，在整治过程中重视生态环境要素间的影响与联系，综合考虑区域环境组成要素间所存在的能量流动、物质循环和信息传递等机制。其次，由于生态环境改变具有不确定性和长期性，主要表现在生态环境的改变对人类的影响是难以衡量的，有些短期是好的，但在长期的发展却被证明是坏的，有些短期成效微弱，却在长远中为人类提供了宝贵的生态资源，且生态环境恶化具有长期性，其带来的负面效果将会在相当长的一段时期内危害人类生活。故而在整治过程中要树立长远的、具有战略性的眼光。国土空间整治所依托的是《全国国土规划纲要（2016—2030年）》等综合性、统筹性纲领，能够确保整治成果的可持续性。最后，生态环境的不可逆性显著，主要指的是生态环境的承载能力是有限度的，其自净能力存在阈值，一旦超越则会出现生态破坏、环境恶化的局面，恢复难度极高。国土空间整治是"五位一体"总体布局指导下的治理手段，能够兼顾社会经济发展与生态环境保护，避免重走"先污染、后治理"的老路。

此外，生命共同体所体现的不仅是绿色发展观，也包含了"与物共适"的生态审美观。美感是人类与生俱来的最直观的感受，是客观事物在人心目中所引起的积极向上的、愉悦所具有的多功能性[36]，且长期以来重视数量、忽略质量与生态效益的整治方式已经对生态带来了严重危害[5]。多年来，我国的国土整治通过维持并增加耕地面积[37]、改善农业生产环境与条件[38]、优化农业生产结构、改善生态环境等手段显著提高了粮食产量，确保了我国的粮食安全[39-40]，但其对生态系统造成了严重的影响。生态系统某种内在因子的变化会导致多种要素发生变化，进而影响生态系统整体。国土空间整治对水文特征、大气环境的调节可以影响区域小气候的变化[41]，对生物多样性[42-43]、水资源配置与质量方面有显著影响[44]。国土空间整治中的生态防护林可以保护动物栖息地，提高生态系统稳定性[45]；用混凝土浇筑的沟渠与道路硬化程度高，破坏了水循环与温度调节[46]；对原始土地状态的改变可能会导致土壤养分循环的改变，影响土壤内部结构，可能引发土壤风蚀等问题[47]。

国土空间整治对生态服务系统的影响是非常复杂的，既有正向的与负向的，也有局部的与整体的，以及可逆的与不可逆的[48]。国土空间整治对生态环境某一种或几种影响因子的评价难以全面、系统地反馈生态系统整体变化[49]。近年来我国以土地为核心的国土整治大力推进，但在实施过程中往往一味地追求其经济效益和社会效益，而忽视了土地整治中的生态环境保护和生态文明建设，造成了严重的生态问题[50]。因此在进行国土空间整治时，要时刻关注生态系统的改变[6]，重视生态系统的服务价值，避免出现国土空间整治工程最终成本大于收益的局面。Costanza 等多位学者[51]在 1997 年率先对全球生态系统服务价值进行了测算，而后生态系统服务价值研究在我国蓬勃开展，国内众多学者针对生态服务价值展开了广泛研究。不少学者针对生态系统服务价值的理论与方法进行了扩充与完善[52-58]，同时，大量学者也针对生态系统服务价值展开了实证研究，如谢高地等[59]对青藏高原生态资产的价值进行了评估，吴玲玲等[60]对长江口湿地生态系统服务功能价值进行了评估，谢高地等[61]对我国森林、草地、农田、湿地、水域、荒漠 6 类生态系统的服务价值进行了研究，黄木易等[62]研究了 1970～2015 年大别山区生态服务价值尺度响应特征及地理探测机制。

2. 国土空间整治与景观资源

1）景观生态安全

景观生态具有整体性，在尺度上是一个完整的系统，系统内部息息相关、互相影响。国土整治作为人类改变土地利用方式和空间构造的手段，会打破原有生态系统的稳定与平衡，改变景观格局。土地多功能与景观生态密不可分，土地的承载功能、储存功能创造了不同景观，为各种动植物及人类提供了栖息地，使得生物多样性得以保证，这对生态发展和生态循环有着重要的促进作用；同时，景观在生态服务价值中作用明显，是生态环境中必不可少的部分。因而在开展国土整治工作时，要深度了解研究土地的多功能性，同步提高土地生产力与景观服务功能，才能确保土地生产的提高与景观生态的安全[63]。

国土空间整治模式直接关乎景观生态的安全。"斑块-廊道-基质"的景观结构理论揭示了农用地在生态环境中的重要意义：农田的基本构成单元是田块，其承载了作物种植、生物居住等诸多功能[33, 64-65]；生物多样性的保护是社会可持续发展的基础，是生态安全和粮食安全的保障[66]，基于生物安全的生态网络构建模式，确定关键物种和栖息地，了解其生存习性，并结合土地利用现状，开展生物生存的适宜性评价[67]；分析评价流域景观格局与生态过程的关系，确定安全的水土空间格局，提高水土安全水平[68-69]；根据景观特征，结合土地利用现状提出不同景观的规划策略，开启景观保护模式，并设立保护优先级[70-71]。

从土地多功能性入手，合理利用土地的不同功能，发挥土地的最佳效能，寻找土地整治与景观生态的契合点；在大尺度上重视生态网络和绿色基础设施建设，在小尺度上应提高生境质量和景观多样性，提高土地整治生产力、生态景观服务能力[31]。在进行景观生态型土地整治工作时，要结合当地的实际情况来判断和处理：一是要根据地区实际的发展情况和需求来决定是否需要考虑生态景观规划，不能盲目地添加需求要素；二是要在确定对生态景观有需求的地区实行具体化发展，根据实际生态需求和生态要素开展土地整治工作[72]。

2）景观功能、价值

景观不仅包含历史文化和具有特殊吸引力的景观，也包括日常生活中所能看到的、接触到的及衰落、破败的景观[73]。景观多功能性显著，主要包括生产功能、调节功能、生境功能和信息功能四大功能[74]。多功能性主要表现在某种景观可以提供多种功能，且不同功能之间存在相互依存的现象[75]。多功能性是表征景观的一种内在特质，而多功能景观则是外在表现方式，因此可以说，多功能景观和景观多功能性是现象与本质的关系，后者是前者的内在本质，前者则是后者的外在表象[76]。多功能景观对可持续景观规划设计具有重要的意义[77]，目前人们在进行土地利用模式调整和环境整治过程中，缺乏对景观多功能性的认识，致使大量景观被改造成单一类型，严重侵害了最终受益[78-79]，因此要重视和理解景观的多功能性，提高多功能景观的规划和设计手段[80]。景观多功能性可以分为农业景观多功能性、城市景观多功能性及区域特色景观多功能性[81]。

景观价值是景观功能作为人类视角的体现，主要表现在生态、社会、文化和经济价值等多个方面[82]。乡村景观具有重要的生态、美学、文化和经济价值[31]，如农田、植被、街景、建筑等，是生态演化、人工设施与历史遗迹的交融所呈现出的自然和文化形态[83]。随着时代的发展和环境的变化，人们逐渐认识到景观生态不但具有生态服务价值，其所蕴含的经济价值、文化价值等多种价值也会对地区造成显著影响[84]，仅关注其自然生态价值是远远不够、容易产生偏离的[85]，要在关注景观自然价值的基础上，带入文化价值，实现二者的有机结合[86]。在对景观进行规划和改造过程中，必须充分考虑景观功能所提供的产品服务及其价值，协调景观保护、国土利用与资源需求之间的矛盾[87]。要首先确定景观的功能，进而分析其所提供的产品服务及价值[88]，以便人们更加清楚地了解景观功能与价值。

景观作为生态中的重要组成部分，其所蕴含的价值是巨大的，要保有并深度挖掘这些价值[89]。肖笃宁等对景观进行了分类，提出了其评价的生态原则[90]，并对景观价值的内涵进行了阐述，提出景观价值评定的方法[91]。大量学者针对景观价值方面展开了广泛、有益的探索。张婧雅等[92]以泰山为例，分析了自然保护地的文化景观价值的演变过程，从自然价值起，历经政治价值、宗教价值、民俗价值，到当下的综合价值，并针对自然保护地文化景观价值的识别策略进行了讨论识别；米满宁等[93]从经济价值、生态价值、文化价值、社会价值、美学价值对北海道观赏性农田景观进行了探讨；孙彦斐等[94]提出了乡村文化景观研究范式更新的方法，从文化的社会性识别文化景观属性、从个体性角度实现文化景观价值；李忠泽等[95]运用条件估值法对山西省屏峰山景区景观资源的旅游价值进行了评估研究；王应临[96]以风景区社区多种价值识别为导向，探讨了兼顾社区价值保护与社区可持续发展的途径；魏民[97]论述了风景名胜资源的价值，认为风景名胜资源在新型社会发展中意义重大；刘世荣等[98]以森林生态系统为视角，提出了森林生态系统的未来发展方向与目标；王国莉等[99]、徐峰[100]针对观光农业进行了景观设计，以促进农业多功能效益的发挥。

3）景观生态规划

目前我国的土地整治规划在景观方面缺位严重[101]。一是不同部门出于不同利益的考虑，规划各不相同，政出多门，导致最终的结果难以付诸行动。目前大量实践研究证明，土地整治是一项具有强大综合性的复杂工作，是对土地利用方式的综合调整，需要一个统筹性、权威性、长远性的规划来加以引导，否则就会影响其结果的准确性与可行性[50]。土地整治项目规划设计是一项综合自然、经济、技术、政策等各方面因素，由多学科理论与方法支撑和指导，对田、水、路、林、村进行综合整治的工程设计活动，规划设计是开展土地整治项目实施的重点[102-103]。二是现有的规划大多出于政绩或经济利益的角度考量，在制订规划的过程中，往往忽略了对生态的影响，片面、刻意地追求"田成方、路成行、林成排"，对规划区域的实际要素不加以考虑，不仅导致规划的单调，也违背了规划区域的发展规律。土地整治规划对景观生态的影响可以分为正反两方面[104]：片面的规划会造成由于土地整治而带来生态景观、生态环境的破坏与恶化；而合理的土地整治规划应当充分考虑生态景观与环境，实现经济、社会、生态三者的相互促进与融合[105]。

景观生态型土地整治规划设计过程中，应做好与已有土地整治规划的衔接工作[106]，重视土地整治规划的层次性和尺度性[107]。土地整治景观生态规划建设要注重三个尺度的不同情况：在大尺度上，要从规划层面构建生态板块和生态网络体系，确定土地整治的重点方向，建立宏观的土地整治规划；在中尺度上，要通过景观格局与生态过程分析，加强景观多样性保护，构建土地整治项目的空间格局；在小尺度上，既要提高土地的综合生产能力，又要重视斑块、廊道的景观生态化设计，提升景观生态功能性[4]。

此外，科学、合理地制订土地整治规划，要根据规划层次的不同选择不同的侧重点。战略规划上，应在已有规定和规范的内容基础上，整合景观特征保护和提升、生态网络、水土安全和游憩网络等规划。项目规划上，应加强生态景观建设理论在项目总体规划实践中的应用，大力提升土地整治在食物和能源生产、景观塑造、生物多样性保护、水土安全和休闲游憩等方面的多功能性。项目工程设计，应加强场地分析和生物生境修复，强化生态设计、景观持续性设计，以及乡村景观设计的原理和方法在沟路林渠等景观要素上的应用[108]。

4）景观生态设计方法

将景观生态学引入土地整治工作中，需要科学、合理且具有可操作性的方法[109]。而目前我国在生态景观土地整治方面还缺乏有效的、可实行的标准，仍需要进一步提高土地整治技术，包括景观特征保护技术、生物多样性保护技术、生态植被建设与保护技术等。因此，要通过建立完善的土地整治技术标准，科学合理地进行土地整治，构建健康有序的生态系统[110]。生态型土地整治规划方案的编制要结合景观生态学、土地规划等领域的研究成果，以尽量不破坏原有的生态景观及其生态要素为原则，在宏观层面上对土地整治项目区的空间格局进行布置，再基于生态学原理采用生态工程技术和乡土景观设计手法进行微观层面的设计[111]。目前我国在土地生态化整治技术与景观设计的应用与发展领域的内涵、发展方向与关键技术有待全面完善提高[5]。现阶段我国的土地整治技术核心应是生态化整治与景观设计技术，主要发展其在不同区域、不同类型土地整治区的集成应用。鉴于此，不少学者针对方法设计的理论和实践展开了广泛研究。

国土整治是一项极其复杂的工程，兼具自然科学与社会科学双重属性，是理论与实践的综合体[112]，因此在进行成果评价时，要将经济、社会和生态效益进行统一，统筹考虑城乡、区域、经济社会及人与自然的发展[113]。从生态安全角度出发，综合考虑生态服务价值和景观格局因素，建立以生态环境、景观格局、社会环境、经济环境为参考的土地整治规划环境影响评价指标体系，将考核范围扩大到空间层面，使环境影响评价体系更加全面[114-118]，夯实景观规划、管理和保护的基础[119]，主要运用 GIS[69, 120-121]、FRAGSTAS[102]、土地利用指数[122]和熵值法[123]；构建能够衡量土地整治前后农业景观美学表现形式的评价指标体系，从而实现对农田景观美感的量化评估[124]。吴伟[125]对英格兰和苏格兰的景观特色评价进行了介绍。王保忠[126]分析了景观资源美学的理论，并对评价方法进行了对比。

在景观生态建设时要充分考虑尺度差异，在小尺度上（村级或农田），重点在于提升自然和半自然景观的生境质量、多样性及景观美学价值，强化景观空间异质性，提高生态景观服务能力、碳汇能力[3]，其手段主要包括修复与建设绿色基础设施、提高景观连接度、建设景观缓冲区等。对乡村景观的建设应重点关注对景观的保护与价值的发挥[19]，要在传统的土地整治基础上，融入景观格局、景观安全、景观规划等多种方法与目标，促进国土空间整治的实现，并针对乡村田地、园林地、水面、沟渠、道路等进行研究设计[32, 34, 102, 127]。

景观是由不同空间单元镶嵌而成的，不同地区的景观是由不同的地貌、气候、人文等条件所形成的，具有较为明显的地域特征，异质性、尺度性明显。我国地形复杂多变，不同地区的发展情况各不相同，形成了各具特色的自然、人文景观。应充分认识不同的土地景观所具有的多重价值，维系、提升地域景观特征，突出区域特征与重点，因地制宜，实行差异化发展。

3. 国土空间整治与乡村发展

在快速工业化和城镇化过程中，必然伴随着农业经济地位的下降和农村经济的调整，加之农村服务部门的兴起和地方服务的合理化，推动城乡人口流动，使得社会发展要素不断变化、重组，在众多因素的共同作用下，乡村地区的经济社会架构发生了重大变化[128]。经济形态、空间格局与社会形态三个方面的转变是乡村转型发展的集中表现，关注空间变化已经成为当前我国发展的重要契机[129]。乡村系统发展主要依靠其内部的自然、经济、社会、生态等众多相互关联的子系统共同推进，通过国土空间整治统一子系统的发展目标，实现"自然-生态-经济-社会"系统的全面发展和"生产-生活-生态-文化"功能的综合提升[130]。乡村地域系统内外发展要素的相互交织和各子系统的综合作用，使乡村构架变化呈现出多维度和时空演变的特点[131]，以国土空间整治统筹考虑系统各要素的协调发展，是乡村发展的必经之路。不少学者开展了有益探索，针对乡村聚落空间格局及其演进[132]、乡村发展转型的格局与过程[133]、典型乡村的地域空间构造模式与机理[134-135]、乡村空间构造的优化路径[136]、乡村空间布局结构[137]等方面进行了研究。对乡村空间构架进行调整和重组，是实施推进乡村振兴战略的重要手段[138]，且政府行为对推动乡村要素的优化配置与空间重构有着重要的引领作用，有必要对政府的干预手段进行调整[139]。

乡村振兴的核心目标是实现人口、国土、产业等多种发展要素的耦合，国土空间整治在其中肩负着为人口、产业提供资源与支撑的基础性作用。重塑国土整治的价值取向，在国土空间规划体系下推动国土空间整治规划与乡村振兴规划的融合，是乡村发展的重要途径[28]，其目标是要在乡村国土空间上，实现政治、经济、社会、文化、生态五位一体的协同发展[2]。而由于高速城镇化及工业化的推动，现代农业发展程度良好区域的耕地经济、

1.4 本书研究内容

本书首先梳理我国国土空间整治的历程与乡村发展概况，剖析二者的内在逻辑联系，并阐述特色乡村与景观生态的重要价值与意义。而后综合前人的研究成果，紧密结合中央政策文件，从村容村貌、山水林田湖草、产业空间多方面提出乡村国土空间整治的方法，并以场域理论、嵌入理论为基础构建乡村国土空间整治机制，最后以闽南特色乡村为例，探讨景观建设在乡村国土空间整治中的实施策略。

本书总体框架见图1.2。

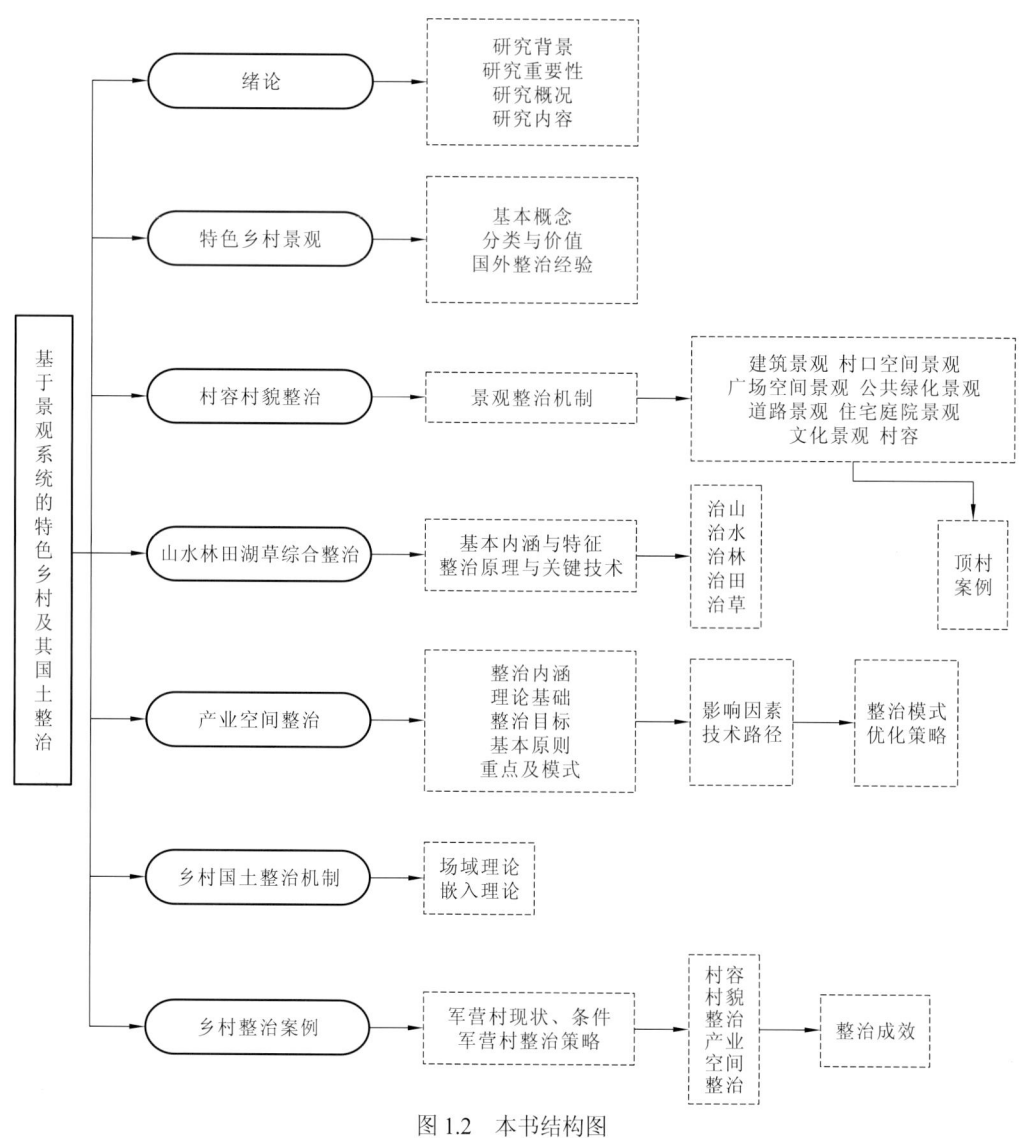

图 1.2 本书结构图

参 考 文 献

[1] 夏方舟, 杨雨濛, 严金明. 中国国土综合整治近40年内涵研究综述: 阶段演进与发展变化[J]. 中国土地科学, 2018, 32(5): 78-85.

[2] 龙花楼, 张英男, 屠爽爽. 中国乡村振兴: 土地整治视角(英文)[J]. Journal of Geographical Sciences, 2019, 29(4): 517-530.

[3] 郧文聚, 宇振荣. 土地整治加强生态景观建设理论、方法和技术应用对策[J]. 中国土地科学, 2011, 25(6): 4-9, 19.

[4] 王军. 土地整治呼唤景观生态建设[J]. 中国土地科学, 2011, 25(6): 15-19.

[5] 陈百明, 谷晓坤, 张正峰, 等. 土地生态化整治与景观设计[J]. 中国土地科学, 2011, 25(6): 10-14.

[6] 郧文聚, 宇振荣. 生态文明: 土地整治的新目标[J]. 中国土地, 2011(9): 20-21.

[7] 王军, 钟莉娜. 土地整治工作中生态建设问题及发展建议[J]. 农业工程学报, 2017, 33(5): 308-314.

[8] 李小燕, 赵相斌. "乡风文明"与乡村特色文化产业的协调发展[J]. 长春理工大学学报(社会科学版), 2019, 32(3): 71-74, 94.

[9] 孙慧波, 赵霞. 中国农村人居环境质量评价及差异化治理策略[J]. 西安交通大学学报(社会科学版), 2019(5): 105-113.

[10] 蒋旭, 蔡运洁. 中国乡村人居环境质量时空演化[J]. 中国环境管理干部学院学报, 2019, 29(4): 45-48.

[11] 彭超, 张琛. 农村人居环境质量及其影响因素研究[J]. 宏观质量研究, 2019, 7(3): 66-78.

[12] 贾铠阳, 乔伟峰, 王亚华, 等. 乡村振兴背景下村域尺度国土空间规划: 认知、职能与构建[J]. 中国土地科学, 2019, 33(8): 16-23.

[13] 庞珺. 农村景观环境整治中的空心村问题[J]. 山东农业大学学报(自然科学版), 2017, 48(6): 968-974.

[14] 贾文涛. 从土地整治向国土综合整治的转型发展[J]. 中国土地, 2018(5): 16-18.

[15] 刘彦随. 科学推进中国农村土地整治战略[J]. 中国土地科学, 2011, 25(4): 3-8.

[16] 陈坤秋, 龙花楼, 马历, 等. 农村土地制度改革与乡村振兴[J]. 地理科学进展, 2019, 38(9): 1424-1434.

[17] 严慎纯. 不同尺度下土地整理的生态服务价值与景观格局关系研究[D]. 北京: 中国地质大学(北京), 2013.

[18] 国务院发展研究中心农村部课题组, 叶兴庆, 徐小青. 从城乡二元到城乡一体: 我国城乡二元体制的突出矛盾与未来走向[J]. 管理世界, 2014(9): 1-12.

[19] 王军, 钟莉娜. 景观生态学在土地整治中的应用研究进展[J]. 生态学报, 2017, 37(12): 3982-3990.

[20] 孙心如, 周学武, 王占岐. 农村土地整治与生态文明建设耦合关系研究[J]. 水土保持研究, 2017, 24(2): 267-271.

[21] 董先锋. 渑池县农村环境污染现状及对策[J]. 安徽农学通报, 2018, 24(17): 8-9.

[22] 李洪义, 李爽, 吕添贵, 等. 基于景观格局视角的土地整治对农地细碎化影响评价研究[J]. 长江流域资源与环境, 2017, 26(1): 67-73.

[23] 陈洁丽, 黄秋昊, 程子腾. 基于生态文明建设视角的土地整治研究[J]. 科学经济社会, 2017, 35(2): 59-63.

[24] 林德海. 陕西省特色乡村规划设计研究[D]. 西安: 西安建筑科技大学, 2017: 1.

[25] 宋宏, 顾海蔚. 乡村振兴背景下农业特色小镇可持续发展影响因素研究[J]. 东北农业科学, 2019, 44(2):

75-80.

[26] 肖笃宁. 景观生态学[M]. 北京: 科学出版社, 2010.

[27] 黄斌. 闽南乡村景观规划设计研究[D]. 福州: 福建农林大学, 2009: 1.

[28] 龙花楼, 张英男, 屠爽爽. 论土地整治与乡村振兴[J]. 地理学报, 2018, 73(10): 1837-1849.

[29] 刘彦随. 中国新时代城乡融合与乡村振兴[J]. 地理学报, 2018, 73(4): 637-650.

[30] 严金明, 夏方舟, 马梅. 中国土地整治转型发展战略导向研究[J]. 中国土地科学, 2016, 30(2): 3-10.

[31] 郧文聚, 宇振荣. 中国农村土地整治生态景观建设策略[J]. 农业工程学报, 2011, 27(4): 1-6.

[32] 黄斌. 闽南乡村景观规划研究[D]. 福州: 福建农林大学, 2012.

[33] 韩霁昌, 王晶, 马增辉. 景观格局-生态过程理论在黄土丘陵沟壑区土地整治中的应用: 以延安市宝塔区羊圈沟为例[J]. 中国水土保持, 2014(2): 26-29, 69.

[34] 孟献德. 闽南沿海地区乡村景观的营建研究[D]. 长春: 吉林农业大学, 2017.

[35] 肖武, 李素萃, 梁苏妍, 等. 土地整治生态景观效应评价方法及应用[J]. 中国农业大学学报, 2017, 22(7): 152-162.

[36] 傅伯杰, 张立伟. 土地利用变化与生态系统服务: 概念、方法与进展[J]. 地理科学进展, 2014, 33(4): 441-446.

[37] 张正峰, 刘静, 耿巧丽. 土地整治中的生态问题及安全调控机制[J]. 江西农业学报, 2011, 23(11): 196-199.

[38] 王军, 顿耀龙, 郭义强, 等. 松嫩平原西部土地整理对盐渍化土壤的改良效果[J]. 农业工程学报, 2014, 30(18): 266-275.

[39] 吴昊. 东北土地整理与国家粮食安全[J]. 中国土地, 2014(5): 38-39.

[40] HUANG Q, LI M, CHEN Z, et al. Land consolidation: An approach for sustainable development in rural China[J]. AMBIO, 2011, 40(1): 93-95.

[41] 王思义. 基于生态系统服务价值理论的土地整治生态效益评价[D]. 武汉: 华中师范大学, 2013.

[42] STYLES D, BÖRJESSON P, D'HERTEFELDT T, et al. Climate regulation, energy provisioning and water purification: Quantifying ecosystem service delivery of bioenergy willow grown on riparian buffer zones using life cycle assessment[J]. AMBIO, 2016, 45(8): 872-884.

[43] LES F, RICHARD B B, DAVID I M, et al. Delivering multiple ecosystem services from enclosed farmland in the UK[J]. Agriculture, Ecosystems and Environment, 2013, 166: 65-75.

[44] BRONSTERT A, VOLLMER S, IHRINGER J. A review of the impact of land consolidation on runoff production and flooding in Germany[J]. Physics and Chemistry of the Earth, 1995, 20(3/4): 321-329.

[45] 李文波. 生态土地整治工程设计融合生态理念的分析[J]. 安徽农业科学, 2018, 46(15): 167-168, 211.

[46] 刘珺. 基于生态视角的上海市土地整治规划设计研究[J]. 低碳世界, 2017(2): 270-273.

[47] 张正峰, 赵伟. 土地整理的生态环境效应分析[J]. 农业工程学报, 2007(8): 281-285.

[48] BONFANTI P, FREGONESE A, SIGURA M. Landscape analysis in areas affected by land consolidation[J]. Landscape and Urban Planning, 1997, 37 (1/2): 91-98.

[49] O'FARRELL P J, REYERS B, LE MAITRE D C, et al. Multi-functional landscapes in semi arid environments: Implications for biodiversity and ecosystem services[J]. Landscape Ecol., 2010, 25: 1231.

[50] 张勇, 汪应宏, 包婷婷, 等. 土地整治研究进展综述与展望[J]. 上海国土资源, 2014, 35(3): 15-20.

[51] COSTANZA R, D'ARGE R, DE GROOT R, et al. The value of the world's ecosystem services and natural

capital[J]. Ecological Economics, 1998, 25(1): 253-260.

[52] 赵景柱, 肖寒, 吴刚. 生态系统服务的物质量与价值量评价方法的比较分析[J]. 应用生态学报, 2000(2): 290-292.

[53] 谢高地, 肖玉, 鲁春霞. 生态系统服务研究: 进展、局限和基本范式[J]. 植物生态学报, 2006(2): 191-199.

[54] 谢高地, 甄霖, 鲁春霞, 等. 一个基于专家知识的生态系统服务价值化方法[J]. 自然资源学报, 2008(5): 911-919.

[55] 李文华, 张彪, 谢高地. 中国生态系统服务研究的回顾与展望[J]. 自然资源学报, 2009, 24(1): 1-10.

[56] 刘兴元, 牟月亭. 草地生态系统服务功能及其价值评估研究进展[J]. 草业学报, 2012, 21(6): 286-295.

[57] 张振明, 刘俊国. 生态系统服务价值研究进展[J]. 环境科学学报, 2011, 31(9): 1835-1842.

[58] 谢高地, 张彩霞, 张雷明, 等. 基于单位面积价值当量因子的生态系统服务价值化方法改进[J]. 自然资源学报, 2015, 30(8): 1243-1254.

[59] 谢高地, 鲁春霞, 冷允法, 等. 青藏高原生态资产的价值评估[J]. 自然资源学报, 2003(2): 189-196.

[60] 吴玲玲, 陆健健, 童春富, 等. 长江口湿地生态系统服务功能价值的评估[J]. 长江流域资源与环境, 2003(5): 411-416.

[61] 谢高地, 张彩霞, 张昌顺, 等. 中国生态系统服务的价值[J]. 资源科学, 2015, 37(9): 1740-1746.

[62] 黄木易, 岳文泽, 方斌, 等. 1970—2015年大别山区生态服务价值尺度响应特征及地理探测机制[J]. 地理学报, 2019(9): 1904-1920.

[63] 陈利顶, 李秀珍, 傅伯杰, 等. 中国景观生态学发展历程与未来研究重点[J]. 生态学报, 2014, 34(12): 3129-3141.

[64] 张勇, 汪应宏, 陈发奎. 农村土地综合整治中的基础理论和生态工程[J]. 农业现代化研究, 2013, 34(6): 703-707.

[65] 侯宪东, 肖文魁, 刘海龙, 等. 土地整治项目中生态景观建设探讨[J]. 西部大开发(土地开发工程研究), 2016(2): 42-45.

[66] 杨敏, 吴克宁, 李晨曦, 等. 土地整治的生物多样性保护[J]. 中国农业资源与区划, 2017, 38(2): 28-33.

[67] 范金梅. 生态型土地整治大有可为[J]. 中国土地, 2017(3): 13-15.

[68] 张志宏. 土地整治中的生态环境与景观保护研究: 以广西壮族自治区桂平市为例[J]. 资源节约与环保, 2014(1): 146-147.

[69] 谷晓坤, 刘静, 张正峰, 等. 大都市郊区景观生态型土地整治模式设计[J]. 农业工程学报, 2014, 30(6): 205-211.

[70] 张文瑞. 土地生态化整治与农业景观设计实证研究[J]. 中国农业资源与区划, 2016, 37(4): 224-227.

[71] 陈艳华, 赖庆标. 探索"山水林田湖"生命共同体村庄综合整治之路: 福建省长汀县南山下村和半坑村的创新实践[J]. 中国土地, 2017(1): 46-48.

[72] 林若琪, 蔡运龙. 转型期乡村多功能性及景观重塑[J]. 人文地理, 2012, 27(2): 45-49.

[73] JONES L. European landscape convention[J]. Landscape Research, 2015, 49(2): 457-467.

[74] KIENAST F, BOLLIGER J, POTSCHIN M, et al. Assessing landscape functions with broad-scale environmental data: Insights gained from a prototype development for Europe[J]. Environmental Management, 2009, 44: 1099.

[75] MASTRANGELO M E, WEYLAND F, VILLARINO S H, et al. Concepts and methods for landscape

multifunctionality and a unifying framework based on ecosystem services[J]. Landscape Ecol., 2014, 29: 345.

[76] 彭建, 吕慧玲, 刘焱序, 等. 国内外多功能景观研究进展与展望[J]. 地球科学进展, 2015, 30(4): 465-476.

[77] 王紫雯. 多功能景观概念在可持续景观规划中的运用[J]. 城市规划, 2008(2): 27-33.

[78] FISCHER J, LINDENMAYER D B. Landscape modification and habitat fragmentation: A synthesis[J]. Global Ecology and Biogeography, 2007, 16(3): 265-280.

[79] FOLEY J A. Global consequences of land use[J]. Science, 2005, 309(5734): 570-574.

[80] 汤茜, 丁圣彦. 多功能景观研究进展[J]. 生态学报, 2014, 34(12): 3151-3157.

[81] 刘焱序, 傅伯杰. 景观多功能性: 概念辨析、近今进展与前沿议题[J]. 生态学报, 2019, 39(8): 2645-2654.

[82] LOUISE W, PETER H V, LARS H, et al. Spatial characterization of landscape functions[J]. Landscape and Urban Planning, 2008, 88(1): 1-43.

[83] Swanwick C. Landscape character assessment: Guidance for England and Scotland[M]. Wether, UK: The Countryside Agency and Scottish Natural Heritage, 2002.

[84] GREG B, VERA HH, MAŁGORZATA GSJ, et al. Cross-cultural values and management preferences in protected areas of Norway and Poland[J]. Journal for Nature Conservation, 2015(28): 89-104.

[85] COLLEN B. Conservation prioritization in the context of uncertainty[J]. Animal Conservation, 2015, 18(4): 315-317.

[86] MAURO A. Rural landscape, nature conservation and culture: Some notes on research trends and management approaches from a (southern) European perspective[J]. Landscape and Urban Planning, 2014, 126: 66-73.

[87] DE GROOT R. Function-analysis and valuation as a tool to assess land use conflicts in planning for sustainable, multi-functional landscapes[J]. Landscape and Urban Planning, 2005, 75(3): 175-186.

[88] HOU L, WU F, XIE X. The spatial characteristics and relationships between landscape pattern and ecosystem service value along an urban-rural gradient in Xi'an City, China[J]. Ecological Indicators, 2020, 108:1-10.

[89] 宇振荣, 苗利梅. 土地整治应注重生态景观服务功能[J]. 南方国土资源, 2013(4): 19-21.

[90] 肖笃宁, 钟林生. 景观分类与评价的生态原则[J]. 应用生态学报, 1998(2): 217-221.

[91] 肖笃宁, 解伏菊, 魏建兵. 景观价值与景观保护评价[J]. 地理科学, 2006(4): 4506-4512.

[92] 张婧雅, 张玉钧. 自然保护地的文化景观价值演变与识别: 以泰山为例[J]. 自然资源学报, 2019(9): 1833-1849.

[93] 米满宁, 陶懿. 北海道观赏性农田景观的多元价值[J]. 西南大学学报(自然科学版), 2019, 41(7): 158-164.

[94] 孙彦斐, 唐晓岚, 刘思源. 乡村振兴背景下的乡村文化景观研究范式更新[J]. 河海大学学报(哲学社会科学版), 2019, 21(3): 99-104, 108.

[95] 李忠泽, 李振军, 王惠君. 山西屏峰山景观资源旅游价值评估研究[J]. 林业经济, 2019, 41(3): 68-71.

[96] 王应临. 基于多重价值识别的风景名胜区社区规划研究[D]. 北京: 清华大学, 2014: 1.

[97] 魏民. 试论风景名胜资源的价值[J]. 中国园林, 2003(3): 25-28.

[98] 刘世荣, 代力民, 温远光, 等. 面向生态系统服务的森林生态系统经营: 现状、挑战与展望[J]. 生态学报, 2015, 35(1): 1-9.

[99] 王国莉, 骆海峰, 陈鸣春, 等. 观光农业生态园的规划设计[J]. 生态环境, 2005(3): 439-442.

[100] 徐峰. 观光农业景观设计[J]. 林业建设, 2003(2): 15-18.

[101] 洪土林, 王艳华, 阮月远, 等. 基于生态文明视角的农村土地整治实践路径探讨[J]. 北方农业学报, 2016, 44(6): 127-130.

[102] 唐秀美, 任艳敏, 潘瑜春. 基于景观格局与限制性因素分析的土地整治规划设计[J]. 北京大学学报(自然科学版), 2015, 51(4): 677-684.

[103] 王刚, 侯少锋. 基于景观效应的山区乡村土地整治探析[J]. 河北工程大学学报(社会科学版), 2017, 34(3): 20-21.

[104] 李明. 土地整治与生态文明建设的协同性探究[J]. 建材与装饰, 2018(33): 162-163.

[105] 贾文涛. 土地整治有了新目标:《全国土地整治规划(2011—2015 年)》解读[J]. 中国土地, 2012(4): 12-14.

[106] 李红, 魏晓, 刘传明. 传统土地整理规划与景观生态型土地综合整治规划之比较[J]. 国土资源导刊, 2014, 11(10): 9-13.

[107] 傅伯杰, 吕一河, 陈利顶, 等. 国际景观生态学研究新进展[J]. 生态学报, 2008(2): 798-804.

[108] 肖武, 李素萃, 梁苏妍, 等. 生态景观型土地整治的研究进展与展望[J]. 江苏农业科学, 2017, 45(18): 31-35.

[109] 许庆福, 杨振宇, 许梦. 景观美学视角下的农村土地整治探讨[J]. 山东国土资源, 2014, 30(7): 80-82＋86.

[110] 张海欧. 土地整治对生态环境影响及生态重建设计[J]. 安徽农业科学, 2017, 45(28): 188-190, 210.

[111] 王军, 钟莉娜, 应凌霄. 土地整治对生态系统服务影响研究综述[J]. 生态与农村环境学报, 2018, 34(9): 803-812.

[112] 余洋, 张进德, 潘莉. 土地整治综合研究进展评述[J]. 国土资源科技管理, 2018, 35(5): 34-48.

[113] 刘世梁, 侯笑云, 张月秋, 等. 基于生态系统服务的土地整治生态风险评价与管控建议[J]. 生态与农村环境学报, 2017, 33(3): 193-200.

[114] 高婷婷. 土地整治景观生态评价方法与应用[D]. 武汉: 华中师范大学, 2013: 1.

[115] 冯文斌. 基于生态环境视角的土地整治规划及其规划环评研究[D]. 南京: 南京大学, 2013: 1.

[116] 崔志刚, 赵文晖, 杨皓, 等. 基于景观生态学的土地综合整治潜力分析: 以河北省昌黎县为例[J]. 江苏农业科学, 2014, 42(10): 330-334.

[117] 陈威, 潘润秋, 张强, 等. 基于生态安全的土地整治规划环境影响评价: 以莆田市荔城区为例[J]. 中国国土资源经济, 2016, 29(2): 68-72.

[118] 刘爱群. 基于景观生态学的土地整治生态规划与评价[D]. 昆明: 昆明理工大学, 2015: 1.

[119] 卢晓, 曾敏, 黄文彬, 等. 对新常态下广西实施景观生态型土地整治的探讨[J]. 南方国土资源, 2017(7): 57-58.

[120] 黄子元. 基于景观生态学的县域农用地整治及其生态效益研究[D]. 福州: 福建师范大学, 2014: 1.

[121] 顿耀龙, 王军, 白中科, 等. 松嫩平原西部土地整理区景观格局指数的粒度效应研究[J]. 水土保持研究, 2014, 21(5): 66-71.

[122] 宁秀红, 赵敏. 土地整治驱动下土地利用和景观格局变化研究: 以上海市合庆镇为例[J]. 长江流域资源与环境, 2016, 25(1): 79-87.

[123] 仝册. 湖北省生态景观型土地整治分区及其策略研究[D]. 武汉: 华中师范大学, 2016: 1.

[124] 蒋丹群, 徐艳. 土地整治景观美学评价指标体系研究[J]. 中国农业大学学报, 2015, 20(4): 224-230.

[125] 吴伟, 杨继梅. 英格兰和苏格兰景观特色评价导则介述[J]. 国际城市规划, 2008(5): 97-101.

[126] 王保忠, 王保明, 何平. 景观资源美学评价的理论与方法[J]. 应用生态学报, 2006(9): 1733-1739.

[127] 韩博, 金晓斌, 沈春竹, 等. 基于景观生态评价与最小阻力模型的江南水乡土地整治规划[J]. 农业工

程学报, 2019, 35(3): 235-245.

[128] 龙花楼. 论土地整治与乡村空间重构[J]. 地理学报, 2013, 68(8): 1019-1028.

[129] 叶超, 柴彦威, 张小林. "空间的生产"理论、研究进展及其对中国城市研究的启示[J]. 经济地理, 2011, 31(3): 409-413.

[130] 龙花楼, 屠爽爽. 土地利用转型与乡村振兴[J]. 中国土地科学, 2018, 32(7): 1-6.

[131] 张富刚, 刘彦随. 中国区域农村发展动力机制及其发展模式[J]. 地理学报, 2008(2): 115-122.

[132] 刘彦随, 刘玉, 翟荣新. 中国农村空心化的地理学研究与整治实践[J]. 地理学报, 2009, 64(10): 1193-1202.

[133] 杨忍, 刘彦随, 龙花楼, 等. 中国乡村转型重构研究进展与展望: 逻辑主线与内容框架[J]. 地理科学进展, 2015, 34(8): 1019-1030.

[134] 李红波, 张小林, 吴启焰, 等. 发达地区乡村聚落空间重构的特征与机理研究: 以苏南为例[J]. 自然资源学报, 2015, 30(4): 591-603.

[135] 张义丰, 贾大猛, 谭杰, 等. 北京山区沟域经济发展的空间组织模式[J]. 地理学报, 2009, 64(10): 1231-1242.

[136] 李裕瑞, 刘彦随, 龙花楼, 等. 大城市郊区村域转型发展的资源环境效应与优化调控研究: 以北京市顺义区北村为例[J]. 地理学报, 2013, 68(6): 825-838.

[137] 唐承丽, 贺艳华, 周国华, 等. 基于生活质量导向的乡村聚落空间优化研究[J]. 地理学报, 2014, 69(10): 1459-1472.

[138] 屠爽爽, 龙花楼, 张英男, 等. 典型村域乡村重构的过程及其驱动因素[J]. 地理学报, 2019, 74(2): 323-339.

[139] 龙花楼, 屠爽爽. 乡村重构的理论认知[J]. 地理科学进展, 2018, 37(5): 581-590.

[140] 张英男, 龙花楼, 马历, 等. 黄淮海平原耕地功能演变的时空特征及其驱动机制(英文)[J]. Journal of Geographical Sciences, 2018, 28(6): 759-777.

[141] 马历, 龙花楼, 戈大专, 等. 中国农区城乡协同发展与乡村振兴途径[J]. 经济地理, 2018, 38(4): 37-44.

[142] 张军. 乡村价值定位与乡村振兴[J]. 中国农村经济, 2018(1): 2-10.

[143] 龙花楼, 屠爽爽. 论乡村重构[J]. 地理学报, 2017, 72(4): 563-576.

[144] 程明洋, 刘彦随, 蒋宁. 黄淮海地区乡村人-地-业协调发展格局与机制[J]. 地理学报, 2019, 74(8): 1576-1589.

[145] LI Y H, LI Y R, WESTLUNDH, et al. Urban-rural transformation in relation to cultivated land conversion in China: Implications for optimizing land use and balanced regional development[J]. Land Use Policy, 2015, 47: 218-224.

[146] 璩路路, 李裕瑞, 刘彦随. 基于村镇空间"物-场"模型的乡村聚落布局优化研究[J]. 经济地理, 2019, 39(4): 174-181.

[147] 乔陆印, 刘彦随. 新时期乡村振兴战略与农村宅基地制度改革[J]. 地理研究, 2019, 38(3): 655-666.

[148] 胡智超, 彭建, 杜悦悦, 等. 基于供给侧结构性改革的空心村综合整治研究[J]. 地理学报, 2016, 71(12): 2119-2128.

[149] 刘继来, 刘彦随, 李裕瑞. 中国"三生空间"分类评价与时空格局分析[J]. 地理学报, 2017, 72(7): 1290-1304.

[150] 程哲, 蔡建明, 崔莉, 等. 乡村转型发展产业驱动机制: 以盘锦乡村旅游为例[J]. 农业现代化研究,

2016, 37(1): 143-150.

[151] 张艳萍. 乡村振兴战略下中国城乡关系的重构[J]. 农业经济, 2018(12): 68-70.

[152] 魏丽娜, 黄安民. 闽南现代乡村景观旅游规划设计研究: 以泉州市观山村为例[J]. 湖北文理学院学报, 2014, 35(5): 70-74.

[153] 王永生, 刘彦随. 中国乡村生态环境污染现状及重构策略[J]. 地理科学进展, 2018, 37(5): 710-717.

[154] 王永生, 刘彦随, 龙花楼. 我国农村厕所改造的区域特征及路径探析[J]. 农业资源与环境学报, 2019, 36(5): 553-560.

[155] 刘泉, 陈宇. 我国农村人居环境建设的标准体系研究[J]. 城市发展研究, 2018, 25(11): 30-36.

[156] 刘博韬. 乡村人居环境景观优化设计研究与实践[D]. 济南: 山东建筑大学, 2019.

第 2 章 特色乡村景观

实施乡村振兴战略是党的十九大做出的重大决策部署。发展特色乡村，是落实乡村振兴战略的重要内容。特色乡村体现在特殊的地理位置、特色产业、特色文化、特色建筑等方面，重视凸显地域文化特征。本章首先阐述景观、乡村景观、特色乡村景观的相关概念。按照景观塑造过程中人类的影响强度，将乡村景观分为自然景观、经营景观和人工景观。探讨乡村景观的多种价值，包括生产价值、生活价值、生态价值、文化价值、美学价值、观赏价值、旅游价值。其次对国外乡村景观整治经验进行介绍，包括英国乡村景观整治、韩国新村运动、日本合掌村景观整治经验，剖析目前乡村景观整治的深层次意义。贯彻"既要金山银山，又要绿水青山"的理念，致力于营造良好的乡村氛围，彰显地方特色。本章框架见图 2.1。

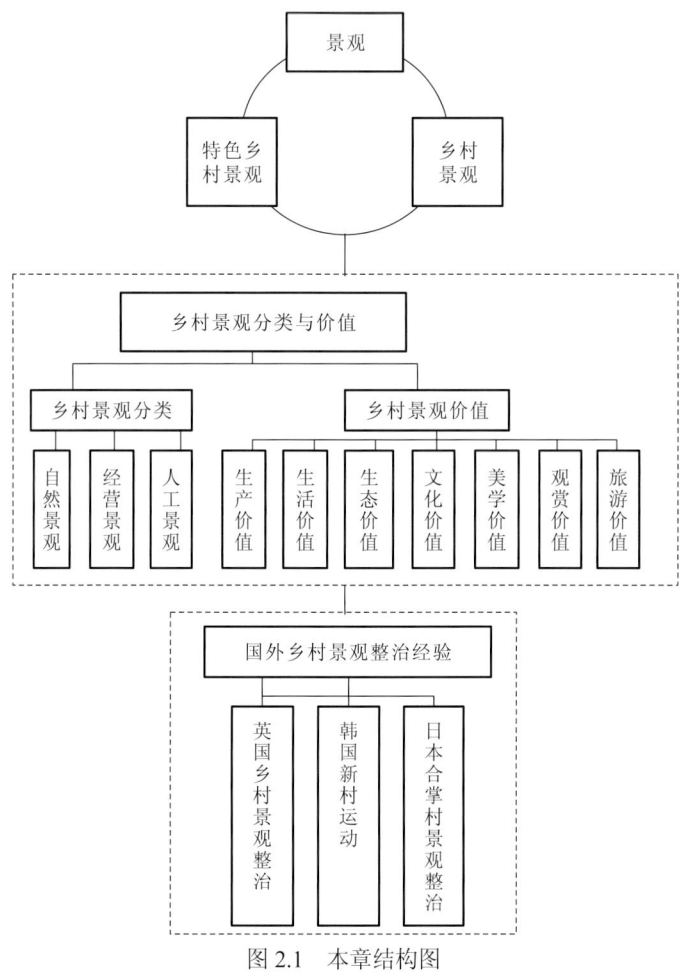

图 2.1 本章结构图

2.1 基本概念

2.1.1 景观概念

景观最早的含义更多具有关视觉美学方面的意义，与风景相似。目前关于景观的定义不同学者有不同的理解。中国景观生态学家肖笃宁认为景观是一个由不同土地单元镶嵌组成，且有明显视觉特性的地理实体，它处于生态系统之上，大地理区域之下的中间尺度，兼具经济价值、生态价值和美学价值[1]；在《现代汉语词典》中编者对"景观"给出了两种解释，一种是指某种类型的风景，另一种是观赏美学上的概念，一般指可以供人们观赏的景物。在2000年，欧洲委员会提出景观是指一片被人们所感知的地区，其所具有的特征是自然进程、人类活动或人与自然相互作用的结果。

综合各方面对于景观内涵的不同理解，可以认为景观是由天然非生物因素、生物因素和人为因素长期相互作用的综合性视觉系统，其本身具有生态学和视觉美学方面的意义，并且由许多相互依赖的成分如土质、地貌、植物、道路、各类建筑等要素构成的具有地域性的综合体，包括人文景观、地域景观等非物质景观。

2.1.2 乡村景观概念

乡村景观，顾名思义，就是在乡村地域范围内的景观构成，它涵盖了诸如社会学、经济学、生态学等众多学科，是一个复杂的生态系统。作为风景园林学科的一个重要组成部分，乡村景观含义极其丰富，不同学者从不同学科范畴给出了相应释义。从地理学的角度看，乡村景观是具有特定景观形态、内涵和行为的景观类型，具有人口密度较小、以自然型的土地利用为主、土地利用粗放等特点[2]；从风景美学的角度，一些学者认为乡村景观是作为审美信息的来源而存在，自然田园风光是乡村景观中最重要的组成部分，是乡村旅游景区建设的基础[3]；从景观生态学的角度，谢花林等[4]认为乡村景观是由一定区域内不同土地单元镶嵌在农村地区而形成的，它既受自然环境条件的限制，又受人类经营活动和经营战略的影响，具有不同的美学价值、生态价值、社会价值和经济价值；从环境资源学的角度，刘滨谊[2]提出乡村景观是一种能够开发利用的景观综合体，它具有功能、美学、生态、娱乐和效用五大价值属性；从乡村旅游学的角度，乡村景观是一个完整的空间结构，由乡村聚落空间、文化空间、社会空间和经济空间共同构成，四者相互作用又有所区别，展现了不同的旅游价值。

由此可以认为乡村景观是在长期的历史演化过程中，因生产、生活的需要，形成的乡村自然景观、经营景观、人工景观等，是综合乡村中各种因素的影响而形成的具有生活价值、生态价值、文化价值、美学价值、观赏价值和旅游价值，并且可开发利用的受人工因素和自然环境影响的综合系统。它包含着乡村生产、生活、生态多方面内容，在外表现为景观的地域特质和环境风貌，在内折射出当地社会经济、艺术文化、民俗传统等多方面，与社会生活、经济生活、生态环境息息相关。

2.1.3 特色乡村景观概念

实施乡村振兴战略是党的十九大做出的重大决策部署。发展特色乡村，是落实乡村振兴战略的重要内容。特色乡村体现在特殊的地理位置、特色产业、特色文化、特色建筑等方面。特色乡村景观以自然村为单元，覆盖周边的自然空间和农业生产空间，通过优化山水、田园、村落等空间要素，挖掘塑造当代乡土文化特色，打造特色产业、特色生态、特色文化、特色建筑，特色乡村景观是对乡村振兴现实模样的生动描绘。

"特色"从字面来看，是指区别于其他事物的风格和形式，具体于乡村景观而言，是在自然、建筑、产业、文化、生态等方面与其他普通乡村相比，具有积极的、优势的、可持续的因素。通过适当地挖掘、组合、升级，可以形成乡村独特的吸引力。"特色"可以是显性的，如丘陵湖泊、古树老屋；也可以是隐性但可以挖掘塑造的，如民风民俗、历史文化、生产工艺及体现地方特色的优质农产品，例如菏泽牡丹、金乡大蒜、章丘大葱、五常大米、金华火腿等地方特色产品；"特色"可以是先天的，如秀美的自然景观、历史遗留的丰富物质文化，也可以是后天形成的，如具有品牌价值的农产品、特色建筑景观（例如本章中提到的黄土高原地区建筑景观的代表——窑洞、荣成市的海草房及闽南独具特色的古厝等）。

2.2 乡村景观分类

2.2.1 乡村自然景观

自然景观是指在天然条件下形成，没有受到任何人工雕琢的景观元素，属于原生态的景观。乡村自然景观主要包括乡村周围及内部天然形成的地形、山脉、水域等山水环境和林地、草原等植被环境。乡村景观与城市景观的主要区别在于乡村自然景观类型多样。

（1）植物景观（图2.2）。植物景观是由传统农耕文明、自然生态环境和人文生态环境组成的自然资源综合体，包括农田作物、乡村周围植物、道路两旁绿化等。乡村植物景观的多样性是乡村地域特色所在，对乡村植物种类的研究是植物景观的重要方向。

（2）山地景观（图2.3）。山地景观是以山地为背景，由相互联系的景观组分镶嵌在山地上构成的异质性镶嵌体，分布格局以垂直地带性的景观类型为主。山地类型多样，具有形状复杂及廊道曲度大等特点。山地景观是乡村旅游的圣地，也是生物多样性和文化多样性的庇护场所。但是部分地区山地也是贫困地区、脆弱地区和环境变化敏感区的代言词，山地景观的维护和经济发展对区域生态安全及可持续发展具有重要战略意义。

（3）水文景观（图2.4）。各种形态的水文景观是在地质地貌、气候条件、地壳运动等因素的配合下形成的。不同类型的水文景观是各类乡村旅游风景区的重要构景要素，其自身可以形成多种多样的乡村美景。根据水文景观的功能可以开展丰富多彩的乡村旅游活动。例如，水文景观具有审美功能，可以开展观赏旅游活动；具有疗养功能，可以开展休闲健身活动；具有品茗功能，可以开展茶文化欣赏活动等。

（4）生态景观（图2.5）。生态景观是指以生态学理论为指导，将生态学相关理念应用

图 2.2　植物景观 　　　　　　　　　图 2.3　山地景观

到园林建设中的一种景观形式。它是生态系统中的复合生态网络，强调景观的生态效应性，强调不同生态特性的植物的相互作用。生态景观是多种因素综合作用的结果，主要利用阳光、空气、土地、养分、水分等因素构成一个和谐、稳定的群落。生态景观的目标是使生态系统科学循环，从而促进生态发展。

图 2.4　水文景观 　　　　　　　　　图 2.5　生态景观

2.2.2　乡村经营景观

乡村经营景观是指在自然条件的基础上，受到人类活动改造或影响的景观。包括人工自然景观和人工经营景观，前者表现为景观的非稳定性成分——植物的被改造，后者则体现为景观中较稳定的成分——土壤的被改造，典型的是农耕景观。农村经营景观应当以保护为主、规划利用为辅。

（1）园林景观（图 2.6）。乡村园林景观是园林景观的一个重要组成成分，目前对于乡村园林景观没有一个准确的定义，但是可以将其理解为是在乡村中以自然山水为材料，以人文风水为精神去塑造的一个景观空间。

（2）果园景观（图 2.7）。果园景观属于乡村半自然景观，具有自然景观和人工景观的双重属性，自然景观是审美的主题，人工景观包括各类景观小品、构筑物、农用设施等。现阶段果园大部分只是用于农业类生产，并无"景观"的作用。但果园的主题——果树是自然的，自然美是它的主题。在此基础上通过人工的处理来加强人文景观的表现，通过对自然美进行压缩提炼，再现自然美。

（3）人工林地景观（图 2.8）。人工林地景观是指由林地生态系统组成的异质性地理单

图 2.6　园林景观　　　　　　　　　　　　图 2.7　果园景观

元,其主要特征是可辨识性、空间重复性和异质性。林地景观的类型一般可根据林地的类别进行分类。林地作为陆地上重要的生态系统之一,是典型的生物多样性富集区或水源涵养区。通过林地景观格局分析,不仅可以对生物多样性保护或水源涵养保护提供技术支持,还可以在维持和改善乡村生态环境,提高人居环境质量,新型农村建设中发挥极其重要的作用。乡村林地一般都是以片林或斑块的形式存在,面积不大,极少存在森林的形态。这些林地共同构成了面积广阔的林地景观,也是农业生产景观中最为贴近自然的景观。

(4) 农田景观(图 2.9)。农田景观是美丽乡村建设中最基本的农业生产类型,农田景观所体现的是乡村最基本的特色,是农民进行生产活动的主要场地之一。农业景观的审美价值并不能单独存在,首先要基于农业用地的生产价值,具有生产的能力是这种土地利用类型能够产生美感的前提。所以农田景观所呈现的景观美与大自然所呈现的景观美是不同的,农田景观是自然与人工相结合而形成的人工元素与自然元素的综合美。农田景观本身所含有的人工属性,决定其构成与自然景观有着本质的不同。

图 2.8　人工林地景观　　　　　　　　　　图 2.9　农田景观

2.2.3　乡村人工景观

乡村人工景观是指叠加了人类的社会活动构成的具有人文特征的景观,是人类活动的直接结果。人工景观包括乡村建筑、道路等物质类的人文景观和一些具有地方特色的民间习俗等非物质类的人文景观。人工景观是指在人们的日常生活中,为了满足物质和精神等方面的需求,在自然景观的基础之上,融合了文化的特质而形成的景观。人工景观具有历史性,主要体现于乡村聚落方面,还体现在宗教、风俗、文学、饮食、服饰、建筑、艺术等方面。人工景观是整个乡村景观中的重要组成部分,它所体现出的景观效果直接影响整个乡村景观的风格，对乡村景观的整体布局具有重要意义。

（1）聚落景观（图2.10）。乡村聚落景观区别于城市景观，两者差异性很大。乡村中的聚落建筑体量相对较小，建筑设计手法多是采用当地特色建筑营造形式。建筑材料就地取材，多数以本土的石材和木材为主，具有乡土气息。此外，大多数乡村民居建筑整体房屋稀疏、密度不大且在房屋前面都附有庭院，显示出乡村的地域特色。

（2）公共空间景观（图2.11）。乡村公共空间是在人们的生产实践中逐渐形成的，是一个促进人际交往和社会生活关系发生的公共活动场所。"公共"和"空间"是乡村的两个属性，在这一空间范围内，人们可以自由出入且进行社会交流、娱乐、集会等公共活动。乡村公共空间主要包括村内部的小广场、街巷道路、祠堂庙宇等场所，给人们提供一定的空间以进行必要的情感交流、信息分享、贸易、社会活动。公共空间活动场所对人群具有滞留性、集聚性的特点，是乡村中独具特色的地方。

图2.10 聚落景观　　　　图2.11 公共空间景观

（3）宗族文化景观。改革开放以来，随着我国经济的快速发展，闽南沿海地区出现了传统宗族祭祀活动复兴的现象。祠堂是一个家族的精神中心，它既是供奉祖先牌位、举行祭祀的场所，也是家族聚会、议事活动的场所。近年来宗族活动开始恢复，出现祠堂修复、恢复祭祀等热潮，通过这些活动增强了宗族的凝聚力。现在大量的乡绅和海外华侨返乡后支持乡村建设，或直接或间接参与乡村事务，成为美丽乡村建设的直接参与者。在参与乡村事务的同时，宗族观念加强，所呈现的宗族景观日渐复兴。图2.12为军营村祠堂建筑景观。

图2.12 军营村祠堂建筑景观

2.3 乡村景观价值

乡村景观由自然环境作为基底，具有多种价值。乡村景观的建设能够提高当地环境的可持续发展能力，改变当地的生态结构，从而增强景观环境的适应性，最终实现其生产、生活、生态价值，进而有文化、美学、观赏、旅游价值。乡村景观本身具有生产、生活和生态价值，随着环境保护力度的提升，乡村景观的打造更加偏向文化、美学、观赏和旅游价值。此外乡村景观在涵养水源、净化空气、优化环境上也发挥着积极作用。

2.3.1 生产价值

乡村景观主要承担着推动农村经济发展的重任。乡村大部分生产活动是以景观为基础，发挥其生产价值。乡村景观中大面积土地被用作农田、果园和林地来生产经济作物。此外，乡村景观与人们的日常生活紧密联系，人们为了满足自身的生活，会对当地景观进行改造，或者在匮乏的地区进行创造，以便人们在生活当中得到一定的便利。例如，人们通过修缮、创新及改造基础乡村地区，使其生产效率逐渐符合生产标准，增强其实用性。总之，土地使用者对这些地区进行多方面的完善是为了满足生产需求。生产价值是乡村景观的基本价值，是一个地区经济状况的标志，是满足乡村居民生活需求而改造自然的体现。

2.3.2 生活价值

乡村景观的生活价值具有综合性，是在尊重自然的基础上建设满足村民生活的环境空间。乡村优美的环境展现了人工与自然的完美融合。乡村景观的自然野趣及耕作生活是一种人与自然和谐的体现。为了生活需要人们会自觉建造乡村景观，并随着时间的推移赋予乡村景观不同的内涵，所以乡村景观的生活价值具有自发性和历史性。

乡村的生活价值是在社会伦理、社会道德与传统乡村自然风貌及人们追求自身利益的行为模式下形成的。在历史发展中，对过去生活的认识是人类存在与发展的重要依据，在不断发展的世界中，认识历史、感悟历史、延续历史可以提高生活的幸福感、安全感和进步感。现在乡村的生活环境、思维方式及对事物的认知都是建立在历史的基础之上。在阐述乡村景观的生活价值时需要观察它的现在与过去，只有如此，营造新的乡村生活环境才不会形成历史文化生活的断层。

2.3.3 生态价值

乡村是一种自然生态环境，乡村景观具有典型的生态价值，健康发展的乡村景观与我国提出的乡村发展理念完全符合，重点在于改善和优化乡村环境。乡村景观的生态价值综合表现在减轻"三废"污染的危害、降低噪声、维持生态平衡、人与自然和谐共处的氛围、提供幽静清新的居住环境等。总之，在进行乡村规划过程中，要将乡村景观完美地融入周边自然环境中，使乡村景观环境在各个方面得到有效的利用与保护（图2.13）。

图 2.13　景观生态价值　　　　　　　　　图 2.14　古民居文化价值

2.3.4　文化价值

乡村景观是村民生活的空间，体现了地域性的文化价值（图 2.14）。乡村景观记录着人与土地、人与自然、人与社会的关系，逐渐产生一个地区特有的"文化语言"，反映区域文化与遗产，是具有地域特色的文化脉络。乡村景观的人文价值构成了特有的人文景观，是一种独特的精神含义，是传统文化的直接载体。现代乡村景观的文化价值不仅仅是一种被感知的景观价值，也是一种思想活动，包含审美与情感。在新时代下乡村景观的文化价值可以延伸成教育价值，特别是新时代的儿童对农业的理解、田园的感悟、对祖先的缅怀等。

2.3.5　美学价值

乡村与城市景观的最大差异性，在于乡村同时兼具了自然美学价值和文化美学价值。自然景观主要包括生态山林、河流水域、动植物、气象等方面的内容，其美学价值可表现为形象美、色彩美、声音美、嗅觉美、光泽美、动态变化美、结构美和肌理美等多方面。人文景观是在一定历史时期内，表现人类审美观念和精神价值的社会、艺术和历史性产物，包括村居建筑、地方风俗文化、农耕历史文化等内容。

2.3.6　观赏价值

随着经济的发展，乡村环境得到很大的改善，人们对居住环境的要求越来越高，乡村绿化景观的建设受到人们的重视。在观赏植物的选择和配置方面更体现地域特色，在乡村景观建设中注重观赏植物的形态空间配置及季节的变化。在乡村景观的设计上鼓励村民在自家的房前屋后种植树木花草，建立相对较小的景观点，如小园林、小花园等，营造具有地方特色的乡村居住环境，展现出不同的田园风光，体现大自然给予人类的自然美和自然景观效果，营造出具有地方特色的观赏价值（图 2.15）。

2.3.7　旅游价值

乡村景观是自然景观和人文景观的复合体，本身蕴涵着旅游价值（图 2.15）。自然景观

图 2.15 观赏和旅游价值

能带给人许多美的感受,例如沟渠、河边、池塘边的芦苇、树木等是真正的天然植物,吸引众多游客涌入乡村。植物作为一种自然资源是塑造乡村景观的重要元素,能够有效保持景观的多元化,形成独具地域特色和旅游价值的乡村景观;人工景观是一个地方在任何特定时间内形成的具地方特征的自然和人文因素的复合体,更具旅游价值。根据各地区传统文化和区域特色建造的不同建筑形式,带给人不同的建筑景观美学感受,例如,具有区域特点的窑洞、土掌房、海草房及闽南各种特色建筑,都具有很强的旅游价值。

2.4 国外乡村景观整治经验

2.4.1 英国乡村景观整治

1. 英国乡村现状

英国乡村景观基本可以分为两个组成部分:西部地区的高地以畜牧业为主,东南部地区则拥有更多的粮食和种植区域。反映在乡村景观上,西部地区主要为牧场景观(图 2.16),而东南部地区则主要为耕地景观[5](图 2.17)。英国农民的经济收入一部分来源于种植农产品带来的经济效益,另一部分来源于英国各种惠农补贴,包括农产品津贴、农业基础建设补贴和农产品价格补贴等。英国每年发放大量惠农补贴,这些农业补贴逐渐成为农民收益的构成部分之一。在这样的政策背景下,英国乡村地区能够顺利推行各项农业政策。

2. 英国乡村景观整治方法

(1)农村景观关注度方面。英国政府高度重视乡村问题。英国将乡村视为重要的文化身份象征,英国历年来都重视乡村文化景观保护问题。目前英国的乡村保护工作已经开始扩展到对整个栖息地和经济体系在内的乡村环境体系。英国乡村景观整治政策也已经着眼于乡村的景观风貌和生态建设(图 2.18)。

图 2.16　英国牧场景观

图 2.17　英国农耕景观
图片来源：https://www.tuliu.com/

（2）在乡村环境保护方面。英国政府将原有的农业环境计划合并最终分为两类环境保护计划：初级层次的环境保护计划和高级层次的环境保护计划。初级层次的计划主要针对所有农民，计划包含很多环境管理措施，例如树篱管理、石墙维护、草场维护、农舍维护等；高级层次的环境计划主要针对操作更复杂、需求较高的乡村农民，为该区域内的农民提供建议，提供较复杂的环境管理措施，如修复绿篱。

（3）在维护景观的项目方面。英国拥有关注农业景观要素的维护项目，例如新农业景观项目，它是在英国农地整理使土地合理化使用之后，针对大规模的景观和环境恶化（树篱总长度减少、林地面积减少、池塘消失或退化等）而采取的弥补性措施。提出易于农户操作的多种措施，包括植树、修复和增加树篱、修复池塘、管理已有林地等，被重点保护的乡村景观主要有树篱（图 2.19）、池塘等。

图 2.18　英国农场道路旁的绿化肩带
图片来源：https://v.paixin.com/

图 2.19　英国农场中的绿篱和树木
图片来源：https://v.paixin.com/

（4）在景观整治设计方面。英国重视维护乡村景观的生态美。通过利用景观照片和实地调查资料，进行乡村景观功能评估。综合评估乡村景观的生产、生活、生态和文化价值，将乡村区域划分为若干景观类型区，并列出各区域内部重要的景观类型及景观要素，例如乡村特有的地形地貌、建筑材料、建筑形态等（图 2.20），以此作为日后乡村规划整治的依据。

2.4.2　韩国新村运动

1. 韩国新村运动简介

韩国新村建设可以分成三个发展阶段。在初级阶段，韩国政府大力扶持乡村基础设施

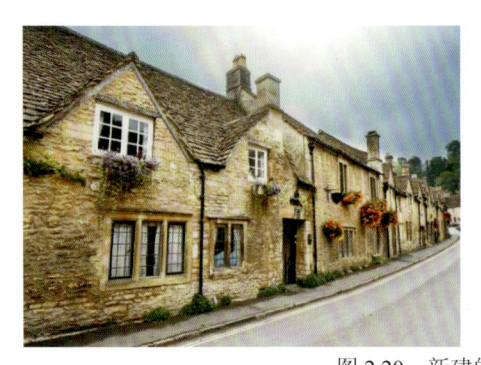

图 2.20　新建的英国乡村住宅

图片来源：https://v.paixin.com/

建设，改善农民居住条件和生活环境。加强对农田、水利设施建设的改造，重视对新农村建设人员普及农业技术，该阶段为农业的快速发展提供基础。中级阶段的乡村基础设施具有一定规模，农业水平也有一定的提高，使乡村具备进一步发展的条件。政府开始重点关注乡村产业结构，采取一定手段促进乡村经济的可持续发展，为乡村居民经济水平的提高创造基础。在最后阶段，乡村经济已达到一定水平，政府开始转型提倡乡村文化建设，包括道德建设、法制教育等，最后阶段中乡村居民的物质生活、精神生活得到全面发展，乡村建设获得了持续发展的动力。

2. 新村运动采取的措施

1）在农村内部环境整治方面

韩国政府一步一步采取措施使旧村换新颜。政府首先改善乡村交通条件，斥巨资修筑进村公路，确保村村通车：仅 1971~1975 年，韩国农村共新架设了 65 000 多座桥梁，新辟宽 3.5 m、长 2~4 km 的进村公路乡村道路（图 2.21）$4.4×10^4$ km，扩展乡村道路 $4×10^4$ km。其次为了农民身体健康，政府开始整治农村饮水系统，普及使用汲取地下水的井管挖掘机，农村的饮水条件得到改善，农村环境卫生条件也明显得到改善。最后，政府着重整治乡村建筑景观，修葺农家旧围墙，建造瓦房取代茅草屋顶（图 2.22），改善农村住房条件。由于之前农村周围的公路得到了修缮，水泥和钢筋等物资的运费大大降低，政府也积极给予贷款支援农民改善居住条件和环境。因此，乡村建筑景观整治比较顺利。整治前，韩国

图 2.21　韩国村内新修公路

图片来源：https://v.paixin.com/

图 2.22　农村茅草屋顶

图片来源：https://v.paixin.com/

约有 80%的农户居住在茅草屋里，整治后农民都住进新房屋（图 2.23）。此外韩国政府在农村兴建村民会馆、乐园村，包括村庄道路建设、树林带，并修建仓库、厕所等基本设施，建立完善运动场等公共设施，提高农村居民的幸福感和归属感。

图 2.23　新建的韩国乡村住宅小区

图片来源：https://v.paixin.com/

2）在农村周围环境整治方面

韩国政府将生态效益与经济效益相结合，提高土地生产率。政府首先平整土地，到 1983 年底，平整土地已完成 $41.5×10^4$ hm^2，占应平整土地面积 $58.8×10^4$ hm^2 的约 71%。其次为了实现土地的水利安全化，积极开发水利资源，治理四大江河流域，扩充水利设施，使水利安全田的比例提高（图 2.24 和图 2.25）。最后实现农业机械化，推广农作物新品种，开发区域特色产品：自 1972 年，韩国开始实施 5 个"农业机械化五年计划"，设立促进农业机械化基金。此外，进入 21 世纪以来，韩国农村发展环境友好型有机农业，不仅建立有机农业援助机构，开展青年农民的技能教育，而且积极推动饲料的生产和加工，开发品牌农产品。

图 2.24　整治后的整体环境　　　　　　图 2.25　整理后的耕地

2.4.3　日本合掌村景观整治

1. 合掌村简介

日本乡村景观保留比较好的村落是具有"最美乡村"之称的白川乡合掌村（图 2.26）。它建于三百年前，为了抵御日本的严冬和大雪，村民建设出建筑形式适合其居住，建筑构造符合当地环境。屋顶选用茅草作为材料，形成 60°急斜面，形状犹如合掌的双手。合掌村虽然交通不便，但自然环境保存良好，依旧传承当地文化。

图2.26 日本合掌村景观风貌

2. 合掌村景观整治成功的经验

1）重视景观保护

合掌村村民自发成立了"白川乡合掌村集落自然保护协会",妥善保护自然环境与开发景观资源,指定了白川乡的《住民宪法》,规定了合掌村建筑、土地、耕田、山林、树木"不许贩卖、不许出租、不许毁坏"的三大原则[6]。建筑作为村落的重要元素,无论是改造还是新建建筑,其材料、色彩、高度、造型要与原有风貌一致,不可一味强调个性。协会针对乡村旅游景观开发中的改造建筑、新增建筑、新增广告牌等都做了具体规定。如:用泥土、砂砾、自然石铺装,禁用硬质砖类;管道、大箱体、空调设备等必须隐蔽或放置街道的后背;户外广告物以不破坏整体景观为原则;水田、农田、旧道路、水路是山村的自然形态必须原状保护,不能随便改动。图2.27为改造后的合掌村。

图2.27 改造后的合掌村

2）延续乡村文化

日本重视农村景观文化延续。合掌村保存了25栋白川乡各地迁移来的合掌造,延续合掌村文化。合掌造还原日本古代农村文化风貌,每栋合掌造都有河流围绕、屋的前后都有田(图2.28),溪中有鱼虾,充分让游客体验到合掌村的劳动与生活。合掌造的风格结合了日本园林,瀑布、水车、溪流、景石、花坛等穿插其中,体现当地乡村文化。

3）旅游与农业结合

政府积极制定有关农业发展的政策,以与旅游业结合发展。农业中主要农副业生产项目,包括水稻、荞麦、蔬菜、水果、花卉、养蚕、养牛、养猪、养鸡、加工业等。这些生产项目在旅游区中也是观赏点。旅游观光与农业生产相联系,可提高经济收入,促进农业

图 2.28　合掌村屋后园林景观

发展。白川乡把当地农副产品及加工的健康食品与旅游直接挂钩，使游客在观赏同时品尝当地新鲜农产品，或能带有机农产品回家。这种因地制宜，就地消化农产品的销售方法，减少了运输及人力成本，经济实惠，受益的不仅是各地客人，还有当地全体农民（图 2.29）。

图 2.29　合掌村景观

4）弘扬传统文化

合掌村在当地的传统文化中找到了最具代表性的乡土特色的文化元素，挖掘并弘扬了该传统节日。村民们举办节日庆典，庆典中展示了民歌、民谣等表演。并将劳动与歌舞结合，富有地域传统乡村特色，吸引游客前来观光体验。节日时，合掌建筑门前张灯结彩，村民都来参与和庆贺节日，节日的趣味性也成为吸引游客观赏的重要内容。

5）乡村商业街设计

商业街（图 2.30）的规划建设项目包括饮食店、小卖部、旅游纪念品店、土特产店等，都是与本地结合的具有乡土特色的商店。每个店都有自身的主要卖点，合理分布方便游客。"白川乡合掌村落自然环境保护协会"的建筑规则在商业街中体现出了整体美的风格。店面

3.1 乡村空间整治

3.1.1 乡村空间整治对象

乡村空间的整治对象包含自然环境、人文活动和空间场所三方面，村落整治主要以自然环境为基底，承载并服务于乡村人文活动类的空间，具体包括对公共开放空间、街巷、公共建筑等的特色整治。

首先，自然环境的整治是基础。自然环境是影响村落"成长"的最根本因素，它构成了整个村落所处的山水格局形式，主要包括地形地貌、河流水系等，村落以自然环境为依托发展了生产生活空间等重要场所。由于中国传统村落的布局受到风水观念支配，许多村落依据山体、水系择地，背山面水、傍水而居的村落形态非常普遍，这也是村落独有的地域特色。

其次，人文活动的整治是精髓。村民是人文活动的主体，由他们主动开展的一系列社会关系活动，不仅给村落公共空间增添了活力，而且当地的民俗文化也得到了延续与传承。这些人文活动主要包括节日庆典、庙会灯会、传统祭祀及日常生活集会等。人文活动作为公共空间的重要文化内核，体现了一个村落的历史文化底蕴与空间活力，反映了真正的特色空间场所精神。

最后，空间场所的整治是核心。传统村落的公共空间营造由人、空间和自然共同构成，以原生环境为根基，人的活动为主要内容，依托村落空间凝练场所精神，展现村落特色。它具体包括村落肌理、"点、线、面"空间的特色整治，例如点状空间中的村口、乡间小店、码头等。线状空间中的巷弄、街道、徒步道等。面状空间中的祠堂建筑、广场、文化礼堂等。因此，这些公共空间特色整治的内容形成了人与自然和谐发展的"现代化"建设新格局，体现乡村公共空间的和谐、多元、生态。

3.1.2 乡村空间整治机理

1. 乡村肌理系统整合

乡村肌理是自然与人文的结合体，它具有独特的个性与规律，主要表现为整体的有机性、秩序性、自发性、原生性及意向的可识别性。随着人们生活方式的改变，构成村落肌理的社会结构已产生变化。长期积淀的历史文脉和当今各种新型文化的交融叠加让村落肌理表现得更加开放与创新，错落的街巷水系，连续的骨架网格和不同的边缘界面丰富了现今传统村落的空间肌理。因此，为了营造熟悉的氛围，维护传统肌理面貌，需要在新建区域内依据传统肌理的特点进行空间和形态上的把控，以此唤醒村民对于传统的回忆。

对于乡村肌理总体规划的割裂与人文历史的消逝，需要采取大尺度跨部门的统筹。村庄的肌理规划协调需要从多方面开展，组织公共空间作为基本思路，以点（建筑）、线（街道）、面（开敞区域）的思路为基础，将"点、线、面"作为乡村中的主要平台，紧密联系该区域及周边生活的村民，从而保存乡村的传统邻里关系。使公共空间成为村民之间彼此熟悉的最重要来源。在村民精神文化层面上，公共空间是相互联系的纽带，而在空间分隔上，公共空间对乡村的肌理组织产生了积极的作用。

2. 人居环境科学理论

人居环境科学源于希腊学者道萨迪亚斯（Doxiadis）在20世纪50年代提出的人类聚居学，道萨迪亚斯将其划分为自然环境、人、社会结构、建筑与城市、交通与通信网络5个基本构成要素，提出了研究人类生产与城乡建设活动的规律，寻求实现理想、美好的人居环境的途径[1]。我国学者吴良镛在道萨迪亚斯的人类聚居学研究基础上，认为"人居环境，顾名思义，是人类的聚居生活的地方，是与人类生存活动密切相关的地表空间，它是人类在大自然中赖以生存的基地，是人类利用自然、改造自然的主要场所"。在吴良镛等的倡导与主持之下，人居环境科学得以创建。

人居环境科学是以建筑、地景、城市规划为主导专业，与经济、社会、地理、环境等学科共同构成的开放的学科体系，是多种学科相互渗透与融贯发展的结合。随着社会进步和经济发展，人们对居住活动的要求不仅仅是解决安全、方便、舒适的居住住所问题，还需要通过居住活动来实现精神的享受、情操的陶冶和文化的需求，人们更加注重人与自然的和谐统一。

3. 复合生态系统理论

1984年，马世骏和王如松首创社会-经济-自然复合生态系统理论的研究方法，把城市与地域作为研究对象。复合生态系统具有层次性、整体性等特征。复合生态系统理论要求合理利用资源，注重人与自然之间、不同人类活动之间及个体与整体间的协同共生和公平性原则，强调发展的整体性、持续性、生态性，要求局部与整体、短期和长期利益、经济发展和生态保护、物质文明与精神文明相协调。农村复合生态系统是由农田生态系统向城镇化发展过程中的一个必然产物，是由多种生物与自然环境共同组成的复杂生态系统。随着系统的不断发展，将有更多不同类型的产业会被引入系统中来，其所占比重也将不断加大。

农村是一个由自然、经济、社会等多种要素共同构成的复合生态系统，各要素之间相互影响、相互制约，农村复合生态系统坚持将农村经济、社会发展与自然环境看成一个整体，只有实现经济、社会、生态的协调，才能真正实现农村复合生态系统的良性循环。乡村景观规划要坚持自然生态、社会生态和经济生态的统一，共同促进农村可持续发展。与城市景观不同，农村景观规划设计必须与农民生产、生活特点相适应，规划设计时要充分考虑新农村生产、生活的实际要求（图3.2）。

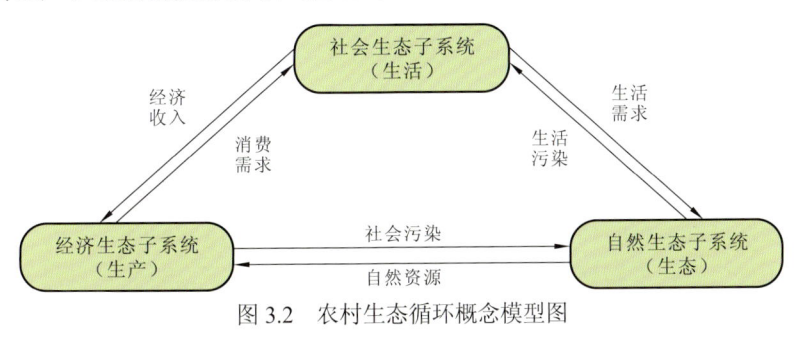

图3.2 农村生态循环概念模型图

本书将复合生态系统理论应用在乡村景观空间整治中，主要是对乡村景观的建筑景观、庭院景观、道路景观、广场景观等要素进行规划设计，通过乡村景观要素的具体规划，为村民提供更加舒适的生产生活环境，带动当地乡村旅游的发展，促进农民增收，并探索新农村建设可持续发展的途径。

4. 乡村多功能景观机理

多功能景观是多种自然生态系统有机结合而成的特殊景观类型，指向社会-生态系统中耦合不同土地利用类型和相关土地覆被的物质生态结合体。张盼盼等[2]在景观定义的基础上，提出多功能景观是兼具生态、经济、文化、历史和美学等多重功能的综合异质单元；Lovell 等[3]认为多功能景观就是将生态、文化和生产功能整合到一个被给定的地点或景观中，强调多功能景观在景观规划与政策制定方面的作用；而 Musacchio[4]提出多功能景观是与人类的健康/安全、生态系统服务、生物多样性保护及资源管理息息相关。

多功能景观的研究应该以优化景观结构为基础，以提升景观功能为目标，在景观管理的过程中不断提高各利益相关者对景观功能、景观服务及其价值的认知水平，通过有效的景观管理与调控，协调景观多功能发展与人类需求之间的矛盾，最终达到人类社会与景观的和谐共同发展。多功能景观的规划设计研究与传统的景观规划设计存在很大的差异。多功能景观的规划设计提倡在景观规划的前期过程中，鼓励利益相关者们积极参与进来，与相关专家和规划者们一起进行决策制定。利益相关者是指生活和工作在一定景观区域里的，并对该地区表示出感兴趣和关心的人们。长期以来，传统景观生态学大都注重景观格局与过程的研究，特别是忽略了"人"作为景观要素的组成成分在景观发展中所发挥的作用。现在的乡村多功能景观应重视人在景观规划与管理中的作用，把人文系统和自然系统联系起来。

3.2 乡村建筑景观整治

乡村建筑作为农村家庭生活、公共活动及农业生产的场所，不单单具有物质层面的使用价值。乡村建筑的结构、材料、风格、布局体现乡村风貌，承载乡村的文化与历史。因此乡村建筑是乡村景观的重要组成部分。

然而随着我国农村生活水平不断的提高，乡村建筑逐渐失去了中国传统建筑所具有的美感及地方特色。这是建筑材料与技术、人们审美和生活习惯全球化的结果。随着大量缺乏地方传统特色的乡村建筑拔地而起，我国具有地方特色的乡村景观也随之逐渐消失。特色乡村建筑不仅是中华民族长期农业文明的见证，更是我国自古以来广大劳动人民智慧的象征。因此特色乡村建筑作为乡村文化的物质载体，对其保护、继承与发展具有重大意义。

3.2.1 乡村建筑景观概述

乡村建筑是乡村传统文化的重要载体，乡村建筑也是乡村景观建设的重要对象。乡村建筑具有显著地域性特征，体现在不同地区的社会制度、经济水平和民族习惯有所差异。就时空发展历程上看，乡村建筑是在长期封建社会农耕时代下，村民在自己经济能力范围内，符合其自身居住理想条件和生活需求下自发建设的建筑景观形式。我国乡村是以农业为谋生手段，乡村建筑通常指在农村生活环境中，所有的乡村房屋及附属设施，这些建筑是村民组织家庭生活、开展公共活动、从事农、工、副业生产等的场所。乡村建筑景观整治要以人为中心，目的在于改善农村生态环境与村容村貌，同时注重经济、生态和社会效益的统一。乡村建筑的形态和布局直接影响农村景观的总体风貌，规划时应延续原有建筑景观的风格。

乡村建筑主要囊括几种类型：①县城以下建制镇和村庄的单元式多层住宅、联排式及院落式低层住宅；②县城以下建制镇和村庄的学校、幼儿园、敬老院、医院、办公楼、文化中心、商场、超市、集贸市场及车站码头等建筑；③镇、村庄的街道、主要出入口、镇村中心及其他重要节点的建筑景观设计。对于乡村建筑的类型及对地区的详细划分，乡镇和村庄的住宅及公共建筑都包含在乡村建筑之中。

1. 乡村建筑景观构成要素

乡村建筑景观不能仅限于建筑外立面景观的改造，还要观察其与周围建筑环境的协调性。乡村建筑景观的营造通过建筑景观中各个构成要素的有效表达来实现，主要为乡村建筑布局、色彩、材料及质感、建筑造型、建筑细部与环境景观的表达及非物质文化要素等。

1）布局要素

在传统建筑平面布局中，单体建筑多保持中轴线对称。建筑的扩建也是按建筑总体的平面布局遵循的原则，在扩建过程中尽可能保持对称形式并保证宗祠的中心位置。乡村建筑群体的布局往往以家族的宗祠为中心，其他建筑围绕着宗祠而建。群体的布局更依附于自然地理条件，强调的是建筑景观与自然环境的融合，受地理条件的限制形成集中式、离散式及组景式几种布局形式（图 3.3）。

图 3.3　乡村建筑规划布局图

2）色彩要素

乡村建筑景观营造的色彩要素包括建筑景观本体色彩及环境的色彩。建筑本体色彩主要由其所使用的自然建筑材料的色彩决定，不同的材料所显现出的色彩及质感各不相同（表 3.1）。应根据当地传统建筑风格、建筑材料及地域特性来选择建筑景观色彩。环境色彩主要由水体、植被、天空及其他建筑颜色体现出来。自然景观色彩在不同程度上可以通过利用植物的季相变化和不同植物的色彩变化营造出丰富的景观效果。在建筑景观的营造过程中可以根据不同色彩带来的不同视觉感受进行色彩选择及调整。

表 3.1　色彩含义

色彩	情调
红	温暖、沉重、华丽、有品格、愉快
橙	温暖、华丽、强烈、柔和
黄	温暖、轻巧、华丽、干燥、强烈、愉快
绿	湿润、清新
蓝绿	凉爽、湿润、有品格、愉快
蓝	凉爽、湿润、锐利、坚固、收缩、沉重、有品格、愉快
蓝紫	凉爽、坚固、收缩
紫	柔和、柔软、典雅

3）材料及质感要素

材料是乡村建筑景观建造不可或缺的物质要素，就地取材通常是乡村建筑特色的一个体现。乡村建筑的材料必定是当地盛产、具有当地特色的、能融入当地自然景观中的物质。建筑选择的材料多为未加工的天然材料或稍经加工但仍然保留原本天然特性的材料。

建筑材料的选择也决定了建筑景观所展现的质感特性，如福建的土楼，所选用的主体建筑材料为生土，墙体由生土夯筑而成，因此土楼展现出的便是粗犷厚重之感。乡村建筑景观可通过材料的类型、形式、质感、色彩等方面，在营造过程中灵活运用组合场景。

4）建筑造型要素

建筑造型是构成建筑外部形态的美学形式（图 3.4）。建筑造型是可以被人们感知的建筑景观形式。在建筑的欣赏过程中，造型是最具影响力的，是通过样式、空间布局、装饰手法等获得观赏效应。建筑造型元素包括建筑门窗、墙体、屋顶等。

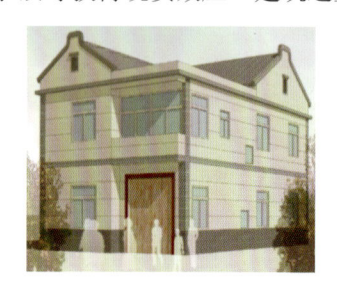

图 3.4　乡村建筑景观造型图

5）建筑细部要素

乡村建筑是连接村民、环境和社会的复合系统。建筑细部指构成建筑的细小部分，主要包括建筑的门窗、屋顶、阳台等。建筑细部（图 3.5）是整个建筑的重要组成部分，不仅与建筑主体、装饰等结合在一起，还能体现当地文化[5]。建筑细部可以体现生态环保的理念，在建筑细部的设计上要考虑人们的需求。例如在门窗设计时，要满足屋内采光需求，注重门窗朝向、赏景、采光等需求，利用自然阳光延长建筑的日照时间，以此降低能源的消耗；为实现节约经济的要求，建筑细部多选用当地的建筑材料，以此减少建材的运输费用。

图 3.5　建筑景观细部图

6) 环境要素

乡村建筑的环境景观包括气候、地形地貌、山体、水体、植物等。气候是乡村建筑景观特色最直接最根本的决定要素，气候影响建筑的形式、建筑环境景观中的植被景观、水体景观等。水体的设计能够给予环境灵性，使景观变得更为活跃。植物是构成森林甚至自然环境系统的重要景观元素，具有典型地域特性。在乡村建筑景观营造中应结合当地自然气候条件，选用能体现景观原生环境的乡土植物。

2. 乡村建筑景观影响因素

自然条件是乡村建筑景观的风貌基底，自然地理环境中的地质地貌、气候水文、自然资源等要素对建筑形式和建筑风格都有深刻影响，是建筑景观区域性表达的成因之一。

1) 地形因素

地形地貌是指乡村所处的地貌和山地、丘陵、盆地和平原等地理要素组成方式，是区域建筑景观风貌形成的基础条件[6]。地形地貌因素主要影响建筑景观的布局方式、建筑墙体等方面。建筑的布局方式因考虑地质灾害的影响会出现灵活多变的情况：一方面在易发生地质灾害的区域，建筑布局方式一般比较零散，不会出现整体布局的现象，此外建筑层数也比较低，建筑材料清减便利；另一方面不易于发生地质灾害的区域，建筑多为集中、整体式布局，建筑层数相对较高。

2) 自然因素

乡村自然资源状况决定建筑景观材料的使用类型。建筑材料是建筑景观的物质基础，受地质条件和自然环境要素的影响，具有明显的区域性特征。建筑材料决定了建筑风貌特征和建筑景观形式。例如，在黄河中游地区的陕西、河南等地区，由于黄土堆积较厚，很难找到石料和木料，产生了独特的建筑形式——窑洞。

3) 气候因素

气候区不同导致建筑景观也有一定区别。气候对于建筑的影响主要体现在建筑选址、建筑墙体、建筑屋顶、建筑门窗等方面的差异。例如，四川南部是干热气候区，该气候区建筑设计主要考虑房屋隔热问题；新疆部分地区及陕西、北京等地属于温热气候区，该区域建筑重点考虑房屋通风问题；东北部地区位于寒冷气候区，该区域建筑重点解决房屋保暖问题。由此可见，处于不同气候区的建筑景观的表现形式也不尽相同。

图 3.11　有厦大门
图片来源：https://www.tn.ccoo.cn

图 3.12　无厦大门
图片来源：https://you.ctrip.com

3）闽南特色建筑景观形式

闽南建筑从建筑形式的角度来说，没有一种极张扬的、类型化的形式，但它在砖石墙的装饰及美化上却有着较为特殊的表现。从审美的角度看，闽南的红砖墙反映其地域的风格特性，形成闽南风格。

闽南地区所用的建筑类型多为抬梁式结构横梁（图 3.13）和立梁构件而成，将平行的两组梁架层叠并逐渐缩小至顶部，在房屋深处树立立柱，在立柱上搭起横架形成屋脊，在各梁头和屋脊之间安置檀。房屋的屋面重量通过梁、柱等传到基础地面。

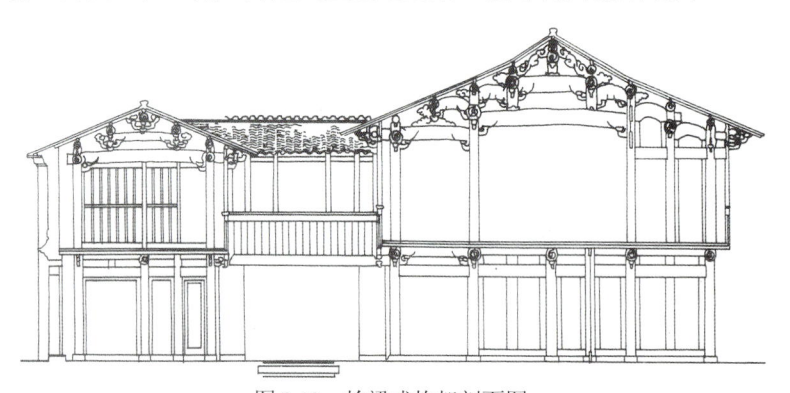

图 3.13　抬梁式构架剖面图

闽南话把房子叫厝。闽南红砖古厝红瓦（图 3.14），艳丽恢宏，尽显建筑之张扬，而内在则质朴端庄。壮丽的闽南红砖古厝主要分布在福建厦门等地。红砖汲取了中国传统文化、闽越文化和海洋文化的精华，成为闽南文化的重要体系。"红砖白石双坡曲，出砖入石燕尾脊，雕梁画栋皇宫式"是对闽南红砖建筑特色的形象表述。

闽南宗祠（图 3.15）布局在中轴线上，一般来说主要有三部分：大门、享堂与寝室。大门是宗祠的"门面"，其立面多以红砖白石砌成，墙身则用花砖组砌成万字堵、工字堵、海棠花等各式图案。大门中间为"塌寿"，其墙体用白石、青石砌成，称为"牌楼面"。享堂也称厅事。享堂明间不设门扇，主要用于家族祭祀、聚会议事等。享堂大厅中必设一根画满鲜艳彩画的截面六角形灯梁，闽南语"灯""丁"同音。两进的祠堂，在享堂后青柱间设供奉祖先的神龛，在闽南称"公妈龛"。公妈龛由柱、额、斗拱、门扇等构成，是一座牌楼式或橱柜式木作模型，往往绘上精美的彩画或贴上金箔。

图 3.14 闽南古厝建筑

图 3.15 闽南宗祠

3. 民宿建筑景观形式

民宿是指经营者利用空闲房屋，结合当地文化、生态、资源及农林牧渔生产活动，给游客提供体验乡村生活住所的建筑景观的总称。民宿景观既给乡村旅游者提供了居住场所，也在整个乡村产业中带动了其他产业的发展，增加自身经济收入。

1）民宿选址和设计要求

民宿选址是在农村区域内对民宿建筑景观进行分类，针对不同类型选择整治方法。对于建设时间不长且建筑基础良好的民宿建筑应加以维修改造，使其在功能上更加丰富。在民宿建筑景观整治时应注重突出当地传统建筑景观风格，保证建筑文化的传承，以便满足民宿经营特色之需；对于没有任何价值的破旧空心户房屋，建议彻底拆除重建，新建民宿在景观设计中嵌入现代化功能，引入新的设计理念，服务游客体验感受为前提。

民宿景观设计要充分了解当地建筑景观的传承文化，并利用地域性建造工艺，把握民族性文化，做到真正意义上的传承和发扬。具体体现在吸取传统建筑景观手法的基础上，就地取材，嵌入现代化功能需求，优化老旧建筑景观的通风、采光、卫生等基础设施，使老旧建筑更具有舒适性。

2）民宿建筑景观材料选择

乡村民宿建筑景观的材料选择应注重与周边生态环境相融合，体现"天人合一"思想。建筑用料以民宿所在地盛产的石、木、竹、砖、夯土或瓦为主，当地具有的建筑材料既可以节省经济消耗，又与周围山水环境相协调。

（1）石材。山地丘陵地区的乡村民宿，周边有大量易于获取的石材资源，常用于建筑的石材包括砂岩、花岗岩、大理石、石灰石、河谷中的卵石等[7]。民宿建筑的围墙（图 3.16）、防护墙均可利用特色石材搭建以展现乡村区域文化。民宿内部及外围的景观小品和道路铺装的材料也可以利用石材，让住客体验到不同于城市民宿的景观设计风格。

（2）木材。在乡村民宿中，木材也是民宿建筑建造中常见的一种材料，也是用来体现温暖和轻松的材料。木材用途比较广泛，既可以作为民宿内部的装饰材料，也可以运用到室外装修和景观小品设计之中。例如在戴家山艺术酒店的实践中采用木材的断面堆砌作为建筑外立面景观的装饰[7]（图3.17）。

图 3.16　莫干山凤凰居民宿的庭院围墙　　　　图 3.17　利用木材做外立面

（3）竹材。民宿建造的材料一般就地取材。因此在盛产竹子的区域，民宿建筑将竹材巧妙运用到各种设计中。竹材可以用来建造房屋、装饰室内，也可以制作成各种风格迥异的家具。在设计中巧妙地利用竹子，使民宿景观呈现出优雅、轻松的氛围。莫干山民宿就将竹材充分融入各种形式的设计中，室外装修通过不同的排列组合方式，将竹材既当作背景墙，又当作遮阳的墙体（图3.18），庭院中种植的竹子也为民宿景观增添风采（图3.19）。

图 3.18　遮阳墙体　　　　图 3.19　庭院里的活竹
图片来源：https://image.baidu.com

（4）瓦片。浙北和内蒙古等地区的乡村民宿广泛使用民间制作的瓦片作为构成屋顶的重要材料。瓦片是民宿建筑常用的建筑材料之一，也是传统建筑的标识性材料之一。瓦片在民宿中用途多样，既可以用于搭建屋顶、堆砌围墙和庭院铺地，也可以用于民宿内部的装饰部分。瓦片的拼贴、相接等可以形成纹饰的创新应用，使人感受到传统建筑景观文化的魅力。瓦片还具有可以重复使用的优点，重复利用拆迁旧建筑留下的旧瓦也是民宿建筑的一大特色（图3.20）。

（5）砖材。砖材是一种常见的建筑材料之一。砖材独特的质感可以表现出乡野的粗犷和真实，所以人们经常用砖材进行民宿外立面及周围防护墙体的建造，既可以作为景观装饰，又起到保护庭院隐私的作用。砖材不同堆砌方式可以营造出不同的景观形式，运用顺、逆结合的砌筑方式和适当位置的凸起变化可以保证民宿外立面的精致观感。例如清境原舍一期民宿运用当地特产的青砖，让新建建筑与周边环境完美融合（图3.21）。

图 3.20　平田农耕馆的瓦片屋顶 　　　　图 3.21　清境原舍民宿的立面青砖

（6）夯土。夯土是一种具有悠久历史的生土建造方式，广泛运用于我国的传统乡村建筑之中。夯土本身的肌理赋予人们原生态的感受，厚重密实的夯土墙起到较好的保温隔热作用。因此在精品乡村民宿的景观设计中保留和利用原有民居的夯土墙（图3.22）是一大建筑特色。例如杭州菩提谷民宿中完整保留了原有建筑的夯土墙。

图 3.22　夯土墙

3.2.3　乡村建筑外立面整治

建筑外立面，指的是建筑和建筑的外部空间直接接触的界面，以及其展现出来的形象和构成的方式，或称建筑内外空间界面处的构件及其组合方式的统称[8]。通常来说，建筑外立面包括除屋顶外建筑所有外围部分，例如墙体、门窗。在两种特殊情况下将屋顶作为建筑外立面的组成部分：第一种是屋顶与墙体表现出很强的粘连性，难以区分几何形体造型的建筑，第二种是为了特定建筑观察角度的需要，将屋顶作为建筑的"第五立面"来处理。

1. 建筑外立面整治现状

建筑外立面景观是形成街道空间的重要组成元素，对于村落街道的整体形象及特色至关重要，因此，乡村建筑的外立面景观改造是营造美丽乡村中的重要一环。但是目前乡村外立面景观存在很多问题，需要进行整治。

1）建筑外立面形式模式化

乡村建筑外立面景观的模式化，使乡村建筑景观缺乏个性。乡村建筑外立面景观由于缺乏独特的风格，其代表当地特色也不再清晰。此外，为了发展乡村旅游、实现农民收入，不少村落将其他地区的建筑装饰符号拼接到本地的建筑景观中，破坏了原有的乡村环境和景观文化，使乡村建筑景观出现"千村一面"的现象。

2）建筑外立面设计商业化

商业文化是基于大众文化产生的。为了取悦大众，建筑景观设计变得低俗化，商业文化降低了景观设计的审美标准，乡村建筑外立面景观的改造也不可避免地受到影响，采用很多错误的建筑景观元素和材料，导致乡村建筑景观出现了欧洲风格[9]。很多乡村建筑甚至为了追求现代时尚感，不再采用传统的木材、土石等材料，而是给建筑外立面景观贴上了瓷砖。

3）建筑外立面乱搭乱建

在现今充满商业竞争的时代，任何地方的商品都想突出地表现自己，以引起人们的关注而争取更多的利益，农村也不例外。铺天盖地的广告和宣传标语纷至沓来，侵占乡村街道空间，也侵占着乡村沿街建筑外立面。由于广告设计、建筑设计、乡村设计之间的"松散性"，大量的广告设计与乡村沿街建筑的造型语言不和谐。广告随意无序的存在无形中改变或破坏了原有的沿街建筑外立面形象，影响了乡村街道空间印象。还有部分乡村因为村内没有明确规定，所以在建筑外立面上搭棚、架等加建部分，影响了村内建筑外立面的整体形象。

4）建筑外立面风格凌乱

随着时代的发展，乡村建筑景观风格出现混乱化，在乡村，既有传统老房子又有现代风格的建筑景观，因此外立面景观的材料、形式、颜色等呈现凌乱化，与整个乡村周围大环境不协调。在乡村建筑外立面景观细部方面，门窗、阳台、围墙、栏杆等部分风格迥异。此外，近年新建的乡村建筑很多是照搬城市建筑设计且建筑外立面的外观样式缺乏地方特色，主要表现在新建建筑外立面景观色彩选择与乡村风貌不协调。

5）建筑外立面色彩混乱

部分乡村建筑外立面景观色彩纷杂，主色、辅助色、点缀色不协调或者比例失调。一些沿街墙体采用整体粉刷涂料或贴白瓷砖的方式对建筑墙体进行粉刷，这种简单的粉饰使建筑墙体原材质和原肌理被遮挡，导致建筑外观缺乏生机与特色，对村庄古朴风貌造成破坏。大部分村庄存在屋顶建筑颜色显得过于突出的问题，与周边建筑及村庄环境极不协调，极大地破坏了村庄原有的整体风貌。

6）建筑外立面缺乏维护

乡村多数具有历史价值的建筑景观，由于缺乏有效的保护，已残破不全，急需修缮和保护。乡村建筑外立面景观呈现不同特征，特别是在交通不便的历史条件下，多数民居建造都采用地方特有的材料，因此形成了不同的景观风格，这些具有民俗价值的民居建筑外立面景观由于年代较长，缺乏科学的保护，质量堪忧。

2. 建筑外立面整治原则

1）地域性原则

乡村建筑景观营造的地域性原则强调的是地区的地形地貌、气候、建筑材料、建筑色彩、建造技法等，同时，还强调反映具有各地人文特色的地域文化特征。对地域性原则的理解有助于设计师更好地诠释乡村建筑景观,在营造及借鉴乡村建筑景观风格及形式时,应该多运用当地的传统材料、建造技法;就地取材、因地制宜、因山就势等。

2)生态性原则

我国在城市规划、建筑设计、景观环境设计上提倡可持续发展的概念。因此,在乡村建筑景观营造中要尽可能地减少对自然环境的破坏,减少对资源的浪费,保留当地的文化特色。在乡村建筑景观的环境营造中多运用乡土植物,尽量不破坏周围的植被,保持原有的自然风貌和自然特色。与自然环境的完美融合是乡村建筑景观有别于其他建筑景观的最大特点,因此,生态性原则在乡土建筑景观营造中不容忽视。

3)乡土性原则

乡土性原则是乡村建筑景观营造的重要指导原则之一,强调的是地方特色和乡土文化,它并不是有固定模式,而是在营造过程中尽可能地使用当地的传统构筑材料和建造技术,对乡土元素进行提炼并合理运用,尊重传统文化和乡土知识,汲取当地的建造经验,表现出因地制宜的特色,使建筑作品与当地的自然环境景观协调。

4)整体性原则

乡村建筑景观营造不只对某一建筑景观元素进行表达,没有环境景观的烘托,建筑显得孤立没有生机,在进行相关营造时必须从乡土建筑及其环境景观两方面的整体性来考虑。在乡村建筑景观整治过程中,既要考虑建筑的形式、建筑的色彩材质等各要素的表达,同时又不能忽视建筑周围的环境、建筑景观的地域特征和其所要传达的地域文化。

5)可持续发展原则

乡村建筑外立面设计要遵循可持续发展原则。如今为了乡村经济的发展,人们不惜以破坏环境为代价来达到目的,生态环境的损坏是不可恢复的。很多地方都在强调对于可持续发展的追求,但真正能做到这一点的区域少之又少。在乡村环境不断恶化的背景下,乡村建筑更要强调可持续发展。将绿色环保理念融入乡村建筑领域设计中,利用当地盛产的环保型材料,在乡村建筑整治中体现可持续发展的理念。

3. 建筑外立面整治方法

进行建筑外立面景观整治时要先对农村周围环境进行分析,再使用一定的设计手法对建筑外立面景观进行美化设计,以便更好地延续当地文化底蕴,协调建筑周边景观环境,为旧有建筑景观注入新的生命力,为地方景观文化增添新色彩。

1)外立面重构

在建筑外立面整治过程中,重构是一种整治方式。建筑外立面景观整治通过重构使建筑获得新生。重构就是对原有景观系统的结构与形象进行打散与分解之后,通过重新设计、重新组合的一种方式,重构的主要步骤:破坏、整合、重组[10]。重组出来的新立面必然符合与之前相比更适合、更满足人们需要的规律。

(1)外立面材质重构。建筑外立面景观整治时,运用新材质是重构方法之一。材质是建筑风格的重要表达,建筑材质的多样性促成了建筑外立面整治的更多可能性。新的外立面饰面材料运用于建筑立面景观改造中,可以通过新材质不同的质感组合,获得更好的建筑表现力,使建筑变得生动细腻。

(2)外立面色彩重构。色彩是建筑外立面景观中最突出的表达元素,反映了新旧外立面之间的对比关系。建筑外立面的色彩重构是整治过程中采用次数较多的一种处理方式。色彩重构具有施工方便、造价低廉的优点。重构建筑外立面景观色彩,使之与周边区域建筑色彩相协调,让整个建筑外立面景观相协调。

（3）外立面层次重构。外立面层次重构就是对建筑结构、肌理等方面进行整治,整治时首先梳理旧建筑外立面的层次结构,然后重塑外墙材质,统一门窗材质,最后设置空调机位,更换统一雨篷。将建筑外立面的层次进行重新塑造,使其呈现一种视觉交叉效果。该种方法可以保证建筑景观结构的完整性,提高乡村的生活氛围。

2）增加建筑外立面

增加建筑外立面的操作较为简单,就是在需要进行整治的建筑外立面外面加一层建筑立面来遮挡原有立面。这是一种对建筑景观视觉形象进行提升的整治方法。增加建筑外立面不会对建筑景观的功能与空间结构造成影响,但是新增的外立面不能随意增设,应根据建筑原有外立面的实际情况进行增加。新增的外立面有很大的整治空间,如尺寸大小、颜色深浅、材质机理等。

3）外立面整体更换

外立面整体更换改造形式是要在建筑本身的支撑结构与其相应外立面之间联系较少的情况下才能运用,对于建筑的外立面为幕墙等形式时就可以使用这种方式进行改造,这种改造形式必须保证建筑支撑结构不受损伤,再对外立面进行功能与形式的再设计。饰面材料更换也是建筑外立面景观改造中最为常用的一种方式。因为它对原有外立面景观的形象改变幅度小,且不需要对墙体和门窗位置进行调整,此方式施工造价低、工期较短、施工管理方便,同时对于原有建筑立面与建筑本身内部空间之间的平衡不会被破坏,对旧有建筑的结构稳定性不会造成威胁。

4）外立面细节整治

外立面细节包括墙体和披檐整治,对于民族文化型村庄,墙体样式、细部设计、色彩等应尊重少数民族民居建设习惯,如回族建筑墙体应以灰色、白色和黄色为主。墙体材料上可就地取材,使用本地特色材料,如天然石头,也可从经济适用角度,选用涂料、石材或面砖、真石漆、仿古无釉面砖、抛光砖等新材料来实现风貌控制效果。有些建筑会在部分窗顶上加设披檐,增加的披檐不仅能够遮阳避雨,还能形成一个半闭合空间,它与墙面形成的阴影与明亮的光线形成鲜明的对比,增强了空间的深邃感。对于已有的破旧的披檐和颜色材料与当地地域性反差较为强烈的,建议保留其结构和尺度,外表皮改用当地地域性材料和色彩。

3.2.4 具体区域建筑景观整治

1. 荣成市海草房

生态建筑理论是以人为本思想为基础,要求在设计的时候满足人的基本需求。荣成市的海草房垒石为墙,覆草为顶,屋脊上面是质感蓬松的奇妙屋顶。但是随着经济的发展,海草房古民居正在走向没落,海草房整治方案实施迫在眉睫。对于海草房的整治可以应用生态建筑理论,强调以当下和长远的利益为准,注重人与自然之间的相互统一,实现对资源的最大化利用。要依照气候特点、地理位置进行设计,充分发掘当地特色的自然资源,实现有效利用。依照地域文化特点进行景观改造设计，实现文化和生态之间的融合。

许多海草房古民居早已无人居住，常年风吹日晒得不到修缮。房屋周围杂草丛生，墙体破损缺失、渗漏严重，近几年来已经破败不堪（图3.23）。所以，在海草房的改造过程中，要运用生态建筑理论把传统的海草房与现代技术结合起来。在让居住人员享有现代科技的舒适同时还要考虑生态环境问题，注重人与自然的统一。海草房古民居景观的保护要在整体景观风貌上保持协调统一的外观造型风格，建筑与村落周围的整体环境有机结合在一起，具体可采取以下措施。

图3.23 被揭掉海草的海草房顶

图片来源：https://image.baidu.com

1）遮阳和采光

在海草房改造过程中，光照是一项改造重点，改造后的海草房不仅要具备良好的采光，还应该要同时实现有效遮阳。因此，需要在设计的时候，重点考虑不同季节下建筑对于光照的需求。在夏季的时候应该要实施大面积的遮阳，在冬季的时候则需要加大采光的面积。设计时要精确考虑海草房整体建筑景观的布局、围护结构和外形、当地气候特征等，从而满足居住人员对光照的基本需求。

2）通风设计

实现建筑自然通风是生态设计过程中关键内容之一。门窗改造的时候应该要将不同气候特点作为主要依据，在夏季的时候室内温度相对比较高，这时候就应该要通风透气，在冬季的时候气候相对比较寒冷，所以需要有一定的避风效果。对门窗的尺寸、位置等进行科学改变，来给建筑创造出好的通风效果，以确保室内的温度始终可以保持在舒适的状态下。

3）海草资源保护

村民用海中生长的大叶海苔晒干后作为材料苫盖屋顶，建成了现在的海草房，海草房的生命活力在于丰富的海草资源。过去的浅水海域长满了海草，然而近二十多年来，随着近海围堤海产养殖业的发展和工业化生产污染使得海洋生态环境开始恶化，海草甚至出现了灭绝的迹象。现在的海草资源量连老房的修葺都难以满足，更没有大量的海草盖新房。为了海草房的可持续发展，对于海洋生态的保护迫在眉睫，需要上到政府下到荣成市的每一位村民都有意识地保护海洋生态。政府要对浅海区域的工厂等进行全面清理，不符合规定的工厂责令整改，情节严重屡教不改者关闭工厂。居民要起到监督作用，对于发现污染海水生态的情况要及时反馈。只有从根本上保护好海水生态环境，海草资源才会得到保护，

· 57 ·

海草房才可以从根本上流传下去。

2. 窑洞传统民居

在现代建筑景观建造元素中，夯土建筑近两年开始受到热捧。目前夯土建筑用得最多的还是作为古遗址公园、古村落、古镇等项目上进行恢复与重建的一种建筑元素，让大众从细节上能有尊重历史、传承文化、生态自然的直观感受。在窑洞的改造中可以应用夯土建筑工艺。夯土建筑强调历史遗迹、地方特色和民俗风格的设计倾向，这一切来源于历史和文化的基因，夯土建筑工艺没有一成不变的规划和设计模式，而是要因地制宜通过自然古朴的建筑肌理表现形式，使建筑在整体风格上与当地的风土环境、历史文化相融合，兼顾周围的风景、环境之间的相互关系（图3.24）。

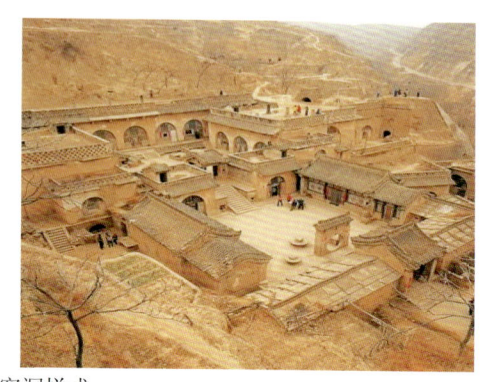

图 3.24 窑洞样式

图片来源：https://www.pig66.cn

中原地区主要以沙质黄土为主，黏性较小，且该地区春夏雨水较为充沛，冬季较为寒冷，因此该地区现存的历史性夯土墙和窑洞等多呈现出被雨水淋得沟壑纵横、破败不堪的样子，且多数呈现出残垣断壁的时光痕迹，部分被冻坏漆皮脱落，墙体中部至上部逐渐变薄，夯土建筑工艺复制了历史夯土建筑的部分表面肌理，所以可以对窑洞的外表面采用夯土建筑工艺。

1）屋顶的保护

抢救即将消失的窑洞屋顶种类，例如：只存在于陕北榆林市榆阳区北部毛乌素沙漠边缘窑洞类型中有一种建筑学名为"束条拱屋顶"的柳笆庵地带，"束条拱屋顶"的柳笆庵作为现存稀有的居住房屋形式成了目前需要紧急保护的对象。对于窑洞的屋顶门类要先摸清分布在哪，然后进行统一修缮。

2）材料选择

常见的窑洞，几乎都是土体挖窑、砖砌和石砌窑洞，窑洞的原材料中没有弹塑较好的钢筋，窑洞容易被拉坏。所以，应该尽量采用抗拉、抗压性能都好的材料来建造窑洞。目前比较合理的结构形式是采用砖砌配上钢筋混凝土拱形顶和钢筋混凝土柱子，并使柱子与拱形顶形成一体，以免拉裂，做到类似砖混楼房结构的原梁和砌体相结合，这样的结构可以使窑洞弹塑性较好。

3. 彝族土掌房

传统建筑肌理拥有较高的人文美学价值。运用现代设计手法将其融入建筑改造中，可以有效地增加彝族地域归属感和历史场所感。在土掌房建筑改造中，把传统建筑肌理作为重要载体不仅可以使人们直观地感受到其象征意义，更能唤醒人们对于地域风貌的认知，同时传统建筑肌理也为这种传承提供了一个持续发展的平台，从"形"的传承到"形神兼备"的传承，从适应性传承到创新性传承。

土掌房（图3.25）被认为是云南最具特色的五种少数民族房屋建筑之一。但是它正在现代化发展和文化变迁中走向消失。采取措施对古民居进行维护刻不容缓。传统建筑肌理作为一个展示地域风貌的重要载体，如何将传统建筑肌理以系统性、独特性的创新方式融入彝族现代建筑改造中，从而营造具有深层次文化底蕴的建筑空间十分重要。

图3.25　土掌房样式
图片来源：https://m.sohu.com

1）传统建筑肌理的借用

对传统建筑肌理的借用，其中最直接的方式便是移植现存古建筑片段，或在原址建筑场地上保护更新，从而使传统建筑片段乃至整个传统建筑历久弥新，强化地域建筑风貌和历史认知感。对传统建筑肌理的借用还可通过符号的肌理化来实现。对彝族土掌房古民居进行修复改造，并根据新使用功能加以增建，使老房子涅槃重生。场地内保留原有构建。在建筑小体块的立面景观上借用土掌房整体特点展示原有的建筑肌理，与周边建筑山墙相融合，同时新增建筑融入一些现代元素例如门窗、墙体的改变，使传统的土掌房具有现代特征，吸引游客。

2）传统建筑肌理的模仿与简化

对彝族传统土掌房建筑肌理进行抽象、再加工，提炼最为典型的肌理特征揉进现代建筑中，以体现其功能属性及时代内涵。通过对传统建筑肌理与其构成方式、使用位置和色彩关系进行抽象简化，再应用现代设计手法和施工工艺，凸显现代建筑的精简风格。简化的肌理通过不同的构成方式，形成独树一帜的建筑表皮，在整体统一中展现人文特征，在灵活多变中把握传承精髓。如彝族大面积墙面，可以运用现代壁画的方式，将土掌房形态刻画到墙面上，墙面与房屋采用相同的建筑手法，使屋面与立面连成一体。通过对彝族传统土掌房肌理的转译，使建筑既现代又充满古韵遗风。

3）建筑材料的应用

传统的土掌房屋体是土、木、石，随着时间的推移这些材料很容易漏雨，木质材料更容易腐烂。对于土掌房材料的改造应该融入砖块、水泥、玻璃、瓦当、瓦片、瓷砖等现代建筑元素，并给土掌房的外立面增添丰富色彩，使其更加美观同时赋予现代感。对于整体建筑形式既要满足居家住户的实用功能性要求，又要满足色彩、图案、表面质感等装饰性要求。

4）墙体和门窗改造

土掌房的改造是在原有的土掌房上进行改造，墙体用水泥和砖块覆盖，再将瓷砖作为装饰材料部分粘贴，使得墙体结实美观。为了更加适应现代化风格，土掌房的窗户也需要进行较大改造，将传统的小窗改成大窗，且应安装玻璃增加透光性，使室内光线充足。在屋檐和平顶用瓦当和瓦片作为装饰和防雨材料防止漏雨。

4. 承德乡村建筑

1）墙体色彩比例

承德乡村建筑外立面主体色调为红色或者灰色，建筑色彩主要运用深灰色、砖红色两种色彩搭配。墙体的基本色、辅助色、点缀色的比例根据不同需要采取不同的比例相互融合。承德乡村建筑整体深浅色彩比例适当调整，控制在浅色≤30%，深色≥70%[11]。按照建筑材料可将主墙体划分为灰砖、红砖、天然石头三种（图3.26）。外立面材质的搭配应当和谐统一，主墙体颜色应确定灰色或红色一种主色调，主墙体的材质以当地常用的材料为主，避免使用多种材质和装饰的杂糅。

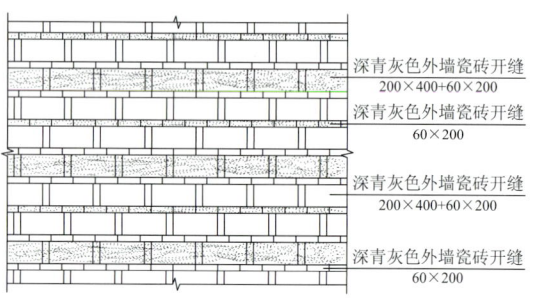

图3.26 墙体材质

2）屋顶和窗棂方格样式

建筑屋顶建议使用适合承德市自然环境和传统建造方式的坡屋顶样式。坡屋顶具有保温、隔热、防雨等方面的良好作用。具体整治建议为：屋顶坡度不宜过大；屋顶和屋脊可以使用高明度的灰色或红色材料，也可以使用颜色较深的灰瓦或红瓦；屋檐及垂脊底下做出层次与墙体相接；烟囱可以简化为坡顶和平顶两种类型（图3.27）。

图3.27 承德市屋顶设计

窗户外边框类型多种多样，外边框材质可以选用木材、铝合金及仿木漆等现代材料。现代材料具有使用周期长、不易损坏、可供选择的类型多样等特点。窗户可选择无色的玻璃材质，在窗户上方增加装饰性的屋檐。可通过简洁的开窗形式构成简洁的立面环境，窗户外边框可以选择深色，外边框样式应大方简约且与整体房屋建筑风格相协调（图3.28）。

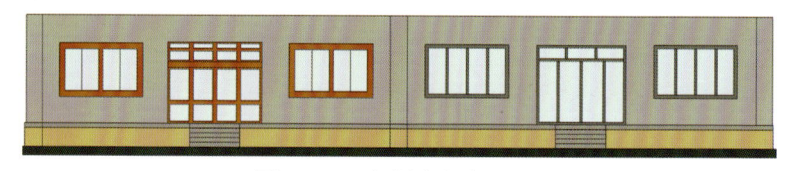

图3.28 现代样式窗户

5. 闽南建筑改造

建筑肌理设计的基本过程是一个简单而复杂的变换过程，即在建筑肌理设计过程中，根据客观合理的设计美学和技术科学，判断复杂内容取舍。在闽南建筑改造中采用相关的建筑肌理设计方法，通过设计思路的指导，完成具有一定特征倾向的建筑改造。

目前尚存的闽南地区传统民居大多是清末到民国时期建造的。其中很大部分是 20 世纪回国的华侨所建立的。近年来，乡村建设使得传统建筑濒危，新建筑兴建伴随着装饰元素的忽视和地域特征的消失。传统建筑的保护中暴露出很多严重问题，亟须得到重视和解决。除了对闽南建筑的改造，还要注意在改造过程中周边环境对建筑的影响。

1）建筑周边环境空间设计

闽南的建筑场地环境整治应秉承融山融水、生态集约、共享共建的设计理念和系统性、文化性、延展性的设计原则，依据不同的建筑尺度及街巷空间设计符合闽南建筑的特色场地环境。闽南建筑场地环境多以街巷空间为主（图3.29），而街巷格局与空间尺度把握作为搭建闽南小镇的主体骨架是非常重要的要素。在建筑周边环境的街巷空间提升中针对不同的空间格局与建筑尺度，将小镇街巷空间分为街道、主巷、次巷，以便进行空间环境的改造及设置适宜的业态活动。

图 3.29　闽南建筑的街巷结构
图片来源：https://www.sohu.com

在对闽南小镇街道及主巷空间重新规划设计时，保留其原有民居建筑高低起伏的组合形式，空间尺度上保留原有街巷的宽度，两侧两层的居民楼增加部分屋檐，将建筑整体稍微修高，使街巷两侧主要建筑趋于建筑单体形态的黄金比例。在街道及主巷的铺装以青石板为主，在青石板街道上分段凿刻彰显小镇历史民俗文化的文字介绍和图案图示。在街道主巷空间及建筑周边开敞空间分段设置一些文化小品景观，以形态静态展现小镇的传统文化等文化内涵，丰富现有街巷建筑场地环境的文化氛围（图3.30）。

2）门窗修复和砖墙保护

针对闽南受损的门窗，需分析损坏的原因，移除不明显的添加物和没有意义的修改。优先采用传统工艺。如果失传可采用现代可替换的工艺。修复门窗的材料、技术与原门窗的材料协调，具有可辨别性。设法修复已经损坏的门窗装饰，尽量避免门窗构件的更换。

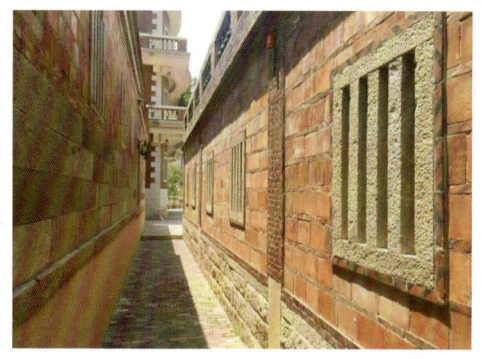

图 3.30　街巷空间

闽南地域以红砖墙和白色花岗岩为主要特征，是长期积淀的审美习惯。闽南传统民居的砖墙受损包含：风化、发霉、晶状盐、脱层、龟裂、剥落、地基的倾斜及人为破坏等。自然因素如植物损坏、污染物入侵、潮湿和地震等。在保护和修复过程中，应该尊重建筑景观原有的色彩、形状，采用相近的材料、传统技术和方法进行修复，去除对砖墙损坏的因素，修复的材料和原有的协调和区别相配（图 3.31）。

图 3.31　修复后的建筑

3）石雕木雕装饰保护

石雕包含石柱、石狮、柱础、石雕窗和柜台脚等（图 3.32）。损坏原因主要有：风化、龟裂、发霉、坑洞、盗窃和不合适施工等。门簪和石雕窗等工艺精美的装饰构件容易被盗，需要重点保护，在保护和修复中应尽量保持原有的色彩、技术和方法，用最小材料的修补、更替构件，运用树脂的黏合剂增加牢固性等。

图 3.32　石雕和木雕

闽南传统建筑的木雕装饰容易受到损坏，如木雕容易受到虫蚁侵蚀、风雨侵蚀、潮湿腐烂影响，造成风化严重和表面的油漆脱落。木雕保护要防止构件的松动脱落、木材腐化、被盗和病虫害等。表面需要进行清洗，除掉有害的物质。化学清洗针对有机污染物，增强木雕的抗腐烂能力，对缺损的部分进行修补，运用无化的材料或是有机的树脂等，增强抗腐性，局部运用无机材料或有机树脂进行修补、用固化剂胶粘和防水防风化等处理。

4）灰塑和交趾陶保护

灰塑（图3.33）和交趾陶（图3.34）的保护需要对表面进行清洗，对破损和材料脱落部分用相近的材料和工艺修复表面的接缝材料，有利于装饰的美观与完整。装饰要保证色彩、材料、装饰的真实性和完整性，禁止使用者随意改造、翻修。彩绘修复中，通过对彩画进行拍摄与扫描，然后进行临摹、修正和矫正图案变色部分，使得损坏的局部得以复原。

图3.33 灰塑
图片来源：https://www.naic.org.cn

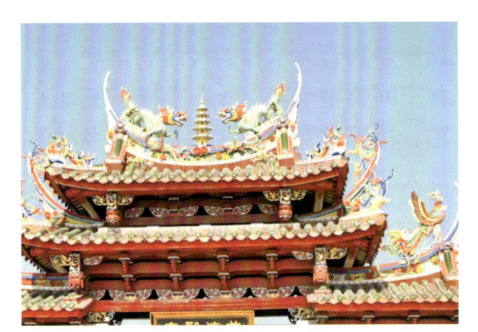

图3.34 交趾陶
图片来源：http://s9.sinaimg.cn/

3.3 村口空间景观整治

乡村聚落入口位置是整个村落空间序列的起始，是重要的交通节点，同时也是人流聚集量较大的空间。因此，村庄入口在空间布局上要考虑人流集散、交通引导等问题。村口空间景观设计要始终遵循可持续发展原则，将建筑景观、自然景观、农业景观交织在一起，增强乡村各类景观的吸引力，提高乡村群众的生活质量，并融入自然、文化，只有这样才能发挥出乡村多功能景观的价值，增强乡村景观的吸引力。

3.3.1 村口景观影响因素

村口作为村落的"门户"，其周围地理环境成为村口在规划和布局中尤为重点考虑的一部分，乡村村口景观的产生与发展都离不开所处的环境背景，其形成发展受到当地的地理、气候、生活方式、地域文化等因素影响，使其具有独特的建筑、文化、艺术价值。三种文化对村口景观的影响各有侧重，风水侧重村民心理上的一种价值取向，宗族是村落发展的基础，其对村口景观的影响具有决定性作用，当然现在的影响逐渐减小；耕读文化是浙江的最大文化优势。

· 63 ·

图 3.37　开放式村口效果图

3.3.3　村口建筑空间

建筑一般作为村口空间的核心要素，不仅决定其他要素的组织形式，还决定了地块利用的基本形式。建筑的形态和位置，决定了村口空间的基本形态。实体建筑是空间的主导，例如设置在村头的实体建筑，如门体、祠堂或书院等向人们转达礼乐教化的信息，产生村落的象征和标志作用。村口建筑空间对建筑观赏性与功能有不同程度的要求，在传统建筑组织中，门、墙及祠堂庙宇等建筑功能单一，现在因为村口建筑功能的综合性，村口处人流量大，应尽量避免人流交叉。此外，营造村口建筑空间不仅要考虑建筑自身，还需要与环境融合，注重景观功能的综合效益。

3.3.4　村口引导空间

村口引导空间（图 3.38）介于村口与村落内部空间之间，是村落结构前后的贯通，也是村落内部道路的起点，需注重村口空间与村落内部空间的联系。村口空间与村落内部有一恰当的过渡，才能使村落空间结构前后连贯，首尾相连，构成有头有尾有身段的统一的有机整体。引导空间作为村内空间前的引导和铺垫，具有承上启下的作用，通常不能一目了然、平铺直叙，应尽量体现出"隐现叵测"，阴阳开合、虚实藏露。

图 3.38　村口引导空间

· 66 ·

合理的引导空间，还需要通过创造介于村口与村内景观之间的事物，或预示内部氛围等手法，完成从村口景观到村内景观的心理转化，以避免人们心理上的突兀，这个空间分界是相对的、模糊的，空间上相交融合在一起，但是空间是连续性的，在空间组织上尤其强调村口空间整体性的原则。

3.3.5 村口空间整治方法

1. 营造起始空间

1）空间氛围的转换

村口空间作为联系村内外空间的媒介，为村民提供从一个环境转换到另一个环境的中介。村内外的环境格局差异较大，所以需要在村口起始空间提供适宜的空间大小、悠闲的氛围，以获得安全、舒服的精神放松。可以通过别致的铺装形式、精美的植物配置或设置牌楼、花墙、导游图等设施来转换氛围吸引游客。

2）步行流线的引导

在起始空间布置停车设施，尽量减少车流对村内步行环境的打扰，给游客提供宁静的氛围。同时在村内部设置相对独立的步行空间，可有效隔离外部机动交通的进入。还要注重步行流线的引导，通过精心布置的小品景观，如绿化、座椅等吸引人们的视线，从而引导人们进入下一个空间，增强空间之间的序列性。

3）自然式水景观的营造

水是构成村落起始空间的重点景观要素。自然形成的山水格局是水体在形态、生态上的平衡，是最能体现村口景观的自然风貌。村口的水景观主要以自然式营造为主，营造不规则的水体形状、自然式驳岸等。水体景观的营造重视人与自然和谐共生，强调"以人为本"，人工与自然山水生态环境融合呼应。

2. 营造村口广场空间

1）确定广场选址

广场能集中反映乡村空间的环境面貌，具有交通集散、集会、村民游览休憩及文化宣传的功能。从整体空间概念出发，对广场所处区域周围的乡村环境进行详细调查分析以确定广场尺度。首先，按乡村的整体风貌确定广场风格，如开放性和封闭性，现代风格和传统风格。其次，按性质将广场空间分割为交通、休闲、商业、礼制等。最后，选定能吸引各类人群的共同使用位置，作为广场的选址。

2）设计步行道路

广场步行设计需要考虑多个方面。首先，广场是文化性、休闲性和娱乐性的活动场所，所以要求广场空间内部全部是步行环境，不设车流以确保场地的安全性。其次，充分考虑广场上基础设施的实用性，方便进行广场内部人流的组织与疏散。最后，广场内部人行道与广场外部总体环境，例如，其他性质的路、桥、平台等，有机地连接起来形成一个完整的步行系统。

3）广场硬质景观

硬质景观主要是指以混凝土、石材、砖、金属等硬质材料建造而成的景观。硬质景观是用于建造铺地和环境小品的材料。广场铺地需要选择具有一定摩擦系数的铺装材料，例如，广场砖或经过凿毛处理的石材等。这些铺地材料不仅保持村庄特色，在恶劣天气还保障行人安全。环境小品指座椅、垃圾箱等设施，虽然它们较小，但是与人们活动尺度十分接近，具有观赏效果。在景观小品的设置时应因地制宜，注意地方材料的使用，使广场空间更具地域性和识别性。

4）保护历史文脉

营造村口广场要顺应空间肌理、脉络的延续性。广场空间是展示乡村历史文化的最佳场所之一。在广场空间的建设过程中，要与原有风貌相结合，努力挖掘地块内的人文景观资源，将其打造为乡村文化的展示平台。如，满足庆典活动功能的纪念性广场。这种类型广场的作用在庙会佳节等活动突出。广场营造时可用艺术化、感性化的形式承载空间历史文脉的延续与当代多元文化的交锋，使村口空间成为乡村文化的精神场所。

5）迎宾庆典功能

在村口景观营造中要突出迎宾庆典功能。推进美丽乡村建设以来，各村庄充分挖掘自身独特的生态资源优势和历史文化内涵，村口是村风貌旅游观景序列的第一印象，在还没有进入村庄前被人所识别，第一印象会直接影响游客的观感及进入与否的意愿。所以，在村口景观营造和设计方面要注重地区特色，营造村口迎宾氛围。

3. 营造建筑空间

1）选择乡土材料

选择乡土材料是对地方文脉的尊重，适当地结合民风民俗，可展示地方文化、体现乡土气息。乡土材料是构筑建筑地域性的物质条件和出发点。乡土材料可分为天然材料与人工材料两类：天然材料包括木、竹、土、石、草等；人工材料包括砖、瓦等。天然材料所特有的纹理质感和色彩可以体现地域建筑文化。人工材料的取材对人体无害，且经加工后保持乡土特征，能满足人们返朴归真、回归自然的心理要求。选择运用适合的乡土材料是形成、体现村口建筑空间乡土特色的根本。不同材料的选择运用，决定不同的建造技术和艺术，不同的建筑结构方式决定不同的建筑形式。营造村口建筑空间的建筑材料应简朴、经济并与乡村环境氛围相协调。

2）选择建筑类型

村口建筑在建筑功能上较弱，但在定位和造型上要求较高。村口建筑不只是被游人观赏其形式美，还与山水环境相结合共同形成村口景观。村口建筑是根据村口环境而设，常被用作村口景观中的点睛之笔。村口建筑类型多样，按照功能需求可以有标志性质的村门、礼制中心的祠堂、文化教育的书院等；或是建造实用类的桥梁、路亭等；还可以是实用性强的楼台亭阁。总之，村口建筑是将功能、结构、艺术统一于一体的景观形式。

3）提取景观符号

村口是实用性较强的公共空间，是开敞的人居环境。在不同的地域环境限制下，村口建筑的形态、立面材料、色彩及空间布局等存在很大的差别，形成了各具特色且具有明显地域标志性的村口景观。此外村口的宗庙、祠堂建筑与防卫性的寨门构成传统村口的地标建筑组合，形成了村落的礼制中心。

村口建筑形式来源于其他乡村景观符号，如桥模仿枯木的形态与纹理，横跨水面之上，与周围环境融为一体。这种比较常见于建筑类小品，如亭、廊、水榭等，乡村中很多具有乡土特色的元素虽然不如民居的地域特征具有代表性，但是其质朴的形态特征一样可以被当村口建筑形式的符号来源。

3.4 广场空间景观整治

随着农村与城市生活水平之间差异的逐渐缩小，农村居民对现存生活环境的质量提出了更高的要求。农村广场则是为居民提供交流、公共活动或休闲娱乐消遣等的场所，例如扭秧歌等。建筑学家诺伯舒兹在《场所精神——迈向建筑现象学》中，系统完整地阐述了场所精神理论，认为场所由具有物质本质、形态、质感和颜色的具体的物所组成的一个整体。这些物的总和决定了一种环境的特性，亦即场所的本质。一般而言，场所都会具有一种特性或气氛，因此场所具有固定性、整体性的特点。农村广场是突出地方景观特色、生产特色和文化传统的重要载体，是彰显乡村大众精神的窗口。对农村交流广场空间的营造，不仅要体现其功能性，同时还要体现本村的独特性，利用场所精神理论从物质和精神方面，采用质朴的整治方法，利用当地材料、传统符号，展示地方风貌，强调景观实用性、地方性与艺术性的结合。

3.4.1 广场空间整治原则

1. 体现以人为本

因为广场的主要服务对象是人，在这个语义下"以人为本"中的"人"指的就是广场的使用者，"以人为本"的整治原则体现在广场景观的初衷要从乡村居民的主要需求、游客的次要需求出发，使广场空间具有宜人性、互动性，便于实现人与人之间、人与环境之间的沟通交流。在乡村广场的整治过程中，要考虑人性化空间设计的知识，把人性化运用到实际中。

2. 尊重自然风貌

乡村广场作为乡村的一个形象展示区，其意义不亚于村落建筑景观的作用。因此在整治中更要尝试挖掘本土文化，展现乡土特色。然而，尊重地域风貌不是不改变原貌，具体理论支撑应该从批判性地域主义中找到一些答案。批判性地域主义正是相对狭猾、机械的地域主文而言的，它们虽然同样注重地方文化，并使用地方元素进行整治，进行地方性的语言表达，但是批判性地域主义反对滥用建筑符号或者对局部进行重组和拼凑的形式主义手法。所以尊重自然风貌是一种包容的地域主义，它并不处于地域化与全球化完全相对立的状态，而是处于两者之间。

3. 强调场所精神

场所是由自然和人造环境相结合的、有意义的整体，不仅具有实体空间的形式，还具有精神上的意义。场所精神比场所有着更广泛而深刻的内容和意义，它是一种总体气氛，是人的意识和行动在参与过程中获得的一种场所感，一种有意义的空间感。场所精神是场所文化积淀的东西，乡村居民们能够从中感受体验到历史文化、民俗风貌、生活习性。乡乡村广场在村落中的特定位置，决定它代表着一种场所精神，一种集体力量，给予特定群体一种认同感和安全感。因此，乡村广场整治需要遵循的场所精神，通过文化注入同时保留原生态的历史性。

4. 整体综合整治

因为乡村广场整治是一个系统工程，它要从乡村环境的整体出发，综合地考虑各种因素，如生态因素、景观因素、人文因素等。所以，必须强调兼顾广场功能的整体性与综合性。首先，整治要善于取舍，做到重点突出、主次分明，确保广场功能整体的完整。其次，做好广场内外绿化的整体性和连贯性，合理解决广场与周边现实建筑环境、人文环境和交通道路等方面的问题，以达到统一的整体效果。

5. 保持生态平衡

因为乡村是处在一个整体的生态循环系统中，所以既要尊重乡村当地特定的生态条件和景观生态特点，又要充分考虑广场本身的生态合理性，如阳光、水体、地形等因素，趋利避害。在广场整治中：一来尽量避免对生态自然环境破坏，遇到场地规划与现实环境的冲突时，合理调整规划方案，以保护景观原貌为优先选择；二来可持续发展还要求乡村广场的整治具备经济实用性，设计格局紧凑。

3.4.2 广场空间整治方法

1. 广场空间整治

广场空间整治首先要从规划广场的规模大小入手，新建广场需要考虑乡村广场的尺度和比例问题，分析和确定广场的空间形态，根据基地的区位条件进行广场空间的围合。

1）广场规模尺度

乡村广场的规模、尺度是根据广场周边建筑物的尺度、体量、功能及人的尺度来定的。太大的广场使人有排斥性，太小的广场则使人感到压抑。广场的空间尺度要保证与乡村街巷形态相和谐，基层乡村广场不宜规划太大，中心村的广场也不能超过城市中广场的面积，广场面积以 $1\sim2\,hm^2$ 为宜。此外，广场坡度也要谨慎选择，平原地区广场坡度应小于等于1%，丘陵和山区小于等于3%，积雪与寒冷地区最大坡度为6%。

2）广场空间围合

乡村广场空间围合要考虑原场地的围合情况和营造预期。总体来说乡村广场闭合方式有四种：①四面围合，这种围合方式封闭性极强且具有强烈的内聚力；②三面围合，广场一面开敞，这种围合方式多为一面临街或有较好的景观且具有一定的方向性；③二面围合，空间限定较弱，这种围合方式常常位于建筑之间或道路转角处且具有一定的流动性；④一面围合，这种围合方式一般是规模较大的中心广场且具有一定的开阔性（图3.39）。

2. 广场铺装规划

广场铺地可以起到分隔、标识、引导作用。广场铺地的处理手法主要采用图案分区，即将图案进行整体设计以便易于统一广场的地形分割，保持整体空间感。广场各功能分区铺地宜采用不同图案区别开来，横排图案给人以收缩、内敛的感觉；竖排图案给人以伸展、扩张的感觉。乡村广场比较适合的铺地图案有传统吉祥样式的花鸟、当地的动植物图像等，

(a) 四面围合 　　　　　　　　　　　　(b) 三面围合

(c) 两面围合 　　　　　　　　　　　　(d) 一面围合

图 3.39　空间围合

也可以吸取当代广场的几何构成的图案或者尝试艺术绘画，使广场艺术感更加浓厚。

广场的地形分割组合除了用图案纹样区别，还可以用不同的材质来划分。特别是广场与道路相连处，铺地材料的变化会强化两者之间的区域分界。乡村广场的铺装材料既要经济实用也要体现乡土特点，如当地的板岩、砂岩、卵石等，人造石材包括文化石、瓷砖等，木材则包括乡村的自然实木或人造木材（图 3.40，图 3.41）。

图 3.40　砖石铺装广场 　　　　　　　图 3.41　水泥硬化广场

3. 广场绿化整治

1）考虑植物季相

广场植被不仅发挥生态效益，还起着分隔和围合广场空间的重要作用，是广场内必要的景观元素之一。进行绿化设计时，应该考虑广场一年四季都有绿色，可以选择一些常绿植物，或者选择一些具有季节性特征的植物类型，植物的选择体现乡村的地域文化、自然气候等特点。

2）运用乡土植物

乡土景观植物有很强的适应性和繁殖能力，具有浓郁的本土气息，最能表现乡村独有的乡土景观效果。由于植物的生长速度缓慢,要注意对场地原有树木的保留,另外可采用垂直绿化方式,如充分利用建筑与小品的立面做绿化处理,为广场营造绿色立体空间。

3)烘托广场环境

乡村广场的绿化面积不能超过总体面积的一半,否则广场规划就变成了绿地设计,不符合广场要求。在一些不适合种植草坪和大面积植物花草的地段,也考虑以花体、花池作为造型要素。花架、绿廊一般布置在广场的边缘位置,起连接广场空间和点缀环境的作用,同时提供休息遮荫、纳凉的功能。

4)营造空间围合

广场空间的组织与围合离不开植物的使用。植物在广场上创造空间感的方式有:利用植物形成围合性空间;利用乔木的树冠限定广场顶界面空间;利用成列的树干暗示空间的边界;利用草坪作为空间的底界面。植物的颜色与形态会随着季节发生变化,因此,植物所组织围合的空间具有时效性和季节性(图3.42)。

图 3.42　广场绿化

4. 广场小品类型

景观小品如雕塑、墙绘、照壁、叠水置石及其他一些景观元素是延续地域建筑风貌特色的另一条途径。比如通过象征、隐喻的手法来达到延续传统建筑记忆的效果。乡村广场设施的类型主要有座椅、街灯、展示廊、指示牌、健身器材等(图3.43)。一来提供功能服务,二来也可点缀、烘托环境氛围。造型方面,可以从传统文化入手,形式上吸取乡土建筑形式和设计元素,用当代工艺把乡土材料和新材料融合在一起,如铝合金、玻璃与木、竹、石等合理搭配使用(表3.2)。还要坚持人性化的原则,比如在北方金属座椅冬冷夏热,不宜选用;积雪使地面打滑,广场的铺地不宜使用光滑材料。自然古朴的乡土材料既有实用价值,也传达了乡村地域性特征。

图 3.43　乡村广场小品

表 3.2 当代景观环境常用界面材料

界面材料	优点	缺点
木材	触感较好,加工性强,亲近自然,纹理丰富、颜色多样,冬暖夏凉,很受欢迎	耐久性差
石材	质感浑厚,大气,颜色纹理都比较丰富,坚固耐用,既可当装饰材料,也可作建筑结构	冬冷夏热,形状较难塑造
铁质(包括不锈钢)	坚固耐用,可以塑造各种形状	冰冷感且冬冷夏热、铁质器材存在生锈问题
竹材	竹材是我国南方地区一种常见的生物材料,物理力学性能优越、结实耐用、易于加工、用途广泛、绿色环保	竹材受日晒和湿度的影响易变形
砖	方便施工、种类多样、价格实惠	风格比较受限制、比较适宜田园乡村风格
玻璃	具有较强的耐腐蚀性、抗渗漏性、隔热性	老化现象、价格昂贵
金属	耐热性好,不易燃烧;随着温度变化,性质变化小;机械强度高;耐久性好,不易老化;不易受到损伤,不易沾染灰尘及污物;尺寸稳定性佳	不易于成型和加工;不可根据需要随意着色或制成透明制品;制品质量重;易生锈
高分子合成材料	性能可调范围宽,适应性强,耐磨性能好,具有优良的复原性、耐候性好,使用寿命长,耐油性好,价格适中	最明显的耐老化性能差,高温性能有局限,材料表面比如上涂料困难

3.5 公共绿化景观整治

3.5.1 乡村公共绿化整治原则

1. 合理布局

村庄绿化规划要在村庄总体规划的基础上进行整治,利用村庄所处的自然地理环境突出当地特色,营造出自然优美的田园景观。在绿化布局上要合理分配,在绿化过程中要节约用地,见缝插绿,形成布局富有层次的乡村绿地系统。

2. 分类实施

村庄绿化工作量较大,涉及农村发展的方方面面,在实施过程中可根据各地自然环境和发展水平对村庄划分类型。在绿化过程中根据道路、河道、庭院等不同绿地的特点进行有针对性的绿化。优先搞好村内部范围的绿化,再逐步向外围延伸。

3. 生态优先

在乡村公共绿化整治过程中要以改善乡村生态环境作为首要目标,优先考虑绿化的生态效益。在保证生态目标的前提下,合理配置树种,把园林绿化手法融入村庄绿化中,创造景观效益。同时充分利用村庄房前屋后的空地发展果园、花园等,以便发挥空地绿化的经济效益。

4. 因地制宜

乡村在发展过程冲，都有着自然和人文积淀的历史过程，在此过程中形成了地方性的特色自然资源景观和人文资源景观。在建设新农村绿化时，要注重体现地方特色文化，善于利用各地特定的地理环境、不同的气候条件、丰厚的文化底蕴，采用灵活多样的绿化形式，体现村庄特色。绿化过程中要充分利用村庄原有的绿地资源，保护好古树名木、围村森林等，并将其融入村庄绿化中，做到改造与新建结合。

3.5.2 公共绿化整治方法

公共绿地是乡村绿化景观建设的重点。目前，不少乡村的公共绿地形式较为单调，基本都是平铺草坪、再点缀一些小乔木和灌木，景观效果一般。再加上疏于管理，不少乡村公共绿地成为了被遗忘的角落。因此，在整治公共绿地应该结合当地实际，根据村民的活动需要和行为习惯进行公共绿地整治。在布局选择上应靠近村民住宅区，便于人们就近休闲交流，也可充分利用村委会等公共设施前的空地进行布置。在植物的搭配处理上要注意以下方面。

1. 注重植物搭配

在树丛种植过程中，切忌各类树种均匀分布于整个绿化场地。应该注重营造植物的疏密感、层次感，创造出立体的景观效果，尤其是要处理好植物各种群落的关系，如各季相植物的对比。景观绿化中要以乡土物种为主，外来物种为辅，大力开发利用乡土物种，包括乔木、灌木及草坪地被植物等。为了使各种植物带给乡村居民视觉上、嗅觉上、精神上等身体机能美的享受，可以利用园林美学的原理，依据植物的高矮、色彩、香味进行配置。

2. 注重环境协调

乡村绿化景观在满足绿化、美化环境的自然属性外，还应考虑人们的休闲需求。因此在绿化系统的配置上要重视不同年龄、不同层次居民的休闲需要，根据其使用特点做出合理的布局。如乡村公共绿地内的坐凳作为居民聊天、休闲的设施，可在座椅旁边适当配置几株香樟等类型的常绿乔木，用以遮荫和创造一种幽静的环境。座椅背后，可以用珊瑚树等高绿篱加以分隔，也可以设置花台栽植开花灌木用以美化周围环境。

3. 放置景观小品

在公共绿地中设置一些必要的活动设施，运用铺装材质来分隔一定的硬质空间，还可适当布置一些园林景观小品，如座椅、石桌等供村民休闲放松、交流学习；照明灯也是乡村公共景观小品中必不可少的一部分，一般除设置于道路边外，还可在公共绿地、交流广场等区域，为村民夜间串门、娱乐等提供灯光照明条件；乡村标识也是重要的乡村景观小品，包括公共设施标志牌、路牌等。乡村小品具有可识别性，让人们轻易地明白所标事物的方向与空间位置。在公共绿地整治中，要注意创建合理的景观空间格局，丰富和完善乡村的公共活动空间。对于这些公共景观小品的设置，要在不破坏当地原有自然、文化景观的基础上，注重景观的和谐度与实用性，提高村民的生活品质。

4. 古树景观作用

在乡村公共绿地内外的古树名木是非常受村民和外来游客欢迎的观赏景观。历史悠久的村落往往养护一些古树，古树见证村子的发展也成为村落景观中的重要节点，为当地村民提供了夏季避暑纳凉的场所，成为村民们农闲之余交流信息、情感的重要基地。在村落景观的整治中，一是应保护本地树种，合理配置植物景观。二是对于那些在人们心目中具有特殊印记乃至可引起广泛乡愁、乡情的植物可作为植物景观中的重要造景因素。

3.5.3　公共绿地植物景观营造

我国不同地区的人们在长期以来应用植物的过程中已经形成了深厚的植物文化。在营造公共绿地植物景观时，选择乡村植物品种优先考虑本地植物。本地植物能保证植物的成活率，形成景观的速度快且有利于展现村庄的地域特色。

植物景观是构成公共绿地的主要因素，也是园林植物配置的基础，主要类型有观赏花、观赏果树、林木、竹类等。观赏花类植物艳丽芬芳是公共绿地中的主要观赏对象，例如，有"花王"之称的牡丹是绿化中的主要花种，海棠、紫薇等多种植在山上、水滨、庭院等处；观赏果树类常绿的有枇杷等，落叶的有柿子、枸杞等；林木常绿的有罗汉松、马尾松、香樟等，落叶的有银杏、合欢、黄连木、皂角等。其中枫杨生长速度快，枝干盘曲，树冠浓荫，容易形成葱茏的佳境，绿化应用较多；藤蔓类是依附于山石、墙壁、花架上的主要植物，因其习性攀缘，故有增加公共绿地生气的效果，常绿的有蔷薇、木香、常春藤等；竹类生长快、不择阴阳，所以在墙根池畔皆可种植，常用的有象竹、观音竹、斑竹等。

总之，在公共绿地植物选择上，应该注意四点。第一，求精而忌繁杂，避免给人拥挤感。第二，在植物配置上要考虑植物栽植的小环境，如栽植地的位置、朝向、光照、土壤等，只有环境条件适宜，植物才能生长良好。第三，考虑植物间生态的互补性。如光照方面，在光照较充足的植物群落上层，适宜种植高大喜阳的乔木。中层光线比上层弱，可以适宜一些耐阴的灌木。下层适合一些阴性较强的草本和地被植物。第四，注重考虑植物的色彩、质感、种植密度等观赏效果。

3.6　住宅庭院景观整治

庭院景观是乡村景观的关键组成部分，是人们走出住宅接触自然的第一个环境空间，其主要受自然因素（当地的气候条件、地理环境、自然资源、乡村景观格局等）和人文因素（风土人情、传统文化、生产生活方式等）的影响。在乡村，庭院里可以用于安排生产、起居、用餐、休闲等各种活动。庭院景观不仅能够美化环境，满足人们日常活动的需求，并具有生态效益和经济效益。当前的乡村住宅庭院景观设计，可以采用以发展庭院经济和绿化景观相结合的模式。因此在住宅庭院景观的规划中，应依据生态学原理和景观生态学理论与方法对生物环境和社会相互作用过程的全面深入的综合，合理安排庭院景观与人类活动空间，进一步强调景观的美学价值和生态价值及其可持续发展的长期效益，为人们创建高效、安全、健康、舒适、优美的环境。

3.6.1 庭院绿化整治

庭院绿化整治是指在乡村庭院内种植不同种类的绿色植物打造美丽的庭院景观。庭院整治有利于改善人居生活环境、塑造乡村景观、促进经济增长。乡村庭院绿化注重实用性、生态性和经济性。在植物种类选择上，按照植物的生长规律，做到乔、灌、花草相组合，常绿植物与落叶植物相搭配。在种植乔灌木的同时，可以考虑利用爬山虎等攀爬类植物，将房屋外立面墙体打造为绿化墙，既可以美化环境还能调节光照强度对室内温度的影响。

1. 庭院绿化植物景观

庭院植物种植时做到乔、灌、草的合理搭配，以此丰富庭院景观层次。庭院景观的整治注重以人为本，根据居民喜好选择不同类型的树种、攀缘植物，可供选择的植物种类有垂丝海棠、香樟、白玉兰、桂花、孔雀草、沿阶草等。庭院绿化要与周边建筑、道路、地形等相融合，在庭院绿化整治中结合本村特色文化，赋予其田园风光的内涵，吸引游客。让庭院景观在美化乡村环境的同时增加农民经济收入。使庭院整治工作发挥最大的生态、经济和社会效益。

2. 房前屋后绿化景观

村民可以通过经济型植物和观赏型植物的种植，起到增加村民收入，美化庭院景观的作用。住宅房前可以种植一些柑橘、枇杷等果树，搭配一些低矮的灌木和盆栽等，形成景观层次感。屋后可以栽种一些常绿高大树种和花卉，如桂花、广玉兰等，可以绿化住宅环境，并且起到屏蔽遮挡的作用，保证居住环境的私密性；在房前庭院内的通道和活动场地上可搭设棚架种植藤蔓植物。可以选用牵牛、扁豆、观赏瓜等草本的蔓生植物，在绳索、枝条的牵引下生长，棚架在植物的衬托下创造出一个出入方便、布置灵活的休闲场地。

3. 住宅立面绿化景观

在住宅旁栽植爬山虎、凌霄、常春藤等攀援植物，攀附墙体覆盖墙面和屋顶，形成浓密的绿叶覆盖层。既能装饰美化院落，又能吸收热能降低室内温度，增加空气湿度，并且能隔音滞尘、净化空气。住宅墙体可以用蔷薇、女贞、炮仗花等进行美化，形成庭院垂直绿化景观，还可以直接代替墙体，达到分隔相邻两家庭院的效果。建筑阳台的绿化可安放造型优美的盆景，如造型三角梅等。有条件的庭院，还可以实施屋顶花园设计，从建筑的荷重、根系的长短、植物的重量、植物的喜阴喜阳性等方面综合考虑植物的种类，从而构成庭院的立体景观，改善居住环境（图3.44）。

图3.44 庭院立面绿化景观效果图

3.6.2 庭院围栏整治

围栏是庭院景观的组成部分之一。围栏具有分隔庭院空间、防护等作用。目前农村庭院围栏存在很多问题（图3.45），例如，由于资金问题，大量围栏得不到有效维护破败不堪；围栏简单用砖堆砌而成，样式单一，景观视觉效果差；部分围栏高度过高阻隔了庭院内外空间。因此，乡村庭院围栏需要进行整治，在满足基本防护作用的基础上进行围栏样式美化。

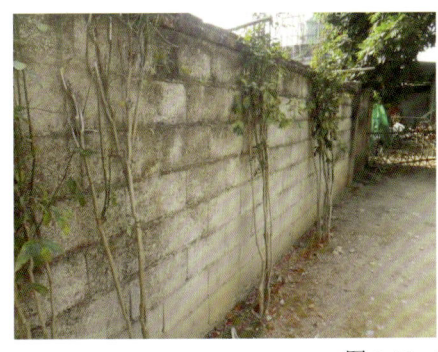

图3.45 庭院围墙现状

乡村庭院围栏整治过程中，围栏样式主要是围墙、栅栏相组合。基于复合生态系统理论的庭院围栏整治方法，要求在满足围护、分隔功能的基础上符合大众审美要求，并能体现当地区域文化特色。庭院围栏的整治材料宜采用乡土材料为砌体，运用多样化的表现形式。墙体美化融入乡村当地的文化元素，围栏样式趋于多样化，例如，镂空墙体。在防护要求不是很强的农村庭院中，可采用木质隔栅、竹篱笆等乡土材料，在美观经济的同时亦能凸显农家风情[12]（图3.46）。

图3.46 新农村围栏效果图

3.6.3 庭院铺装整治

目前乡村建设中庭院通常采用水泥地面，水泥地面不仅阻断人与自然的接触，而且视觉观赏性差（图3.47）。庭院铺装整治应体现生态保护原则，故地面铺装材料宜采用生态环保、透水性强、经济适用、又能体现乡村特色的当地铺装材料，如砖、青石（图3.48）、瓦片等。铺地材料直接影响庭院景观风格，选用不同颜色、风格、纹理的铺装材料进行庭院地面硬化，可以划分不同的庭院空间，增加庭院景观美化程度。但是无论采用哪种材料，庭院地面铺装需留有一定面积的自然地面，以供庭院植物的生长。

图 3.47　水泥铺装庭院　　　　　　　　图 3.48　条石铺装庭院

3.6.4　庭院景观小品设置

乡村庭院景观小品是乡村文化的重要表现形式。在庭院景观打造过程中，应在庭院中设置景观小品提升观赏性，增加庭院景观的人文气息，吸引游客感受乡村历史、人文、生产、生活。景观小品主要包括水井、农具、水缸、木凳和桌椅等（图 3.49）。放置庭院景观小品时，要强调与庭院其他景观和周围环境气息相呼应。庭院景观小品在打造形式上需要综合考虑其观赏价值、生态价值、经济价值和社会价值，最终设计出具有特色的景观小品。

庭院中的水井及供人们休憩的石桌石凳均是庭院中具有人文历史色彩的景观要素。许多村民家里的水井，在为人们提供水源的基础上，也充分体现当地富有特色的农家生活景观；庭院内的石桌石凳一般就地取材，具有简洁实用、经济实惠、寿命较长等特点；乡村庭院中常见禽畜饲养场地，例如鸡圈等，在整治过程中一般拆除后由村里统一设置集中饲养地，以维护村庄良好的整体卫生环境。

图 3.49　庭院景观小品

3.7　道路景观整治

道路景观整治应从人本需求角度出发，依据景观生态学原理和人居环境科学理论进行规划设计。乡村道路首先要满足基本的功能，即满足村民劳动生产、通行方面的交通活动需要，以及搬运、亲友串访等非频繁性的交通需要，另外乡村道路具有休闲娱乐、交流往来的功能（图 3.50）。目前乡村道路还存在很多问题，例如路面不整洁，垃圾随处可见；部分路面凹凸不平，行车不便；部分乡村路面还是原始的自然路面，下雨天泥泞不堪。因此，乡村道路景观整治对于形成整洁的村容村貌及改善乡村环境起着重要作用。在道路景观整治中要结合各种影响因素例如路面、人行道及周边环境进行整治工作，要在满足居民出行和通行需要的前提下，充分考虑在地方形象特征塑造方面所起的作用。

图 3.50　乡村道路

3.7.1　道路铺装样式

路面景观是乡村道路景观建设中的一个重要方面。在道路铺装过程中，路面的铺地材料不仅要考虑实用性，包括使用寿命长短、耐磨程度大小、承载重量多少等，还要结合乡村自身文化特色，增强景观美学的特征。此外，对于道路的色彩和样式应选择与周围的建筑形成良好呼应关系的类型。在主要运用当地代表性材料的前提下，对于不同路面材料进行组合使用，包括沥青、混凝土、石料等，既可以美化环境加强道路的观赏性，又能做到经久耐用。通常要根据道路等级来选择路面材料：主要道路以水泥路面或沥青路面为主；小街小巷可采用富含地方特色的石板、方砖等；对于车流量不大的街道，可选用石材铺装，如小块的石英石，显得古朴而富有质感；对于无人行道的路面两侧边缘，不应设置过高的路缘石。道路除了起运输作用外还担负着连接景观生态斑块的廊道作用，为了使不同景观斑块内的动物更好地流通，农田道路路面以泥结碎石、砾石路面为主。

3.7.2　道路景观绿化

道路绿化是道路景观的重要构成要素。乡村道路绿化在整治时要坚持经济适用、可持续发展的原则，进行道路景观绿化时宜选用本土植被，可以更好地保护生态环境，减少经济投入。道路分隔可以采用乔冠双层结构，避免"一条路，两行树"的情况。路面绿化交接处可通过灌木丛或草坪来塑造自然柔和的边界。根据道路绿地形态不同选择的种植形式也不尽相同。主干道可以定距种植大乔木树种；狭窄的道路如巷口转角，可以布置草花地被植物；道路两旁无土或仅有少许土层的，可以沿道路构筑树池，树池内填土以种植小乔木或者是灌木及球体树种。道路绿化植物种植既要强调植物与环境的一致性，又要依据艺术原则呈现植物群体的形式美。在植物的搭配上应考虑道路长度、宽度及形式等，同一条道路上避免区块重复以取得最佳的经济、生态和社会效益。

生活的需要，而且符合现代审美。随着经济社会的发展，保护乡村文化景观是支持当地经济文化可持续发展的活力源泉。现在传统乡村文化景观服务于博物馆、特色商业、乡村旅游等项目，既可以激发传统文化景观的经济活力，又可以支持地方经济文化的可持续发展。

3. 动态发展原则

乡村文化景观记录了人类在各个历史时期对环境的干预，文化遗产则是历史的记录，也是文化景观中最有历史价值的内容，应当重视文化的传承和保护。在传统乡村地域文化保护的过程中，应当以区域环境一体化为框架，重点放在景观的整体性、环境和谐性和文化特色性等方面。要以动态、发展的观点看待乡村文化传统，积极保护历史文化，传承具有活力的部分并与未来发展趋势相结合。允许村民对破旧房屋和庭院进行整治，对室内进行重新装修。

4. 文化展示原则

通过文化展示实现乡村文化景观的历史价值、艺术价值和教育价值等，从而发挥乡村文化的社会作用。展示乡村的社会、文化、经济史，包括宗族制度及作用、教育及科举、商业、手工业成就等；展示本村历史及文化名人的生平事迹，借以展示乡村的文化生活和在乡知识分子在乡村建设中的作用；展示普通而朴实的传统乡村生活，包括宗族的祭祖、敬神、端午、龙灯等；展示有代表性的农业生产活动和家庭面食工艺及相应的生产工具；展示村民日常生活用品，如漆盒、灯盏等，并展示它们的生产制作过程。

3.8.2 乡村文化景观营造方法

1. 保持乡土文化特色

在乡村景观营造中要重视文化传承，注重对乡村文化的研究、继承和发扬，加强对乡村非物质文化景观的保护。乡村在发展中逐渐形成了具有本地区文化内涵的非物质文化景观。例如漳州的木偶艺术等瑰宝，甚至地区特有的方言也成为生活中必不可少的文化景观。日常生活中村民们坐在村庄的街道旁聊天、下棋，妇女到河岸边洗衣、洗菜，这种由生活方式所表现出来的现象也构成了乡村生动的非物质文化景观。乡村文化景观是宝贵的财富，在乡村文化景观营造过程中将风土人情、传统文化逐步落实到乡村建筑风格、空间布局及景观规划中，使乡村景观整治能发挥保护传统文化的积极作用。

2. 合理建设文化景观

在深入研究乡村历史文化和民族宗教的同时，对乡村文物、乡村格局和传统街区等历史文化景观加以保护和更新，例如要重点保护好乡村的特色宗教祭祀建筑等文化古迹（图 3.53），使乡村在总体布局和局部风貌上保持并强化其特有的文化特点，从而保证地方文化持久的生命力。合理的开发本身就是对乡村文化景观的保护，可以延长其生命周期。另外，在乡村景观特色开发时，应该充分利用民间的传说故事和民风民俗，在保护和修复具有历史文化价值的建筑物的同时，丰富景观的内涵。重点对人文景观资源如民俗文化、生活习惯等进行资源搜集与整合。

图 3.53　乡村祠堂

3.9　村容整治

在我国国土面积中，约 90%为乡村区域，乡村人口约占全国总人口的 70%。乡村振兴战略提出以来，我国农村经济得到了较快发展，随之而来的环境污染问题也日益严重，成为阻碍改善乡村人居环境的绊脚石。根据最新的环境状况公报，农村生活污水排放污染环境问题严重，每年上亿吨的农村生活垃圾露天堆放，上亿亩农田遭到不同程度的污染，露天厕所随意搭建，种种因素严重影响农村人居环境。农村生活污水治理、垃圾处理、厕所整治是农村人居环境整治的重要内容。

3.9.1　生活污水整治

1. 生活污水来源

农村生活污水主要包括厨房污水、生活污水、厕所污水和其他混合污水。根据相关研究，生活污水中 50%来自厨房与卫生间的洗涤、洗浴水组成的灰水，只有 20%是冲厕污水。灰水水量大，污染物含量低，主要成分是氮、磷等植物需要的营养成分，基本不含有害病菌及有毒物质，完全可以通过植物吸收实现无害化处理[13]。根据生活污水的整治对象主要是灰水，为达到节约用水的目标，可以将日常生活排放的灰水净化后用于对水体纯洁度要求不高的地方，例如农田施肥等。通过治理乡村生活污水，改变污水横流、蚊虫滋生的村庄旧貌，让乡村成为农民安居乐业的幸福家园，所以生活污水治理是乡村人居环境整治的一项重要内容，是实施乡村振兴战略的重要环节。

2. 生活污水处理模式

我国幅员辽阔，不同地区农村生活污水的排放特点存在明显差异，所以针对生活污水的处理模式也不尽相同。目前我国农村生活污水处理主要采取四种处理模式。

1）集中处理模式

所有农户产生的污水进行集中收集，统一建设一处处理设施处理村庄全部污水。污水处理采用自然处理、常规生物处理等工艺形式。距离城镇污水处理厂较远且人口稠密的村庄可以建设生活污水收集池和污水处理设施，该模式下的生活污水处理后可以直接用于农业灌溉，实现了水资源循环利用。集中处理模式具有占地面积小、抗冲击能力强、出水水质好等特点，适用于村庄布局相对密集、规模较大、经济条件好、村镇企业或旅游业发达、处于水源保护区内的单村或联村污水处理，通常适合于在我国东部和华北地区，村庄分布密集、经济基础较好的农村采用。

2）分散处理模式

将农户污水按照分区进行收集，以稍大的村庄或邻近村庄的联合为宜，每个区域污水单独处理。污水分片收集后，采用中小型污水处理设备或自然处理等形式处理村庄污水。该处理模式具有布局灵活、施工简单、管理方便、出水水质有保障等特点，适用于村庄布局分散、规模较小、地形条件复杂、污水不易集中收集的村庄污水处理，通常在我国中西部村庄布局较为分散的地区采用。

3）雨污分流模式

在城市郊区或者镇周边农村区域的生活污水，因地制宜扩建镇级污水收集管网和建设入户毛细管道和半永久管网，推行雨污分流模式，将黑灰污水收集导入城镇污水管网集中处理。在畜禽养殖比较集中区域，推行"截污建池、收运还田"的资源利用模式，将粪污"变废为宝"发展有机农业，依托各类场区创办一批有机村、有机果园和有机菜园，提升农业品质。

4）接管模式

主要针对城镇附近村庄，通过建设污水收集管网，将城镇附近村庄的生活污水接入城镇污水处理管网，然后集中到污水处理厂进行处理。该技术模式具有简单快捷和处理成本低的优点，但是只能针对城镇附近村庄，受到地理因素制约，处理效果比较有效。

3. 生活污水处理技术

树立"创新、协调、绿色、开放、共享"的发展理念，因地制宜地制定农村生活污水处理技术，确保水质满足环境的功能性要求。我国最早在20世纪开展农村生活污水处理技术的研发工作，开始采用环境生态工程如土地处理、生态沟渠等处理工艺条件研究，以及环境工程如生物法的生物滤池、生物接触氧化处理工艺条件研究。初步形成以生态环境工程为主，环境工程为辅的处理格局（表3.3）。

表3.3 农村污水处理技术

技艺工程	适用范围	人口范围/人
人工湿地技术	闲置洼地且气候适宜地区	1～500
土地处理技术	渗透性良好的河滩地区	1～50
一体化处理技术	占地面积小的单户和几十户集中地区	1～50
生物氧化技术	经济发达且对水质要求较高的地区	≥100
活性污泥技术	经济发达且对水质要求较高的地区	≥100

人工湿地处理技术适用于农村生活污水不易集中收集处理的分散性农户。该技术在我国农村污水处理工作中应用较多，多用于南方种植水田的山区[14]。坐落于山区的村庄受地

形地貌的影响分布较分散,村民的生活污水不易集中收集,对于此类村庄可采用人工湿地处理技术,即污水先经过三格化粪池处理后直接进入人工湿地,通过人工湿地净化污水另做他用。具体技术流程如图3.54所示。

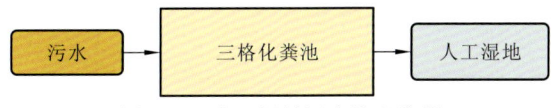

图3.54 人工湿地污水处理流程

厌氧＋自然生物处理技术适用于年平均温度在10℃以上同时有可供利用闲置土地的地区[14]。农村生活污水经过化粪池处理后再进行自然生物处理单元处理。化粪池属于初级处理,处理后的污水内污染物含量较高,所以在自然生物处理单元之前增加厌氧生物处理单元,将固体物质降解为溶解性物质,大分子物质降解为小分子物质,降低自然生物处理单元的负荷,便于后续处理。具体技术流程如图3.55所示。

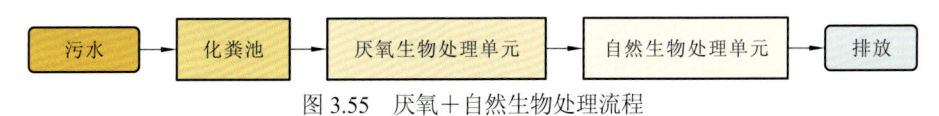

图3.55 厌氧＋自然生物处理流程

生物处理技术适用于土地资源比较紧张、没有或很少闲置土地且对排水水质要求较高地区的散户[14]。生物处理技术一般采用生物接触氧化池来净化污水,为了强化净化效果,生物接触氧化技术可以采用分段进水,污水经过处理后可以直接排放。技术流程如图3.56所示。

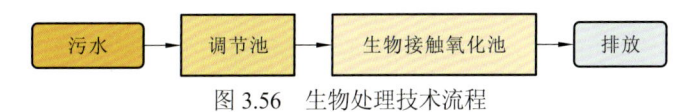

图3.56 生物处理技术流程

生态组合处理技术适用于对出水水质要求高且有可利用土地的地区[14]。当对污水水质要求较高且生物处理技术的污水水质达不到当地标准时,可以采用自然生物处理作为深度加工技术,一般采用人工湿地、稳定塘等处理技术。具体技术流程如图3.57所示。

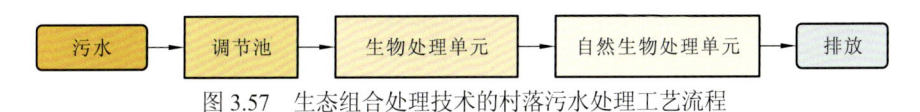

图3.57 生态组合处理技术的村落污水处理工艺流程

4. 生活污水处理对策

1)完善污水处理标准

综合考虑不同农村地区的地理地貌、气候水文和生活污水处理需求等因素,因地制宜地研发适应当地的农村生活污水集中式和分散式污水处理技术,合理改进污水处理流程(图3.58),不断完善污水处理标准。积极规划完善村庄排水设施,搞好沟河、坑塘综合治理,从源头上解决农村生活污水排放和村内积水问题。有条件的村规划建设村内排水道。杜绝污水乱泼、横流现象。

2)统筹资源利用

将改厕与农村生活污水治理有效衔接。从日本等发达国家来看,农村生活污水治理大致可分为两个级别,解决厕所粪污的预处理和对生活污水的净化处理问题。农村生活污水

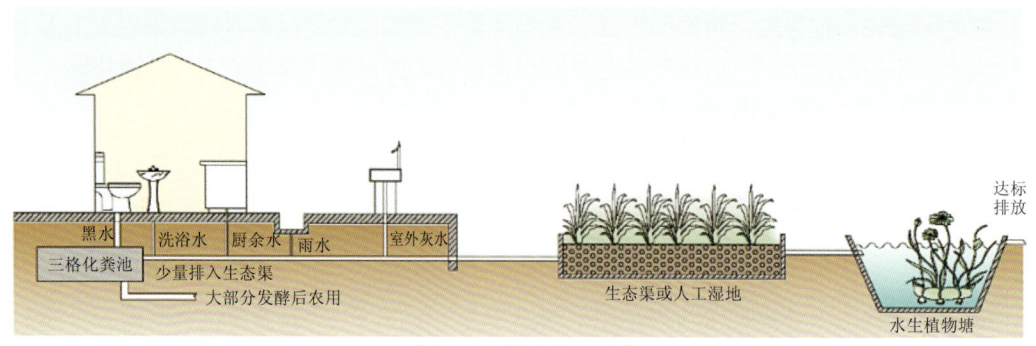

图 3.58 污水处理流程

治理首先要解决厕所粪污的卫生问题，进一步解决污水乱排和水环境治理问题。农村改厕和污水治理需紧密衔接，通过农村人居环境整治工作整体规划和推进。

3) 提高水资源利用率

加强农村地区的节约用水宣传教育，增强农村居民的节约用水意识，政府通过政策引导农村居民使用节水型的生活用具。在农村倡导一水多用，提高农村水资源利用率，同时增加农村生活污水处理的技术设备，实现生活污水的分类收集和处理，提高农村生活污水的利用率。

4) 重视人工湿地处理技术

通过农村污水处理技术可以得出人工湿地是农村污水处理的终端。人工湿地在农村地区的使用效果优于传统污水处理厂，人工湿地使用纯生物技术进行水质净化，不存在二次污染。人工湿地以水生植物、水生花卉为主要处理植物，在处理污水的同时还具有良好的景观效果，有利于改造农村环境。另外，人工湿地还拥有可持续的经济效益，在人工湿地上可选种一些具备净化效果和一定经济价值较高的水生植物，在污水处理的同时产生经济效益。所以探讨农村湿地景观营造具有经济价值。

5. 农村污水处理中湿地景观营造

我国从 20 世纪 80 年代开始，开展了农村生活污水处理技术的开发工作，构筑人工湿地。村内一些低洼地、废弃耕地通过改造种植水生植物，形成人工湿地景观。修建房舍周围排水沟汇集日常生活灰水，经由人工湿地逐步实现污染物降解，初步处理的灰水可以直接用于农田施肥。农村人工湿地景观在净化污水的同时，还可以增加生物多样性，改善农村人居环境。

1) 农村人工湿地组成

人工湿地是由人工建造和控制运行的与沼泽地类似的地面，将污水、污泥有控制地排放到人工建造的湿地上，利用湿地中种植的水生植物和各种微生物及水生动物等进行水体净化最后达标排放（图 3.59）。农村人工湿地大多数是由五部分组成，分别是填料层（沉淀池）、微生物、水生植物、水生动物和水体。

（1）填料层。农村人工湿地的填料层为植物和微生物生长提供载体，并对流过其中的污染物起过滤、沉淀和吸收的作用[15]。填料层一般在农村周围就地取材，选用造价低廉的卵石、砂、砾石、沸石等。厌氧沉淀池为接收污水的最初装置，一般处于整个湿地最高点。若是排入水源为颜色浑浊污水的沉淀池，应设计隔离视线装置、硬质池底与驳岸，以防下

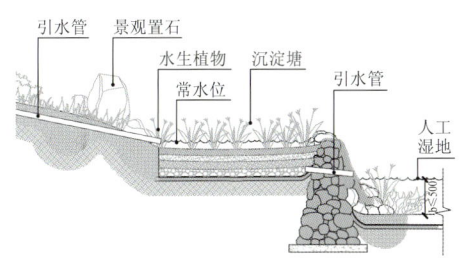

图 3.59　农村小型人工湿地示意图

图 3.60　沉淀池景观设计
图片来源：https://www.sohu.com

渗污染地下水、影响景观感受。在沉淀池上可设计景观构筑物，如湿地种植池、种植罐、雕塑、喷泉和小瀑布等，营造出宜人的湿地景观（图3.60）。

（2）微生物。微生物是系统降解农村生活污水中有机物的重要力量，是系统中物质和能量进行转换的重要环节。在人工湿地系统中同时存在有好氧细菌、兼性厌氧菌和厌氧菌：好氧细菌在有氧条件下通过呼吸作用将废水中的有机物分解为CO_2和H_2O，厌氧菌则在厌氧条件下将复杂的高分子有机物分解成简单的低分子有机物，硝化细菌和反硝化细菌则分别在好氧和厌氧条件下发挥作用达到废水脱氮的效果，使污水得到净化[15]。

（3）水生植物。水生植物是人工湿地中的主体，在处理农村生活污水过程中发挥至关重要的作用。人工湿地中种植的水生植物根据其生长特性可分为浮水植物、挺水植物和沉水植物三类[15]（图 3.61）。其中挺水植物由于其根系发达、生长快、环境适应能力强而被广泛应用，常见的有芦苇、香蒲、菖蒲和荷花等，研究发现芦苇还可以除去沙门氏菌和大肠杆菌等细菌。在湿地景观植物配置流程中（图3.62），在地势较高处以经济作物为主带动经济产出，地势较低处以挺水植物为主提高净化能力，河堤低洼处以浮叶植物为主进行水生生物养殖和微生物净化。

图 3.61　浮水植物（睡莲、浮萍）、挺水植物（香蒲、芦竹）、沉水植物（黑藻、金鱼藻）

（4）水生动物。水生动物包括浮游动物和底栖昆虫，例如唇角水蚤、龙虱、水蜘蛛、纹石蚕、中华小长臂虾、无齿蚌。人工湿地中植物的作用主要是：①分解和转化污水中的有机物和其他污染物，特殊的植物甚至可以转化水中特定的有毒有害物质；②通过植物根系的吸附、富集作用，去除废水中的一些包括重金属在内的有毒有害物质；③湿地内植物根系密集，巨大的表面积为微生物提供充足的附着场所。

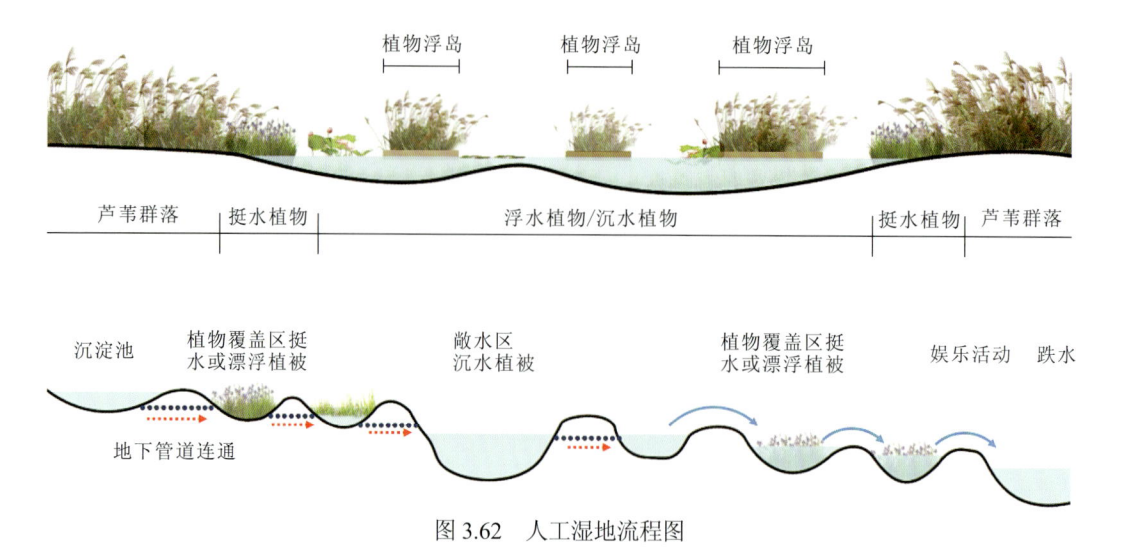

图 3.62 人工湿地流程图

（5）水体。水体是形成湿地的基础，同时也是景观构成的要素之一。良好的水体设计可以使整个湿地范围的生态环境得到改善，景观价值得到提升。乡村人工湿地景观设计中的水体为自然水体或者人工水体，其中自然水体主要指乡村中原有的水体，人工水体指规划建设的鱼塘和稻田及穿行其中的游船水道。在自然水体的设计上，首先应充分考虑生态效益，尽量不破坏原有水体的形式，尽可能将对自然环境的影响减小到最少，对现有湿地水体进行局部调整，使景观层次丰富，水体形式多样。不同的水体形式营造出不同的景观特点，例如，层层的叠水或者大片静止的水面（图 3.63，图 3.64）。

图 3.63 农村人工湿地的层层水面 　　图 3.64 农村人工湿地大片静止的水面

2）农村人工湿地环境景观营造

现存农村自然湿地、池塘、河流毗邻，适宜自然湿地植被群落生长和动物栖息。湿地形状与湿地水处理、植被生长及外侧自然植被相配合。为了保证其最佳水处理效果和景观营建，人工湿地呈不规则形状，具有缓坡驳岸及部分深水塘。

（1）湿地植物景观营造。农村湿地处理系统可以通过种植不同植物类型，以此展现出污水处理型湿地特殊景观，如采用大量的浮水植物和挺水植物组合成不同的色块。其中每一个植物色块都是一个污水净化区块，也是一个植物景观区。湿地景观植物配置取决于所选植物的颜色和良好的搭配，如荷花的粉色、萍蓬草的黄色与千屈菜紫红色的搭配。除了颜色这一要素，植物高低错落的层次感也是重要的观赏元素，如用香蒲、荇菜和金鱼藻的搭配，具备三种水生植物类型，这样的搭配方式符合水生植物群落的组合。通过水面上别具一格的挺水植物既能进行水体净化又能构建出具有欣赏价值的湿地景观（图3.65）。农村人工湿地周围区域种植树木来美化湿地景观，由于湿地边缘水体渗透及湿地植物根系的生长造成沿岸土壤稳定性下降，树木种植不应该靠近湿地岸边，要离岸边有一定的距离。可以选择易成活的柳树作为岸边植物。

图3.65　人工湿地挺水植物搭配

（2）湿地小品景观营造。湿地内水域面积占了很大比例，所以栈道、桥、栏杆、亭、台等类型的景观小品较多，这些也是农村污水处理型湿地景观设计中较为显眼且重要的部分，在设计过程中要注意小品的安全、方便、舒适及美观，争取做到人与景观的完美契合。农村湿地景观小品如座椅、标识语、垃圾桶、人行小路（图3.66）等，由于体量较小且数量相对较多，应顺应周边自然环境，以成套具有标志性的设计为主，但不用拘泥于统一的形式，注重与周边景观的协调，在满足功能的同时烘托意境、提升品位。湿地中的栈道、桥、亭台水榭和栏杆等建筑小品多设计为规则式，因为它们体量相对较大，同时需要把该类型小品融于水体景观或植物景观中，这样搭配效果刚柔并济，可形成鲜明的对比。湿地周围不同形式的围栏可以用不锈钢或者木料做材料，在上面雕刻或者排列成不同花纹（图3.67）。湿地周边的人行道路可以建造成别具一格的乡村小道，用碎石、块石或者破碎的大理石排列成不规则的形状，或者用条石间隔排列，道路周围种植草坪例如芦苇等观赏性植物，既能净化周围空气环境，又能净化水体。在农村人共湿地上方搭建行走的栈道，可以用木料或者石料，栈道两旁的栏杆设计成不同的类型，常见的样式有镂空的菱形或者竹子竖直排列的规则形状（图3.68）。

图3.66　湿地人行道路

图 3.67　人工湿地凉亭和围栏　　　　　　图 3.68　农村人工湿地上的栈道

（3）湿地生态建材选择。在建设湿地景观小品时，会涉及对具体材料的选择。钢筋、混凝土等材料虽然在安全和耐久方面有优势，但显得过于生硬，不能很好地融于湿地这种偏自然型、充满野趣的环境中。因此，营造时可选用本地的、乡土的材料，如本地的块石、卵石、木材等，建造后能与当地环境融合。此外，当地材料设计的小品放置在湿地这种充满自然野趣的场地中，本身也会成为湿地景观的一部分。对于科普教育的小品，可以设计一些反映污水净化过程展示板，或其他与湿地文化相关题材的艺术作品，如具有湿地水纹图案的铺装等。一个优秀景观小品还应该营造出浓厚的文化氛围，它不仅能够保存历史信息、延续地方文脉，还能使景观凸显出更加鲜明的特征。

3.9.2　农村垃圾处理

农业、农村、农民问题始终是关系我国国计民生、维持经济持续健康发展和社会大局稳定的根本性问题。为了解决好"三农问题"，习近平总书记在党的十九大报告中提出了实施乡村振兴战略，随后中央发布了一系列意见和发展规划，其中一项重要任务就是改善农村人居环境，建设美丽宜居乡村。2018年2月，中共中央办公厅、国务院办公厅印发《农村人居环境整治三年行动方案》，明确指出改善农村人居环境的重点任务其一就是推进农村生活垃圾治理，统筹考虑生活垃圾和农业生产废弃物利用、处理，建立健全符合农村实际、方式多样的生活垃圾收运处置体系，有条件的地区要推行适合农村特点的垃圾就地分类和资源化利用方式等。

1. 农村垃圾处理现状

农民日常生活产生的大部分垃圾属于可循环利用物质。这些可循环的垃圾就是垃圾整治的内容，包括道路两侧、村内外、院内外、室内外的各类垃圾及动物粪便等。经过努力垃圾治理工作取得了一定的成绩，农村生态环境明显好转，人居环境有所改善，但是生活垃圾污染的情况仍然比较严重。随着经济的快速发展和人民生活质量的普遍提高，生活垃圾的产出量持续增加、种类日益繁多、成分愈发复杂，而现有的垃圾回收、污染治理的方式相对简单粗暴，故而政府每年投入的垃圾治理费用十分高昂，然而治理效果却不尽如人意。在整个垃圾处理过程中存在的问题集中表现为以下几点。

1）垃圾收集环节

农村垃圾处理中存在的主要问题是缺乏主动保护环境、治理污染的人员，村民们的主观能动性较差，对于乡村环境保护缺乏主人翁意识。在村庄内部随处乱丢垃圾的现象普遍存在，生活垃圾零散堆放也影响了收集环节的工作效率，环卫工人花费大量时间收集处理分布在村庄各个角落的生活垃圾，降低垃圾收集环节的效率。

2）垃圾运输环节

我国农村垃圾一般为镇统一将村里的垃圾运输至县里的垃圾处理厂进行集中处理[16]。由于交通条件的限制，一些偏远乡村缺少统一进行生活垃圾装运的垃圾车，垃圾的运输、处理周期较长。此外在垃圾收集环节很少有地区进行简单的垃圾分类，所以运输环节普遍是将可回收垃圾、不可回收垃圾、有毒有害垃圾等混在一起运送。以上情况既增加了运输成本，又降低了后续垃圾处理的效率。

3）垃圾处理环节

由于缺乏垃圾处理技术和专业处理人员，农村的垃圾处理技术方法远远落后于城市，即便部分地区配备一些专业处理设备，由于维护成本较高、缺乏专业人员运营等原因，最终设备沦为摆设[16]。此外农村各个垃圾处理厂存在资源碎片化、分工不明确的问题，没有针对不同垃圾的性质划分不同的功能定位，也没有对垃圾处理的不同环节开展差异化作业。以上因素最终对垃圾处理效率产生一定影响。

4）垃圾治理监管环节

目前乡村垃圾处理模式除了在垃圾治理的基本环节存在一些问题，监管部门权责不清也为农村环境治理增添了很多阻碍。多个部门管一个问题的垃圾监管模式导致相关事项落实到具体问题的时候，部门之间相互推诿不愿承担责任，或者意见相左没有统一的目标，最后影响乡村环境治理的效果。

2. 垃圾处理模式

根据调查发现，目前我国常用的垃圾处理模式有两种，即垃圾兑换超市模式和生活垃圾分类处理模式。具体模式方法如下。

1）垃圾兑换超市模式

垃圾兑换超市，就是村民可以自发使用可回收的生活垃圾在相应的超市兑换日常用品的一种垃圾收集环节的创新模式。近年来，垃圾兑换超市的模式在国内许多农村都在采用，此模式在垃圾收集环节很有效果。垃圾兑换超市实行镇出资、村管理组织模式，在未来的发展过程中还可以适当引入市场机制等让该模式健康地运行下去。

2）生活垃圾分类处理模式

四川丹棱在生活垃圾处理方面采取的是招标的形式。该地区在较大范围内将垃圾处理的整个过程公开招标，所有村民都可以参与竞标，村民会持续跟进监督。中标人首先带动村民进行简单的垃圾分类，然后将收集的垃圾进行进一步分类，最后采取相关措施分类处理。上海市也正在进行垃圾分类的试点工作，一旦试点成功可以在全国普及。

3. 垃圾处理技术

我国农村地区目前常见的有填埋、堆肥、焚烧、热解气化四种垃圾处理技术。

1）填埋技术

垃圾填埋技术是利用天然山谷、低洼、石塘等凹地或平地，经防渗、排水、导气、拦挡等措施处理后，将垃圾按分区堆放。卫生填埋技术适用于我国人少地多的地方，比如我国中西部地区。由于卫生填埋具有技术成熟、操作简单和处理费用低等优点，是目前我国农村生活垃圾集中处置的主要方式之一。

2）焚烧技术

焚烧处理是深度氧化的化学过程，即通过适当的热分解、燃烧、熔融等反应，使垃圾经过高温下的氧化进行减容，成为残渣或者熔融固体物质的过程。焚烧设施必须配有烟气处理设施，防止重金属、有机类污染物等再次排入环境中。垃圾焚烧技术适用于我国人多地少的地区，比如我国东部发达城市。

3）堆肥技术

农村生活垃圾中有机组分含量高的垃圾，如厨余垃圾、植物残体等，可采用堆肥方法进行处理。堆肥技术是利用垃圾或土壤中存在的细菌、酵母菌、真菌和放线菌等微生物，使垃圾中的有机物发生生物化学反应而降解，形成一种类似腐殖质土壤的物质，用作肥料并用来改良土壤。堆肥技术的主要优点是稳定时间较填埋法短，可为农业提供有机肥料。堆肥方法适用于肥料运输半径适中、销路有保障的地区。

4）热解气化技术

垃圾热解气化技术是指在无氧或缺氧的条件下，垃圾中有机组分的大分子发生断裂，产生小分子气体、焦油和残渣的过程。垃圾热解气化技术可以实现垃圾无害化和资源化，处理规模灵活，还可以有效克服垃圾焚烧产生的污染问题，因而成为一种具有较大发展前景的垃圾处理技术。

4. 垃圾处理建议

针对农村生活垃圾处理各个环节中出现的问题，提出如下建议。

1）建立垃圾处理长效机制

解决乡村生活垃圾污染，形成生活垃圾治理长效机制是关键。要拓宽渠道多方筹措垃圾处理经费，解决好"钱"的问题。结合实际制定村民积极参与收集、保洁及时清运、后期科学处理的长效机制。建立严格的监管制度，明确政府、村委会、保洁队伍、第三方机构等主体在农村生活垃圾治理中的职责，通过各主体间的相互监督，形成全方位的有效监督体系，确保垃圾处理全过程层层负责、层层落实。另外可结合实际，建立垃圾治理付费制度，按照"谁污染谁治理"的环境管理原则征收垃圾治理费用，提高垃圾污染处罚门槛。

2）促进村民参与环保培训

做好农村垃圾处理，村民群众是主力军。一方面要强化宣传发动，加大环境保护相关知识、法律法规及政策的宣传力度，广泛动员村民参与乡村环境改善行动，树立保护环境的意识。另一方面要强化知识培训，邀请专业人士进村开展环境保护培训讲座，加强垃圾源头治理、分类收集、科学处理等知识培训，提高村民垃圾处理能力。此外，要注重思想引领。积极创新工作方式，充分发挥乡贤、老人协会的作用，建立健全环保表彰与惩戒机制，加强思想方面的引领。

3）加强垃圾处理源头管理

积极推广垃圾分类收集和处理，以达到生活垃圾减量化、无害化处理和资源化利用。例如，农户粗分类：将生活垃圾分为有机垃圾、可回收利用垃圾、建筑垃圾、危险物垃圾等，然后再送往垃圾投放点。定点精分类：在垃圾投放点，由专人负责将垃圾进行细致分类，对易腐垃圾进行堆肥或者填埋，对可回收物质实现资源化利用，对建筑类垃圾实行铺路处理。同时，要以增强县域垃圾处理能力为重点，着力提升垃圾回收、分类、处理能力，形成"户分类、村收集、镇运输、县处理"的城乡统筹垃圾处理模式。

通过垃圾处理技术的比较，填埋法是农村生活垃圾的最终处置方法。经过焚烧或者其他方法处理后的残余物都要被送到填埋场进行填埋。原理是将垃圾埋入地下，通过微生物长期分解作用，使之分解为无害的化合物。在农村一般有很多天然的或者废弃的低洼地、水坑、干涸的河流等，很多乡村将此作为天然填埋场，这就很容易造成水、土壤和大气的污染。所以，研究农村填埋场的景观设计具有重要意义。

5. 农村垃圾填埋场景观设计

农村垃圾填埋场一般位于农村郊区，周边多为耕地、水体等。一般印象中的垃圾填埋场是脏、乱、差的代表，填埋场内部景观设计混乱，道路两旁及周围绿化环境凌乱不堪，填埋场内部垃圾混乱堆放给周围的环境带来了巨大的影响，使周围区域空气质量变差，周围的土壤和河流也受到不同程度污染，不但影响生物链的完整，甚至有损周边居民的身体健康。在美丽乡村的背景下，农村垃圾填埋场内部和外围的景观设计正是符合绿色发展的需求，是对改善农村人居环境的积极响应。

在进行填埋场景观设计过程中，首先要进行填埋场区域划分。根据填埋场用途将内部划分为垃圾填埋处理区、进出口道路、工作人员及设备保养管理区、污水处理区、可利用废物储存场、表层土壤堆放场。根据乡村自然特点进行填埋场景观内部和外部设计。

1）填埋场雨污防渗系统

为了防止垃圾渗滤液污染场区地下水，在垃圾填埋场地层下设置渗滤液排放系统，及时排出填埋场的垃圾渗滤液，并且渗滤液排放系统底部铺设防渗隔离层，设置导流支管和主盲沟[17]。还要打通现状灌溉水渠、排碱渠等形成贯通水系渗透整个场地。填埋场内部渗滤液治理后排放的水资源可以为湿地补充水源，对水体进一步净化后用于填埋场植被的浇灌。引导雨水的合理收集和排放，结合人工排水沟，解决场地内积水、排水不畅的问题。在垃圾填埋场四周和填埋区周围设置截洪沟，减少洪水、雨水进入垃圾填埋区域。场区雨水系统的下游需设置沉淀池，防止垃圾堆排入外围雨水。同时在填埋场四周应设置监测井。如此不仅避免了污染水体的扩散，同时也可以将收集的水作为后续景观的用水。

2）微生物降解

垃圾场中降解垃圾的微生物主要有细菌、真菌和放线菌，其中细菌数量最多，按垃圾厌氧降解过程，主要微生物有三类。第一类是水解菌群，微生物产生的胞外酶催化大分子聚合物水解成单体或小分子聚合物。第二类是产氢产乙酸菌落，主要有布氏甲烷杆菌等。第三类是产甲烷菌群，主要有杆状菌、球状菌等。

垃圾降解一般可以分为四个阶段：好氧阶段、厌氧酸化阶段、初始产甲烷阶段和稳定产甲烷阶段。尽管垃圾组分有很大差异，但是生活垃圾中均含有较多的有机质，例如纤维素和半纤维素等。这些有机质在经历上述的降解过程后最终转化为甲烷。因为垃圾中富含微生物，所以部分填埋场区域直接生长植物景观（图3.69），对于此类植物加以引导利用，塑造成新的填埋场绿化景观。

3）垃圾异味处理

填埋场内堆放农村大部分的生活垃圾，所以场内气味难闻，为了更好地建造填埋场景观环境，要注重填埋场异味吸收。在垃圾处理中对于有臭味的气体则采用土壤生物脱臭法，将臭气送入土壤，臭气在通过土壤层时恶臭成分被土壤颗粒吸附，最后被土壤中的微生物吸收、降解[17]。对于飘散在空气中的异味可以通过周围绿化种植吸收来减少部分垃圾异味或者应用除臭剂来减少异味发散。最好选择种植可以遮掩味道的花卉，例如栀子花等（图3.70）。

图3.69　填埋场长出青草

图3.70　栀子花

4）道路景观设计

农村生活垃圾一般用汽车运输，所以在填埋场进出口主干道路建造时要考虑路面的承受能力，主干道两旁隔一定距离种植高大的乔木，种植品种选择可以在一定程度上遮盖垃圾味道的树木。同时注意改善道路两旁地面草坪植被，使之利于落叶清扫。在景观设计时，要进行场地资源有效利用和循环使用，场地中的废弃物本质上是放错地方的资源，通过相关设计改造可将其打造成具有场地特色性的景观小品，赋予它们全新的经济和艺术价值。填埋场内部是由场区小道分割不同功能区，以此减少各个区域的功能影响。场区小道主要供行人使用，所以可以选择用垃圾场回收的废弃物进行道路铺设（图3.71～图3.73），充分运用碎石、枕木等废弃材料进行路面修复工作。既达到废物二次利用的目的，又能够有效提升填埋场景观整体水平。道路两旁可以种植灌木和乔木等树种，底部种植观赏植物。

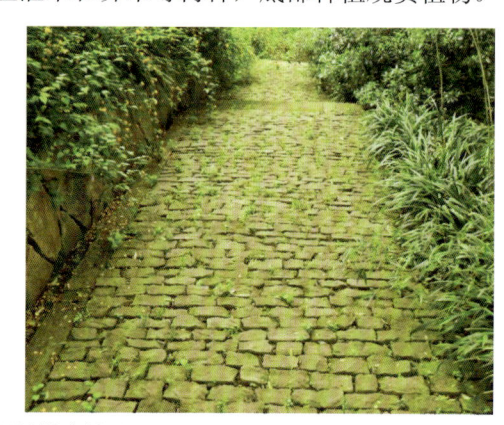

图3.71　填埋场道路景观

填埋场周围外部道路两侧应合理进行绿化，打造特色乡村风情带，通过种植乡土植物营造具有自然风光与人文内涵的道路景观。同时在道路沿线增设休闲节点提升道路沿线的休憩、观景功能。结合填埋场周边现有鸟类种群的栖息活动和飞行距离的特征，在填埋场周边沿线道路为鸟类设置一系列栖息点及配套的鸟类观光设施，合理保护生物和生态资源。

图 3.72　废旧铁路枕木铺设小径　　　　　图 3.73　鹅卵石做地面铺设

5）填埋场栅栏设计

垃圾填埋场周围多为耕地、水体，考虑填埋场对周围环境的负外部效应，应将四周用栅栏与外部进行隔绝，并在填埋场外围设置绿化带，以此阻隔减少对周围环境的破坏。填埋场四周的栅栏可以利用废弃的构筑物、垃圾堆里废弃建筑材料等进行改造，采用不同的排列方式使之呈现特殊的形式与色彩，成为具有特色的农村景观小品。这种对废弃物进行适当的景观处理的方法，不仅可以设计出形式、文化与技术相统一的新型景观小品，更是对场地资源的一种还原与尊重（图 3.74）。

图 3.74　填埋场周围的栅栏样式

6）填埋场周围隔离带设计

填埋场周围和内部绿化带的建设可以用普通草本植物，注重观赏花木、阔叶乔木、药用植物和芳香植物等的搭配种植。同时注重发挥绿化在整个填埋场内外生态中的更深层次作用，如消除垃圾味道、防尘、防噪音、消除毒害物质、杀灭细菌病毒等，甚至起到从视觉感官和心理上消除精神疲劳等作用，满足人们生活、休息的需要。

3.9.3　农村厕所改造

1. 厕所改造现状

改厕工作是惠及民生，改善人居环境，建设美丽乡村的重要一环，是农村"三大革命"工作中不可或缺的一部分。高度重视改厕工作，高标准、严要求，工作中要做到抓进度、抓质量、抓协调、抓安全，摸清底数、注重实效，稳步推进改厕，确保"改一户、成一座、净一方"。为了村内整体的清洁程度、村内环境的干净卫生和农民的卫生安全，切实为村民提供便利。

从空间上来看，我国卫生厕所普及率表现为"东部高、西部低""南方高、北方低"，农村卫生厕所普及率的区域差异主要与区域经济发展水平、气候资源条件、人口分布等因素有关。西部地区经济发展水平低，减贫是乡村发展的首要任务，农村改厕的财政支持力度低于东部沿海地区，政策覆盖面相对较小；而且西部地区是多民族分散居住区，地理气候条件复杂，改厕难度较大。我国水资源南多北少、降水自东向西逐渐递减，水冲式卫生厕所受水资源的影响，部分卫生厕所难以推广使用。北方冬季温度较低，农村卫生厕所的安装与使用受到限制。农村的基础设施普遍水平较低，大多村民家使用建在院外的土厕，不仅影响村庄环境，还可能引发疾病，因此，厕所的改造成为改善乡村人居环境的重要内容。

2. 改厕类型

1）双瓮式厕所

双瓮式厕所主要包括漏斗（即便池）、前瓮、后瓮、导粪管及活动盖板等几部分，人粪尿在前瓮发酵分解、沉淀，中层粪液流入后瓮进行进一步厌氧消化处理，达到粪便无害化处理[18]。此外，由于传统双瓮式厕所大多由水泥和砖建成，具有占地面积大、成本较高、密封性较差、渗透性大、用水量大等缺点，后多采用塑料材质。双瓮式厕所不仅造价低廉，其显著优点在于大肠杆菌杀灭率及寄生虫卵下沉率高，蚊蝇蛆虫进入前瓮后，在漏斗的作用下不易爬出自灭于前瓮内（图3.75）。

2）粪尿分集式厕所

粪尿分集式厕所，即采用粪尿分离装置将粪尿分别收集的一类厕所，这类厕所设有两个排泄口分别收集粪、尿于储粪池和储尿桶中单独处理[18]。尿液可就地稀释利用；粪便则可添加适量添加物（例如锯末、草木灰等）干燥堆肥，集满后外运集中处理或就地用作土壤改良剂，以改善土地肥效并提高农作物产量（图3.76）。

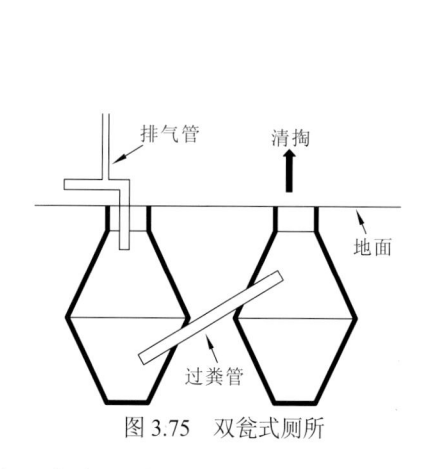

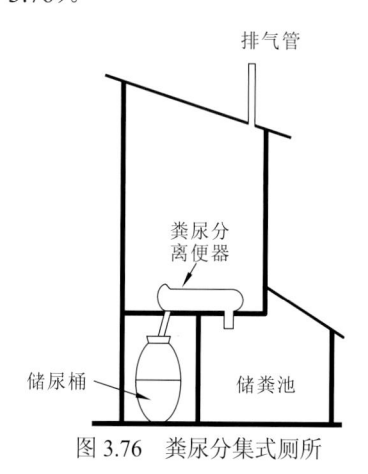

图 3.75 双瓮式厕所

图 3.76 粪尿分集式厕所

3）沼气池厕所

沼气池厕所是指将人畜粪便或冲厕粪便水及有机垃圾混合破碎后集中收集在沼气池中进行厌氧发酵，生成以甲烷为主的沼气用于供能、供暖，残余物可做堆肥使用[18]。目前，该型厕所在我国农村应用较为普遍。沼气池厕所具有众多优势。一方面，其终产物（沼气、沼液、沼渣）可作为能源物质循环利用，实现营养循环和资源的回收利用；另一方面，不同模式的沼气系统可带动畜牧业、果业、农业等相关产业共同发展、优势互补、互利共生，能够有效改善生态卫生及周围环境，并促进农村经济的发展（图 3.77）。

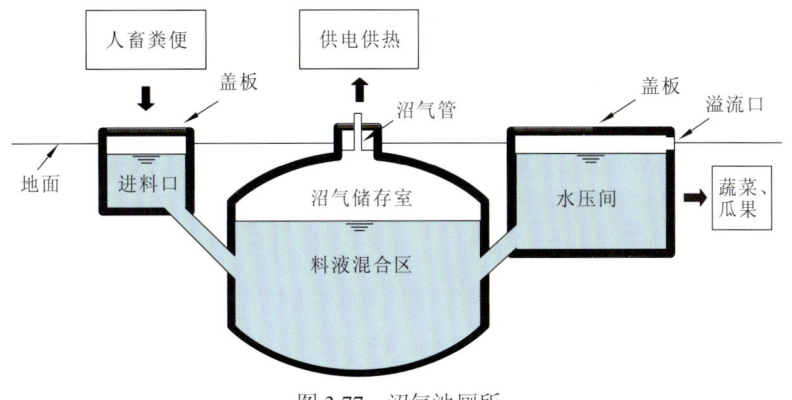

图 3.77　沼气池厕所

4）堆肥厕所

堆肥厕所通常由塑料、陶瓷或玻璃纤维制成，其核心为便池和堆肥箱。该原理在于将排泄物统一收集至堆肥箱与基质充分混合，由好氧微生物降解为 CO_2、H_2O 及有机粪肥（图 3.78）。堆肥厕所按分类标准的不同可分为：自给式或集中式，单室堆肥或多室堆肥，无水冲式或汽水冲式，耗电式或不耗电式，粪尿分离式或混合式等多种类型。

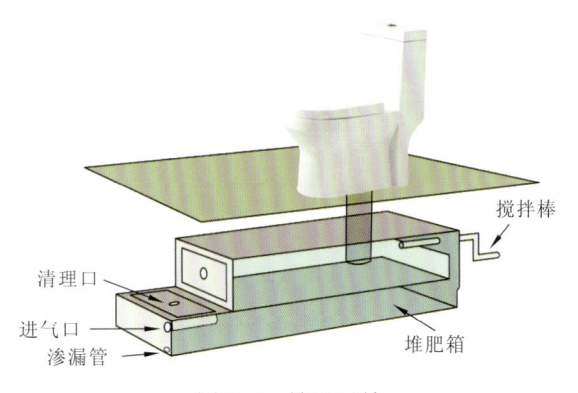

图 3.78　堆肥厕所

3. 厕所处理模式

以四川省丹棱县粪便处理模式为例（图 3.79）。政府通过补贴有机肥公司，促使有机肥公司向农民购买粪便，粪便经过加工后作为有机肥低价出售给农民。在此过程中，一方面有机肥公司能够从中获得利润；另一方面农户不仅无须承担清掏费用，还可卖粪便赚钱，农民采购并使用有机肥后，同时提高了水果质量及产量，大大提高了农民治理污染的积极性。此外，从环境保护的角度考虑，有机肥公司还在加工有机肥的过程中，将秸秆一并收购，杜绝了农民焚烧秸秆现象。由此可见，这种改厕模式不仅实现了多方共赢，又减少了水污染，同时实现了营养物质的资源化利用，是一种可持续的发展模式，为今后的厕所改造工程提供了重要的借鉴意义。

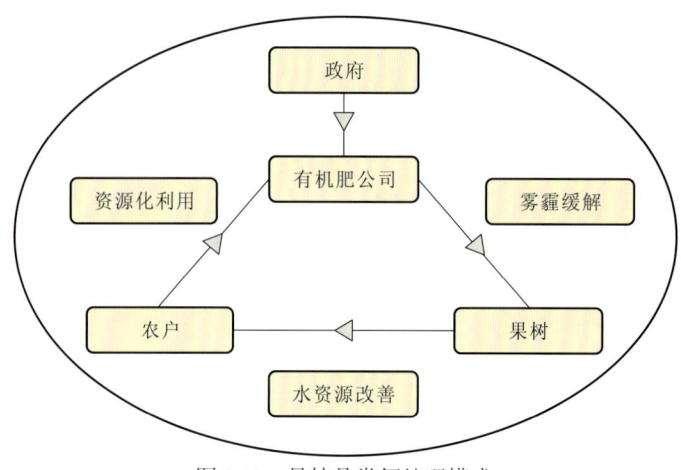

图 3.79　丹棱县粪便处理模式

4. 改厕建议

1）发挥村委作用

农村改厕工作必须做到应改尽改，切实增强做好农村改厕工作的责任感和紧迫感。强化基层政府部门的职责，明确工作要求，全面开展农村厕所脏乱差的排查工作，充分发挥村两委及村干部的作用，深入每个改厕农户，不留任何死角，保质保量完成排查工作任务。明确农村厕所现状，找出现存的问题及厕所整治的阻碍，逐一突破。

2）统一规划建设

对于新建住宅或室内通自来水的家庭，统筹考虑将厕所建在室内，冲洗方便；老式住宅或尚未通自来水的家庭，将厕所建在院内，根据夏季主导风向，把厕所建在住房常年主导风向的下风侧，禁止在水源边建造厕所，也不要靠近厨房，又要保证使用和粪便清运方便；若因住房条件限制，厕所建在户外，应根据村庄建设规划统一安排，选择背风向阳、地势略高、土质坚实、地下水位低，方便儿童、老人使用的地方；有条件的尽量将厕所建在室内。

3）厕所分类整治

当厕所设置于室外时，应该位于室外后院，对破损处进行修补，加固墙体结构，将屋顶与大门修补完善。厕所墙体与屋顶的材料及风貌与建筑本身保持一致，可以根据具体村庄特点采用与村内整体风貌一致的建筑材料和风格，厕所旁边利用植物美化环境。卫生设施改用为水冲式蹲便器，双瓮漏斗式化粪池或三格式化粪池设施，提高村民的生活水平。

5. 农村厕所景观品质提升

农村厕所普遍存在的印象是"脏、乱、差"，很多地区厕所是以旱厕为主，有的厕所外墙用砖头或者石块简单砌成，上面用树枝或者瓦片等材料做屋顶。还有一部分厕所的建造方式十分简单，是三面墙包围着一个粪坑，大部分农村厕所主体低矮，不仅不能采光、保温，卫生条件也令人担忧。农村厕所已经成为影响村庄面貌的一大障碍。基于此背景，农村厕所景观设计任务巨大，既要注重整体的清洁度，又要与周围环境相协调。对于农村厕所的改造，总体包括厕所内部空间的重新设计和外立面景观的改造两个部分。

1）厕所内部空间设计

农村厕所内部界面主要包含屋顶、墙壁及地板。农村厕所包含的视域面积较小，很大程度上决定了厕所的整体协调性。农村厕所整体高度不宜过低，足够的高度才可以保证空气的上下对流，同时在高处大面积开窗，保证臭味容易发散出去。厕所地板和墙壁的很多材料表面纹理过大，导致秽物积累过多，且不易清洗。地板应当选择防滑材料，禁止选择表层有细碎空洞的材料。地板和墙壁的材料要求有较好的防水性能、易于清洗，常用材料有陶瓷、陶瓷锦砖、大理石、复合地板等多种类型。尽量使用大块地砖，减少接缝（图3.80）。

2）通风设计

通风是除掉厕所里异味的重要措施，农村厕所主要是自然通风。当室外自然风吹向厕所外立面时，迎风面与背风面形成压差进行室内通风换气。压差的大小与厕所建筑的外在形式、与风的夹角及厕所周围的整体环境有关。所以，在农村厕所设计中，尽量使厕所的纵轴垂直于夏季主导风向，窗户的开启角度适当增大，以改善室内通风效果，减少厕所异味。

3）采光人性化

厕所墙面承载窗户，窗户承载着厕所间的通风采光功能。窗户根据高度的不同可以分为落地窗、侧窗和高侧窗及天窗。厕所内部的环境卫生与光环境有密切关系，明亮的光环境便于管理员清洁，设计时要注意合理设置窗户位置，避免出现暗角。同时窗户也是室内外环境交流的媒介，合理的窗口设计可以将户外景观纳入空间内部，提升如厕体验。

图3.80　农村厕所通风、采光和内部空间设计

4）厕所景观形象美化

（1）厕所样式。农村厕所作为一种功能单一的建筑类型，其对平面形式的要求并不高，方的、圆的、异形的均可满足农村的使用要求，因此厕所外部造型的自由度很大。针对不同的农村地段，可以选取不同的形式、材料和建造手段（图3.81）。其形式与功能也并非唯一的对应关系，可以根据场地环境的不同，选取不同的设计策略。不同的材料赋予建筑以差异性。

（2）厕所墙体。农村厕所墙体可以选用当地特有的材料，根据选择的材料不同，最后建造出来的形式也不同。当地富有石材和泥土的乡村，厕所墙体底部用不规则的石块做墙体的基底，防止雨水侵蚀，墙体上半部分由石块和灰砖砌筑做成立面墙体，外围粉刷防雨的漆料。还可以用农村特有的墙砖，采用错位叠加的方法垒成厕所墙体；或者用表面粗糙的大理石做成不同图案。还可以像军营村厕所的改造，用竹子竖向排列成富有艺术色彩的外面墙体，既体现地方特色又经济美观。在乡村振兴的背景下，一部分农村厕所由政府统一改造，墙体整体色彩为白色，与乡村其他建筑和周围绿化相呼应。总之，农村厕所墙体的建筑风格要与之前住宅建筑的风格一致。

图 3.81　厕所景观设计

图片来源：https://www.hellotw.com

（3）厕所屋顶和门窗。农村厕所门窗和屋顶的选择具有多样化，要求整体不与村庄住宅建筑的风格相悖。厕所屋顶的样式可以根据当地建筑风貌特色来选择。常见的屋顶样式多为单坡顶、双坡顶和平顶形式的屋顶。屋顶材料可以用防雨的瓦片，生产竹的地区可以用竹材有顺序地排列做成屋顶（图 3.82）。门窗样式可以多样化，可以做成圆拱形厕所大门，或者直接在厕所外部设立遮挡视线的弯曲围墙，不同形式的门窗组合，体现不同的厕所景观风貌（图 3.83）。道路的材质决定行走时的体验，厕所道路材质应以乡村自然材质为主，体现乡村特色的同时减少对生态环境的破坏。多运用自然砂石、木质栈道、鹅卵石步道等既生态环保又具有乡土气息的铺装材质，尽量避免使用水泥、混凝土等不透水材料，或者采用不规则石块铺设而成，用碎石铺设的小路既经济实惠又经久耐用。同时，在设计过程中，根据道路的走向、坡度、弯曲程度加以不同形式的植物配植，应选择当地普遍种植的树种，在选择时还应考虑能否尽量覆盖或者吸收厕所异味，最终形成丰富多样的景观空间。

图 3.82　厕所常用屋顶材质

图片来源：https://m.sohu.com

图 3.83　农村厕所进出口景观设计

图片来源：https://art.china.cn

总之，在农村厕所改造过程中，要充分结合不同区域的生态景观特色、传统文化等元素，展现各式不拘于传统形态的建筑景观风格，在厕所设计上每个细节构建要精益求精，最大限度满足如厕需求，使农村厕所成为当地形象的景观展示窗口。充分将乡村文化融入厕所革命建设中，不仅可以有效提升农村厕所品质建设，也能体现多样化的建筑风格。在未来的发展过程中，将厕所文化建设成为乡村文化景观的一种传播载体，为乡村振兴发展增添动力。

3.10 顶村景观规划案例

国土在乡村发展中肩负着为其提供资源支持的基础性作用，对乡村进行国土空间整治，能够盘活乡村资源、培育乡村发展动能，进而增强乡村竞争力[19]。首先，科学开发、合理利用多种资源是国土空间整治的重要目标，依托乡村特色资源，打造独特发展模式，优化发展结构，能够切实提高乡村发展质量；其次，通过实施乡村国土空间整治，能够明显改善区域布局的不合理情况，从整体上统筹乡村发展，提高乡村土地及空间利用率；再者，乡村国土空间整治将人居环境纳入整治范围，努力提高乡村居民生活品质，加强乡村基础设施建设与维护，增强乡村吸引力；最后，乡村景观作为乡村空间特征与标志，是乡村国土空间整治的关键内容，对乡村景观进行建设与整治，能够创建自然生态环境、农耕文明形态、人文生态环境相融合的有机共和体，进而建设美丽乡村，实现美丽中国。乡村国土空间整治能够夯实乡村发展基础，推动农业农村现代化转型，提高乡村发展质量，缩小城乡差距，为实现多维度城乡融合搭建了重要平台[20]（关系如图 3.84 所示）：其一，通过开展乡村国土空间整治，能够吸引城镇资金、技术、人才的流入，为乡村发展提供科学指导与先进理论，优化发展结构，提高建设水平；同时，国土空间整治充分尊重乡村原有风貌，可以为城镇居民提供休闲娱乐场所，从而输出乡村文化，增强城乡互信与认同度，实现城乡发展要素的自由流通；其二，通过国土空间整治推动乡村景观的建设与改善，创建以旅游业为主导产业的乡村发展模式，能够形成较为完善的农业产业链，加速乡村农产品产前、中、后一体化进程，实现农业与二、三产业的有机结合，拓展产业链长度与宽度，完善农业产业生态，进而实现农民收入的提升，缩小城乡经济差距。

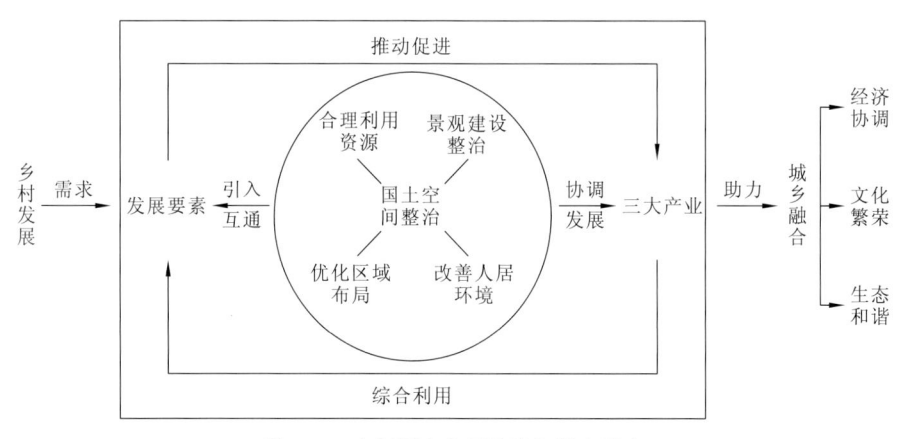

图 3.84 乡村国土空间整治与城乡融合

顶村作为同安特色会客空间，多项条件优势明显，为其发展提供了良好基础：其以"一村一品"茭白产业为基石，以"顶上人家"乡村旅游项目为龙头，依托民宿发展，创立了具有地域特色的乡村生态游。但目前顶村节点空间杂乱、景观功能明显缺位、人居环境质量较差，已经成为了顶村进一步发展的掣肘。本节对顶村国土空间整治策略进行分析，提出整治方案，以期推动顶村发展，进而实现城乡多维度融合。

3.10.1 顶村现状条件分析

1. 顶村区位条件

同安区（原名同安县）位于福建省东南部，北靠安溪、南安，东连南安，西接长泰，西南与厦门郊区毗邻，东南隔海与金门岛相望。区内陆地东西长 55 km，南北宽 40.3 km，全县土地总面积 1 078.55 km²，海岸线 86 km，海域面积 167 km²。同安区是厦门市的六区之一，别称"银城"，是厦门最大的行政区，位于厦（门）、漳（州）、泉（州）"金三角"中心地带，324 国道、205 省道、福厦漳高速公路贯穿全境，20 km 长、60 m 宽的同集城市快速道及集美大桥、杏林大桥、城市快速道、海翔大道的开发建设把同安和厦门半岛彻底连为一体，区位优势十分明显。

顶村位于厦门市西北部山区，处于同安区的西北部，西北与泉州市的南安市、安溪县接壤，是同安区汀溪镇的"后花园"，面积 6.67 km²，平均海拔 450 m。该村拥有耕地 620 亩，山地 9 630 亩，森林覆盖率超过 80%，水资源充沛。目前，顶村拥有 600 多亩天然茭白湿地公园，一万多亩的生态公益林，天然的美丽山川连绵不绝，原生态的山林、小溪、湿地、农田相得益彰，闽南特色古民居群错落有致。交通便捷，依山傍水，山环水绕，民风淳朴，和谐安详，自然田园与古民居、新村协调发展，人文景观与深山鸟鸣、潺潺流水相映成趣。如图 3.85 所示。

图 3.85 顶村区位图

地理位置优越，自然环境优美，人文历史气息浓厚，加之大量古建筑保有度高，为顶村的特色乡村旅游发展打下了良好的基础。2014 年顶村被国家农业部评选为"中国最美休闲乡村"，2015 年被国家旅游局评选为"中国乡村旅游模范村"，2016 年顶村所隶属的汀溪镇被列为首批 127 个中国特色小镇。

2. 顶村资源条件

顶村坐落于厦门市西北部的山区，拥有600多年的历史传承，在自然条件和人文情怀的双重影响下，顶村形成了具有闽南特色的古民居群。不少古厝都是按照闽南传统风格所建立的四合院，屋脊高翘，红砖青瓦，雕梁画栋，且历史悠久，部分房屋已有超过百年的历史。古民居群是顶村历史文化的见证，也是游客了解当地风情的重要载体。顶村因大量古建筑的存在，已被认定为"特色民居村"。顶村古厝如图3.86所示。

图3.86　顶村古厝

顶村依山傍水，山环水绕，深山鸟鸣与潺潺流水相映成趣。顶村生态风景区拥有优越自然环境，藏水聚气，其温和、四季如春的气候，是发展种植反季节茭白最有利的条件：茭白一般在每年的一月下种，四月左右收成。顶村所种植的茭白品种优良，完全依靠山泉进行灌溉，且农药使用量为零，可当作水果吃，故而得一美名"美人腿"。顶村茭白如图3.87所示。

图3.87　顶村茭白

得益于得天独厚的优良气候，在每年春节时期，顶村田野上万棵桃花竞相开放，有浅粉色本体的土桃、深粉色的毛桃、玫粉色的台湾观赏桃等众多品种，花色多，花期长。此外，油菜花、山茶花、波斯菊、向日葵等也竞相开放，娇艳欲滴，形成了山花烂漫的景象，是观赏和体验花海的绝佳去处。顶村山花如图3.88所示。

3.10.2　整治策略

打造顶村特色的乡村旅游，不能是简单地回到以前，而是要根据时代的发展，接纳新事物，将现代人的生活方式、情感喜好、审美情趣等融入乡村旅游当中，把自然与人文进

图 3.91　停车场

　　景区大门要简洁明了地为游客提供信息，指明景点的分布与公共设置的位置，让游客能够迅速了解其想要获取的信息。此外，景区大门区域应当以简洁、大气为整体风格，采用当地的黑色块石、石墨等元素，关注其与周边绿色景观的融合度，建立人文景观与自然景观的协调感，营造出顶村特色的闽南乡村氛围（图 3.92）。

图 3.92　景区大门

　　游客集散中心（图 3.93）作为景区的关键场所，是联结游客与景区的关键，枢纽意义重大。一个良好的游客集散中心是景区对外展现自身内容的重要平台，在建设时既要关注游客的需求，也要展示出景区的特点。针对顶村景区游客中心整治方面，要对现有的游客中心、公厕、木廊架、景观亭等进行保护和修复，同时增设休闲长廊，在人行廊道中加入售卖区域，为游客提供当地特产、纪念品及旅游所需产品，并开展多种乡村特色活动，让游客体验当地的风俗民情，满足游客的多种旅游需求，并增加村民收入。此外，要增设户外休闲空间，修复生态破坏区域，打造绿色空间，将自然环境保护与景区利用开发相结合，重视自然环境在乡村旅游业中的关键地位，避免过度开发而导致的自然环境破坏与功能衰退。

3. 道路沿线

　　道路质量与通达度对游客的旅游体验有着关键影响，修复破损路面、对台阶进行维护提升与改造，能够有效提升景区整体水平。充分运用块石、碎石、枕木、老料条石等自然材料

图3.93 游客集散中心

进行路面、台阶的修复工作，并在道路两侧打造特色乡村风情带，通过种植乡土植物营造乡村道路景观，营造自然景观与人文景观的协调氛围。同时在道路沿线增设休闲节点、观景平台，提升道路沿线的休憩、观景功能。对道路沿线景观的建设与维护能够有效提高游客的体验感与游玩热情，使游客在观赏景点的途中也能够切身感受到乡村所特有的古朴气息与自然风景的巧妙融合，是增强顶村旅游业品质的重要途径。同时，针对道路沿线景观进行提升与改造，也能够提升顶村居民的生活质量，是改善人居环境的有效方式。如图3.94所示。

图3.94 道路沿线

4. 古民居与宅前屋后

古民居（图3.95）和民宅是顶村人文历史的见证，是对中国传统文化的传承，是彰显村庄特色的重要标识。对古民居、民宅进行规划整治，既能提高村民的居住条件，改善居住环境，又能够增加村庄辨识度，为游客提供良好的游览体验。

在古民居方面，首先要对其周边的绿化水平进行提升，营造古民居原有的氛围，同时增设碎石园路、乡村老物件等，恢复古民居群落的古朴风貌；其次对古民居建筑外进行立面改造，通过增加乡村文化元素诸如石磨、蓑衣、各式农具等来体现乡村所特有的文化气息；最后，充分利用古民居的特色空间，将农耕文化、手工艺制品、茶饮、特产等经营性功能融入古民居建设，深度挖掘古民居所具有的文化、经济价值。通过展现顶村传统农耕风貌，能够让游客了解和学习中国传统农耕文化，增强游客对中国乡村发展历史的了解，提高游客对乡村文化的认可度，达到顶村乡村文化输出的目标，推动厦门城市现代文化与顶村传统乡村文化的交融与互通，进而繁荣文化市场，为厦门地区城乡文化多元化提供有力支持。

图 3.95　古民居

民宅环境与居住条件直接关系村民的日常生活，同时也是游客感受民俗文化、体验乡村生活的重要场域。整治目标应关注美丽庭院、特色民俗、乡村咖啡馆等经营性景观的改造与提升，并针对宅前停车位进行合理布局，为游客提供便利。充分利用民宿资源，围绕民宿增设乡村咖啡、农家茶饮等功能，在传统气氛中体验现代生活，创造别样体验，从而达到顶村农业与旅游业的同步发展，实现顶村农业与二、三产业的融合，从而拓宽村民收入渠道，增加村民收入。此外，改造水泥地面，增加绿化量，将自然氛围与人文气息相融合，建设乡村美丽庭院。并对部分建筑的立面进行彩绘、粉刷，提高乡村建筑的美感与立体感。通过对民宅和居住环境的整治，能够有效提高顶村村民幸福度与归属感，增强顶村村民的身份自信，提高身份认同感，从情感上实现乡村与城镇的同步，树立城乡同等重要的意识。如图 3.96 所示。

图 3.96　宅前屋后

5. 林间溯溪

顶村处于丘陵地区，森林覆盖率高，水资源充沛，林间溯溪是其自然美景的体现。针对林间溯溪的改造与景观提升，要时刻树立生态保护意识，以保留、维护生态形态现状为核心思想，重视其周边其他自然景观的变化，确保自然景观生态的古朴与安全，避免优良自然资源的破坏与侵蚀。在景观建设过程中，要关注林间步道、沿线栏杆及休闲节点、岗亭的改造与提升。定时进行清表清杂工作，梳理溯溪景观面；修复当前破损路面，在步道上加装仿木栏杆,既提高安全系数,又能融入环境;增设休憩节点与观景台,让游客能够在路途的劳顿中获得休息并欣赏美景,丰富旅游体验。对顶村林间溯溪开展国土空间整治,是对自然环境进行保护式开发,既让人们感受到自然环境的壮丽与优美,又能达到生态保护的目标,促进了自然资源的科学利用,是顶村生态环境可持续的核心。通过对顶村自然资源的整治,能够为厦门提供自然风景后花园,推动顶村乡村风景与城市的契合,实现乡村自然生态与城市人文环境的协调。如图 3.97 所示。

图 3.97　林间溯溪

6. 营地、烧烤区

顶村所具有的特色自然风景与人文特征为游客提供了大量休闲度假的场所,露营区、烧烤区的建设可以让游客更好地体验到大自然的魅力,感受乡土风情文化。要对现有露营平台进行修缮,使用竹木铺地,并开发新的营地区域,同时梳理营地周围的绿化情况,定期进行现场清表清杂工作,维护自然生态安全。改造荒废烧烤区,将其作为营地的补充,提升景区游览、娱乐功能的多元化程度。优化顶村布局,丰富顶村景区的娱乐区域,拓展景区娱乐功能,能够进一步提高顶村景区吸引力,是提高顶村国土空间利用效率的重要方式。在景区布局规划下,积极开发与利用废弃场地,增强顶村娱乐区品质,满足厦门、漳州、泉州等城镇游客的娱乐需求,从而提高城乡间的人员交流频率。如图 3.98 所示。

图 3.98　营地、烧烤区

参 考 文 献

[1] 连红, 董成森, 朱方长. 人居环境问题研究综述与展望[J]. 湖南农业科学, 2009(6): 85-88.

[2] 张盼盼, 胡远满. 多功能景观研究进展[J]. 安徽农业科学, 2008, 36(28): 12454-12457.

[3] LOVELL S T, MENDEZ V E, ERICKSON D L, et al. Extent, pattern, and multifunctionality of treed habitats on farmsin Vermont, USA[J]. Agroforestry Systems, 2010, 80(2): 153-171.

[4] MUSACCHIO L R. The scientific basis for the design of landscapesustainability: A conceptual framework for translational landscaperesearch and practice of designed landscapes and the six Es of landscape sustainability[J]. Landscape Ecology, 2009, 24(8) : 993-1013.

[5] 王成彬. 基于复合生态系统理论的新村景观规划研究[D]. 绵阳: 西南科技大学, 2018: 1.

[6] 毕宏伟. 承德市域乡村建筑风貌整治研究[D]. 石家庄: 河北师范大学, 2017: 1.

[7] 翟健. 乡建背景下的精品民宿设计研究[D]. 杭州: 浙江大学, 2016: 1.

[8] 边颖. 建筑外立面设计[M]. 北京: 机械工业出版社, 2012.

[9] 叶本维. 乡村建筑外立面改造中装置艺术的应用探究[J]. 居舍, 2018(2): 21, 131.

[10] 李佳苗. 试论旧建筑外立面改造中的现代设计手法[J]. 住宅与房地产, 2018(16): 65.

[11] 毕宏伟. 承德市域乡村建筑风貌整治研究[D]. 石家庄: 河北师范大学, 2017: 1.

[12] 倪云. 美丽乡村建设背景下杭州地区乡村庭院景观设计研究[D]. 杭州: 浙江农林大学, 2013: 1.

[13] 梁虎, 张国坤. 生态视角下乡村环境整治措施分析[J]. 艺术与设计(理论), 2018, 2(3): 61-64.

[14] 余运红. 人居环境综合整治背景下农村生活污水处理工艺的选择[J]. 中国资源综合利用, 2019, 37(5): 61-63.

[15] 徐敬亮. 人工湿地技术在处理农村生活污水中的应用研究[D]. 南昌: 南昌大学, 2014: 1.

[16] 武永义, 王一婷. 农村垃圾治理中存在问题及对策[J]. 西部财会, 2019(7): 70-73.

[17] 束芸. 废弃地景观改造: 以上海市老港垃圾填埋场景观改造为例[J]. 园林, 2018(11): 60-64.

[18] 李慧, 付昆明, 周厚田, 等. 农村厕所改造现状及存在问题探讨[J]. 中国给水排水, 2017, 33(22): 13-18.

[19] 龙花楼, 张英男, 屠爽爽. 论土地整治与乡村振兴[J]. 地理学报, 2018, 73(10): 1837-1849.

[20] 刘彦随. 中国新时代城乡融合与乡村振兴[J]. 地理学报, 2018, 73(4): 637-650.

第4章 山水林田湖草综合整治

中共十八大以来，习近平总书记从生态文明建设的宏观视野提出山水林田湖草是一个生命共同体的理念，并提出：人的命脉在田，田的命脉在水，水的命脉在山，山的命脉在土，土的命脉在树与草，用途管制和生态修复必须遵循自然规律。在美丽乡村及生态文明建设背景之下的乡村国土空间综合整治是一项系统工程，必须坚持统筹推进治山、治水、治林、治田、治湖、治草的系统治理、全面治理、综合治理。本章系统论述山水林田湖草生命共同体系统治理的基本内涵与特征、山水林田湖草系统治理的原理、山水林田湖草系统保护修复关键技术，再结合乡村的实际情况分别对治山、治水（湖）、治林、治田、治草的整治目标与原则、整治内容与方法及相关景观营造技术进行论述及案例研究。本章的逻辑结构如图 4.1 所示。

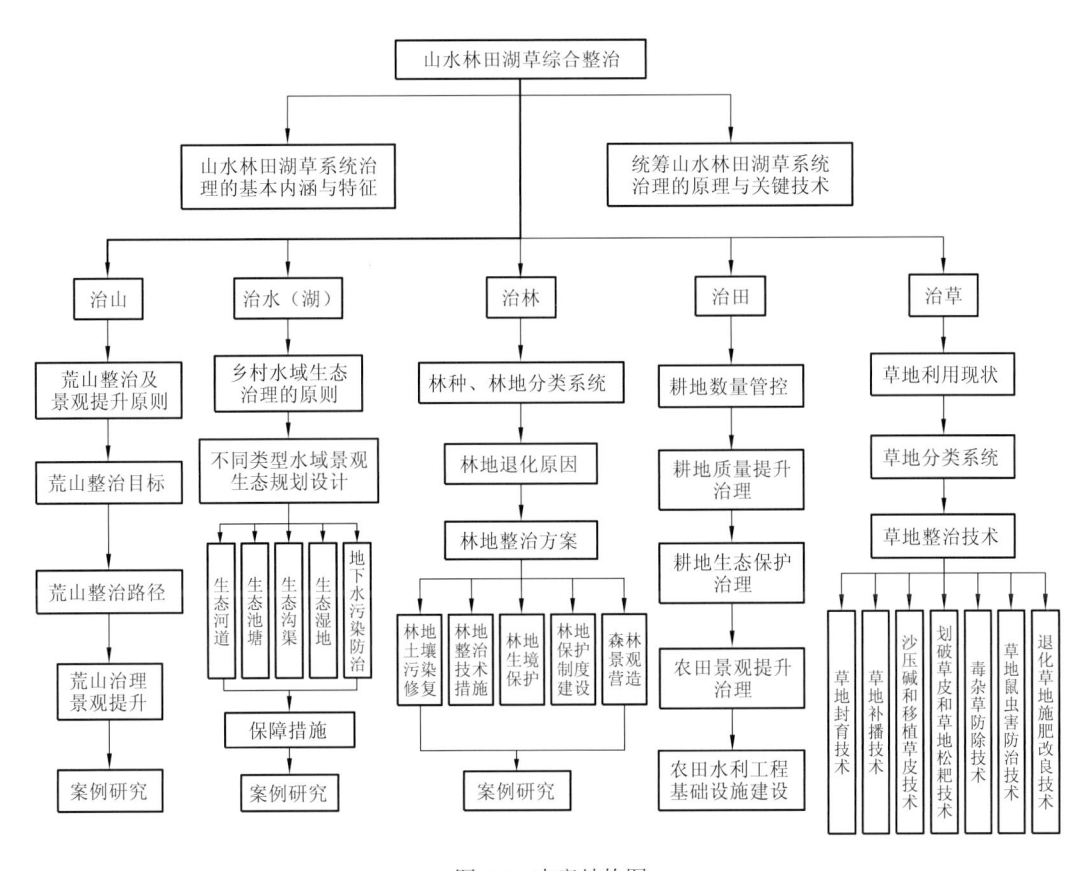

图 4.1 本章结构图

4.1 山水林田湖草系统治理的基本内涵与特征

4.1.1 山水林田湖草系统治理的基本内涵

山水林田湖草各要素之间相互影响，不可分割，是一个统一的有机整体，田是农民进行粮食生产的基础，水是田能够正常生产的保障，山、水滋养了林和草，这六个要素构成的生命共同体是社会经济发展的自然基础[1]。人类与山水林田湖草之间也同样存在着紧密联系，是这个生命共同体中的重要组成部分，这六个要素缺一不可，只要其中一个要素发生不利变化，其余要素也就无法发挥正常功能，最终导致整个系统的崩溃。因此，山水林田湖草系统治理要求我们改变过去的治山的只管治山，治水的只管治水的单项治理模式，由过去的单一要素保护修复向山水林田湖草多要素系统治理转变。

4.1.2 山水林田湖草系统治理的基本特征

1. 整体性

"人的命脉在田，田的命脉在水，水的命脉在山，山的命脉在土，土的命脉在树与草"，这充分阐述了各要素在生态过程中相互影响、相互制约的关系，是不可分割的一个统一整体。虽然各要素所处空间位置与所起作用存在差异，但是共同构成了乡村空间的完整性与功能多样性。由山水林田湖草构成的多层次、关系复杂的有序系统，不同要素之间紧密相关，牵一发而动全身，充分体现了山水林田湖草系统整体性。虽然这六个要素在生态系统中占据着不同的生态地位，但其重要性没有高低之分，当"山"遭到破坏必然影响到"水"和"林"，进而对"草""湖"和"田"造成影响，这一系列的连锁反应都是其整体性的表现。

2. 系统性

生态系统，顾名思义生态环境各组成要素构成了一个系统，由于生态的系统性，要对自然生态山水林田湖草各要素进行系统保护、宏观管控、综合治理，增强生态系统稳定性，维护生态平衡。对于生态环境破坏严重地区，要将山水林田湖草作为一个陆地生态系统，在系统论思维的指导下，采用自然修复与人工治理相结合、生物措施与工程措施相结合的办法，进行系统性修复。

3. 尺度性

"山水林田湖草生命共同体"是在一定的尺度下进行定义并发挥功能。例如一片农田、一个村落、一座城市、一条流域等不同等级尺度下的生态系统具有各自不同的结构和功能特征，对应着不同的整治思路与措施。山水林田湖草生态保护与修复要针对不同景观格局尺度，进行各生态要素间相互作用过程的评价分析，基于"源-廊道-汇"生态过程调控原理，根据实际情况采取加速、延缓、阻断、过滤、调控等生态手段，进行系统性保护及修复[2]。

4. 均衡性

"山水林田湖草生命共同体"充分体现了空间均衡理念，要求各生态要素彼此均衡发展。通过开展综合评价，综合权衡水源涵养、防风固沙、土壤保持、生物多样性保护、污染净化、固碳等生态服务功能供给和需求，来确定各要素的空间布局与整治办法。在自然资源开发和利用过程中，坚持发展和保护相统一的理念，不仅要严格执行耕地等资源在数量质量上的"占补平衡"，还应积极推进生态空间及其服务功能的均衡优化布局和高效合理利用。只有统筹协调好这六个要素之间的关系，才能保证生态系统均衡发展，各功能得到充分发挥。

5. 功能性

开展山水林田湖草生态保护修复，首先应充分认识生态系统及六个基本要素结构、过程、功能等基本特性，以生态系统功能保护恢复为重点，评估生态安全阈值和生态重要性、敏感性、脆弱性等特征，由传统线性思维转变为非线性思维，将生态系统保护修复从"疾病治疗"转变到"健康管理"的模式。

6. 环保性

在山水林田湖草系统治理过程中，不仅提高的是经济效益与社会效益，而更重要的是生态效益，使生态效益发挥到最大化，才是治理的最终目标。比如使用农药和化肥虽然对农作物的总产量得到一定程度的提高，却对农业生态环境及农产品的质量造成严重的污染和破坏。对农药和化肥的污染治理就是其环保性的直接体现，此外还有对矿山、农田重金属污染的治理、水体污染治理等也是其为了提高生态效益、保护环境的有效手段。

4.2 统筹山水林田湖草系统治理的原理与关键技术

4.2.1 山水林田湖草系统治理的原理

1. 生态学原理

山水林田湖草分别作为生态系统下的一个个子系统，是生态系统中不可或缺的重要组成部分。因为生态系统是生态学的主要研究对象，所以山水林田湖草各子系统在综合治理过程中也要遵循生态学基本原理，统筹考虑各子系统之间的内在联系。在山水林田湖草系统治理的过程中，要充分认识生态系统各要素之间的配置比例是否合理，层次是否分明，结构是否有序，这些因素均决定生态系统的功能能否得到正常发挥。

2. 环境科学原理

环境科学是一门新兴学科，它将生态学、环境学、环境化学、环境生物学等多门学科的理论及实践进行综合创新，主要研究人类的各种行为活动对生态环境所产生的影响，并揭示环境的相应演变规律，探究人类与生态环境可持续发展的安全相处模式。环境科学原自然条件、社会经济基础、栽培技术历史等因素，来考虑开发的措施、目标和战略，坚持宜农则农，宜林则林，宜牧则牧。在景观提升方面，根据植物群落的垂直分布特征，坡向、水肥条件等差异，在景观美学理念下，按照"陡木缓草"的原则，实现乔、灌、草有机搭配，最终形成既自然，又可结合生产的景观。

2. 三大效益统一原则

在荒山荒地整治工作中，不管是政府、企业还是社会，都要把经济效益、社会效益、生态效益这三大效益统一起来，不可只追求眼前经济效益，要注重长远，并且始终把生态效益摆在首位。在重视生态效益的基础上，还应遵循生态经济的原则，单纯讲究生态效益而忽视经济效益是不切实际的。当前我国社会、经济、文化还没发展到一定高度，要使全社会都自觉自愿地参加生态建设是很难的，况且荒山景观生态建设的目的除了生态效益，还在于使人类能获得持续的经济利益。因此在生态文明理念下融入经济思路，才能使农民看到利益之所在，才能真正带动人们的积极性，使荒山景观生态建设具有实际感召力，达到以短养长的目的。

3. 长短利益结合原则

荒山整治是一项长期工作，不能只看到短期利益，急于求成，更需要将目光放长远，重视潜在利益，切勿"因小失大、本末倒置"，造成不可逆转的严重后果。目前存在部分住在山区的村民，由于缺少优质耕地资源，为了满足基本生存需求，不得不开垦坡地，种上玉米、土豆等粮食作物。比如在鄂西山区，此景随处可见，山村屋前屋后，山坡山脚，见缝插针，寸土必争。为了解决山民眼前的衣食所需，此做法看似有利无弊，但却忽略了这对长远的生态环境所造成的潜在危机。首先可能引起水土流失，山洪爆发，冲毁淹没山下良田、农舍；其次会引起山石塌方、泥石流，造成巨大灾害；并且造成几十年甚至数百年难以形成的土壤资源流失，而恢复流失的土壤则要很长的时间，对林木的再次种植生长也产生了影响；最后农业生态恶化，日子很难富裕，形成越垦越穷，越穷越垦的恶性循环。森林植被是大农业的支柱，森林被破坏，不仅现有的荒山得不到控制和绿化，而且会不断扩大新的荒山。生态环境的恶化趋势，要引起全社会的高度关注。

4. 先易后难时序开发原则

我国很多地区荒山荒地分布范围较广，且相对集中。因此在荒山荒地整治过程中，不能做到全面兼顾，更不能急于求成。必须根据省情、县情、山情遵循先易后难的时序原则，先在物资、技术、资金基础条件较好的地区着手开发计划，并组织实施，还可以总结整治经验和基础。另外，还要先在那些水土流失极为严重的地区、治山治水是当务之急等地区要下大力气在荒山荒地上绿化造林，要分轻重缓急，从生态环境、子孙后代的战略高度出发，以治理为主，开发为辅，在提高山体植被覆盖率的治理基础上寻求进一步开发。

4.3.2 荒山整治目标

1. 优化造林结构

林种和树种的合理配置是荒山植树造林工作中的重要任务，建立以森林植被为主体、乔灌草相结合的山地生态系统对于提升荒山的整治效果有着重要意义。对于土壤干旱瘠薄、立地条件较差的荒山可以选择车桑子、樟子松为主要造林树种；在自然条件相对较好的区域选择马尾松、核桃、桤木树、桉树等为主要造林树种。因地制宜地选择合适的树种进行混交种植，可实现造林结构优化、荒山整治的最优效果。

2. 加大科技推广

绿化荒山行动是一项耗时长、难度大、见效慢的工程，需要科技的大力支撑才可能取得良好的治理效果，比如推广使用先进适用的抗旱保苗技术和治理模式，帮助广大农户解决关键的技术问题。全面进行规划设计、技术指导、科技培训等服务工作，加强种苗基础设施建设，提高良种壮苗使用率，确保荒山绿化行动质量和效益的充分发挥。

3. 做好规划落实

合理的规划对指导荒山整治工作的稳步推进有指导作用。各村要将绿化荒山行动落实到村组及农户、落实到山头具体地块，科学合理安排本辖区的荒山绿化规划，坚持生态优先、因地制宜、便于实施的原则，充分发挥区位优势，突出地方特色，调动农民积极性。规划的目标与任务安排要精细化、时限化、责任化，以方便实施、监管和考核，为指导绿化荒山行动提供有效保证。

4. 提高经济生态效益

农村的荒山如果不加治理任其发展下去，将是生态环境破坏的重要风险来源，但如果对其进行合理整治与开发利用，就会变成村民的财富来源。一是可以通过合理利用荒山种植杉木、松木、桉树、毛竹等用材林，并创办木材加工厂，不但提供大量就业岗位，还可以增加农民收入。二是通过种草养畜提高收入。针对不同地域的土壤条件，发动群众发展山地养殖业，办养殖场提高其收入，大量种草也可缓解山地水土流失严重的问题。三是通过种植适合当地种植且经济价值较高的果树等经济林木，发展果园增加农民收入，还可以通过吸引游客来果园采摘进一步发展旅游业。最终通过荒山治理达到乡村一、二、三产业融合发展，村民脱贫致富的目标。

4.3.3　荒山整治路径

1. 将荒山治理变为经济行为

过去计划经济时代，治理荒山主要是一种政府行为。政府进行大规模投资治理荒山，效果甚微，投资与回报不成比例，不仅造成资金的大量浪费，还耽误治理时机。究其原因，经过实践证明，关键在于是否建立起一种适应市场经济的管理机制。仅靠政府无法完成如此复杂庞大的治理工作，必须要紧密联系群众建立一种能充分发挥人的积极性和主动性的机制。

以承包形式治理荒山正是这样一种符合市场经济规律的办法，它是政府通过经济手段进行调控的经济行为，并以法律程序规定，协调生态效益与经济利益的一种直接手段。政府可与承包者通过经济合同确定契约关系，在合同中政府可根据治理地方的难易程度、林木栽种数量、治理面积、树种品种及成活率等，明确提出分阶段治理的要求，承包者需保证按合同完成各项指标建设，自行投资治理，然后根据完成指标情况分阶段地从政府取得投资回报。

2. 加大政府各方面的支持

1）资金支持

治理荒山首先要具备水、电、交通等方面的基础设施条件，政府应加大基础设施的投入水平。这项投资是必不可少的，否则承包者无法承担这一部分高昂的投入费用，直接影响了整治的进程与效果。这项投资的效益是长期的，受益者并非一任承包人，政府可将折旧计入承包者应得的回报中，用长远的眼光看待基础设施的投资的好处。

2）加强示范效应

目前农民怕的是风险、缺的是技术、难的是市场，而要改变这种现状，仅靠宣传、教育是不够的。新型的承包关系有法律依据，符合市场经济规律，具有高度的公正性和广泛性，因此可将承包者的成功经验进行推广，加强示范效应，引领广大农民行动起来，改变传统落后的生产方式，带领广大农户逐步退耕还林，为生态建设与经济发展同步发力，农民才是整治过程中的主力军。

3）加强监管力度

要建立新的管理机制，特别要建立严格的专家评审、独立的检查验收制度，避免出现腐败行为。这样可以提高投资的透明度，节约资金，保证资金充分利用，还可以加快速度、提高效率与效果，从而保证荒山治理的公平性、长期性、连续性。

4）加强技术支持

政府应成立专门常设的咨询机构和交流中心，供承包者和农民、商人及有意向人员随时咨询和交流，由技术人员给予积极的技术指导，使承包者与先进的技术、现代化市场保持密切的联系，从而使其少走弯路，提高整治的效率与效果。

3. 治山与治水相结合

1）着力做好山区调蓄水控制

目前在山区存在的最大安全问题就是自然灾害频发，如泥石流、滑坡、洪涝灾害等，极大威胁着周围村民的生命财产安全。防治洪涝灾害的主要措施是"上蓄、中疏、下排"。其中，"上蓄"就是在山区合适场址筑坝建库拦蓄洪水，起到蓄水的作用；"中疏"是指疏通河道及整个区片的管网，让雨水排放畅通起来。"下排"是指将中上游留下的雨水进行疏导，集中排入江河湖海。按照"多建水库"的要求，强化"上蓄"与"强库"工程建设，"十三五"后期加快推进一批位于重要江河和重点中小流域上游的大中型水库工程建设。提高流域洪水调控和水资源供给能力，为进一步预防山区自然灾害损失、改善流域水生态环境创造条件。

2）全力开展山区中小流域综合治理

以流域为单元，以中小流域综合治理为抓手，将治山与治水紧密结合，开展乡村国土空间综合整治，打造生态稳定的山区环境。当前，应借助美丽乡村建设与生态文明建设，统筹自然山水要素、坚持山水同治，整体推进中小流域综合治理。开展水土流失防治，综合整治山洪地质灾害，建设生态水电示范区，修复和改善水生态环境。在水土流失治理上首先要坚持人工治理与自然修复相结合，强化水土流失重点区域治理，营造水土保持林，禁止陡坡开荒种地，对已经开垦山地开展逐步退耕还林还草，提升水土保持能力。其次加快实施山洪地质灾害易发区和坡耕地水土流失综合整治工程。最后探索水土流失治理的企业外部化运作模式，提升治理水平。

3）合力保护山区源头生态空间

山是主要的生态涵养区，是许多河流的发源地，为我们的水源涵养及饮用水安全提供保障服务功能。应实施最严格的源头保护制度，强化江河源头地区的生态环境保护，控制水土流失，限制导致生态功能退化的一切开发活动，切实保护重要饮用水水源地，确保流域生态安全。有条件的地区利用得天独厚的山水资源条件，创办国家级休闲旅游度假区，进一步提高当地的生态环境质量与经济发展水平。

4. 将远山与近山整治区别

山区是发展林、特、牧的天然场所，荒山荒地应该朝这个方向努力。根据当地省情和山情，概括为三句话：即"远山好种树""近山办牧场""选中地方办林特副业"。所谓远山近山，是指距人口较集中的经济活动中心的垂直与水平距离的远近。远山，一是山高，二是路遥，距离人口集中的经济中心较远，山大人稀、交通闭塞，开发极端困难。植树造林或飞播造林，要求的管理工序、技术、资金、劳力的投入要比办牧场、林特难度小得多。因此对远山的大片荒山以发展林业种树为宜。近山办牧场。首先需要兴办草场，包括保护天然草场、建立人工草场，距离聚落近的荒山荒地、水源、交通运输及技术配套服务设施条件都较高山深山要好，这就需要根据开发的区位条件来决定其利用目标和方向。如果要办药场、茶场、柑桔基地、板栗基地、楠竹等林特场，这要根据当地的气候、水土条件、地貌、技术栽培历史、社会经济条件而定。不过这也不是绝对的，远山只要具备良好的条件，也可兴办牧场、药材、林特场等；近山可植树造林，在远山近山造林方面，大致可按如下原则营造林种：远山营造用材林、水源林和水土保持林；近山营造经济林、果木林和薪炭林，农田基地营造防护林等。

4.3.4 荒山治理景观提升

1. 裸露山体绿化方案

裸露山体是指由于开山采石留下的石壁、乱石堆、石泥堆和表土弃土泥石堆等，或者由于乱砍滥伐、过度放牧造成植被稀疏、水土流失严重、土壤没有腐殖质层的山地[4]。裸露山体植物治理应遵循分地域选择不同植物治理、美化与绿化相结合；分山体类型选择适宜的植物绿化；相同类型多树种、多藤本、多草本混交种植，植物色彩、形状合理搭配及结合城市村镇建设，植物治理适当设计辅助工程设施的原则。

1）石壁绿化

石壁是绿化难度最大的裸露山体类型，因为石壁一般高度较高，有的甚至上百米，严重影响当地自然生态环境与美观度，因此必须对石壁进行绿化、美化，石壁绿化时必须考虑石壁坡度、高度和周边环境等因素。石壁绿化方式主要有以下几种类型。

（1）带状或块状种植。①对于高差低于 25 m 的石壁，可在石壁底部和顶部覆盖层均种植爬山虎和葛藤等藤本植物。营造底部向上爬，顶部往下垂的景观效果，底部也可种植一些耐旱木本植物，如马占相思、马尾松等，如果石壁基部土层较厚，也可种植巨尾桉、芒果等树种，形成上长下垂的层次景观。②对于有台面的石壁，可在石壁外缘砌大约0.7 m高的块石挡土墙，平台上回填厚约0.5 m的土层，并种植爬山虎、葛藤、劈荔等攀缘性较强的藤本植物，使其沿石壁斜坡攀爬，达到绿化整个石壁的效果。③对于石壁高差超过25 m，又无平台的石壁，可考虑在边坡上每隔15 m设置一水平种植槽，种植槽底部宽和深度均要在1 m以上，槽内种植爬山虎、葛藤等藤本植物。石壁带状绿化景观如图4.2所示。

图4.2 石壁带状绿化景观

（2）点状种植。点状种植适用于没有规则平台且景观影响程度较轻的石壁，利用石壁的缝隙、不规则平台和微凹处，回填种植土，种植如爬山虎、葛藤等藤本植物进行绿化。

（3）厚层基材挂网喷播。厚层基材挂网喷播绿化技术是利用空气压缩动力装置将预先配置并搅拌均匀的植物生长基质材料连同绿化种子按设计要求喷射到挂网后的坡面上实现快速强制绿化的一种边坡绿化新技术。在坡面、马道、挡土墙内，采用改良型厚层基材技术（改良型表现在基质配料和种子配比上比当今其他地方上用的大有改进和优化）施工最为合适。图4.3是厦门市厦船重工边坡厚层基材挂网喷播技术应用前后的对比图。

图4.3 厚层基材挂网喷播技术应用前后对比图

2）乱石堆绿化

乱石堆绿化依据其底层基质种类选用不同方法。①底层为有土层的乱石堆，将乱石堆耙开，疏松土层20～30 cm，并填土30～40 cm，加入适量肥料。然后选用马占相思、大叶相思、马尾松等耐贫瘠树种大苗混交种植，并在林下种植葛藤等植物，形成多层次的绿化结构。造林成活前3年必须细致管理，及时施肥补种。②底层基质为岩石的乱石堆，将乱石堆平整并用杂石砌成石穴，穴大小为60 cm×60 cm×60 cm，填土60 cm厚，并拌入少量的基肥，用马占相思、厚荚相思、夹竹桃和马尾松进行株间混交，大苗雨天造林，并套种禾本科草本植物类芦、五节芒、斑茅。造林成活后连续管护3～5年，以提高存活率。

3）石泥堆绿化

石泥堆为小石块、石渣与泥土的混合堆，绿化前先将石泥堆挖成坑状，在坑内挖60 cm×60 cm×60 cm的种植穴，填土50 cm，用马占相思、大叶相思和夹竹桃进行株间混交。林下也可栽植类芦、葛藤等耐旱易成活的植物。

4）泥石堆绿化

泥石堆主要是采石山表土废弃土堆，土层较深厚，土壤肥力较高，适于种植的树种较多，有相思类树种，如马占相思、大叶相思、厚荚相思；松类树种，如马尾松、湿地松；桉类树种，如巨尾桉、尾巨桉、刚果桉、芒果等。也可混植一些草本植物如五节芒、类芦及葛藤等藤本植物起固土作用。种植方法为在弃土堆挖穴规格80 cm×80 cm×80 cm进行种植，株行距2 m×2 m，造林时穴内拌入少许肥料，雨天大苗种植。

2. 植被群落的选择配置

在荒山的生态修复中，除最基础的地质修复工程外，植被的种植选择对生态修复的作用同样重要。虽然乔、灌、草均可应用在破损山体的生态修复中，但是对种类的选择要求相对较高，如矿区、道路边坡等都是土壤贫瘠、缺少灌溉的地方，所以必须要选择耐干旱贫瘠、适应能力强、生长快速的品种。山体修复的植被选择和配置应从两方面考虑：优先选择乡土树种和乔＋灌＋草＋藤的配置模式。

在植物的选择上，乡土植物是本地的优势植物，不仅可以体现地方特色和人文历史，为当地群众所喜爱，而且经过漫长的自然选择，对本地的气候、土壤适应性强，生长良好。在防止病虫害发生和蔓延、减少水土流失、改良土壤、净化空气、改善生态环境和小气候等方面均优于外来树种。

在植物的配置上，以"乔灌优先，乔灌草藤结合"为原则。在保证不同种类植物正常生长及符合景观美学的基础上，应丰富树种的多样性，将形状、颜色、高度各异的乔灌草藤植物合理配置，将落叶和常绿树木相结合，观叶和观花植物相结合，阔叶和针叶相结合，绿色和其他颜色相结合，形成色彩丰富和层次鲜明的山地景观。风景林应选择有乡土特色、粗犷高大的树种，林相、季相也应富于变化。乔灌、针阔、常绿与落叶、叶花果形的不同组合，以乔木、阔叶、常绿为主，结合观花、观叶、观果，建立相对稳定和多样化的复层种植结构，可以优化植物空间的分布状况，维持植物群落结构的稳定性。还可以结合当地的传统文化特色，根据植物的特殊功能、特性及景观构图的要求，进行树种植被间的不同组合配置。

3. 发挥旅游观光功能

近年来，在生态文明建设的宏观背景下，我国许多地方为了改善当地生态环境、恢复山体植被、促进经济的发展，开始着力打造山体公园，以满足人们日益增长的精神文化需求。尤其目前在农村地区荒山现象比较严重，如何在对山体进行生态修复的基础上进而提升景观，打造设计山体公园，以达到护山、养山的目的，并推动农村地区旅游业的发展，实现社会、经济、生态的可持续发展，是未来山体治理的重点方向。山体公园在实现可持续发展目标的同时，也是人们休闲、游憩、娱乐的重要场所，随着特色乡村的兴起及其旅游业的发展，不仅可以推动当地经济增长，还可以提升特色乡村地区的影响力。

由于山地公园独特的地形特征，其景观设计和城市公园的景观设计有着明显的不同。首先，山地公园的地形高低起伏，空间形态多种多样，拥有着独特的地域形态。其次，山地上植被的光照、水分、土壤等条件都是不同的，因此，造成山地独特的景观特征。

山地公园的景观设计主要以自然景观为主，秉持"回归自然"的原理进行规划设计。同时根据山地的独特性处理好山地公园的各种景观要素。首先不同的山体位置需要选择不同的景观设计，比如，山地的位置比较高，所以，其视觉空间较大，视野较广。可以充分利用山顶的特点来开发公园的景观，尽可能延伸视野，获得全方位的山地景观。其次，要注意山地公园内游玩路线的设计。因为受山体高低起伏的影响，在道路的开发和组织方面都比较困难。因此，要根据山体的走势选择合适的布置方式，使得道路设计尽可能地充分展现多样性，让不同的山地路线带给人们不同的视觉体验。可以将道路与道路两旁植被景观结合，同时可以利用水平或者垂直方向同时进行，呈现出山地公园道路的立体性，还可以通过建设登山健身步道，从而为游玩者提供更多的游玩乐趣。最后，要以人的心理需求为依据进行山体景观设计，在山地公园景观设设计的过程中，要使得山地公园的景观设计真正满足人们的休闲需求。

4. 加强基础配套设施建设

在充分发挥山体治理的景观提升功能及对山体公园景观设计过程中，加强其基础设施配套服务功能，是保证山体公园正常发挥其旅游功能的关键。对从城市自驾旅游的游客，需要为他们提供足够数量的停车位，对有住宿需求的游客要提供民宿、农家乐等服务。同时，在山地公园内，提供一定的休憩观景平台、指路介绍牌、垃圾桶、厕所等服务设施也是必需的。

山地公园毕竟是在开发生地的基础上进行的，因此，其很大程度上存在安全问题。不仅存在如地质灾害、森林病虫害、洪水灾害等自然灾害，还存在如火灾等人为灾害，安全性问题必须考虑。坚持"预防为主、防治结合、防救结合"的原则，做好山地公园景观设计，避免可能存在的安全问题。一般山地公园出现的常见问题是地质灾害，主要表现为：山体滑坡、崩塌、泥石流等。①滑坡是指在重力作用下，山上的岩石或土体沿着斜坡整体缓慢下滑的现象。滑坡的产生除土壤、岩石本身性质、强度、坡度、稳定性等因素外，还与土壤表面的植被稀疏程度、降雨侵蚀强度及人为活动的干扰有直接关系。因此，在进行对山体滑坡的处理时，针对其具体产生的原因，采取相应的补救措施，以防为主，防救结合。②崩塌是坡地上的岩石土体，在重力作用下突然坠落的自然灾害。它是一种突发性的灾害，发生速度极快，破坏性极大。对于崩塌的防治主要注意几点：第一，避开有可能出现崩塌的地形；第二，在山地开发建设中，应尽量避免在陡急的山体或坡地进行大规模开挖，以免破坏岩土体自然结构的稳定性；第三，对地表面稳定的岩土体，尽量采取清挖、锚固或拦挡等加固工程措施。③泥石流是在暴雨或融雪后河沟中流动的携带有大量泥石团的泥流。对于泥石流的防治，首先应以预防为主，保护泥石流沟内的生态环境，减少水土流失。在沟道下游划出危险区，严谨在危险区内修建任何永久性建筑。

4.3.5 厦门军营村白交祠村开荒种茶种树致富案例

同安区莲花镇军营村和白交祠村,是厦门市少见的高山村,这里海拔900多米,位于厦门西北角的一条狭长地带向外延伸,东北面是泉州安溪,西南面是漳州长泰,军营白交祠就在这条狭长地带上。对长期生活在厦门岛上的多数厦门人来说,这里几乎算是全市最偏远的地方。

1986年以前,这里只有上万亩光秃秃的山地、数百亩稀疏贫瘠的茶园,大部分村民连温饱问题都没解决,人均年收入只有200多元。种水稻、种地瓜,再兼顾点山头上的茶园,这就是当时两村村民的全部生活。当时军营村大半的土地都种了地瓜,水稻只有300多亩,然而种水稻也不容易,白交祠村有一大半的水田在长泰那边,军营村的水田最远也到半山腰的大祠附近,由于这里山势起伏不平,高海拔造成的温度较低、昼夜温差大等外部环境让这里的水稻只能一年一熟,而山下则是一年两熟,水稻产量低导致大部分的村民都吃不饱白米饭。

1986年4月7日,时任厦门市委常委、副市长的习近平第一次来到军营白交祠访贫问苦。看到村子里贫穷落后的状况后,对于两村的发展,指出了一条因地制宜脱贫活村的路子:在军营村,他说要多种茶种果,在山坡地可以种些柿子,形成规模发展;在白交祠村,他指着光秃秃的山头说,要山上戴帽,山下开发。习副市长建议军营村种植一些柿子树,并联系县水土办为村民提供了一批优良广西无籽柿树苗,指示县农办帮助解决了3万元扶贫资金。在习副市长亲自倡导下,村民们开始上山开垦、整理土地,种植了约200亩广西无籽柿,并用3万元扶贫资金修建了管理房。习副市长为村民们指明了发展的方向,从1986年之后,村民逐渐意识到,几万亩的山地就是他们的财富来源,大家开始开荒种茶,一两年后,大多数村民基本已经不种水稻,全心全意投入种茶制茶。到1990年,军营村的茶园面积从400多亩迅速扩张到了1 000多亩。村民的人均年收入也从200多元涨到了900多元,基本解决了温饱问题。将250亩柿子林承包出去,还可以为军营村每年带来8 000元的租金收入。1988年前后,是白交祠植树造林的高潮期,村民们除了平日种茶,就是上山种树,为山上的水土保持起到了极大作用。

1998年10月16日,高山上茶香四溢,这是一年之中采秋茶的时候,时任福建省委副书记的习近平第二次来到军营白交祠。军营村的茶叶种植面积已经有2 800多亩,习副书记又给村里提出两点要求:第一条,就是要绿化造林,保护生态,多种茶、多种果,大力发展农业和林业。那个时候,大家对林业还不太重视,只有几个林场保护得比较好,农村基本上都是荒山。他看到光秃秃的山头后说,多种茶、种果,也别忘了森林绿化,要做到山下开发,山上"戴帽",习书记当年的远见,给今天的军营村铺就了致富之路。第二条,就是鼓励年轻人一定要走出山门,走进厦门,去打工创业,不要单一地守在本地种茶。当时虽然村里茶叶种植面积上去了,但由于缺少设备和技术,茶叶品质低,价格也上不去,村里想买点制茶的生产设备,建立一个茶叶加工厂,把茶叶的外观和质量做好,习书记听了觉得非常有必要,就拨了两笔扶贫资金,此后,在厦门市委农办和市农技中心的帮扶下,投资70万元的军营村茶厂建了起来。茶厂在2000年5月投入使用后,军营村村民人均收入在三年内就直接提升到了5 000多元。经过茶厂加工的茶叶,每斤价格提高2~3元,全村一年粗略算下来就能增收约150万元。到2009年,军营村和白交祠村的茶园面积达到了

10 000 亩,村民人均年收入更是上涨到近 9 000 元。2010 年,军营村村民高水银与其他几名村民牵头办起了西营茶叶专业合作社,全村接近一半的家庭入社,开启了两村农民"抱团发展"的新时代。2013 年,军营农民人均收入达 10 173 元,白交祠村为 10 011 元,双双首度突破万元大关。

从 20 世纪 80 年代末,两村开始植树造林和封山育林。如今,两村共有生态公益林 6 800 亩,2 万亩的山地更是绿意盎然,把绿色资源变成乡村旅游资源。2013 年,军营村和白交祠村被列为厦门市"五位一体"建设的试点村,两村抓住机遇,在市、区、镇各级政府和相关部门的大力支持下,不断推进基础设施的完善和旅游景点的打造,七彩池、高山哨所、百丈崖、光明顶等一批特色景点先后被开发出来。2015 年,军营村更是获评"中国最美休闲乡村"。村民借此机会大力兴建民宿、农家乐,大力发展乡村旅游,进一步拓宽了农民的增收渠道。这些守护多年的绿水青山,终于变成了金山银山。

1986 年,习书记第一次来,要军营村多种茶,多种果,保持水土不流失,并要求带领村民种植柿子林,修建管理房。1998 年,习书记第二次来,看到满山遍野的茶园,看到茶农为茶叶的销售发愁,就支持兴建茶叶加工厂,又一次为军营村的发展指明了方向。实践证明,正是习总书记的远见,村民们经过 30 多年的开荒种茶、植树造林,军营白交祠才从"老少边穷"山区农村变成"百姓富、生态美"的现代化美丽乡村,同时为其他农村荒山治理与发展之路提供了一个典型致富案例。

4.4 治 水

"绿水青山就是金山银山"。人的命脉在田,田的命脉在水。水是生态文明建设发力的关键,也是实施乡村振兴战略重要的物质基础。水的问题,根在岸上;岸的问题,本在人上。水系景观作为乡村景观要素之一,是乡村景观营造的重要内容。要围绕"治理水污染、修复水生态、营造水景观、发展水文化、搞活水经济"的治水思路,使其作为乡村生态文明建设的重要环节。乡村水系治理包含河道治理、水库治理、池塘治理、沟渠治理、湖泊治理、雨污分流整治、水质净化、后期管护等很多方面的内容。本节基于乡村水域景观生态治理的原则,分别介绍乡村河道、池塘、沟渠、湿地、地下水的景观生态治理方法与保障措施,探讨厦门过芸溪生态修复整治和军营村九龙溪水治理。

4.4.1 乡村水域生态治理的原则

1. 整体规划原则

乡村水域是一个结构复杂的系统,不同水体形式之间互相联系、互相影响,村与村之间的水系联系也很密切,系统内任意一个因素发生改变都会影响到水域景观全貌的变化。因此乡村水域景观规划设计,必须从整体的角度考虑,从系统的观点出发,将整个村的水系置于系统的体系下进行规划设计。

2. 目标兼顾原则

乡村的不同类型水体具有多种不同功能,如灌溉、运输、饮用、清洗、水产养殖等,水域景观规划设计不能仅局限于为了解决某一个生态问题或者美观问题,还必须结合乡村水系的不同功能综合考虑,以能够充分发挥其基本功能为前提,不能以破坏其基本功能为代价。

3. 生态原则

在景观生态规划设计时既需要满足水系的使用功能,又要尽可能地恢复自然生态特征,保护生物多样性,增加景观异质性,构建乡村景观水系生态系统,实现水环境的可持续发展。其中涉及的水处理技术就是生态修复技术,以恢复生态环境、发挥生态功能为原则。

4. 自然美学原则

在美丽乡村建设背景下,水体生态治理过程在保证其基本功能发挥的前提下,还需提高其美学观赏价值,为进一步发展乡村旅游业奠定基础。由于乡村水系景观具有更高的自然美学价值,水域景观生态规划应保持水系的自然形态,利用不同的生态技术选择不同特性的植物物种,既考虑植物功能的发挥又满足景观需要,材料上尽量选择乡土天然材料,保持与乡村周围环境的协调统一。

5. "四低"原则

乡村水域景观生态规划是在农村这个特殊的背景下进行的,目前提倡节约经济、低碳环保的理念,因此规划设计必须严格贯彻低成本、低技术、低碳、低管养的原则,即"四低"原则,尽可能就近利用本土化的优势材料和加工工艺,应用多种节约手段与新生态技术,合理利用有限的空间资源,并做到在建设过程中低能耗、低污染,从而设计出既满足费用低,又满足功能的乡村水域景观生态规划方案。

4.4.2 不同类型水域景观生态规划设计

乡村水环境治理大体经历三个阶段:侧重于工程经济考虑、结构简单、功能单一的治水阶段;注重于污染控制和水质恢复的保水阶段;注重于生态修复、景观提升,挖掘人文内涵的综合利用及可持续发展的亲水阶段。水域景观生态规划设计需达到水环境治理的第三阶段,即生态修复阶段,乡村水域景观生态规划设计的内容具体包括生态河道改造、生态池塘治理、生态沟渠修复、自然生境的湿地保护、地下水污染治理等方面。

1. 生态河道的景观设计

乡村河流是村民生活用水的重要来源,同时也是乡村水景观的重要组成部分。河水是活水,因此在营造河流景观时,首先应做到保持河流的清澈干净,若河水受到污染,要进行必要的整治和疏通,改善河流水质环境。河流属于自然流动的水域,水位会随着季节而变化。以往对河流进行改造中的一般做法是对河流采取拓宽、取直、筑堤的方式解决防洪的问题,但是这种渠道化改造做法破坏了河流的自然生态环境和美学观赏价值,使得原有动植物赖以生存的空间受到破坏甚至消失。因此我们应该意识到天然的河流是一个健全的生态系统,水体具有很强的自我修复功能。这种修复功能与水环境下的生物多样性密不可分,保护和恢复河道原有的生态性是河道治理的关键。

由于河流是农村水域环境整治的重点,其生态环境对于整个水域系统的生态维持是重要环节,对河流水域进行生态治理过程中,需要以自然化手法改造河流水道。

1）河道污染治理

在一系列生态治理和改造之前，必须先进行污染治理，开展河道拆违、生态清淤、河面漂浮物清理、河道两岸堆放的废渣与垃圾清除等专项整治行动。①清除河流中的淤泥，疏通水系，连通河道水网，将污水经过专业污水处理厂净化处理再排放，避免二次污染。②开辟河流与陆地之间的生态缓冲带，种植有净化能力的植物，扩大水系流域面积，增强河流的自然蓄水能力和自净功能。③保持河流水量，引入其他河流和蓄水池或者净化后的中水和地下水等，改善河流水质，稀释受污染的河水。④结合河道周边开阔地带，搭建亲水平台与生态公园，既提升景观效果，又增加公共绿地和生态效益，也可以起到教育意义。⑤在河道与两岸道路之间建立雨水缓冲带，增加雨水渗透能力，预防洪涝灾害，在缓冲带中种植有净化能力的植物，利用植物净化功能将受到污染的雨水经过净化再排入河道。图 4.4 为河道清淤施工现场图。

图 4.4 河道清淤施工现场图

2）河道平立面自然化改造

河道的开挖、清淤治理要尽量保留河道的原始走向、原始地形、地貌，对河道中原有滩地、沙洲都要加以保护，不可为追求防洪的安全，随意改变原有形态，甚至"裁弯取直"，将河道人为的线性化、渠道化。

河道平面处理上，尽可能多地保持自然平面形态，用生态的手法改造，维持完整的水域体系和生态体系。可在河道中营造不同形态的沙洲、小岛，为动植物栖息生存创造空间，以保护生物多样性，恢复自然生境；在河道的瓶颈处，根据水文状况，对局部河湾进行拓宽处理，满足防洪和景观需求。如图 4.5 所示。

图 4.5 自然河道拓宽处理

河道断面上，自然河道的段面设计应在保证河道畅通的基础上，设置不同深浅的水域，保持河道的自然生境，创造多种水流条件，为水生物和动物提供适宜栖息地，保护和恢复生物多样性；人工河道既要满足防洪基本要求又要满足景观需求，通过人工营造水位落差形成动态景观效果，根据不同水位高度差制造不同的台阶形式，再根据不同台阶水位滞留时间长短，种植不同的湿生植物。

3）河道护岸整治

河道护岸又称驳岸，是介于水陆之间限定水体的边界地带。自然原生的护岸是典型的生态交错带，物质和能量的流动与交换非常活跃。常见的驳岸模式有软质、硬质和复合式三种模式。软质驳岸多为自然式，强调原生态，要求利用原有地形，如建有水生植物的缓坡、原有岸滩等，用材多为生态混凝土，利用其多孔性，上面栽种植物，看起来像自然地貌一样。硬质驳岸可以从其形态上来理解，即用石料、砖、砼等构建。复合式驳岸即将软质驳岸与硬质驳岸模式结合，既有实用功能又体现生态景观功能。如果乡村聚落内有防洪要求的河道，河道驳岸为发挥防洪功能，要以硬质驳岸形式为主，必要时可在河岸上设置防洪堤坝，河道驳岸应随河岸线的自然走向，保持河道的自然畅通。无防洪要求的河道，可采用生态型景观驳岸处理技术，以水生植物来营造滨水绿化景观。在传统的观念中，驳岸设计属于水利工程的工作，因而在修建过程中更多地考虑其安全性和实用性，并未重视其生态性和景观效果。因此，形成农村常见的硬质驳岸做法如水泥衬底、裁弯取直、驻坝改道等，不但割裂了自然生态系统要素之间的渗透与交流，还给河流生态造成破坏，造成景观单一、地域特色缺失等后果。因此，在规划整治中，将河道改造、生态保护、景观美化结合起来是整治过程的重点。

生态驳岸是指经过恢复后的自然河岸或具有自然河岸"可渗透性"特征的人工驳岸，生态驳岸可以让河流与河岸之间的能量物质交换过程充分发挥，还具有一定抗洪性。生态驳岸除了护堤抗洪的基本功能，还有滞洪补枯、调节水位，增强水体自净作用的功能。生态驳岸的种类主要有自然原型、自然型、多种人工自然型三种[5]。

自然原型驳岸（图4.6）需要体现驳岸的自然生态特性，依靠植被保护河堤。通过种植柳树、水杨、白杨及芦苇、菖蒲等喜水植物营造既生态又美观的驳岸景观，此类植物由于其生长舒展的发达根系可进行稳固堤岸，增加抗洪能力。自然原型驳岸多适用于洪流量不大的乡村地区。

图4.6 自然原型驳岸示意图

自然型驳岸（图4.7）不仅种植植被，还利用天然石材、木材护堤，进一步增强堤岸的抗洪能力。如在坡脚采用石笼、木桩或浆砌石块等护堤，其上筑有一定坡度的土堤，在斜坡上种植植被，将乔灌草搭配，固堤护岸。这种驳岸类型适用于洪流量稍大地区。

图4.7　自然型驳岸示意图

人工自然型驳岸（图4.8）是在自然型护堤的基础上，再利用钢筋混凝土等材料，以确保足够的抗洪性能。如将钢筋混凝土柱或耐水圆木制成梯形箱状框架，并向其中投入大的石块，或插入不同直径的混凝土管，形成很深的鱼巢，再在箱状框架内埋入大柳枝，水杨枝等；邻水侧种植芦苇，菖蒲等水生植物，使其在缝隙中继续生长。

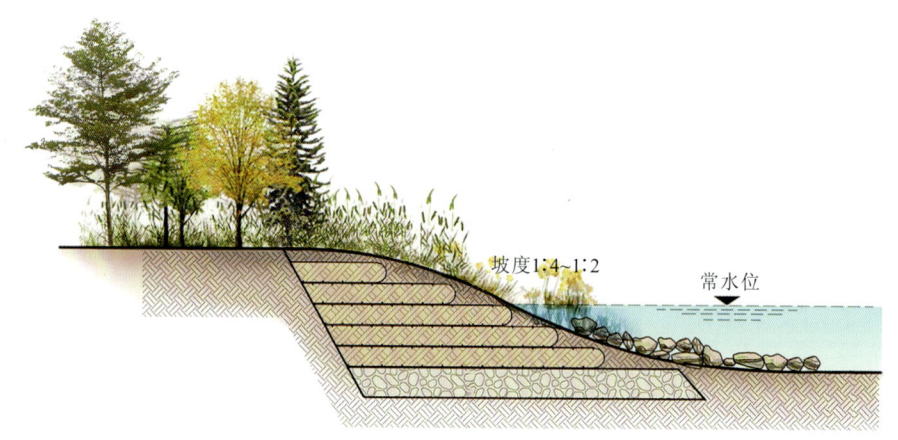

图4.8　人工自然型驳岸

生态驳岸景观化：生态驳岸景观化是指将前述生态驳岸整治与景观效果相结合，展现驳岸不同个性特征与地域景观特色的整治模式。具体的方法为：①保护驳岸的自然平面形态；②采用地方材质与地方做法，形成有地方特色的"可渗透性"生态驳岸；③滨水植物采用地方性的耐水性植物或水生植物；④高差较大的驳岸，可采用台阶形式、分层设计，各层不同高度配置不同的亲水植物，这样既满足防洪要求，又能在枯水期保证一定水量，满足景观需求。如浙江衢州廿八都古镇的水域护岸，采用了分层设计做法，并使用当地自产的卵石、条石形成护岸，突出了鲜明的地域特色。如图4.9所示。

4）落实河道长效管理机制

河道治理工作本身是一项长期艰巨的任务，在前期治理完成后，后期管护显得尤为重要。要切实履行"河道保洁"工程，建立农村河道长效保洁工作的新机制，强化河道长效

图 4.9 衢州廿八都古镇护岸

图片来源：https://zjnews.china.com.cn

保洁管理，进一步健全完善农村河道保洁考核办法，实施定政策、定责任、定河段、定人员、定考核的"五定"保洁措施，并加大河道保洁的监管力度，有效督促各保洁责任单位和镇、街道开展日常化、制度化、常态化的保洁工作，从而达到河面无杂草、无漂浮物、河中无障碍、河岸无垃圾的"四无"保洁目标。

总之，生态河道就是顺应河流发育规律，顺应河流自然景观过程，通过保持河流天然的蜿蜒曲折，运用曲流、浅滩、深潭、河漫滩、自然式护岸、本土化滨水植物配置等手段，使河流景观恢复接近自然状态。

2. 生态池塘的景观设计

池塘分为水产养殖池塘和观赏池塘，池塘大小、深浅、形状各异，在南方乡村随处可见。并且池塘还是动物的重要栖息区，是影响局部小气候的重要因素，因此在生态环境中发挥着重要的作用。作为一种小型水利设施，池塘大多挖建在低洼处，可以收集雨水，起到调节蓄水、防洪滞洪的作用；到了旱季，池塘还可以发挥供水灌溉功能；池塘还是发展多种种植、养殖业的绝佳环境，鱼虾、莲藕、茭白等及塘中各种生物又有助于水质净化。另外，一口干净的池塘对环境美化的作用也很大。乡村中的池塘不仅是植物、动物的栖息地，还是村民休闲、娱乐的好去处。对于池塘的水岸，建议营造的法则应以维持自然、保留原生态为好，尽可能减少硬化和过度利用等，尽量保持好池塘的生态平衡。

1）天然池塘的生态维护

天然池塘进行生态整治的一般做法是通过在池塘周边种植耐湿树木，形成环绕绿化带、池塘岸边和内部种植水生植物形成植物生态群落，结合池塘内的动物共同构成稳定的池塘生态系统。通过在池塘内部种植的水生植物及池塘内动物的生态链控制，净化池塘水质，稳定池塘生态。首先要合理规划、科学治理。结合农村生活污水改造、畜禽养殖治理、垃圾分类、池塘清淤等专项整治，从源头上解决农村池塘的污染问题，并因塘制宜，通过引入活水、投放鱼虾、种植莲藕等来维持和改善池塘水质净化。其次要完善设施、打造节点。塘边围起栏杆、设立绿化带，在塘沿新建文化长廊，增设各种便民设施，打造"一塘一景"，村中池塘成了大家休闲健身、赏景的好去处。最后还需职责分明、长效管理。池塘整治后要求做到"两不两有"即：垃圾不往池塘里倒，污水不往池塘里流；池塘保洁有人管，管护组织有落实。将村庄水域管护列入村规民约，完善池塘长效管理机制，保证沟渠坑塘整治顺利开展和后期维护，同时加强督促检查，及时发现和解决沟渠池塘污染问题。在治理后的日常维护中，也应明确村组责任人。同时加强宣传教育，鼓励村内村民积极参与其中，重视对生态环境的保护，如图4.10所示。

图4.10 生态池塘景观营造

2）营造接近自然的人造池塘

除了恢复已有池塘的生态功能，还可以利用荒地或废弃地营造接近自然的人造池塘。这类人造池塘可以是雨水调节池，也可以是蓄洪功能的生态调节池，兼具防洪、景观及生态的功能。针对有些农村本身的池塘数量较少或者在发展过程中池塘被迫填平的问题，人造池塘也是生态改造的方法之一。即使缺乏人为管理，也具备自然生物种群，具有生态发展潜力。需要注意的是，应该对这类人工池塘采取粗放式自然发展，区别于城市人造水池的景观营造。在人工池塘建设时，通过在池塘周边和池塘内部种植本土植物，既扩充了池塘生态，又形成新的水域景观。

3）水产养殖池塘景观营造与污染防治

目前很多乡村普遍利用池塘用于发展水产养殖业，鱼塘可与果园等结合营造，池塘水面还可以采用鱼、鸭立体化养殖技术，鸭可以为水中鱼类增氧并提供优质饲料，水面可为鸭提供清洁卫生的生存环境，营造出立体集约型乡村景观。比如，广东省珠江三角洲的一种独具地方特色的农业生产形式："桑基鱼塘"生产模式，如图4.11所示，是将低洼地挖深变成水塘，挖出的泥堆放在水塘的四周为地基，基和塘的比例为六比四，六分为基，四分为塘，基上种桑，塘中养鱼。桑叶用来喂蚕，蚕沙、蚕屎用以饲鱼，而鱼塘中的塘泥又取上来作桑树的肥料。通过这样的循环利用，取得了"两利俱全，十倍禾稼"的经济效益。1992年，桑基鱼塘被联合国教科文组织誉为"世间少有美景、良性循环典范"。在其他地方也有类似的人工生态模式，如草基鱼塘、蔗基鱼塘、垛田鱼塘、稻-苇-鱼、稻-鱼-麻等既有生态效益又有生产效益的模式。此外，鱼塘边还可设置垂钓亭廊、小型扁舟、农家餐馆等，这样的模式不仅有利于发展乡村旅游，而且也丰富了乡村池塘景观的文化性与趣味性。

图 4.11　桑基鱼塘景观

图片来源：https://www.agriculturalmuseum.com

坚持生态优先，按照不同养殖区域的生态环境状况、水体功能和水体承载能力，科学划定禁养区、限养区；深化水产养殖水污染治理，加强养殖投入品管理，水产养殖集中区域必须实行水环境监测；严格控制水库网箱养殖规模，对不符合养殖规划的网箱养殖开展专项整治和清退，全面取缔饮用水源水库网箱养殖。

3. 生态沟渠的景观设计

沟渠是农村最基本的人工水利设施，在农业生产和农村居民生活中发挥着重要的作用，一般分为硬质排水沟渠和软质灌溉沟渠两种。硬质排水沟渠又分为明沟渠和暗沟管两种，硬质沟渠由于可以减少水体渗漏，增加输水能力，减少泥沙淤积，对农村经济发展有较大的贡献，但对于农村生态环境体系的构建却是不利的。硬质沟渠剥夺了植物、生物、动物的生存环境，甚至成为村民生活垃圾和生活污水的排放渠道，极大破坏了农村水域环境和人居环境。目前村庄整治规划中，对于污染的排水沟渠的普遍改造办法就是将明渠改暗渠。这种做法暂时使农村环境能到改善，但并不能从根本上解决水质污染问题及改善生态环境。农田内的软质灌溉沟渠在农村是仅次于湿地的自然区域，土沟及其周边一般多种植植物，也有利于营造小生态环境，这种人工沟渠在乡村景观及水域景观中扮演了很重要的生态保护和维护的功能。

生态沟渠具有一定的宽度和深度，由水、土壤和生物等要素共同组成，通过其自身独特结构发挥生态净化功能。生态沟渠能通过截留泥沙、土壤吸附过滤、植物吸收、生物及微生物降解等一系列作用，减少水土流失，阻断氮、磷元素及其他有害物质进入地表水中。图 4.12 为湖南长沙的天泉草业生态小镇过去的污水沟，经过生态沟渠和人工湿地净化系统，污水得到了生态净化，并且达到了一级 A 类标准。村民可直接用来洗菜、洗衣服。

1）灌溉渠道生态化设计要点

针对灌溉渠道的生态化设计，除了与排水沟共通的基本设计，可在渠道防渗与生态化结合方面作为重点，并在非灌溉时期，让灌溉渠道也保有最低流量[6]。灌溉渠道分为干、支、斗、农四级，不同等级的渠道，生态化设计手法均有差异。以支渠为例，生态化设计需要掌握以下几个方面。

（1）缓坡设计。渠道两旁护岸在用地面积允许的情况下，设计成缓坡有利于形成连续稳定的环境，使两栖类动物能够在水陆两地之间方便迁移活动。同时，缓坡的设计可减少渠道内水位高低变化差异过大对渠道造成的生态冲击力[7]。

（2）混凝土与块石结合。①当护岸或渠底采用浆砌块石手法时，石头的外侧缝隙间不

图 4.12　天泉草业生态小镇生态沟渠治理效果
图片来源：https://image.baidu.com

填充砂浆，利用石头凸出的特性，营造表面粗糙且多孔的空间环境，石缝间有余水，可为昆虫等生物提供良好的栖息环境；②当采用半混凝土半浆砌块石护岸时，考虑缺水地区提高沟渠输水效率的要求，就需要在常水位以下利用混凝土衬砌，常水位以上采用浆砌块石的形式，以满足防渗、提高输水效率和生物多样性等多方面需求。

（3）造型模板混凝土护岸。考虑灌溉渠道输水效率问题，使用混凝土浇筑具备一定优势，而在浇筑时通过利用造型模板，可达到表面多孔环境且不会发生渗漏的双重功效，渠道相对自然美观，兼顾输水功能与生态功能。

（4）生态孔洞设置。混凝土渠道生态孔洞设置，是在原有混凝土渠道护岸表面通过人工打孔洞，并回填碎石与土壤，利用生态化设计，在渠道侧壁形成可供鱼虾类生物生存的环境，为生物生长及栖息藏匿提供合适场所。

（5）深槽。通过在某一段渠道处专门建一深槽，可在停水期间仍有一些余水可供水中生物生存。深槽可与石梁或其他固床配合设置，达到保护水生生物生存环境及净化水质的双重效果。

（6）复式断面。复式断面是在渠道内，为减弱高低水位差对渠内及两岸生物造成的冲击而设置的一种低水流量稳定的渠槽。

（7）半生态混凝土渠道。在渠道中应用生态混凝土，适合于水量丰富或水体有一定污染的地区，在水量缺乏地区需谨慎对待。具体设计是将渠道边坡分为渠底和底部边坡、常水位以下和底部边坡以上、常水位上三个部分，分别采用不同的混凝土衬砌。

（8）膨润土防水毯渠道：当在支渠进行铺设膨润土防水毯的生态设计时，可根据项目区土壤状况及资金条件，选择底铺式、半铺式或全铺式进行设计。

（9）改良的植生型防渗砌块渠道。应用改良型植生型防渗砌块时，可根据渠道规格的大小对预制砌块的大小进行调整。

（10）动物脱逃斜坡。在渠道边坡坡度较大时，为避免田间一些两栖动物或小型哺乳动物等不慎掉入渠道无法逃生的不利情况出现，可在渠道中每隔 20~30 m 距离沿渠道纵向设置一段单侧或双侧间隔的动物脱逃斜坡。

2）排水沟生态化设计要点

排水沟也分为干、支、斗、农四级，不同等级排水沟的生态化设计要点存在一定差异。各等级排水沟的断面尺寸与相同等级灌溉渠道相近，深度一般比同级渠道更大。以排水支沟为例，生态化设计要点有以下几个方面。

（1）干砌块石（卵石）。干砌块石（卵石）是现行排水沟通常采用的一种手法，这类材料一般可以就地取材，具有良好的生态性与环保性。

（2）沟底块石堆置。排水沟一般水流单调平缓，不存在景观动态效果。通过沟底堆置块石，不仅可以扰动水流状态改变流速，形成动态的跌水景观，还可以为底栖生物提供藏匿及产卵附着的场所。

（3）原生植被护岸。植被的采用有利于水陆生态系统间的连续性，且由于植被根系的固土能力，可以减少冲蚀，有助于排水沟的稳定。选用原生植被，更易适应当地环境，与周围景观相协调，降低管理维护成本。

（4）不加封底。这种做法有利于水底微生物生存繁衍，同时对改善水质也有一定功效。考虑防止排水沟底部遭到过度冲刷，可隔一定距离设置混凝土或浆砌卵石固床工，还有净化水质的效果。

（5）动物脱逃斜坡。和灌溉渠道一样，排水沟也需设置动物脱逃斜坡。斜坡段可采用植生型的绿化混凝土进行浇筑，沿坡种植草皮，方便动物沿坡上爬，也可用小型石块、卵石堆砌。

4. 生态湿地的景观设计

湿地，是指天然或人工的、长久或暂时的沼泽地、泥炭地或水域地带，带有静止或流动的淡水、半咸水或咸水水体，包括低潮时水深不超过 6 m 的水域。乡村湿地景观（图 4.13）是基于乡村整体环境，它和农村自然环境、农业生产活动密切相关，具有人工和自然的双重属性，主要包括天然的河流、湖泊、沼泽，人工鱼塘、水塘和稻田等。湿地是乡村水系景观的重要组成部分，但并不是所有的乡村都有湿地存在。乡村湿地景观的营造是对湿地资源的保护和利用，通过保护和改善乡村湿地资源，不仅可以丰富乡村景观文化，增加乡村湿地的生物多样性，而且还有助于发展乡村旅游业，增加居民经济收入。湿地具有的独特功能和作用使得湿地景观在乡村景观的规划建设中扮演着非常重要的角色，下面从几个方面对生态湿地景观设计要点进行分析。

1）生态湿地景观的空间布局

空间布局是湿地景观中各要素有机秩序的具体表达[8]。对湿地景观进行空间布局时首先要综合考虑农村湿地地貌的生态特征，结合农村湿地的类型，湿地的自然形态，从景观多样性的角度出发，考虑农村的生产生活特点，构建布局合理的景观空间体系。

图4.13 乡村湿地景观

2）生态湿地景观的地形设计

在湿地景观设计中，地形是最基础的元素，它直接关系湿地的整体地貌，对湿地景观的空间构成及空间感受产生影响。同时地形的合理设计还对湿地景观的其他元素起到积极的作用。地形设计创造出多种不同的视觉感受，带给人们对于湿地景观不同的心理反应。在农村湿地景观的地形塑造时，要充分尊重原始地形地貌，因地制宜，不可挖高补低，尽量保持农村湿地现状地形的走势，因势利导。突出生态理念，以恢复农村自然生态地形地貌为主，减少人为对湿地地形的刻意改变。

3）生态湿地景观的水体设计

农村生态湿地景观设计的核心在于如何实现湿地水系统的自然循环。首先，景观水体的设计应当致力于保护和恢复农村的河道网络，维护河道水系的连续性和完整性，重塑农村河道及湖池的自然形态，恢复作为湿地水源的河流湖池的生态活力。其次，景观设计还应从整体出发，优化农村湿地的排水及引水系统，将湿地景观与农业的生产和生活相协调，使湿地水资源得到高效的利用。在湿地景观水体的具体设计中，应以湿地水体空间的自然形态为基础进行，尽可能地再现出河流自然宛转曲折的水岸形态，对于池塘湖泊可以留出水面，不栽种植物：一方面，避免植物覆盖而产生的水体富营养化现象；另一方面，突出农村湿地景观的视觉效果，使植物与水中的倒影相互映照，构成景观的虚实对比关系，如同山水画一样，营造出不同空间层次的景观效果。

4）生态湿地景观的驳岸设计

湿地的驳岸处于水体和陆地的交界处，也是湿地景观空间中最为敏感活跃的区域，它既不属于单一的陆生环境也不能看作单一的水生环境，而是两种复杂生境的组合。在农村生态湿地景观设计中应以自然驳岸作为主体，保护湿地水体的生态性，同时根据湿地的多种功能性要求辅以其他形式的驳岸，通过设计亲水平台或阶梯岸线等形式，为人们提供可与自然水体近距离交流的机会，形成景观形式多样，充分体现生态效益的驳岸空间景观。

5）人工湿地的景观设计

水域景观生态规划设计湿地时应以自然的湿地基质的土壤砾石代替人工砌筑池岸，在水陆交接的自然过渡地带种植湿生植物，充分发挥湿地的渗透及过滤作用。对于农村而言，应建立经营性人工湿地,把人工湿地技术和我国传统的湿生经济作物栽培技术有机地结合起来,把污水湿地净化和农业生产有机地结合起来,以营造出建设成本和运行费用降低和持续稳定进行的人工湿地。

人工生态湿地是一个复杂的模拟或恢复自然生态系统的工程,它不是简单地挖一片池塘、种植一点水生植物,需要根据具体条件规划设计出各种湿地生境,引导培育出原始的乡土动植物资源,最终形成丰富、多样、自然的湿地生态群落。湿地生境的设计与创造包括外部环境的选址及内部水源、土壤、动植物等因子的设计。水是湿地生境创造中最重要的因素,营造生态湿地的关键是实现水的自然循环、确定人工湿地面积、湿地基床表层设计水深和水位控制、突出湿地净化水质的功能。

(1) 实现水的自然循环。改善湿地地表水与地下水之间的联系,使地表水与地下水能够相互补充;改善湿地水源河流的活力;对湿地周边排水与引水系统进行调整,采取可渗透的水底处理方式。

(2) 确定人工湿地面积。湿地的长宽比在 3∶1 到 10∶1,湿地顺水流方向应形成一定的表面坡降比,以利于水体流进湿地。

(3) 湿地基床表层设计水深和水位控制。湿地基床的设计水深根据栽种植物种类及根系生长深度来确定,以保证植物与水较长的接触时间和较好的处理效果,同时应创造不同的自然水位。

(4) 水质净化。湿地的水环境要保持活水和循环水,运用生物净化的方式保持良好的水质,还可以考虑引入昆虫、鸟类、鱼类等动物生态系统,形成具有自我更新能力的湿地生态群落。

5. 地下水污染防治对策

目前农村地区在重视经济发展与环境整治方面都做出了巨大努力与成效,但却忽视了农村地下水资源的污染破坏情况。不仅对农村经济的整体发展带来不利影响,而且无法满足农村生态环境与水资源可持续利用的发展要求。地下水具有一定的隐蔽性与延迟性特征,因此在通常情况下不易发觉水体是否已被污染,而一旦察觉则其修复与治理工程难度较大、不易开展且所需资金投入较高。

1) 地下水污染来源

(1) 农业面源污染。农业生产过程中使用大量的化肥和农药,这些化肥和农药中含有大量的铅、砷、铜、汞、镉等重金属和污染物质,使用后不能完全被植物利用和分解,进而有一部分渗入地下水中,造成地下水污染,严重危害人们的健康。

(2) 农村生活垃圾和污水排放。农村居民日常生活中会产生大量的垃圾和污水,近年来,随着特色乡村旅游业的发展,更是加大了农村垃圾和污水的生产量。农村生活污水的无规律排放和垃圾随意填埋堆放,成为农村水环境重要的面源污染。而目前我国农村的垃圾和污水处理设施建设滞后、处理不集中。监管不到位是造成地下水污染的重要来源。

(3) 乡镇企业和周边工厂污染物排放。随着农村建设的发展,越来越多的村镇企业及农村工厂创办,随之未来的是大量污染物的排放,严重威胁着农村地区的生态环境。尤其是很多企业为了降低成本并未遵守严格规则排放污水,未达标的污水排放降低了农村地下水的质量。

2）地下水污染防治措施

（1）发展生态农业。提高农民经济收入和优化农村经济结构的重要方法是建设生态农业。生态农业是指在保护、改善农业生态环境的前提下，遵循生态学、生态经济学规律，运用系统工程方法和现代科学技术，集约化经营的农业发展模式，是按照生态学原理和经济学原理，运用现代科学技术成果和现代管理手段，以及传统农业的有效经验建立起来的，能获得较高的经济效益、生态效益和社会效益的现代化农业，如图4.14所示。农村应结合本地区实际状况和农业发展规划，发展有机、绿色和无公害食品，合理组织农村经济和农业生产活动，加强抗病抗虫农作物的种植和推广力度，降低农业发展对农膜、化肥和农药的依赖与施用量，加强推广残留时间短、毒性低的化肥与农药，加大地下水环境的保护力度，建立统一规划的地下水开采体系。由此不仅可促进农村经济发展和农业生产，而且还可保护生态环境，从源头上防治地下水的污染。

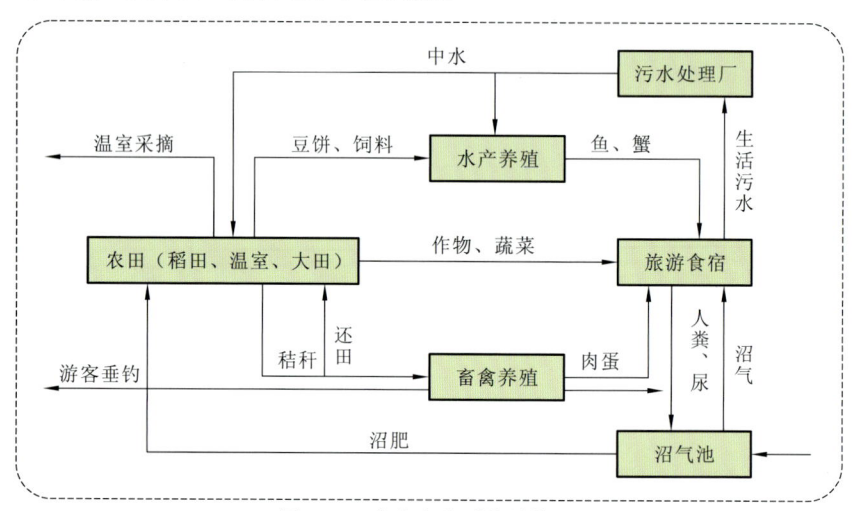

图4.14 生态农业系统结构图

（2）完善相关法律法规。①加强宣传，提高人们的地下水保护意识。在区域内发动全员参与的地下水保护工作，只有这样才能确保各项政策发挥应用的功能作用，尤其是在农村地区需要加强宣讲和教育工作，确保各项地下水防治工作能够积极、顺利的开展和实施。②坚持污染与治理同步实施、同时进行的方针，明确治理思路和防治方法。推广实行污染治理责任，在水资源管理部门与工业企业、排污户之间建立水资源保护责任体系，对于存在水体污染的违规行为坚决予以制止，提高各方责任意识，杜绝污染的发生。③对于水资源重点保护区建立规划发展制度，保障水源环境良好。建立健全水资源执法体系和管理机构，确实落实各项保护政策与制度的有效开展，从而为促进区域发展和提供优质水源提供可靠依据。

（3）提高地下水污染防治技术水平。①地下水质量评价与监测技术。为确保区域水环境良性发展，需要通过先进的设备和技术手段开展实施地下水的监测工作，还要结合地下水保护实践情况做好评价工作。②加快推进污染源滤液防治技术的推广应用。该技术的应用主要可以分为两种：第一种是采取补救措施防治已经发生渗漏的污染源，进一步降低其污染的范围和程度，目前利用已有技术监测发生渗漏的污染物的常用方法有探地雷达法、高密度电阻法等；第二种是从源头做起，保护还未发生的污染源，从根本上避免地下水污染发生的可能性。

6. 保障措施

1）完善工作机制

（1）细化目标任务。各地区负责的领导干部要抓紧时间制定本地区农村水环境整治计划，按照"一河一策，因河施策"的原则，明确整治路径、目标、时间安排，逐年细化确定分流域、分区域、分行业的重点任务和年度目标，并及时向社会公布，每年向上一级政府如实报告治理情况。

（2）加强组织领导。各地要落实"党政同责"和属地管理责任，完善工作机制，建立农村水环境整治工作联席会议制度，加强统筹协调，形成上下游、左右岸紧密协作、责任共担、问题共商、目标共治的联防联治格局。各有关部门要根据环保监督管理"一岗双责"职责分工，按照"谁主管、谁负责"的原则，落实环境监管责任，建立多部门协调联动机制和信息通报制度，形成水环境治理的强大合力。

（3）全面落实河长制。切实落实各级河长管、治、保"三位一体"的职责，健全省、市、县、乡（镇）四级河长体系，推动设立小流域村级管理员，将各项目标任务层层落实到各级河段长及相关部门。县、乡（镇）河长、河段长要加大对责任河道的巡查力度，发现污染事故或污染隐患的，要第一时间督促或通报有关部门查处。强化责任落实机制，按照"突出重点、分级管理"的原则，每条河要建立"一河一档"和项目库，制定"河长"考核细则和奖惩办法。实施跨行政区域河流交接断面水质保护管理考核，每年向社会公开并定期公布整治进展。

（4）严格考核与奖惩。只有将水环境整治情况纳入政效考核内容，并作为对各地环境保护督察的重要内容，加大考核力度，才能不断激励各级领导的重视程度，并将考核结果作为各地党政领导班子综合评价的重要依据。

2）建立健全资金保障机制

（1）多渠道筹措资金。各级政府首先要加大对农村水环境治理资金投入力度，将水环境保护资金列入年度财政预算，加强资金保障；建立多元投入机制，加强政策扶持和激励，鼓励社会资本通过各种方式流通参与农村水环境治理。各地可探索建立生态环境公益基金，鼓励社会各界捐赠，动员各类社会组织积极参与治理公益项目；积极探索村民自建模式，试行众筹等新方式来推进水环境治理工作。

（2）强化项目带动。各地要建立环境治理整治项目库，创新项目生成机制，推进实施水环境综合治理工程、生态保护工程、农村环境保护工程、危险废物处置工程等治理工程体系，以项目带动环境治理。深化项目投融资体制改革，以项目带资金，积极推广运用PPP（public-private-partner，公私合营模式）、环境污染第三方治理模式。

3）构建社会共治格局

（1）加强宣传教育。充分发挥舆论导向作用，建立传统媒体和新媒体相融合的环保宣传教育大格局，全方位、多形式宣传水环境保护的重要性，引导广大群众树立尊重自然、顺应自然、保护自然的理念，真正形成简约适度、绿色低碳、文明健康的生活方式；充分发挥社会舆论监督作用，建立媒体参与环境执法、挂牌督办等工作机制，形成"保护水环境人人有责、改善水环境人人受益"的良好氛围。

（2）推动全民参与：探索建立社会力量参与环保监督机制，引导公众有序参与和监督农村水环境保护工作，邀请人大代表、政协委员和社会各界参与监督，建立有奖举报制度，鼓励群众监督和举报污染和破坏农村水环境的行为。强化志愿服务，建立农村水环境治理志愿服务队伍，鼓励社会各界广泛参与，构建群策群力、共建共享的治理体系。

4.4.3 厦门海沧过芸溪生态修复与景观整治案例

1. 项目背景

从 2005 年开始，厦门市开始重视对城郊溪流的治理，大体将该治理过程划分为两个阶段。第一阶段开展了包括污水截流、清淤护岸、基础绿化、海堤口设闸、防洪、养殖退养等基础治理工作，该阶段已取得一定成效。第二阶段是 2011 年之后，厦门市计划在溪流流域污染综合整治的基础上，建设溪流景观带，并实现溪流景观与城市公园绿地、慢行系统的结合，着力打造"山、海、城"相连的生态廊道，形成人工与自然和谐统一的休闲旅游风光带，恢复青山绿水的田园风光。过芸溪生态修复及景观建设正是该项目的试点。

2. 项目概况

过芸溪位于厦门市海沧区东孚街道，流域干流全长 15.12 km，流域总面积 43.46 km^2，治理范围涉及 6 个自然村，溪流自西北流向东南，依次穿过沈海高速、324 国道、鹰厦铁路和北渠饮水工程，最后汇入马銮湾[9]。原有流域范围内主要有四大类污染源：居民生活污水随意排放、农业面源污染、畜禽养殖排泄物、部分工业废水未达标排放；另外，河道垃圾堆积问题较严重，部分河床泥沙淤积严重，这在一定程度上影响河道抗洪能力，并造成溪流季节性的断流现象。治理前，河道淤堵、污染，水质相对较差；村民们在附近养殖鸡鸭；上游的生猪养殖户乱排污水、乱倒垃圾。水体又黑又臭，给河道防洪排涝能力和沿线村民生活造成影响。

3. 项目定位

在美丽厦门的建设背景下，过芸溪的建设需构建山、水、林、田、湖、草与人生命共同体生态修复的创新，满足生态、经济、社会需求；继续实施河道清淤、植物群落建设，提升河道调节城市洪涝能力，提高水体自净能力和景观效果；提高河流在所处流域生态系统功能，实现河道"水清、河畅、岸绿、景美"。创造一个真正节约的生态廊道，一个流动、高雅的户外休闲活动场所，一条集山、海、田、城于一体的滨水生态休闲旅游带。

4. 生态修复与景观整治技术方法

1) 过芸溪生态修复方法

生态修复，是指在生态学原理基础上，使用综合方法，改善水文条件和河道形态地貌学特征，修复受损伤的水生态系统的生物群体及结构，重建健康的水生态系统，修复和强化水体生态系统的主要功能，并能使生态系统实现整体协调、自我维持、自我演替的良性循环。河流生态修复的目标，是通过生态型河道建设、河道地貌学特征改善，来恢复河道排涝泄洪、改善水质、提高河道自净能力和实现人水和谐相处，构建良性、稳定和可持续发展的河道生态系统。

（1）截污清淤治理。针对过芸溪河道现存问题，运用生态修复方法，首先将流域范围内的污水废水进行截流，居民生活污水排放至污水处理站，采用水解酸化、生物接触氧化和人工湿地相结合的方法，其原理是生物接触氧化池中，微生物将村庄污水中大部分有机污染物经过降解处理后流经湿地，利用植物根系的吸收作用进行拦截[10]。经处理后的污水回归河流，既增加溪流的水体补充，又降低河流污染的可能。其次清除影响行洪安全和溪流水环境的杂草、岸边垃圾等障碍物，将沿河径流、鱼塘、低洼地作为湿地纳入雨洪调蓄与水体净化系统，提高河道行洪引排能力。最后营造乡村湿地景观，恢复溪流生态，恢复流域的雨洪调蓄与净化功能，有效推动过芸小流域生态旅游业的发展。

（2）溪流地形地貌营造。过芸溪流域植被的破坏造成水土流失现象严重，随之而来的是细小颗粒逐渐沉积，将原有的底栖动物的生存环境挤占。而河底不规则的地貌类型对于不同生物生存的多样化生境是有利的。针对现有河床底部地形单一、生境均一化等问题，在修复过程中，尊重自然规律，根据现状河道地形，结合生态、景观需求，在河道内设置大型抛石、跌水、丁坝、湿地等不同景观效果，改变单一地形条件与水流方向，依靠水流的能力塑造自然的多样化生境。

（3）湿地及生物栖息地营造。根据水体条件，营造多样化水生、湿生植物生境，恢复原生态溪流的生物多样性。结合生态护岸、人工湿地的建设，利用水生植物群落和湿地植物进行净化水质，促进溪流生态改善，尽可能降低治理措施本身对生态环境的影响。不同于原河道的砂砾底质，湿地内部底质主要为有机质丰富的淤泥，对喜好淤泥生境的软体动物和水生昆虫的生存有利，以期最大限度地维护并利用好生态系统的结构和功能。

（4）岸线工程辅助措施。过芸溪原有渠化、生硬的岸线，多为浆砌块石直立式护岸，岸上跟河床底部有 3~5 m 高差，与自然生态环境极不协调。此次整治结合生态和工程技术手段，改造渠化河道，重塑健康自然弯曲河岸线，构建河岸生态缓冲带，使河道恢复较为自然的状态，营造自然深潭浅滩景观效果，为河道生物多样性创造更为有利的条件，尽可能做到安全性、景观性、生态性和人性化的有机统一，如图 4.15 所示。另外在岸线工程中还可采用包塑镀锌钢丝石笼、防洪土包袋、松木桩等方法，营造透水型和多孔性河滩，起到固堤、防洪、利于生物栖息的功能，大幅降低溪流坡度，减缓溪流水速，还可以进一步净化水体，改善下游溪流水质，更为水生、湿生植物提供良好的生长空间。

图 4.15　排水渠改造后断面图

2）过芸溪景观整治方法

行洪排涝、净化水质作为流域最基本的水利功能，是进行生态修复过程中重点考虑的问题。但还需注重对景观效果的提升,流域景观结构要素与当地特色文化相结合,通过景观的整治提升带动乡村旅游业第三产业的发展,从而建设美丽乡村,助力乡村振兴战略的实施。

(1)溪流服务功能整合。充分利用过芸溪两岸的生态空间,建立连续的慢行网络系统,创造更多的亲水空间,以充分整合溪流服务功能。以农业生态旅游为导向,以发挥产业优势与景观建设同步进行,修复河道两侧绿地景观,增强植被自然调蓄水能力,恢复自然生态型河道,把水生、湿生植物作为植物配置的重点,构建绿道、绿廊等景观带,构筑滨河游憩系统,整合流域山地景观资源,改善人居环境,提高大众认可度和参与积极性。

(2)结合场地资源营造溪流景观。根据过芸溪流域周围空间特征进行功能分区,溪流沿线可划分为现代观光农业区、湿地生态保护区和入口综合服务区三个区域。生态农业观光区主要对现有农田进行重新整理,充分利用现有农田资源种植草莓、莲雾等高产高值瓜果及杜鹃、向日葵、油菜花等高观赏价值的花卉,利用好赏花的季节,通过举办各类型活动,形成新的旅游项目,吸引游客前来参观、采摘、品尝、购买,推动旅游业的发展。湿地生态保护区,结合村庄雨污管网综合改造,从源头上杜绝污染源排放,通过水生植物种植净化水质,并结合滨水步道建设,满足人民亲水需求,丰富景观体验。入口综合服务区可以建设停车场、单车租赁、便民超市等消费服务点,以满足游客的多样化需求。

(3)植物景观营造。通过对植物的精心设计,在景观营造、游览体验上发挥重要作用。溪流景观绿化种植设计,以自然、生态为基调,注重展现植物的景观形态,从疏密、层次、色彩上形成特色。植物品种选择,选用适合滨水生长的乡土树种,采取适地、适树的原则,突出四季变化,春季赏花,夏季绿荫,秋季观叶,冬季葱郁,营造充满生机与活力的自然、生态的景观廊道。河道内设置多个透水性跌水或阶梯式滚水坝,结合景石配植水生植物,如:水竹芋、水生美人蕉、鸢尾、荷花、睡莲等,增加河流景观灵动性,如图4.16和图4.17所示。

图4.16 植物景观效果图

5. 过芸溪治理路径

1)生态治水保留乡愁

统筹生产、生活、生态各要素,力促"机制活、产业优、百姓富、生态美"。

图 4.17 溪流滚水坝景观效果图

传统的小流域整治大多为"工程治水",虽可解决水患,但生态却大不如昔。为此,过芸溪河道整治以净化水质功能为主,不做大规模景观建设,保留河道和湿地中的原有植被,增加挺水植物、叠石等加强河流自然净化能力,对已建成的硬化堤岸进行复土软化处理,并在河流阶地种植景观农田,通过水生动物放养,沿溪步道建设等措施打造安全生态水系,改变传统的"工程治水"为"生态治水",做到投入少、见效快,同时满足水质净化和景观功能。如今,过芸溪的生态功能逐渐恢复,白鹭在溪上掠过,鸟鸣鱼潜,行人沿溪漫步,两岸绿意盎然的美景令人陶醉。

实现生态治水的同时,过芸溪注重保留"乡土"的味道,按照"治理小流域也是唤醒乡愁过程"的理念,结合闽南地域特色,对杨厝、后坑、西塘村庄内的历史风貌建筑、戏台、宗祠、大榕树等节点进行保护性修缮,不大拆大建、不硬化土地、不破坏耕作层,不建设城市公园,与原生态及人文环境和谐融合,保留原汁原味。

2）群众参与联动共治

在过芸溪畔,海沧区东孚街道洪塘村西塘自然村的 69 岁村民陈世展在花径绿道上巡逻。自过芸溪整治以来,陈世展和村里的老人们一直很关注进程。"整治前,河水又臭又黑,一到夏天,蚊虫多,臭气熏天。"他说,过芸溪是村民们的"母亲河",村民们一直期盼着河道清澈、通畅。自整治以来,海沧区疏堵结合、因势利导,建立"市-区-街道-村"四级联动共治机制,借助社会力量,让群众参与,共建共管,建立行之有效的监管制度。像陈世展一样,许多群众都积极拥护小流域治理。让陈世展印象最深刻的是群众共同参与此次综合治理,村民们主动收割菜地,拆除河岸两侧猪圈,找来锄头、铲子清理河床上的黑色淤泥,齐心协力整治过芸溪。据海沧区东孚街道办事处副主任郭希胜说,小流域整治中,街道构建"多村一社区"治理模式,赋予自然村生态环境保护职能,建立大曦山休闲旅游公园发展协会党委、工作站,并引导成立了花卉苗木、民宿、农家乐等六个行业协会,形成了"党委、工作站、协会、合作社与农户"的"4+1"共治模式。同时,以温馨夕阳文艺队芗剧演唱等方式,让过芸溪流域治理的理念、意义深入群众心中,口口相传,让群众一起来爱护"母亲河"。

为了维护过芸溪的可持续发展,陈世展和其他村里的老协会老人组成小流域义务巡逻队，每天沿溪巡逻，对群众的不文明行为进行劝导，防止群众钓鱼，乱扔垃圾，并宣传保护河道的重要性，确保过芸溪干净、清洁。结合义务巡逻队，东孚街道还购买一辆巡逻车，聘请人员，定时不定人巡逻，双管齐下，维护河畔整洁。义务巡逻队的行为潜移默化地影响着群众。如今大家都自觉遵守，共同创造美丽的环境。

3）建处理池净化水质

黑臭水体不仅让人看着恶心，闻着难受，也直接影响市民的生活。厦门市研究通过了《厦门市水污染防治行动计划实施方案》，其中提到，各区于2015年底前完成水体排查，公布黑臭水体名称、责任人及达标期限，并建立城市水体监测评价体系；于2017年底前实现河面无大面积漂浮物，河岸无垃圾，无违法排污口，基本消除黑臭水体；于2020年底前完成黑臭水体治理目标。黑臭水体之所以会产生，重要原因是污水的乱排放。海沧区东孚街道办事处工作人员介绍说，早在2013年，厦门市就启动了"美丽厦门共同缔造"工作，其中一块是农村的美丽乡村建设，主要包括房前屋后、雨污分流、公共基础设施及自行车道等系统。但农村最大的通病是家家户户污水无处排放，雨水、污水横流，尤其一到雨天，村道就泥泞。为了解决雨污问题，厦门市普查城镇的管网，能接进市政管网的都接入，无法接入的就建设分散式雨污处理池来解决问题。目前，分散式雨污处理池村村都有。后坑村约有100户人家，村庄污水主要来自村民的生活污水。污水处理采用"三化池＋人工湿地"的组合工艺，把每家每户的污水都接进处理池进行集中处理。其原理是村庄排放的生活污水首先收集进入格栅井，拦截较大漂浮物，调节水质水量；再流入固定化微生物反应器，污水与反应器中的ABS微生物填料充分接触，在好氧条件下，微生物利用污水中的污染物为营养源，不断生长繁殖，并降解污染物，使水质得到净化。建设生活污水处理池按照一级A的标准建设，以种植挺水植物净化水质，如狐尾草、美人蕉、千屈菜等，排出的水可以达到基本水清无异味。调解总处理规模为每天65 t，占地约1 050 m^2。这样可以改善农村生活环境质量，有效保护过芸溪流域水质因地制宜治理溪流。溪流综合治理，需要遵循人、水、社会和谐发展的客观规律，注重生产、生活、生态质量同步提升发展，统筹考虑山、水、田、林、路、村庄的治理，在治污的同时美化环境，有效改善居民生活条件。

厦门市海沧区在全面清退过芸溪流域65家玛瑙作坊、7家生猪养殖场和5家养鸭场的基础上，以水系作为南北山海通廊、以花径构成东西联系通廊、以过坂水库为核心节点、以绿道为联系纽带、以一村一品景观特色为依托，按照"田成格、路成网、树成林"的格局，建成了"山-田-城-海"的城乡一体化的理想空间结构。集美区许溪小流域在提升水质、改善环境的同时，以宝生园公司为龙头，带动厦门本地和外地178家联盟企业共同出资，建起"公司＋合作社＋农户"的休闲观光旅游农庄。当地农民可以通过出租土地、将土地折算成股份分红、到农庄就业赚工资及销售自家农产品获得收益，有的村民年收益是过去传统种养殖业收入的10倍之多。在许溪河岸形成的绿道系统和建设自行车骑行、亲水娱乐等生态旅游项目，吸引了更多游客，也提升了村民生活质量。

4）研究制定管养办法

在河道综合整治方面，厦门提出了"防洪保安、生态治理、景观休闲"三位一体治河理念，通过生态护岸建设、污水治理、清淤清障、拓宽、岸坡绿化、水系连通、引清活水等具体措施进行综合整治。今后，将加快信息化管理措施，扩大视频监控点，建设全市重要河道视频监控管理系统，以实现对全市重要河道的实时状况进行网格化远程监测，解决河道日常管护、巡查的人员不足问题，把涉河违章控制在初期萌芽阶段。同时，通过整合资源，部门协作，从单一的河道治理转向全流域生态治理，通过强化截污控污，生态河岸、水岸绿化，节点公园建设来改善水生态环境。通过乡村的生态美促进乡村游，达到百姓富的目标。

在河道保洁方面，要加大投入，研究制定河道管养办法，落实管养主体、责任、经费等，确保河道治理能"治一条成一条，效益一片百姓"。养护治理同样重要。近年来，厦门在河道整治上下了不少工夫。市委、市政府高度重视荔林水乡特色保护，把城乡河道综合治理作为改善民生的抓手，坚持"防洪保安、生态治理、景观休闲"三位一体治河理念，实施堤防建设、污水治理、岸坡绿化、生物净化、引清活水等工程措施以生态方式改良河床、修复河岸、修复河滩、保护水质，持续推进河道生态治理工作，建成了一批集"防洪、景观、生态"河道35条共80多公里，着力打造水生态文明城市，取得了显著成效。

厦门市海沧区过芸溪流治理通过源头截污分流、清淤治理，在溪流中营造符合自然肌理和水体流动力学的地形地貌，建设湿地滩洲等动物栖息地，运用生态修复手段改善水体质量。同时，整合周边的景观资源，提升溪流的系统服务功能，完善农村基础设施建设，改善人居环境，推动城郊乡镇旅游服务业发展。其经验启示，即：城郊乡村溪流河道修复，应将"治水"与"美丽乡村"建设与发展结合，促进水生态自然景观与人文景观的融合，形成社会、环境、经济和生态可持续发展的良性循环。

4.4.4 军营村九龙溪整治案例

军营村位于福建省厦门市同安区莲花镇，在厦门第二高峰状元尖脚下，海拔900 m以上，因此厦门军营村素有"高山村"之称。地处厦门、漳州、泉州的交界处，地理位置十分重要，环境优美，如诗如画，植被丰富，生态环境优越。

军营村在2018年的乡村振兴工作中，各级各部门紧紧围绕"生态宜居"的理念，结合乡村振兴二十字方针，进行整体景观整治提升工程，主要以村容村貌整治提升内容为主，还有裸露山体整治，村容村貌整治总面积约为47.5万 m^2，主要整治内容为房前屋后环境整治提升、美丽庭院景观、乡土文化节点布置、九龙溪改造提升、道路及沿线节点景观提升、水尾山地公园、郑家寨人文景点改造提升、村口改造提升、村内标志标牌、附属设施等内容，让军营村的山更绿、水更清、房前屋后更美丽。

中心溪整治全长910 m，处于军营村的生活区域中心，对村民日常生活与生产起着重要作用，村内的溪流景观是整个军营村的灵魂所在，也是景观提升的重点内容。原来的中心溪杂草丛生，溪床上多是从山上及上游流下来的淤泥，再加上一些污水流入，导致环境恶化，严重影响村里的整体景观营造，河道边上还建有鸡舍鸭棚猪圈，产生的粪便等也会直接进入河内，河道两旁居民苦不堪言。

村内通过请专业设计团队，对军营村村容进行整体景观提升及对中心溪重新规划设计。施工人员将原来的溪水排干，对溪流杂物进行清理，疏通河道淤积沙石、杂草，先在溪底安装污水管道，之后又将整条溪两旁砌成了鹅卵石护岸，在溪流的一侧建起了1.6 m宽的亲水步道，创造性地把步道做到河床里去，既节约了空间，避免步道在岸上与村民争地而产生的矛盾，又可以增加亲水性，以便人们可以沿溪边行走、健身、观景，小孩还可以戏水抓鱼，如图4.18所示。

图 4.18　九龙溪步道设计

在滨水步道景观营造方面，拆除了原有混凝土桥梁，收集村内废弃闲置的石板、石磨等乡土原材料打造过溪汀步，既增加亲水体验，又体现乡土特色。拆除毛石挡墙，使用卵石挡墙，并且在挡墙上方可以种植耐旱观赏性的植物，卵石间隙中插种一些多肉植物、蕨类植物，原有生硬的挡墙变得富有生机。步道的设计上主要采用卵石加条石铺砌，并结合旧石磨等物件，既显得美观自然又方便游客行走。隔一段设计一个过溪汀步，让游客按照设计师设计的路线行走，拉近人与大自然的距离，真正体验乡村多彩的乐趣。考虑洪水期在河道最窄的地方河底卵石被冲刷严重，导致河床裸露的问题，设计团队采用先从污水管引水，等水排干再进行施工，用水泥将卵石半固定的方法有效解决了这一问题。由于溪流整体水量较小，尤其在枯水期的时候，设计团队创造性地在河道中做了一个循环水系统，而且水管埋在挡墙基部，不会影响美观效果，在最下游建一个蓄水池，将水可以抽到最上游，全线 900 m，水位线低的时候，将循环水打开，水量就会加大，一直循环流动，这样即使在干旱的时候，也不会影响河流水量，以防旱季断流。如图 4.19 所示。

图 4.19　过溪汀步设计图

在河道植物景观营造方面,为控制水土流失,防止河床冲刷,减少泥沙进入河道,利用缓冲带植物的吸附和分解作用,减少来自农业区的氮磷等营养物质进入河道,形成控制污染源的最后一道防线,达到保护和改善水质的目的。缓冲带在溪流沿岸构成一定的自然风景线,对美化河流生态景观、改善人居环境,具有良好的生态、经济和社会可持续性发展作用。河岸两边采用多种观赏草、水生植物,可以通过吸附氨、氮、磷等元素以达到净化水质的目的,如花叶芒、狼尾草、细叶芒、矮蒲苇、粉花水生美人蕉、梭鱼草、水生鸢尾、荷花等,在配置上使植物布局高低错落、疏密有秩、细叶阔叶结合,并且各种植物可以随季节赋予颜色形态上的变化,增强美感与和谐的乡村特色。挡墙底部与步道相接之处种植海棠、车前草、墙草等容易生长植物,使步道两旁植物做到相映成趣。在靠近过溪汀步的河道中通过放置较大石块,来营造滑水段的溪流声音效果,而在河床较高的静水段通过放养鱼苗、蝌蚪,让游客体验下水抓鱼、抓蝌蚪的乡土乐趣。如图 4.20 所示。

图 4.20 植物景观营造图

在河道的上、中、下游不同地段也采用不同的营造方式,根据地形的高低变化,因地制宜地进行不同植物的合理配置,既能保证其功能的充分发挥,又营造视觉上的美观效果,上、中、下游断面设计示意图如图 4.21~图 4.23 所示。

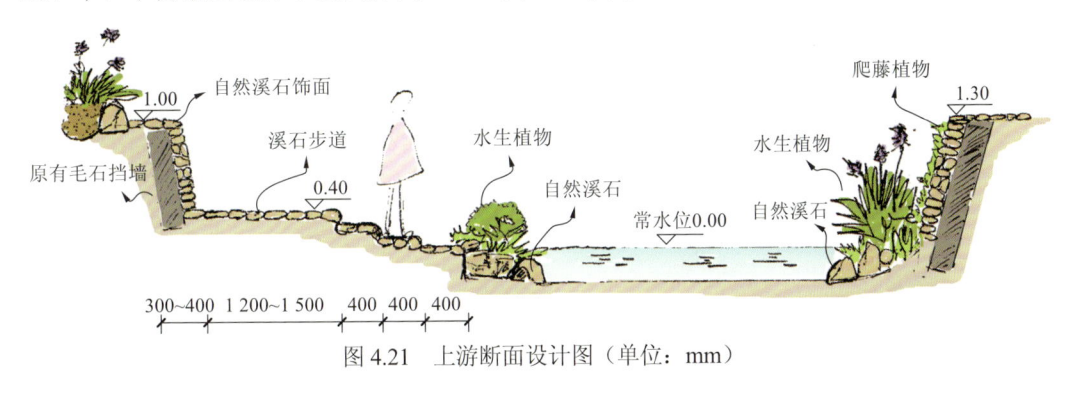

图 4.21 上游断面设计图(单位:mm)

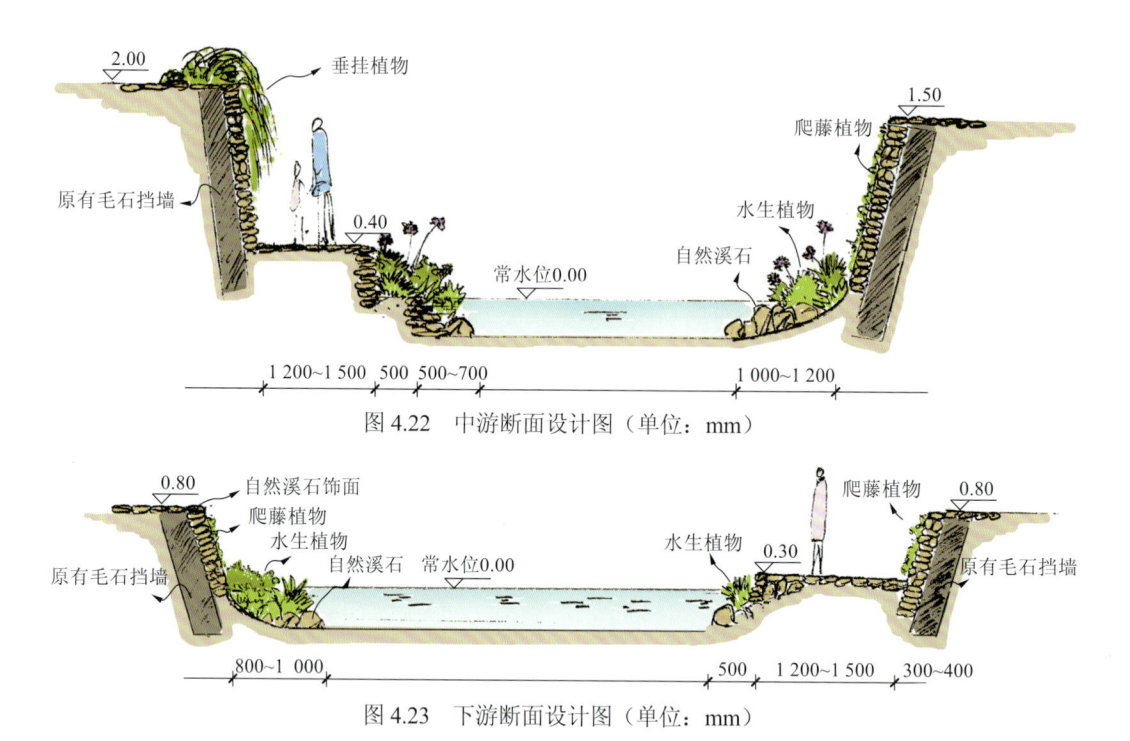

图 4.22 中游断面设计图（单位：mm）

图 4.23 下游断面设计图（单位：mm）

在雨污分流整治方面，村庄原有的污水管网不完善，明沟排水系统局部容易造成堵塞，村民的生活污水直接排入雨水沟渠或河道，沟渠采用明沟的形式，路面垃圾容易被带入沟中，造成堵塞，不易清理，给河道防洪排涝能力和沿线村民生活造成影响。完善雨污分流排水系统对村庄生态环境改善有极其重要的意义。在河道整治前，将村内每家每户的排水管接入污水管道并沿着溪流步道填埋，步道上隔一段距离设置用旧石磨形态的污水井盖便于检修，井盖上刻有青蛙、鱼等图案，可以表达一定的寓意，又从小细节上体现出设计过程中的无处不景，精益求精理念。如图 4.24 所示。

图 4.24 污水井盖图案设计

在溪流养护方面，溪流虽然经过整治，但关键是"三分治七分养"，后期对溪流的管理保护才能确保溪流不会陷入"治了又脏，脏了又治"的怪圈。目前村内会定期有专业人员管理河道，清除河内垃圾杂物，待项目正式移交之后还会实行村民共治的联动机制，群众共同监督，组织义务管养河道人员，维护中心溪的生态环境。如图4.25所示。

图4.25 专业人员进行溪流定期养护

经过数月的精心雕琢，软化硬质驳岸，设置溪流步道、亲水台阶，过水汀步，丰富驳岸两侧植物配置。村内原有溪流生硬的护岸没有了，溪床的宽度也从原来的2 m左右拓宽了一倍以上，结合安全生态水系建设，截污纳管，因地制宜建设生态溪流，打造生态步道、生态驳岸、会呼吸的挡墙、会呼吸的河床，这条村中小水沟变成了一条生态溪。军营村也多了不少童趣——浅浅的溪水清澈见底，溪底的鹅卵石清晰可见。小小的鱼儿自由自在地游着，能够看到许多小朋友挽起裤腿，在溪里嬉水抓鱼，好不快乐。

村里把整治后的这条溪重新命名为九龙溪。村支书高泉阳说，站在村里比较高的山头看下来，从村头到村尾刚好有9条山脉延伸到溪里，几年前他们在一些资料里发现这条溪以前实际上叫作九龙溪，只是后来被误传为"港龙溪"。

4.5 治 林

山的命脉在土，土的命脉在树与草。治林关键是要做好植树造林与保持水土两件大事。森林能涵养水源，在水的自然循环中发挥重要的作用。流域发生洪水，森林植被可降低径流系数，直接减少洪峰流量，有效减缓流域防洪压力。面对经济社会不断发展的新形势、新要求，需要进一步系统梳理水土流失治理和水土资源保护的思路，总结提升长期实践的经验，科学应用先进的技术，规范大规模高强度的生产建设活动，采取有效的水土保持措施，切实做好水土流失综合防治工作，实现水土资源的可持续利用和生态环境的有效保护。

4.5.1 森林分类系统

1. 林种分类

根据我国《森林法》第四条，将森林分为以下五类（表4.2）。

（1）防护林：以防护为主要目的的森林、林木和灌木丛，包括水源涵养林，水土保持林，防风固沙林，农田、牧场防护林、护岸林，护路林。

（2）用材林：以生产木材为主要目的的森林和林木，包括以生产竹材为主要目的的竹林。

（3）经济林：以生产果品，食用油料、饮料、调料，工业原料和药材等为主要目的的林木。

（4）薪炭林：以生产燃料为主要目的的林木。

（5）特种用途林：以国防、环境保护、科学实验等为主要目的的森林和林木，包括国防林、实验林、母树林、环境保护林、风景林，名胜古迹和革命纪念林，自然保护区。

表 4.2 林种分类表

林种类	林种组	林种
生态公益林	防护林	①水源涵养林；②水土保持林；③防风固沙林；④农田、牧场防护林；⑤护岸林；⑥护路林
	特种用途林	①国防林；②实验林；③母树林；④环境保护林；⑤风景林；⑥名胜古迹和革命纪念林；⑦自然保护区林
商品林	用材林	①一般用材林；②短轮期用材林；③速生丰产用材林
	薪炭林	①薪炭林
	经济林	①油料林；②特种经济林；③"三木"药材林；④其他经济林；⑤园地中的经济林

2. 林地分类

根据我国《森林资源规划设计调查主要技术规定》（2003年），土地类型分为林地和非林地两大地类。其中，林地划分为8个地类，即：有林地、疏林地、灌木林地、未成林造林地、苗圃地、无立木林地、宜林地、辅助生产林地。如表4.3所示。

表 4.3 林地分类表

项目	地类	说明
林地	有林地	乔木林
		红树林
		竹林
	疏林地	
	灌木林地	国家特别规定灌木林
		其他灌木林
	未成林造林地	人工造林未成林地
		封育未成林地

续表

项目	地类	说明
林地	苗圃地	
	无立木林地	采伐迹地
		火烧迹地
		其他无立木林地
	宜林地	宜林荒山荒地
		宜林沙荒地
		其他宜林地
	辅助生产林地	培育、生产种子、苗木的设施用地
		贮存种子、苗木、木材和其他生产资料的设施用地
		集材道、运材道
		林业科研、试验示范基地
		野生动植物保护、护林、森林病虫害防治、森林防火、木材检疫设施用地
		供水、供热、供气、通信等基础设施用地
		其他有林地权属证明的土地
非林地	指林地以外的农地、水域、未利用地及其他用地	

4.5.2 林地退化原因

林地退化是指林地质量降低或其生产力的下降。林地退化包括林相残次化、木材蓄积量下降、木材质量的降低及由于土壤侵蚀造成的林木立地条件的退化[11]。

1. 林地资源利用不合理

出于经济利益的驱动，我国很多地方森林资源经过几十年的大规模开采，造成原始森林的大量损失，大量的采伐造成林地面积不断减少，原生自然植被呈现出稀、疏、败的特征，广泛分布的退化林地进一步加剧了环境的恶化，并逐渐削弱森林生态功能。

2. 林地土壤污染严重

土壤是一切动植物赖以生存的根本，没有土壤，植物就无法获得水分与养料，也没有立足之地。没有土壤就没有森林、没有粮食，没有我们的生存之基。目前我国耕地土壤污染情况非常严重，几乎都被农药、化肥、除草剂、生长素、抗生素等化学合成物质所污染，并且这种污染正向林地土壤蔓延，威胁着人类的生存安全。林地土壤的污染主要来自人工林中用材林与经济林的林地，此两项林地占人工林面积的大部分，一些企业往往急功近利，为了快速取得经济效益，不惜以破坏林地生存的土壤为代价，大规模地使用农药、化肥、除草剂及各种生长素。其他人工林中也有一些林地存在使用化学合成物质污染的问题。此外，在一些林地中，也包括天然林中，进行了人工种植与养殖活动，也对林地土壤造成了污染。

3. 抚育管理不完善

长期以来，森林经营只重视造林、更新和采伐，不同程度上忽略了培育森林的中间环节——抚育管理工作，在中幼龄林抚育上投入少，严重影响了后期的林木质量；另外，中西部地区由于历史方面的原因，树种选择不当对林地退化也有一定作用。森林经营及抚育管理不到位，就会造成造林密度、造林方式不合理，林分结构单一，抵抗病虫害、自然灾害风险能力较弱。

4. 法律制度不健全

我国现阶段对林地进行管理依据的主要法律是《森林法》和《土地管理法》，由两个不同部门实施管理，在执行过程中存在协调不到位，甚至相互冲突的情况，出现了管理漏洞，导致非法占用林地的现象较普遍。林地周边地区的农户对林地保护的意识较弱，存在人工毁坏林地、自主开垦林地进行个人使用的情况，造成大面积的林地受到不同程度的毁坏。而且由于法律制度不健全，对违法占用林地的行为执法不严，惩罚力度不大，起不到规范人们行为的作用。总的来说现阶段林地管理的法规体系不够完善，很多林业管理工作无法可依，出现了管理工作的法律空白，且法律条例方面对林地管理规划不够详尽，导致林地管理的有效性受到限制，间接造成了林地的破坏与退化，对林业发展极为不利。

针对以上成因，通过实际调查，总结生产实践经验，从林业可持续发展的角度出发，提出以下退化林地生态修复路径与技术措施。

4.5.3　林地整治方案

1. 林地土壤污染修复

1）保护林下枯枝落叶层

枯枝落叶层对促进林地水土保持能力，提高土壤的肥力及土质疏松度有积极意义。枯枝落叶层有以下作用：①枯枝落叶层相当于一层保护膜可以减轻雨水对土壤表面的溅蚀，减弱风力对表土的风蚀；②阻断地表径流，使之渗入土壤暂时储存起来，需要时再慢慢释放；③保持土壤的湿度、温度，防止水分蒸发、养分流失；④有利于土壤表层及以下的各种生物的繁衍生存；⑤枯枝落叶经过长期堆积腐烂以后可以为土壤提供养分[12]。应当出台相关法律规定禁止人们收集林下枯枝落叶，对林地土壤进行全面保护。

2）控制浇水、施肥

林木在正常的情况下，不需人工进行浇水、施肥。林木的根系有趋水、趋肥的自然特性，如果地表有水、有肥，根系就会浮在地表，不向下延伸；地表没水、没肥，根系自然就会向下找水、找肥。只有林木的根系深深地扎入地下，林木的生长才会稳定健康。因此，正常情况下，不能过度给林木浇水施肥。否则林木很容易在表层土壤中得到所需养分，林木的根系便不会向下发展，从而失去深入地层深处找水、找肥的能力。被人工干预太多的林木，抗病虫害、抗火灾、抗恶劣天气等风险的能力就会变差，生存能力也较自然生长的林木弱。一旦人们停止浇水、施肥，林木便失去生存的能力，如遇到大风，根系不牢固就极易被吹倒。

3）杜绝化学合成物的使用

林木的自然生长是遵循其自然规律的，正常情况下林木的生长是不需要化学合成物质。以降香黄檀为例，降香黄檀本来是生长在山崖石缝中的野生植物，其最佳生长地为海南西部山区，那里降水稀少，土壤贫瘠，日照强烈，自然条件极其恶劣。就是在这样恶劣的环境下，才能生长出上品的香枝木（俗称黄花梨）。但是，一些企业只看重眼前的经济利益，不懂植物的自然生长规律，由于降香黄檀生长缓慢，于是就将农药、化肥、除草剂及各种生长素施加在降香黄檀上。在这些化学物质的作用下，降香黄檀生长速度加快，但却长不出香枝木。因此，对降香黄檀施加各种化学物质是没必要的，这样做不仅达不到企业预期利益，而且污染了林地土壤，浪费了资源。

2. 林地整治技术措施

一个健康稳定的森林生态系统要求林分的生物量较高、物种较多、林分结构较合理、林分郁闭度高、抗自然灾害能力强，能够保证森林生态效益的稳定性和持续性。低效退化林地的培育改造应遵循自然演替规律，以天然更新为主，辅以人工措施，促进林分更新。林分更新培育实行封、造、补、抚、管相结合的措施。

1）天然林的培育改造

对天然林分的培育改造，利用树木具备的天然播种能力，采取以封山育林为主的措施。封山育林期内禁止一切人为的社会经济活动。天然林分的树种组成主要以松、阔为主，且大多分布在立地条件相对较差的山场，只能通过全封或轮封的方式加以改造并与"管、防"相结合。"管"主要是加强管理，积极配备管护人员，防止森林资源再次受到人为破坏，如乱砍滥伐、森林火灾；"防"主要指预防自然灾害的发生，如：森林病虫害、洪涝灾害、风灾等。

2）人工林的培育改造

（1）幼、中、近龄林的培育。①对郁闭度 0.3 及以下的林分主要以封山育林为主。因该林分分布有较多的天然播种树种，对林中块状分布的空隙地采取补植方式补植与其混交的树种（即针叶树种补植阔叶树种、阔叶树种补植针叶树种），改变树种结构，形成林分小块状混交。②郁闭度在 0.4~0.7 的林分，施以人工培育技术，保留有培育前途的针阔树种。第 1 次培育以保留针阔乔木树种为主，第 2 次培育除第 1 次保留木外可保留一定比例的灌木树种，并对分布过密的针叶树种作适当间伐，以培育多层次、多树种林分为目的。培育间隔期一般 3~5 年为一间隔期。③郁闭度大于等于 0.8 的林分，应采取以抚育间伐为主。间伐方式应以生态疏伐为宜，伐去过密木、枯死木、生长不良木、病虫木，解决林木之间生长上的矛盾，调整林分立木密度能让每个林层和林龄的林木都能健康生长，促使林内不同大小立木都能接受阳光，诱导林分形成复层林、异龄林，形成多树种、多层次、多龄级与密度合理的林分结构。

（2）成熟过熟林的培育改造。①间伐抚育。方式为生态疏伐，对那些不宜采取块状、带状间伐的林分采用生态疏伐，伐去生长过密木、林冠下层的生长不良、径级小的濒死木、枯死木和居于林分林冠上层的林木。②间伐更新。块状间伐更新，在成过熟林中因小斑面积较小，林龄在过熟龄以上林分老化，生理衰退，年生长量极低的林分采取整体伐除更新。带状间伐更新，以小斑为单位，林龄在过熟龄以上，林分老化，生理衰退生长停止且生态保护较重要的林分施以带状间伐更新方式，即沿平行等高线或垂直等高线设置间伐抚育带或更新带，规格为等间隔或不等间隔。带间距视地形而定，一般间距设定为抚育间伐带2～3 m，保留带8～10 m为宜，带的长度依据小斑自然地形而定。

3）补植改造

补植改造主要适用于林相残次型和结构简单型的残次林，根据林分内林隙的大小与分布特征，补植有三种方式，即均匀补植、局部补植和带状补植。一般林隙面积较小，且分布相对均匀的低效林采用的均匀补植方式；林隙面积较大，形状各异，分布极不均匀的林分采用局部补植的办法；带状补植主要适用于经营粗放的天然次生林和结构简单的针叶纯林。

4）封育改造

封育改造主要适用于郁闭度小于0.5，适合定向培育，并进行封育的中幼龄针叶林分。采用定向培育的育林措施，即通过保留目的树种的幼苗、幼树，适当补植阔叶树种，培育成阔叶林或针阔混交林。

5）综合改造

综合改造适用于林相老化型和自然灾害的低效林。带状或块状伐除非适地适树树种或受害木，引进与气候条件、土壤条件相适应的树种进行造林，要营造适生速生树种，避免单一树种，增强森林抗病防灾能力。一次改造强度控制在蓄积的20%以内，迹地清理后进行穴状整地，整地规格和密度随树种、林种不同而异。

6）林木栽植

在造林季节上，适时造林是提高成活率的关键环节。山地最佳造林季节是立春前后。如遇到冬旱、春旱长期不下雨，最迟也应在3、4月栽植。造林苗木要求随起苗、随运输、随造林，未能及时完成栽植的苗木要保湿、通风透气、整齐摆放，最好存放在阴凉的地方。种植时应把回填的种植土挖出一部分，适当深栽，分层填土压实。塑料袋型的容器苗栽植时要求细心撕破袋底部或脱袋，确保袋中的基质完整，严禁将容器苗直接放入穴中栽植；无纺布轻基质苗可将容器苗直接放入穴中栽植。搬运和移植苗木时要求基质完整，避免伤根。苗木栽植时做到扶正、培土、压实，浇足定根水，确保造林成活。

在造林方法上，植苗造林主要采用袋苗和容器苗造林。容器苗造林成活率高，根据每年改造任务和苗木需要量，提前2年与育苗专业户订好合同。一些景观树种，苗木较珍贵，应选用移植袋苗造林。栽植前应将容器拆除，细心栽植，用手压紧土壤，不可用脚乱踩，使土球松散影响成活。栽植后应立即浇水、培土，穴的周围覆盖杂草，防旱保墒。

3. 林地生境保护

在一个健康的森林生态系统中，所有的动物、植物、微生物之间的关系是相互促进，协调稳定的。因此，在林地整治的过程中，不能只看到被破坏、受污染的林木，还要考虑与林木相关的动物、植物和微生物，它们共同构成了一个生境。只有这样，我们才能够最大限度地保护林地生态，促使森林生态系统功能的正常发挥。

1）保护原生态

对原有的泉、溪、湿洼地、池塘周边，以及山崖、沟边，陡坡，石缝中的原生植物，包括灌木和草，要予以保护。这些植物对保护和涵养水土有着极其重要的意义。很多树种需要原生态的环境，有的树种还需要伴生树种和寄主树种。原生态下的各种各样的动物（包括昆虫）、植物（包括灌草、地衣、苔藓）、微生物（包括菌类），对目的树种的生长都有可能会起到至关重要的作用。原生态的保护还包括尽量保持原有的地形、地貌，避免挖山填谷。保留原生的乡土树种。要避免大面积整地。

2）保留一定数量的高大林木

虽然高大林木会对其他树种吸收光照产生遮挡，但千万不能因此而将其全部砍掉。许多鸟类、蜂类为了隐蔽和安全，会将巢住在高树上。为保护其生存空间，要保留有鸟巢、蜂巢的林木，保留野生动物隐蔽地的林木，保留抗病虫害、抗灾能力强的林木，保留部分可供野生动物栖息的灌木、草丛；保留部分长有地衣、苔藓、菌类等低等生物的林木。

3）保护鸟类

鸟类也是森林里的一道靓丽的风景线，给森林带来生机与活力。鸟类作为林木虫害的天敌，对其进行合理保护对林木健康发展有十分重要的意义。比如啄木鸟可以有效阻止蛀干害虫对林木的危害。珍贵用材树种一旦遭受蛀干害虫的侵蚀，危害极大，轻者使木材的等级下降，重者会直接造成树木的死亡。蛀干害虫采取打药的方式是无法根除的，而且对树木生长也有影响，啄木鸟能够有效对付蛀干害虫。但一些地方到处张网捕鸟，对鸟类造成极大威胁，啄木鸟也深受其害，对此类行为要严查杜绝。

4）保护昆虫

昆虫作为森林景观的重要组成部分，对于防治林木病虫害具有积极作用，如瓢虫吃掉危害树木的蚜虫以保护林木健康生长。很多昆虫都有传花授粉的功能，昆虫产物及昆虫体还可以作为工业原料和生物材料，如：紫胶、白蜡、五倍子、胭脂红等，这些产物在军工、化工、医药、食品工业等行业具有广阔的应用市场。很多昆虫富含蛋白质，是很好的食物资源与饲料资源。

5）保护野花野草

保护林间的野花野草，它不仅是林中的一道景观，也是构成森林生态系统的重要的一环。很多野花野草是重要的食物资源与药物资源，也是很好的观赏植物资源。一些野花野草还是名贵树种的寄主植物。野花野草是构成稳定的森林生态系统中的重要环节。野花野草对林地土壤的保护与营养有着不可忽视的作用。

4. 林地保护制度建设

1）林地占补平衡制度

严格实施征占用林地植被恢复工作，确保林地面积不减少，增加林地保有量。随着市场经济的发展，各类建设项目的不断增多，人们对土地资源的需求不断增加，土地供需矛盾日益突出。近几年来，一些地区发展社会经济的短期行为，造成了对资源与生态环境的不断破坏。林地因各种原因被改变用途、非法征占用的现象非常严重，如得不到及时有效的解决，不仅会造成林地资源的大量流失，而且会严重影响生态环境建设。严格保护有林地和生态脆弱地区的灌木林地，严格执行征占用林地审核审批制度，实行占一补一、占补平衡，确保林地面积不减少。对未批先占、少批多占、不批也占、非法转让林地、强迫森林经营者转让林地、非法采伐征占用林地上的林木，以及擅自减免、截留、挪用征占用林地补偿费和森林植被恢复费等违法行为，要依法严肃查处。

2）林地保护利用规划及生态红线划定

国家通过实施林地保护利用规划、加快推进生态保护红线划定工作，对于林地面积保护、用途管制提出了更为严格的要求，健全生态公益林和重点生态区位商品林管护制度；

全面停止天然林商业性采伐，探索天然林生态修复和补偿机制，提升森林质量。实施低效林改造和生态修复，加快生态涵养林建设，结合工程治理措施，保护好森林和植被，提升森林生态系统功能。

3）退耕还林工程

退耕还林工程是党中央、国务院从中华民族生存和发展的战略高度出发做出的一项重大战略决策，对我国林业保护与发展具有举足轻重的地位。自 2000 年试点、2002 年全面启动后，经过广大干部群众的积极努力，较好地完成了退耕还林工程任务，有林地面积迅速增长。对坡度大于 20°的坡耕地，要坚决实行退耕、还林、还草。通过对生态重要区域陡坡耕地、沙化耕地退耕还林等途径，积极补充林地数量，确保林地资源稳定增长，积极拓展绿色生态空间。

5. 森林景观整治

随着社会经济的发展与人民生活水平的提高，人们对造林绿化工作提出了更高的要求，更加关注景观生态林的建设。尤其是在沿海发达地区的城市周边，更加注重生态林的质量建设，兼顾景观效果的生态林建设成为现代林业建设的一个新方向。自 2011 年来国家林业局发布《国家级森林公园管理办法》以来，全国各地的森林公园与森林旅游在迅速发展，成为城市公园和生态建设中的重要组成部分。因此，许多具备条件的农村地区可以此作为契机，对现有林地资源加以改造治理，建立森林公园，大力发展森林旅游，促进乡村振兴战略的有效实施。

1）景观空间整治目标

森林景观空间整治总体要注重林相（树木形态）和季相（叶、花、果的季节变化）的合理搭配与景观美化。景观生态林兼顾景观效果与生态效益，目前在景观生态林建设过程中，山地森林树种单一、林相景观不够丰富、发生森林灾害的风险较大。因此在景观营造过程中，要以提升森林景观，绿化美化香化为宗旨，遵循森林群落演替规律，构建稳定健康的地带性森林植被，以绿色为基调，色叶彩化、花化为点缀，结合健康步道、点线面合理布局，形成季相鲜明的特色景观，并与科普教育、森林文化宣传和生态文明建设有机结合，成为一道美丽的森林风景线，成为人们游憩、观光、健身、康养的好去处，形成多彩森林、多样森林、清新森林、康养森林、文化森林、壮美森林的多功能森林景观，最终带动当地经济发展，提高收入水平。

2）整治内容与方法

按照不同的整治内容，可划分三类重点景观空间整治区域：特色景观园区、游步道周边景观和山体景观的空间整治。

（1）特色景观园区的整治。在林分稀疏、立地条件较好的地块，设置特色景观园区，作为景观提升的亮点和重点。通过不同品种的花期早晚，与开花连续性的不同进行搭配，延长观赏期，并配以山石作为点景，物静花动，相得益彰。如可以按照不同基调树种颜色设置不同主题的特色景观园区，营造不同景观效果。如图 4.26 所示。

（2）游步道周边景观空间整治。游步道是为了更好地让森林公园发挥其休闲娱乐的功能，为游客提供休闲娱乐和休憩的道路，为游客发挥一定的引导功能，引导游客到达公园内部的各个角落。按照"以人为本"的设计理念，将人流量较大的游步道、沿线分布有重

图4.26 特色景观园区整治效果图

要景观节点或者主要休憩点的游步道、目前人流量较少但景观价值较高的游步道这三种现有游步道周边景观进行线状改造，在步道两侧 3~5 m 的范围内，种植小乔木、花灌木、防火植物，形成路边景观带兼具防火林带的作用。通过对线路周边景观（3~5 m 的范围内）的提升改造，吸引游人，增强游步道及其他设施的服务功能。游步道沿线点缀一些观赏性乔木，如：枫香、黄连木、山乌桕、腊肠树、蓝花楹等，在空间稍大的地块可三五成丛组团种植，争取做到步移景异和"花化""香化"的景观效果。如图4.27所示。

图4.27 游步道景观营造效果图

（3）山体景观空间整治。山体景观在整治方式上采用三种营造方式：抚育、直接补植、间伐后补植套种。抚育是指对优势树种为阔叶树的林分，林木分布较均匀，亩株数80株以上、长势良好的林分，采用抚育的方式，促进林木健康生长。直接补植是指对郁闭度为0.2~0.4的稀疏林分，采用直接补植的方式。间伐后补植套种是指对郁闭度0.6及以上的林分，采用间伐后补植套种的方式。

在整治方法上，对采用抚育方式的林分主要采用块状除草松土、扩穴连带、施肥、修枝等抚育措施，改善林木生长环境，促进林木生长。对郁闭度0.2~0.4的稀疏林分，采取直接补植阔叶树，与马尾松混交，形成针阔混交林，林隙和林中林缘空地3、5株成丛地补植无患子、枫香、台湾栾树、山乌桕、黄连木、黄花风铃木等彩化树种大中苗，其余较均匀地补植木荷、火力楠、红锥、杨梅、山杜英、米老排、天竺桂、黄枝润楠、桢楠等防火树种和珍贵树种小苗，沿等高线带状混交，形成防火林带和更新层。对郁闭度0.6及以上

· 155 ·

的林分，采取适度间伐后补植阔叶树，以改造马尾松林分为主要对象，通过以提升森林景观，绿化美化香化为宗旨，遵循森林群落演替规律，以绿色为基调，色叶彩化、花化为点缀，构建稳定健康的地带性森林植被。如图4.28所示。

图 4.28　山体景观空间整治效果图

3）树种选择原则

（1）适应性：运用当地乡土植物品种构成富有地方特色的植物景观，以实现对场地生态环境最低程度的干扰，对乡土植物最大程度的保护和利用，有利于保持景观的连续性。

（2）抗逆性：尽量选用一些具有抵抗不利环境的某些性状，如抗寒，抗旱，抗盐，抗病虫害等的植物。

（3）观赏性：在植物空间设计上，强调植物层次、季相性变化，注意各类植物的花期在时间上、色彩上的联系性，提升场地的景观品质。

（4）生长稳定性：所选树种形成的林分应该长期生长稳定。

4.5.4　武夷山退茶还林案例

武夷山位于中国东南部福建省西北的武夷山市，是世界文化与自然双遗产地，中国茶乡，境内有着得天独厚的生态资源优势，良好的生态环境是武夷山市的立市之本、发展之基，同时也是武夷山市茶产业得以可持续发展的根本保证。然而兴盛的茶文化、茶产业也给武夷山的生态环境带来了严重的伤害，不少茶农违规开垦山林、种植茶苗，导致黄土稀薄，岩层裸露，水土流失严重，满目碧绿变成满山疮痍。历届市委市政府都对此高度重视，尤其是近年来武夷山市持续不断地开展了打击违法违规开垦茶山综合整治行动，保护了武夷山市的绿水青山。

2018年武夷山市开展的打击违法违规开垦茶山整治行动是近年来最为全面最为严厉的一次，在打击违法违规开垦茶山违法违规建设誓师大会上，武夷山市委书记表示，必须站在对武夷山生态负责，对武夷山人民负责，对武夷山历史负责的高度，集中时间、集中力量严厉打击，坚决打赢违法违规开垦茶山违法违规建设攻坚战。严督查严追责跟进，毫不松懈，保护好武夷山的青山绿水和优良生态，打造好武夷山的宜居城乡环境。

此次整治力度明显加大,主要体现在三个方面:第一,领导力量加强,原来是市委分管领导当组长,现在是书记市长亲自当组长,而且还下设七个具体工作组,具体工作组长都由市领导来担任;第二,督查力量加大,将督查纳入市委大督查,而且进行每日通报制度;第三,召开了茶山整治千人誓师大会,规模空前,充分展示了武夷山市委市政府坚决打击违法违规开垦茶山的信心和决心,同时也让人们进一步认识违法违规开垦茶山的危害性和问题的严重性,切实增强责任感和紧迫感。

武夷街道黄柏村大南前山场原本是树木参天的林地,如今只留下黄色的沙土和被砍伐后残留的树桩,令人触目惊心,光秃秃的山头与周围翠绿的群山极不协调,形成鲜明的对比。原来的林地,村民们把树木箍死,毁坏了以后再种茶,箍铁丝,剥树皮这些毁林手段都是为了营造出一种树木自然死亡的假象,然后再违法种植茶苗,这类毁林手段极其恶劣且极具隐蔽性,不易被人发现,武夷山森林分局组织专案组民警对此展开调查,对犯罪嫌疑人进行了刑事拘留。毁林种茶造成山体裸露、水土流失、水源干涸、道路塌方,林地资源和生物多样性被破坏,给生态环境带来巨大损害。

武夷山市践行绿水青山就是金山银山的两山理念,争当绿色发展先行者,走出了复绿补种、退茶还林独特的生态恢复之路。作为武夷岩茶产区,岩茶种植面积有一定底线,超出这个面积就意味着以破坏生态环境为代价换取短期经济利益。此次打击两违茶山,武夷山注重宣传,同时以案件为素材进行警示教育,使广大茶企、茶农更全面了解茶山综合整治的管理制度,毁林开垦茶山的法律责任,提高茶农茶企的危机意识与责任意识,让他们意识到武夷山优良的生态环境是武夷岩茶品牌得以打造和发展提升的基础,一旦生态环境遭到了破坏,茶叶品质也会受到影响。

自从 2008 年以来,武夷山市委、市政府就十分重视茶产业可持续发展,在全国率先制订了一系列管控规范性文件,严控茶山开垦行为。2013 年起,全面禁止开垦茶山。2019 年以《武夷山国家公园条例(试行)》实施为契机,开展"退茶还林""生态修复"专项行动,构建"严防控、重查处、强保障"的长效管控格局,制定实施"三强化、三建立、三实行、一推动"等 10 项长效管控措施,有力打击毁林种茶行为。历经 10 年的武夷山茶山整治已取得阶段性成果。截至目前,全市共完成拔除整治 28 234 亩,已完成复绿造林 13 394 亩,已插责任牌 402 块,全力保护好产业发展的绿色屏障。之前山上全部种植了茶园,经过茶山整治、退茶还林后,补种阔叶树或马尾松。以前山上泥土裸露,水土流失严重,如今这里山上流下的溪水清澈。为了加强监管,相关部门依托武夷山大数据中心,建立茶山基础数据、茶山网格化、茶山巡查、案件处置、效能监督为一体的全市茶山动态化管控指挥平台,实行全方位监管。

4.6 治　　田

农田作为乡村最重要的生产要素,是农民赖以生存与发展的基础,更是国家粮食安全的重要保障。"十分珍惜土地,合理利用每一寸土地和切实保护耕地"是我国的一项基本国策,农田的数量与质量与人类生存息息相关,近年来,国家提出一系列保护耕地的政策,促进耕地"数量、质量、生态"三位一体的保护。本节分别从耕地数量管控、质量提升、生态保护与景观提升四个方面提出进行农田治理的主要内容与相关技术方法。

4.6.1 耕地数量管控

1. 土地用途管制制度

我国实行的土地用途管制制度是《土地管理法》确定的加强土地资源管理的基本制度。通过严格按照土地利用总体规划确定的用途和土地利用计划的安排使用土地，严格控制占用农用地特别是耕地，实现土地资源合理配置，合理利用，从而保证耕地数量稳定。

2. 耕地占补平衡制度

《中华人民共和国土地管理法》第三十一条第二款规定："国家实行占用耕地补偿制度。非农业建设经批准占用耕地，按照占多少、垦多少的原则，由占用耕地的单位负责开垦与所占用耕地的数量和质量相当的耕地；没有条件开垦的或者开垦的耕地不符合要求的，应当按照省、自治区、直辖市的规定缴纳耕地开垦费，专款用于开垦新的耕地。"

耕地占补平衡制度，是保证耕地总量不减少的重要制度。严格执行耕地占补平衡，对非农用占用耕地实行先补偿后占用，有条件的地区可实行跨区域、跨流域的耕地占补平衡。推广实行建设占用耕地与补充耕地的项目挂钩制度，切实落实补充耕地的责任、任务和资金；加强按项目检查核实补充耕地情况，确保建设占用耕地真正做到占一补一；推进耕地储备制度的建立，逐步做到耕地的先补后占；强化耕地的占补平衡管理，这是耕地保护的最有效途径之一。

3. 土地开发、复垦、整理制度

《中华人民共和国土地管理法》第三十八条规定："国家鼓励单位和个人按照土地利用总体规划，在保护和改善生态环境、防止水土流失和土地荒漠化的前提下，开发未利用的土地；适宜开发为农用地的，应当优先开发成农用地。"第四十一条规定："国家鼓励土地整理。县、乡（镇）人民政府应当组织农村集体经济组织，按照土地利用总体规划，对山、水、田、林、路、村综合整治，提高耕地质量，增加有效耕地面积，改善农业生产条件和生态环境。"第四十二条规定："因挖损、塌陷、压占等造成土地破坏的土地，用地单位和个人应当按照国家有关规定负责复垦；没有条件复垦或者复垦不符合要求的，应当缴纳土地复垦费，专项用于土地复垦。复垦的土地应当优先用于农业。"

4. 土地税费制度

《中华人民共和国土地管理法》第三十一条规定，建设占用耕地，如没有条件开垦或者开垦的耕地不符合要求，应缴纳耕地开垦费，用于开垦新耕地；第三十七条规定，对于闲置、荒芜耕地要缴纳闲置费；第四十七条规定，征用城市郊区菜地，要缴纳新菜地开发建设基金；第五十五条规定，对以出让方式取得国有土地使用权的建设单位，要缴纳新增建设用地土地有偿使用费。《中华人民共和国耕地占用税暂行条例》规定，非农业建设占用耕地，要缴纳耕地占用税。法律规定的税费制度，是以经济手段保护耕地的重要措施。

5. "三区三线"划定

十八大以来，一系列中央会议、文件多次提出要构建空间规划体系，推进"多规合一"工作，科学划定"三区三线"。十九大明确要"完成生态保护红线、永久基本农田、城镇开发边界三条控制线划定工作"，"加大生态系统保护力度"，"三区三线"的划定及管控成为构建空间规划体系的重要内容。"三区"指生态、农业、城镇三类空间；"三线"指的是根据生态空间、农业空间、城镇空间划定的生态保护红线、永久基本农田和城镇开发边界三条控制线。"三区三线"的划定对于实现国土空间合理规划和利用，正确处理自然资源保护与开发的关系具有重大意义，为耕地资源的数量保护提供科学依据与生态安全屏障。

4.6.2 耕地质量提升治理

我国是一个传统的农业大国，虽然粮食产量逐年提高、目前已解决温饱问题，更需要满足多样化需求。但农业同样面临着耕地质量下降的问题，例如黑土层变薄、耕作层变浅、水土流失、土壤酸化、石漠化、地下水严重超采、土壤退化、土壤重金属超标、面源污染加重、土壤环境污染和生物多样性减少等严峻问题。因此，需要从退化农田生态修复、土壤污染治理、土壤培肥、新型耕作技术、智慧农业等方面针对耕地质量进行提升治理。

1. 中低产田治理和退化农田修复

我国中低产田面积大约占耕地总面积的 7 成，尤其是中产田占 5 成以上，这部分耕地在产量、地力方面都有较大的提升空间[13]。针对不同地域中低产田土壤主要障碍影响因素进行不同的治理措施，如东北黑土区土壤肥力快速衰退和水土流失现象普遍，西北半干旱区水蚀、风蚀作用下的土壤侵蚀现象严重，东南沿海经济发达区表现为土壤污染和大规模非农占用，西南地区由于土层浅薄，导致水土流失和土壤酸化，华北平原与黄淮海地区由于土壤贫瘠、水资源短缺等历史原因，土壤次生盐碱化现象严重。要对中低产田进行适当治理首先需要控制或减弱中低产田土壤障碍影响因子，从而实现土壤肥力和缓冲能力的提高，提升农田土壤质量。

加大对基本农田保护区的建设，在东北平原、黄淮海平原及长江中下游等粮食主产区以保护和稳定为主，在生态脆弱区以培育高标准基本农田为主。最首要任务是进行水土流失治理工程建设，可将水土流失治理与高经济效益的作物种植有机结合，实现在治理中提高效益的目标。在东北黑土区，采取等高耕作条带种植技术，栽培高经济效益植物；在黄土高原区，采取退耕还林还草、修筑梯田等工程措施治理水土流失；在内陆盐渍化盆地区，采用水利与农艺相结合的措施，一方面完善灌排工程，同时调整种植结构，增加地表覆盖，加强保墒等，控制土壤盐分和碱度；在农牧交错带，对基本农田和草场布局进行合理规划，采用草田轮作、少耕免耕等技术控制土壤风蚀程度；在南方岩溶地区，采取以水利措施为主，同时退耕还草、在缓坡地修建梯田等措施。

2. 农田土壤污染治理

我国约有 1 亿 hm^2 的污染耕地，其中有中、重度污染耕地超过 330 万 hm^2。针对不同污染程度的土壤，采用不同的治理措施。针对矿区、油田、污灌区、工业污染排放区、垃圾堆放区、设施农业种植区、城市周边地区及土壤背景值较高的区域等，应根据土壤污染类型及其强度，进行物理、化学、生物及综合修复技术及产品的开发应用；对于潜在污染区域，应根据不同作物对污染物敏感度差异及从食物安全性的角度考虑，进行边利用边修复。

1）进行源头治理

如果采取土壤污染的事后治理策略，会造成治理难度大、效果不佳的问题，因此为了能有效控制我国农田土壤污染的问题，最好从源头进行治理。虽然当前国家对于工业生产中重金属的排放浓度有相关的标准要求，但随着工业化的不断推进，越来越多工厂的重金属物质通过各种方式进入农田之中。土壤虽然具有一定的自净能力，但毕竟其净化能力有限，一旦超出其可承受的范围，就会造成不可逆的严重后果[14]。因此，我们应该用长远的眼光看待工业生产污染物排放标准的制定。首先需要出台更加规范科学的污染物排放标准，其次就是需要指导农民合理的使用化肥和农药。

2）采用换土法进行农作物种植

所谓换土法就是将被污染农田表层的土壤换成新的没有被污染的土壤。这种方法适用于治理严重污染的农田。但是该方法会耗费巨大的人力物力财力，因此该种方式只能处理小面积的土壤污染问题。

3）采用有机肥和农业生态修复措施

为了保证土壤污染治理实施效果好且能够得到普及推广，应该选用较为经济的、适用性强的修复手段，如采用有机肥和农业生态修复措施。其中当前已经得到应用的是开发微生物修复技术，所谓微生物修复技术就是利用微生物的特性将土壤中的重金属进行吸收。这种方式取得较好的效果，并且可以从根本上解决农田土壤重金属污染的问题，对于农田污染土壤的修复作用颇为有效。另外还可以尝试使用土壤改良剂中和土壤中已经形成的重金属污染，这种方式是通过化学反应让重金属化合物变成无毒且稳定的化合物。

4）加强农用地膜回收和推广降解地膜

地膜覆盖技术具有增温护根、防冻保湿、调节光照、抑制杂草生长的重要作用，在农业生产中能显著降低人工成本、提高产量和质量，目前已在农业领域得到了非常广泛的应用。但是地膜残膜如果未及时回收，在土壤中长期累积会对土壤、农作物生长造成巨大危害，产生"白色污染"，同时，地膜残膜回收点少、回收价格偏低，甚至抵不上回收所需的人工费用，严重影响农户回收积极性[15]。目前市场广泛使用的地膜不易降解，而可降解地膜成本高、降解效果也不尽如人意，现在亟须解决好地膜回收利用问题，或者及早研发价格低廉、降解效果好、降解产物无污染的可降解地膜，才能更好地促进农业绿色、可持续发展。

地膜进行回收不仅是农户健康生产的需求，更是农业绿色循环可持续发展的要求。政府要及时出台地膜残膜量标准，配套回收补贴政策，定时普查地膜残留情况，加大项目投入力度，树立回收典型和利用典型，充分调动种植户回收热情、提升企业回收利用力度。另外，还需要从源头上把控地膜质量，并进一步完善地膜回收网络，建立废弃农膜回收处理体系，建立农村定点有偿回收废弃农膜站点，对积极推动地膜残膜回收的组织或企业，进行税收、用水用电等政策性减免或补贴，以调动下游企业积极性，从而更好地推动农业可持续发展。

3. 土壤培肥工程治理

1）增加有机肥投入

有机质含量是测定土壤肥力的关键性指标，其含量和组成直接影响土壤理化性状和动植物、微生物的生存活力，对作物生长和产量也起着决定性的作用。研究表明，土壤有机质含量每提高 0.1%，粮食产量的稳产性可提高 10%[16]。有机肥来源广泛，包括生活厨余垃圾和粪便、畜禽粪便、作物秸秆、绿肥作物、农业废弃物等。推广秸秆还田技术、加强有机肥制作工艺、除臭及快速发酵等技术研发，在专业养殖比较集中的地区或者依托大型养殖场，建立工厂生产有机肥，提高有机肥资源化、规模化和产业化水平，促进有机肥的高效、循环利用。

2）减少化肥和农药用量，推广低毒和生物农药

全面实行测土配方施肥，因土施肥、养分均衡；引导肥料生产企业生产配方肥，提高化肥利用率，减少化肥用量。在农药方面，研究农药降解规律及其与环境的关系，研发和应用低毒农药、生物农药等环境友好型农药，研发和推广病虫害生物防治技术。

3）加强测土配方技术的运用

测土配方施肥是以土壤测试和肥料田间试验为基础，根据作物需肥规律、土壤供肥性能和肥料效应，在合理施用有机肥料的基础上，提出氮、磷、钾及中、微量元素等肥料的施用数量、施肥时期和施用方法。通俗地讲，就是在农业科技人员指导下科学施用配方肥。测土配方施肥技术的核心是调节和解决作物需肥与土壤供肥之间的矛盾。同时有针对性地补充作物所需的营养元素，作物缺什么元素就补充什么元素，需要多少补多少，实现各种养分平衡供应，满足作物的需要；达到提高肥料利用率和减少用量，提高作物产量，改善农产品品质，节省劳力，节支增收的目的。

测土配方施肥技术前期实施过程简单来说有三种：①田间试验。田间试验是获得各种作物最佳施肥量、施肥时期、施肥方法的根本途径，也是筛选、验证土壤养分测试技术、建立施肥指标体系的基本环节。通过田间试验，掌握各个施肥单元不同作物优化施肥量，基、追肥分配比例，施肥时期和施肥方法；摸清土壤养分校正系数、土壤供肥量、农作物需肥参数和肥料利用率等基本参数；构建作物施肥模型，为施肥分区和肥料配方提供依据。②土壤测试。土壤测试是制定肥料配方的重要依据之一，随着我国种植业结构的不断调整，高产作物品种不断涌现，施肥结构和数量发生了很大的变化，土壤养分库也发生了明显改变。通过开展土壤氮、磷、钾及中、微量元素养分测试，了解土壤供肥能力状况。③配方设计。肥料配方设计是测土配方施肥工作的核心。通过总结田间试验、土壤养分数据等，划分不同区域施肥分区；同时，根据气候、地貌、土壤、耕作制度等相似性和差异性，结合专家经验，提出不同作物的施肥配方。

测土配方技术要想得到更广泛的应用，必须做到五点。一是降低化肥用量，提高肥效。化肥用量和肥效是作物施肥过程中密切相关的。化肥用量是肥效的前提，肥效是化肥用量的表现。有了一定的用肥量，才能显现出一定的肥效。只有合理的施肥量，才能显示出最大的肥效。二是加大宣传推广测土配方施肥技术的力度。以实施测土配方施肥技术的意义、好处和各种作物的具体施肥技术为主要内容，利用各种媒体广泛宣传推广，重点推进设施作物、蔬菜、果树、茶叶等作物测土配方施肥，不断提高肥料利用效率。实施测土配方施肥技术的最直接的受益者和实施者是广大农民，只有广大农民真正了解和掌握了测土配方施肥技术，才能确保测土配方施肥技术的普及应用。三是增施有机肥，注重有机无机肥相结合。有机肥具有养分齐全、肥效长久等特点，它不仅可提供给作物各种养分，而且可增加土壤有机质、改善土壤理化性状、培肥地力、改善土壤生态环境、提高化肥肥效。因此，

应采取秸秆直接还田等措施,加大有机肥施用量。四是加大微量元素施用技术的推广应用。微量元素是作物生长发育必不可少的营养元素,如缺乏势必降低作物的产量和质量。另外,对微量元素而言,采用叶面喷施的效果优于基施。因此,在施用微量元素时,根据具体情况,尽量采取叶面喷施。五是确保测土配方施肥工作的长效性。测土配方施肥工程是一项长期实施的技术措施,因此,必须采取有效措施建立起一个长效的机制。使广大农民深刻认识到测土配方施肥不是一个阶段性技术,而是一个长期的和不断更新、完善的技术。

4. 耕地轮作休耕治理

轮作是指在同一块田地上有顺序地轮换种植不同作物或不同复种方式的种植方法,包含有时间因素和空间因素。时间上的轮作是指在同一田块上于不同时间种植不同的作物或复种方式,旨在调节地力,减轻病、虫、草害;空间上的轮作是指不同的作物或复种方式于不同的时间种植于不同的田块,力求将某一作物或复种方式种在最适宜的土壤环境条件下,以获得平衡的产量或保持稳定的品质。轮作常见的模式有:禾谷类轮作、禾豆轮作、粮食和经济作物轮作、水旱轮作、草田轮作等。

休耕不是撂荒,也不是传统意义上的弃耕,而是有管理、有计划性的休耕,旨在维持和增强地力,改善农业资源生态环境。我国的休耕制度是指让耕地休养生息,实现用地养地相结合,保护和提升地力。休耕是土地储备的一种方式,包括年度休耕,季节性休耕、轮作休耕等,也是保持土壤质量、恢复地力、减少病虫害、减少农业污染及增强农产品安全性的重要手段。

轮作休耕的内涵不同于一般意义上的轮作,也不同于常规意义上的休耕,而是两者的协调统一,轮作休耕是顺应自然规律,宜轮即轮、宜休即休,轮作为主、休耕为辅,是实现"藏粮于地"战略,也是践行创新、协调、绿色、开放、共享发展理念的重要举措。

轮作休耕的实施要点如下。

(1) 确定轮作休耕区域的生态环境产业区划。我国农业产区生态环境质量状况和区域土水资源情况差异极为不平衡,分类调研各区域的资源和环境质量现状,深入重点分析休耕区域农业生态环境退化的主要矛盾、退化机制,对已采取的修复技术和方法进行归类总结,明确适于轮作休耕的耕地资源数量(如面积、范围、规模)和质量(如生产功能、环境功能、生态功能),确定适于该三大区域轮作休耕的生态环境产业区划。

(2) 提出区域差异化的轮作休耕技术方案。轮作休耕是一项复杂系统性工程,需要分类型推进。根据区域生态环境产业布局和结构调整方向,重点关注导致区域生态环境退化的主要成因,通过轮作、休耕、退耕、替代种植等多种方式,提出针对性区域差异化的耕地轮作休耕技术方案,并开展综合治理示范与推广。同时以农业资源承载力和环境容量的定量化研究为基础,综合运用 GPS、RS 和 GIS 技术,建立环境质量评价体系,分析评估耕地轮作休耕的综合效益。

(3) 完善轮作休耕制度的相关政策及保障机制。研究重点区域实施轮作休耕制度试点的相关政策,根据区域和轮作休耕技术差异建立生态补偿制度和管理机制;构建实施耕地轮作休耕的差别补偿标准体系;建立严格的生态环境保护责任制度、补贴补偿制度和投入机制、行政问责制度体系等;建立区域生态环境保护、修复机制,建立有效的生态环境监测与修复网络;培育生态环保的市场经济机制,多方位地建立保障机制,贯彻落实轮作休耕技术方案,提高当地人民群众的经济收益和长远切身利益。

5. 保护性耕作治理

保护性耕作是以机械化作业为主要手段，采取少耕或免耕方法，将耕作减少到只要能保证种子发芽即可，用农作物秸秆及残茬覆盖地表，并主要用农药来控制杂草和病虫害的一种耕作技术。具有保护土壤、防止风蚀水蚀的作用，还具有涵养土壤水分、降低蒸发、改善土壤理化生物特性及提高土壤有机质含量的功能。因此，应研发针对我国不同地域特点和土壤类型并与传统耕作模式相结合的保护性耕作技术，包括与之相匹配的保护性耕作机械、科学施肥技术及病虫草害生物防治技术等改善农田生态环境质量。

保护性耕作技术在我国主要包括四项。一是秸秆覆盖技术，将土地表面，用成熟后的农作物秸秆残茬加以覆盖，可有效减少风和水对土壤的侵蚀，使土壤肥力和抗旱能力同步提升。二是免耕、少耕施肥播种技术，以保证农作物的种子能发芽为前提，最大限度减少对土地的耕作量，这种方式对土壤结构和地面植被破坏性小，可以有效增加土壤的含水量，即直接在未耕作过的土壤上进行开沟、播种、施肥、药和覆土镇压等一系列的耕种作业，尽量简化程序，减少机车进地的次数，降低成本，也使土壤免受破坏。三是合理化用水、用药、肥技术，以往是通过深翻中耕除草，现改为用科学喷施农药的方式来控制农业生产中常见的各种杂草和病虫害。四是机械深松整地技术，利用深松机具以打破犁底层为目的对土地进行作业，土层结构保持不变，而使局部耕层松动，深松深度一般在 25～30 cm。

但目前在我国保护性耕作技术在推广上还存在一些问题，一是思想认识上不到位，部分群众对这一技术在思想上一时还无法接受，因此，在该技术的大规模推广应用中还需要加强宣传推广力度。二是配套技术研究欠缺，没有配套的高质量免耕播种机，当前防治杂草多采用化学除草剂，虽然效果比较明显，但是长期使用会对农作物、土壤和环境造成一定影响，还会增加杂草的抗药性。三是政策扶持力度薄弱，目前各地在技术层面已经开展了一系列的试验研究，取得了不少技术成果。但是在生产实践和社会化服务方面，国家扶持的力度还比较薄弱，例如保护性耕作机具的购置补贴还不够高，在群众中推广起来还有一定难度；社会化服务组织建立运行维护成本较高，群众购买服务的能力有限等问题限制了该技术的推广应用。

因此需要针对存在的问题，采取有效措施来帮助此技术的推广实施。首先加大宣传培训，充分发挥报纸、杂志、电视、广播及网络等媒体的作用，强化宣传效果，带动农民转变观念，让他们自觉自愿地接受这一技术。其次，加强基础性研究。通过试验研究，更深层次分析不同地区保护性耕作对土壤耕作层结构的改善作用，分析研究保护性耕作对提高农业综合生产能力的作用，从而在不同地区研究建立适合当地实际的技术规程，为更大面积的推广应用提供科学依据。最后，建立长效机制，以国家投入为引导，以农机大户、种粮专业户、基层推广机构及农机作业服务组织为主体，继续争取政府对保护性耕作技术的投入，加大对保护性耕作机具的补贴力度。通过多方面努力，形成健康、科学、稳定、持续的发展保护性耕作的长效机制。

6. 智能耕作相关技术应用

20 世纪 90 年代末，美国率先把高技术应用到农业领域，把航天、传感和信息技术引入农业生产和管理各个环节，形成智能耕作技术。这种新技术已在美国得到了较多应用，但在我国仍处于起步阶段，各项技术应用还不成熟。

智能耕作的基本原理是利用高技术准确地掌握土壤、气象等自然条件的变化情况,依据实际需要精确计量使用化肥、农药与水源,充分发挥土壤潜力,最大限度降低资源投入,以达到提高经营效益、保护环境双重目的。这种耕作方式要求生产高度社会化,美国在运用高技术中,由专业的农业咨询服务公司、农业生产物资供应商和农场主三方密切协作。具体运作程序如下。①播种前,农业咨询服务公司根据合同派遣技术人员到农场收集农田土壤采样,一般每4到5英亩地块取一份采样。技术人员对各地块土壤采样进行分析,掌握它们钙、磷、氮等各种化学成分的含量数据,并将分析结果同反映上一年度农场收获情况的图谱进行对照,以便标识各个地块应施化肥的品种与数量的数字化图谱。②化肥供应商按实际需求将化肥运至农场,并派技术员参与指导施肥工作。此前化肥施撒计量图谱已被输入拖拉机的电脑中,电脑同拖拉机上全球定位系统装置已经联通。拖拉机在施撒化肥中,控制器根据 GPS 装置显示的拖拉机所处位置,按照施肥计量图谱,在不同的地块施撒不同品种和数量的化肥,随后进行播种。③数周后农业咨询服务公司技术员根据卫星成像或航空摄影图像了解农田杂草与虫害情况,并与农药供应商的技术员共同商定除草剂与杀虫剂施撒的品种与数量,按照施肥的同样程序喷洒农药。各地块灌溉用水也是这样处理。④在作物收获中利用产量监测器。在联合收割机收割时,通过 GPS 装置的配合,可以精确计算出不同地块的单产,甚至还可以利用红外传感器探测谷物和油料作物的蛋白质含量,以便精确了解各块农田的经济效益。这样就可为农场主来年合理使用各块农田提供科学依据。

智能耕作技术尤其适用于规模经营,规模越大,所产生的效益越高。农业生产社会化程度越高,越便于推广。但这种先进耕作方式初步运作时成本较高,对经营者要求也高,因此,目前在我国以家庭联产承包为主的小规模经营背景下,将智能耕作技术进行大范围推广还存在一定的难度。

7. 智慧农业质量监测预警平台应用

智慧农业是一种新型的现代农业形态,其将物联网技术、云计算技术、3S 等信息技术结合起来实现了整个农业生产过程的智能化控制,我国智慧农业发展起源于20世纪80年代,虽与国外发达国家相比比较落后,但近几年来得到了迅速发展,在传感器监测、无线传输、远程监控及大数据、物联网、人工智能等方面实现了大量应用。然而,在智慧农业发展过程中,仍然面临着一系列问题,诸如人才短缺、农业从业人员受教育程度不高、设备和软件服务成本高、技术操作难度大实用性不强、资金支持力度不足等,这些问题都直接影响着智慧农业更深层次的发展。

智慧农业与传统农业相比的最大特点就是其客观上能促进农业生产各环节更加精准化、节约化和自动化。智慧农业通过农业生产的高度智能化、管理的科学化、控制的自动化,提高农业生产管理水平、提升生产效率,是未来农业的根本出路[17]。

例如通过构建农田环境质量信息化管理预警平台,可对农田环境质量进行实时定量评估,对土壤污染、盐渍化、酸化及养分失调等可能出现的农田环境质量问题及时预警,快速预报土壤墒情,进而有针对性地制定农田地力恢复和提升技术方案。建立耕地质量监管长效管理机制,加强对耕地投入化学品(农药、化肥及农膜等)的生产过程、使用过程的全程监管,以确保农田生态环境质量良性发展。

4.6.3 耕地生态保护治理

1. 生态环境补偿机制

建立农田生态环境补偿机制有多种形式，一是对减少化肥使用、增加有机肥投入的生态补偿，可以促进农村的畜禽粪便、厨余垃圾等"变废为宝"，成为发展循环农业、生态农业可利用的资源；二是对绿肥种植和病虫害安全防治进行生态补偿，鼓励农民利用冬闲田和边隙地种植绿肥并给予合理补贴，推广使用生物、机械和安全农药进行病虫害防治并给予补贴；三是对农田地膜残留污染治理进行生态补偿，对残留地膜定期回收、全降解地膜的积极使用给予补贴；四是对农作物秸秆还田行为进行生态补偿，倡导农民进行秸秆粉碎还田、覆盖还田以及堆腐还田等生态技术的推广应用。

要使生态补偿机制能够持续长效发挥作用需建立稳定的补偿资金来源渠道，除政府财政列出专项补贴资金外，还要鼓励社会和民间资本的投入。对参与农业生态环境治理的企业给予减免税等优惠政策；对有机肥生产加工企业，在贷款、用地等方面给予最大优惠支持，商品有机肥实行使用补贴，加快推进有机肥推广应用力度。

2. 农田生态防护林建设

农田防护林是指为减缓强风、改善特定区域的农田小气候，保证农作物丰产、稳产采用单行或多行乔木、灌木营造的防护林带，防护林带之间相互衔接为网状即农田防护林网。常结合沟渠道路及村庄围合带进行营建[18]。农田防护林可以有效防治风侵、水土流失、控制面源污染、保护物种多样性、改善小气候、减少农药喷洒和化肥的扩散，同时又是生物的栖息地和迁移廊道。防护林建设必须考虑五个关键要素：方向、连续性、高度、密度和长度。生态景观要点：①维系和加强农田的空间格局和视觉特征，林地应该与树篱、耕地、物种丰富的草地和水体等栖息地连接起来，形成生态基础网络；②椭圆形防护林较好，中间可以种植1~2行高大的乔木，两侧是灌木构成的植物篱，通过不同冠层的树种选择和乔木行距大小使林地具有渗透性或半透性，防止湍流出现；③尽量选择乡土树种，以耐污染、耐涝耐旱的乡土高大落叶乔木为主，落叶、常绿相结合，乔灌木合理配置，推进生态景观建设，合理确定主栽基调树种、骨干树种、配置树种，开展生态经济型、生态景观型、生态园林型等多种模式防护林建设。

3. 农田生态沟渠建设

本节沟渠主要是指农田排水渠和灌溉渠道。一些研究表明，非硬化的沟渠对于一些或者所有无脊椎动物、两栖动物、鸟类、植物在数量上、物种多样性等方面具有有利的影响。另有研究显示，沟渠生物生存情况受到农业管理方式的影响，像收割、牧草环境，还有沟渠管理，包括清淤技术、周期和频率。在农业环境管护计划中，鼓励开展生态景观化的沟渠建设，加大缓冲带建设，以控制面源污染，保护生物多样性，提高授粉、害虫控制等生态服务功能。在我国农田基本建设过程中，特别是在干旱地区，采用水泥硬化方式建设灌溉渠道，防治渗漏，提高渠道水分利用效率是必要的。但在一些降雨量较多的南方地区及水资源丰富的地区，特别是排水渠，一味追求过度硬化是不科学的。

因此在生态型沟渠设计过程中，一是严格按照排水和灌溉标准，开展排水和灌溉网络空间布局和设计。对于水资源短缺的地区，如果采用明渠灌溉，灌溉渠道可以考虑各种类型的硬化方式，防止水分渗漏。对于排水沟，应尽量减少硬化，采用生态化护坡，提高渠道的渗透性，系统考虑对生态环境的影响。二是加强沟渠两侧缓冲带建设，积极开展生态护坡，有效控制面源污染，控制水土流失，营造景观廊道，提高生态景观服务功能。三是护坡植被宜灌木、地被植物相结合，保持环保自然、保障沟渠的蓄、排、缓、净功能。四是维系多级生态廊道的连通性，并注意在特殊地段保留小池塘，保护生物栖息地和景观多样性。

4. 农田生态系统保护

农田生态系统是在一定农田范围内，农作物和其他生物及其周围环境通过复杂的相互作用和相互依存而形成的统一整体，即一定范围内农田构成的生态系统。一个健康稳定的农田生态系统由生物和环境共同组成，生物包括生产者、消费者、分解者，环境包括太阳辐射能、各种无机物质和有机物质等。

首先，要对农田生态系统内部结构科学规划、合理布局，建立多级生产、稳定高效的复合循环生态体系。水平方向上，考虑温度、湿度等自然条件和经济、社会条件的差异，实行间作、套种的种植模式；垂直方向上，考虑农田自然环境的垂直变化，实行高矮相间的立体种植或深浅结合的立体养殖，以及种养结合的立体种养方式。其次，要坚持绿色生产。坚持合理灌溉、合理施肥，注意农田污染防控，建立合理的耕作制度。再次，保护农田生境。要正确看待农田生态系统内部每一组成部分，例如杂草、昆虫、土壤微生物、鼠、鸟类及其他小动物也构成完整的农田生态系统，不可一味地将其消灭，否则会造成农田生态系统的失衡。

4.6.4 农田景观提升治理

1. 农田耕作景观空间整治

为了便于田间管理和机械化作业的需要，农田的形状一般都比较规则，最常见的农田形状是长方形，农田布局以大片的、连续的布局最佳，这样不仅便于乡村居民田间管理和大型机械统一作业，而且也是乡村景观一道美丽的风景线。农田耕作区是乡村农作物、经济作物生产的主要场所，其种植营造主要考虑经济效益和生态效益。受气候、地形等因素的影响，不同地域在不同季节种植的农作物、经济作物也有所不同，因此，我国南北方乡村的农田耕作景观各具特色。我国北方气候干燥少雨，其农作物主要以小麦、旱稻、玉米等耐旱作物为主，经济作物有棉花、油菜、向日葵、甜菜等；南方气候湿润，主要农作物以水稻为主，经济作物有油菜、茶叶等。我国乡村农田耕作景观空间整治应在遵循农业生产规律的前提下，适当借鉴国外乡村景观先进的经营模式理念。

图 4.29 为浙江仙居县双庙乡通过水稻和油菜花的轮作，春天有金黄油菜花田园景观，秋天有千亩水稻金光灿灿的丰收景观，不仅有效提升农田利用率，还通过发展乡村旅游增加了村民的收入。

2. 农田水利景观空间整治

农田水利主要用于农田灌溉，其形式主要以河流、水井、沟渠等为主。水利景观的营造应以方便生产、灌溉为基础的前提下展开，并做到安全性、美观性与生态性于一体。如

图 4.29　浙江仙居县双庙乡农田景观
图片来源：https://k.sina.com.cn

在河道引水处、水井旁设置安全护栏、遮阴设施等，给排水沟渠采用土质梯形断面，各级排水沟与道路的交叉处设涵洞等，这样不仅满足了农田用水的基本要求，而且与乡村的自然景观融为一体。如图 4.30 所示。

图 4.30　农田水利景观整治

3. 农田道路景观空间整治

农田道路一般分为生产道路和田间道路，农田道路景观空间整治应在不影响交通的前提下，围绕农田、道路两侧的边缘地带展开。这条地带是农田道路景观最有价值的观赏部分，是乡村农田道路景观整治的重点，这个地带称之为"田缘线"。田缘线景观整治应采用自然式植物造景为主，道路的两侧及农田的边缘在保证基本荫庇的情况下，树下适当种植些观赏性较好的小灌木来丰富植物立面景观。但是，应当控制好植物的种植密度，保持田间良好的通风条件，为夏季田间劳作休息时提供良好的生态环境。如图 4.31 所示。

图 4.31　田间道路景观整治

4. 农田防护林网景观空间整治

本着因地制宜、因害设防、全面规划、综合治理的原则设置农田防护林网,其主要目的是防御风沙等自然灾害,调节农田局部小气候,改善农田生态环境,保障农业生产。防护林网的设置应在考虑乡村主害风的基础上,结合农田道路、给排水沟渠实地情况进行,尽量不占或少占耕地,便于田间管理和农业耕作,达到"村、田、路、林"的和谐统一。如图4.32所示。

图4.32 农田防护林景观整治

4.6.5 农田水利工程基础设施建设

农田水利工程是重要的农业生产基础设施,在推进农业生产和生活的过程中发挥着十分重要的作用,对于农业经济的增长,农村事业的整体发展具有积极意义。农田水利工程包括:取水工程、输水配水工程、排水工程。农田水利工程基础设施建设过程中存在不少的问题,比如:农田灌溉基础设施较为薄弱、农田水利工程设施建设投入不够充分、农民节约用水意识不够高等,这些问题制约了农村的经济发展及国土空间综合整治的效果,必须引起足够重视。

农田水利工程的建设功在千秋,对于农业生产活动的顺利开展和整体社会经济的健康增长具有十分重要的意义和作用。面对当前农田水利工程基础设施建设工作过程中存在的一些问题,需要积极采用科学合理的方式和手段进行改进和完善,切实提升农田水利工程的整体优势和作用。

1. 加强基础设施技术支持

充分有效开展农田水利工程基础设施建设工作,需要不断强化基础设施的设计和建设工作,针对其中涉及的各方面内容进行全面控制,全面提升其整体的设计和建设水平。首先,需要从统一管理和控制的原则出发,坚持分工负责和公开透明的原则,明确农田水利工程基础设施的总体建设标准,为各个地区开展建设工作提供重要的规范支持。其次,需要加大基础设施的技术开发工作,加大技术研发力度,推进科学研究工作更好地投入基础设施建设工作环节中。全面提升基础设施的灌水效率和农田水利工程的应用水平。再者,需要结合地形条件和环境因素进行充分细致的考察和研究,做好各方面的管理工作,保证设计方案能够和基础设施的建设保持着良好的匹配性,全面强化基础设施的总体建设效果。

2. 充分发挥滴灌技术

目前在我国的用水结构中,农业用水占60%以上,是水资源消耗的重要部分。虽然我国是农业大国，但是我国农业发展水平还比较低，农业灌溉技术比较落后，很多地区还采用古老的漫灌方式；而发达国家农业大面积利用喷灌、滴灌等节水技术。采用滴灌方式可以大幅提高水资源的利用率。因此，在水资源的利用上，我国农业灌溉技术还有待提高。

滴灌是将过滤后的水或水肥混合液，经过低压管道系统，直接输送到作物根系层土壤的一种灌水方式。滴灌的特点是流量小、供水频繁，使作物根系周围的土壤经常保持适宜的湿度，使水、肥、气、热、微生物活动，始终处于良好状况。与其他灌溉技术相比，滴灌具有更能节约用水和劳力，增产效果更显著等优点，但设备投资大，是制约当前我国农村滴灌技术推广使用的重要原因。因此，需要从以下几个方面推广滴灌技术，以节约宝贵的水资源。

1) 政府加大投入

滴灌系统投资相对较大，是一种昂贵的先进灌溉技术。所以，国家和地方政府一定要加大对干旱地区的农业投入，支持干旱地区建设先进的滴灌系统，以节约水资源，同时还可以提高农业的产量。

2) 因地制宜

我国北方地区基本上都会遇到干旱问题，有些地方甚至会严重缺水，制约着农业的发展，因此，对于每年都会出现缺水的地区要优先采用滴灌技术，也可以通过与其他先进技术相结合，节约水资源。

3) 重视设计安装

设计时，要考虑当地水源、土壤、作物种类、管理水平等因素，进行规范设计。系统设备要完整配套，过滤装置、施肥装置、调压控制装置、压力表等设备缺一不可，如果条件允许，最好安装自动控制设备。然后，请有经验的专业安装队伍采用质量有保证的设备，进行安装。

4) 重视滴灌制度

滴灌作为一种先进的滴灌方式，要配以先进的技术才能发挥其优势。因此，应通过灌溉实验，根据不同地区的土壤条件、气候条件、作物种类等，按照滴灌的要求特性及作物的生长状况，制定出滴灌条件下合理的灌溉制度，发挥滴灌应有的效益，促进滴灌技术的发展。

5) 重视滴灌过滤及滴灌施肥

滴灌时，水进入管网之前必须严格过滤，保证滴灌设备正常工作。过滤器要进行定期的清洗和保养，使之一直在最佳工作状态。通过滴灌施肥，实现水肥同步，提高肥料利用率，减少肥料对环境的污染，提高农产品品质。

6) 技术推广

基层农业部门要做好农业的综合配套技术服务，促进设施农业的顺利发展。特别是滴灌制度的确定和应用、滴灌技术的配套措施等方面，农民还存在众多的误区，必须加大知识普及、宣传教育及技术培训。

滴灌是一种高效节水增产的微灌灌溉技术，它具有很多优点，适合我国的国情，特别是在干旱地区，具有很强的推广优势，而且很容易实现灌溉的全自动控制，是加快我国农业实现节水灌溉的有效途径，可提高我国农业的现代化水平。

3. 优化资金筹集方式

农田水利工程基础设施的建设涉及较多方面内容，需要大量的资金作为支撑，才能够更好地推进建设施工环节的顺利开展。不断加大政府财政扶持资金的引导作用，不断拓宽融资渠道，发挥各方筹集资金的优势和作用，促进水利工程基础设施投入力度的不断提升。政府能够以农田水利工程建设为契机，广泛开展招商引资工作，加大资金的投入。加强集中性的资金投入，整体推进工程施工工作，有效转变以往施工企业"各自为战"的分散性投入模式，全面提升资金的整体利用效率和工程施工效益。建立起农田水利工程的多元化投资机制，增强农民、社会各界和政府的共同参与度，从多渠道、层次推进资金投入工作的顺利开展。

4. 健全基础设施长效机制

加强农田水利工程管理体制改革工作，明确工程项目的所有权、管理权和经营权，提升水利建设管理体制整体优势。从水利工程基础设施建设情况出发，设置科学合理的建设管理体制，保证工程基础设施各个环节都有专门部门、单位和人员进行管控，全程监控基础设施的施工和后续使用情况，有效减少一些基础设施出现薄弱的情况。定期检查基础设施的施工情况，及时发现其中存在的施工问题，并加以良好的控制和管理，全面提升整体的施工水平。具体管控水利工程基础设施的过程中，可以发挥群众的力量，组建起农民用水户协会，强化施工建设和管理工作的科学衔接，增加群众的参与度，为全面提升农田水利工程基础设施的整体应用效果提供重要的前提条件。农田水利工程的使用是一项十分长期的工程，需要保持长期的维护和管理工作，最大限度地增强基础设施的作用和优势。

5. 提高村民节水环保意识

全面开展农田水利工程建设工作的过程中，其中涉及较多方面的基础设施内容，需要积极采用切实有效的方式和手段，强化总体的建设效果，发挥其整体的优势和作用。农民是农田水利工程的直接使用者和受益者，他们的节水环保意识，会直接影响农田水利工程基础设施的实际应用效果。面对当前众多农民节水意识不够强的情况，需要积极采用良好的方式和手段，加大节约水资源方面的宣传工作，促进农民能够从日常生产种植工作出发，节约水资源，发挥农田水利工程的作用。农田水利工程基础设施的建设工作，发挥其在农业生产中的应用效果，为推进农业生产工作的顺利开展提供重要的前提条件，同时有效减少旱涝灾害情况的出现导致农作物出现减产的问题。当农民切实参与农田水利工程基础设施保障和维护工作之中，将能够实现农田水利工程的经济效益和社会效益。政府相关部门可以积极张贴宣传标语，组织实地的座谈会，促进农民能够真切意识到农田水利工程基础设施和自身利益紧密相连，从而自觉参与维护工作。同时发挥当前新媒体技术的优势，通过微信、微博宣传，将能加大农田水利工程基础设施维护和节水优势的宣传力度，为后续开展切实有效的维护工作奠定重要基础和前提。

4.7 治　　草

4.7.1　草地利用现状

我国天然草地资源利用存在着过度放牧、管理粗放、草地退化明显及生态服务功能下降等问题，尤其在青藏高原地区，草地生态系统退化严重影响了牧户生产生活，威胁着我国乡村振兴战略的实施。为遏制草地退化、恢复和重建草地生态系统服务功能，从20世纪80年代开始，在党中央、国务院的领导下，以原农业部为核心，在青藏高原及内蒙古地区实施了多样的"自上而下"的草地管理措施，然而，由于社区及牧户缺乏有效的经济转型模式，难以在短时期内获得有效且持续的经济来源，不少地区草地恢复与生态重建措施（如禁牧、休牧等）影响了牧户收入，导致牧户对该类政策产生了抵触，政策效果难以得到充分发挥。因此，需要在此基础上，探索更样化、更适合农村发展的退化草地治理路径。

4.7.2 草地分类系统

我国国土面积辽阔、海拔高差悬殊、气候千差万别，形成了多种的草地类型，全国首次统一草地资源调查将全国天然草地划分为18个草地类、144个草地组、824个草地型。其中18个草地类分别为：温性草甸草原类、温性草原类、温性荒漠草原类、高寒草甸草原类、高寒草原类、高寒荒漠草原类、温性草原化荒漠类、温性荒漠类、高寒荒漠类、暖性草丛类、暖性灌草丛类、热性草丛类、热性灌草丛类、干热稀树灌草丛类、低地草甸类、山地草甸类、高寒草甸类、沼泽类。

4.7.3 草地整治技术

在对退化草地实施治理和恢复过程中，除必要的管理措施外，还应结合各种技术措施，逐步使退化草地得以逆转。根据相关研究表明，退化草地的恢复技术大致包括物理技术、化学技术、工程技术和生物生态技术等方面[19]。实践证明，这些技术方法既可单独实施，也可多种技术综合实施，才能更快取得良好的恢复效果。

1. 草地封育技术

草地封育技术也称为封滩育草技术，就是指在一定时间内，将退化草地用一定设施管护起来，禁止利用，给牧草休养生息、种子成熟和繁衍更新的机会，从而提高它的再生产能力。草地封育选用的管护设施主要有铁丝围栏、刺丝围栏、电围栏和生物围栏等。若希望退化草地能够快速恢复，还可结合草地施肥和草地补播等技术，提高实施效果。这项技术适用于轻度、中度退化草地的自然恢复，简单易行、成本低、见效快，是可以大面积使用推广的一项技术措施。如图4.33所示。

2. 草地补播技术

草地补播技术是在不破坏或少破坏原有植被的情况下，播种一些适应当地自然条件、价值较高的优良牧草，通过对光照、水分和养分的竞争，优化草地结构，以增加草群中优良牧草种类成分和草地的覆盖度，达到提高草地生产力和改善牧草品质的目的。补播已成为各国更新草场、复壮草群的有效手段。

草地补播需要对当地降水量、地形、土壤、植被类型和草地退化的程度进行综合考虑。因此，补播草地应选择在土层较厚、地势平坦、年降雨量大于300 mm的撂荒地和裸露面积较大的退化草地上。补播前应对地面和牧草种子进行施肥、短芒等技术处理，并选择适应当地自然条件、且生命力强的禾草优良品种来恢复退化草地。如垂穗披碱草、短芒老芒麦、中

图 4.33 草原围栏封育

华羊茅、星星草、冷地早熟禾等。补播完成后，应加强对补播草地的禁牧等后期管护。

（1）补播时期。确定补播时期要根据草地原有植被的发育状况和土壤水分条件，原则上应选择原有植被生长发育最弱的时期进行补播，这样可以减少原有植被对补播牧草幼苗的抑制作用，由于在春秋季牧草生长较弱，所以一般都在春、秋季补播。

（2）补播方法。采用撒播和条播两种方法。撒播可用飞机、骑马、人工撒播，或利用羊群播种。若面积不大，最简单的方法是人工撒播。在沙地草场，利用羊群补播牧草种子也是一种在生产上比较实用的简便方法。

3. 沙压碱和移植草皮技术

"沙压碱"技术是一项经过多年实践通过改造盐渍化草地的物理技术。主要做法是通过向盐渍化土壤中"掺沙"，使草地盐渍化土壤的物理结构和化学性质改变，达到降低土壤中盐分和碱分、促进植物正常生长的目的。其基本原理首先是沙粒比盐碱土壤的颗粒粗大，当沙粒与盐碱土混合后，可以降低地表水分蒸发，使土壤中的盐碱成分不能上升到地表积聚；其次是盐碱土与沙土混合后，加强其雨水渗透性，从而稀释其盐碱成分浓度。"沙压碱"技术的实施具有很大的局限性，其一是考虑能否就地取材的问题，沙源地要与需改良的盐渍化草地距离近；其二是成本高，据估算，利用"沙压碱"技术治理盐渍化退化草地成本一般在 3 000 元/hm² 左右。

另外，移植草皮作为恢复高山退化草地的有效技术措施在北美等国家得到广泛应用。而在我国这种技术也有一定应用，用来防治工程建设而导致的高寒草甸退化问题。

4. 划破草皮和草地松耙技术

划破草皮是在不破坏原有草地植被的情况下，通过对草皮进行划缝的方式改善草地土壤的通气条件，提高土壤的透水性，改进土壤肥力，提高草地的生产力。划破草皮技术还可以调节土壤的酸碱性和减少土壤中有毒、有害物质。土壤通气条件改善，抑制了厌气微生物，而使得好气微生物活跃起来，十分有利于高寒草甸类退化草地的自然恢复。划破草皮的深度应根据草皮的厚度来决定，一般以 10~20 cm 为宜，行距以 30~60 cm 为宜。划破的适宜时间，应视当地的自然条件而定，有的适宜在早春或晚秋进行。早春土壤开始解冻，水分较多，易于划破。秋季划破后，可以把牧草种子掩埋起来，有利于来年牧草的生长。划破草皮应选择地势平坦的草地进行。在缓坡草地上，应沿等高线进行划破，以防止水土流失。

草地松耙技术也是改善土壤通气透水条件的主要措施之一，对干旱地区的退化草地恢复能起到一定促进作用。草地经过长期的自然演替和人类生产活动影响，土壤逐渐变得紧实，使土壤的通气和透水能力减弱，微生物的活动和生物化学过程变缓，直接影响牧草水分和营养物质的供应，从而降低了草地的生产力。为了改善土壤的通气状况，加强土壤微生物的活动，促进土壤中有机物质分解，必须采用草地松耙技术对草地进行松土改良。

5. 毒杂草防除技术

毒杂草型退化草地，主要是由于家畜过牧及鼠类等危害活动的影响，使优良牧草被过度啃食，而毒杂草大量繁衍，将原来以优质牧草为优势种的草地演变为以毒杂草为优势种的过程。有毒、有害植物的生长，不仅危害牲畜，而且还与优质牧草争夺养分、阳光和水分，妨碍优良牧草的生长发育，降低了草地产草量和质量。进行毒杂草防除治理，是恢复该类退化草地的重要途径。毒杂草的防除方法，主要有选择性放牧等生物学防除法、机械和人工除草法和化学药物除草法。在防治后还要适时进行补播优良牧草，使其尽快恢复草地植被，以免发生水土流失，进而更好地发挥草地的生态经济功能。

6. 草地鼠虫害防治技术

草地鼠虫害是危害性极大的一种草地退化因素。草地鼠虫害对草地的危害主要体现在两个方面：一是与家畜争夺牧草；二是鼠类破坏地表环境，加速了草地退化。鼠类挖洞造穴破坏地表，加速土壤水分蒸发，直接影响植物生长，而打洞过多形成的土丘挤压牧草破坏了草地植被，如果洞道塌陷直接造成水土流失，进而形成地表土层水蚀、风蚀严重。目前，常用的防治害鼠方法主要有生物防治、器械防治、化学防治和微生物防治等。据资料表明，当草地鼠虫害防治效果达90%时，每年每公顷草地可减少牧草损失450 kg，因此草地鼠虫害防治可取得明显的生态经济效益，应积极进行防治。

7. 退化草地施肥改良技术

对草地进行施肥是恢复和提高土壤肥力、改善草地植被生长条件、提高牧草产量和质量、促进退化草地快速恢复的重要方法。一般退化草地进行施肥主要有撒施、条施、溶水灌喷、圈施肥和飞机施肥等方法。退化草地一般经过长期的过度放牧，营养物质流失严重，特别是缺乏氮、磷营养元素，严重制约着退化草地的自我修复能力。为此，对退化草地进行施肥对草地修复过程是非常必要且有效的措施。

参 考 文 献

[1] 余新晓, 贾国栋. 统筹山水林田湖草系统治理 带动水土保持新发展[J]. 中国水土保持, 2019(1): 5-8.
[2] 吴运连, 谢国华. 赣州山水林田湖草生态保护修复试点的实践与创新[J]. 环境保护, 2018, 46(13): 80-83.
[3] 邹长新, 王燕, 王文林, 等. 山水林田湖草系统原理与生态保护修复研究[J]. 生态与农村环境学报, 2018, 34(11): 961-967.

[4] 林武星, 朱炜, 谭芳林, 等. 闽南沿海裸露山体植物绿化措施的探讨[J]. 防护林科技, 2004(6): 56-61.

[5] 孙鹏, 王志芳. 遵从自然过程的城市河流和滨水区景观设计[J]. 城市规划, 2000(9): 19-22.

[6] 叶艳妹, 吴次芳, 俞婧. 农地整理中灌排沟渠生态化设计[J]. 农业工程学报, 2011, 27(10): 148-153.

[7] 孙一铭, 陈丽. 土地整理的生物多样性影响与生态化设计[J]. 山东国土资源, 2008, 24(7): 114-115.

[8] 马磊. 基于生态理念下的苏北农村湿地景观设计[J]. 绿色科技, 2017(21): 12-13.

[9] 高曦, 薛雄志. 厦门市小流域综合治理与"美丽乡村"建设整合研究: 以过芸溪为例[J]. 农业工程, 2017, 7(2): 96-101, 106.

[10] 张梁中. 析城郊溪流河道生态修复和景观设计方法: 以厦门海沧过芸溪生态修复与景观建设实践为例[J]. 福建建筑, 2018(7): 51-54.

[11] 刘英男, 王振国. 探讨林地退化原因及防治措施[J]. 黑龙江科技信息, 2011(15): 201.

[12] 黎云昆, 肖忠武. 我国林地土壤污染、退化、流失问题及对策[J]. 林业经济, 2015, 37(9): 3-15.

[13] 李秀军, 田春杰, 徐尚起, 等. 我国农田生态环境质量现状及发展对策[J]. 土壤与作物, 2018, 7(3): 267-275.

[14] 邹小南. 农田土壤污染治理对策与检测管理指标[J]. 农家参谋, 2019(5): 26.

[15] 马蕾, 吕金良. 我国农用地膜使用现状及回收机制研究[J]. 农业科技通讯, 2019(11): 19-23.

[16] 任慧明. 农田整治区土壤培肥与技术要点[J]. 北京农业, 2014(18): 163.

[17] 王久波. 智慧农业的技术特征与发展对策[J]. 农业科技与装备, 2019(5): 84-85, 87.

[18] 贾文涛, 宇振荣. 生态型土地整治指南[M]. 北京: 中国财政经济出版社, 2019.

[19] 李旭谦. 青海省退化草地治理与恢复的技术措施[J]. 青海科技, 2018, 25(6): 34-39.

第 5 章 产业空间整治

特色乡村国土空间综合整治不仅要提升山水林田湖草景观治理，而且要关注乡村产业空间整治。推动乡村产业发展、实现产业振兴是乡村振兴战略实施的应有之义与核心宗旨体现。随着城乡一体化发展的深入推进，大规模的新农村建设、乡村环境整治、美丽乡村建设等工作的开展，大大改善了乡村物质环境面貌，但大部分乡村经济发展仍缺少活力而"留不住"人，尤其是年轻人，对乡村产业发展造成了极大冲击，更是制约着以"产业兴旺"为核心的乡村振兴战略的实施。产业空间规划与整治是否合理直接影响到乡村产业未来能否发展。本章在乡村振兴战略的背景下提出产业振兴的重要性，并分别对产业空间整治的内涵及理论基础、目标与原则、整治重点及行为模式、产业空间发展影响因素、不同产业类型的具体整治技术路径、产业空间整治的模式及优化策略进行讨论。并以厦门军营村产业规划项目作为案例研究其产业空间整治过程中具体内容。本章逻辑结构如图 5.1 所示。

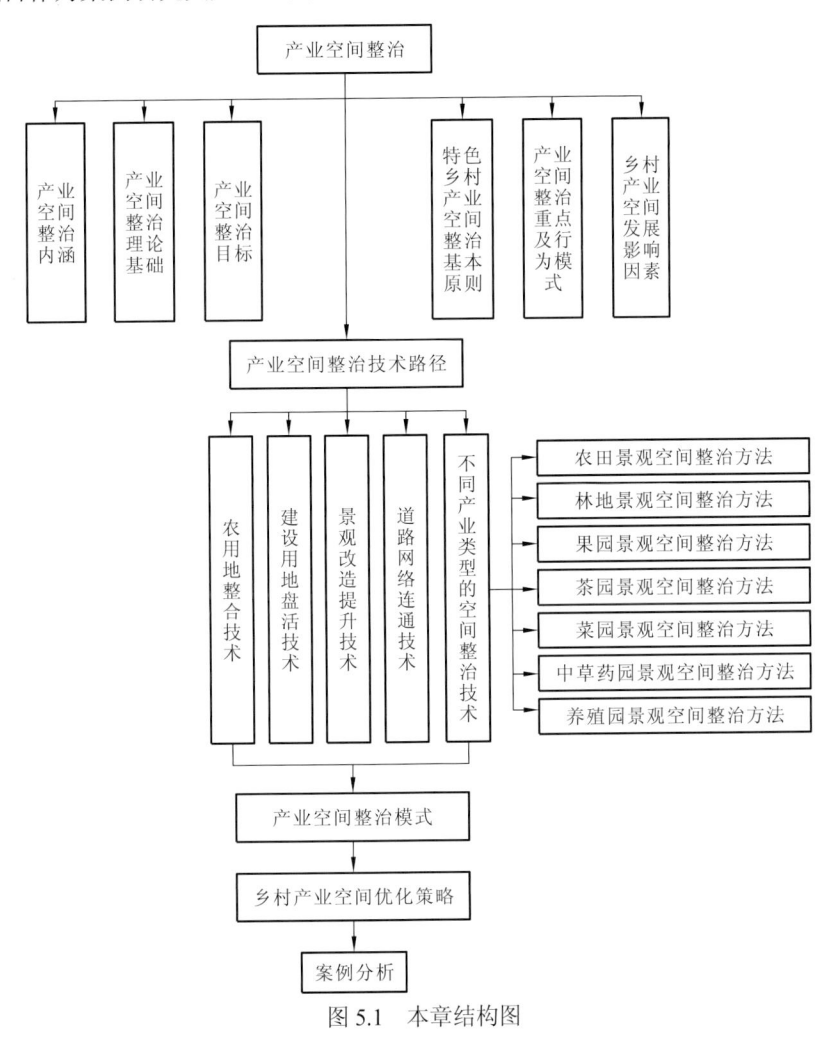

图 5.1　本章结构图

5.1 产业空间整治内涵

传统的土地整治包括土地开发、整理、复垦,被看作是改善乡村环境的基础工作,但对其定位不能仅仅囿于土地本身,更重要的应该是通过调整人地关系使之与农村社会经济发展相适应。基于这一认识,新时期的国土整治要与产业发展相结合,探索适宜乡村产业空间重构的整治模式以助于产业结构优化和空间合理布局。但受目前社会发展阶段局限和非价值理性影响,乡村转型节奏滞后于城乡二元差距[1]。立足人-地-业系统协调的国土整治目标,需要在全面发展农业产业,提升农产品加工业的同时,充分利用生态功能发展农业服务旅游业,从农业、工业、服务业三重空间视角对新时期国土整治过程进行分解和重置,以此推动农业规模化和农村现代化。基于产业空间结构的国土整治逻辑路径是通过优化产业空间结构促进产业发展,提升乡村发展活力与动力。

(1) 产业与产业空间。产业是乡村发展的重要支撑,产业发展了,乡村的经济社会就会得到较快的发展,村集体收入、乡村居民的收入也随之提高,继而提升乡村安居性及发展活力。产业空间是产业发展的投影[2],产业与产业空间的关系是相辅相成的互相影响关系,产业发展直接决定产业空间,而产业空间组织亦能反作用于产业。

(2) 乡村产业与乡村产业空间。乡村产业是指乡村地域空间构成乡村经济的各个行业。乡村产业的经营形态随着社会的要求而变化,扮演着"以地发展"和"为人服务"的角色[3]。随着城乡一体化的推进,传统乡村产业范畴被打破,新型业态逐渐兴起并向更高阶段发展。依据我国《三次产业划分规定》,完整的乡村业态应至少包括农业及由农业发展的农产品加工业和旅游业。因此,乡村产业具有显著的涉农特征和高度的可融合性。乡村产业空间是依托地域空间而存在的一种重要的功能空间,具有更广阔的关联性和动态性,随着产业的发展而处于动态变化,如图 5.2 所示。

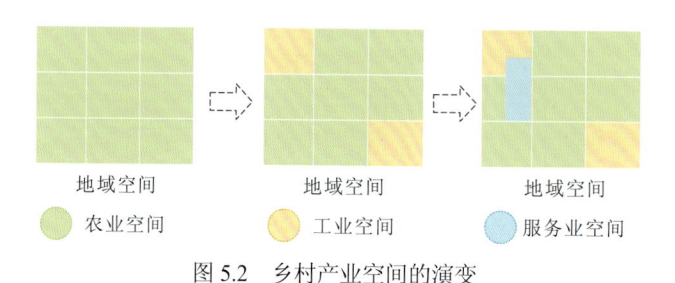

图 5.2 乡村产业空间的演变

5.2 产业空间整治理论基础

5.2.1 城乡关系理论

城市和乡村是由社会大分工背景下既得的产物,要研究乡村产业空间整治的思路,首先要厘清城市与乡村的关系。城乡关系,从字面意义来讲就是指城市和乡村的关系,这是人类发展史上长期存在的一个问题。马克思和恩格斯关于城乡关系的论述有很多,他们认为城市和乡村要经历三个辩证发展的阶段：城乡依存、城乡分离和对立、城乡融合[4]。城乡融合就是要消除城乡差别，实现城乡一体化发展。马克思和恩格斯在他们所处的城乡对立背景下的资本主义时代提出了未来社会消除城乡对立、实现城乡融合的一些论述和构想，他们认为在资本主义条件下，随着社会分工的进一步细化，工业的不断发展，农村和城市的差距不断扩大，二者之间的矛盾日益尖化，在政治、经济和文化上农村越来越依附于城市，城乡之间因此对立分割。随着历史的前进发展，进入社会主义后，城乡关系发生历史性的转变，即由过去对立的关系转变成相互依存的关系。其本质原因就在于社会主义条件下实行的是生产资料公有制，这一所有制关系推翻了城乡对立的客观基础。此外，马克思和恩格斯还强调，只有通过大力发展生产力和推进城乡均衡发展，才能最终消除城乡之间的对立，实现城乡融合。

将城乡作为一个整体统筹考虑，立足双向思维，形成城市与乡村的合作关系，实现一体化发展，为城市与乡村的产业发展提供坚实的思想基础。对乡村产业功能的发展定位，不应局限于农业本身，更应积极探索适合扎根乡村土壤的涉农产业及服务业，实现三产融合、城乡互动的乡村经济与城市经济的平衡发展。

5.2.2 产业融合理论

20世纪90年代中期，日本学者今村奈良臣经研究发现，日本农业生产的农产品与日本国民消费的农产品（食品）之间存在巨大的价值差。这种价值差主要通过农产品加工和农产品流通等环节流向农村之外，因而农业产业的增值收益未能留在农民手中，制约着农民增收、农村发展。因此，今村奈良臣提出，要通过鼓励农业生产者搞多种经营，发展农产品（食品）加工业、肥料等农资制造业、农产品和农资流通业等服务业及农业旅游业，形成一条集农产品生产、加工、销售、服务于一体的完整产业链，通过将流到城市等农村外部的就业岗位和附加值内部化，为农业生产者获得更多农产品加工、流通等环节和农业旅游业创造的附加值，从而促进农村一、二、三产业融合发展，增加农民收入，增强农业发展活力。由于1、2、3之和、之积均等于6，因此这种农村产业发展模式被称为"第六产业"[5]。今村奈良臣进一步强调，"第六产业"是第一、第二、第三产业的乘积，基于产业链延伸和产业范围扩展，意在强调推动农村一、二、三产业的融合发展，推进农村一、二、三产业之间的整合和联系。

2015年我国中央一号文件首次提出"推进农村一、二、三产业融合发展"的创新思路。从国内外特别是日本经验看，推进农村一、二、三产业融合发展，有利于丰富农业农村发展的内涵，提升农业竞争力和农业附加值，促进农业增效、农民增收和农村繁荣稳定；也有利于培育农业、农村乃至国民经济的新增长点，推动美丽乡村建设。推动农村一、二、三产业融合发展，还为实现以城带乡、"四化同步"发展创造了条件。

乡村产业空间的行为主体是乡村产业，随着互联网技术的不断完善和产业优化升级的客观需求，产业融合逐渐成为未来发展的一种新趋势。在产业融合的大经济背景下，其对产业空间整治有了新的要求。在不同行业的协商探讨下，在对多名学者理论的多方总结整理下，产业融合理论不断得到拓展并达成基本共识，产业融合理论得到了内容和视角双重扩展，即"不同产业或同一产业内的不同产业相互渗透、交叉，最终融为一体，逐步形成新产业的动态过程"。

在产业融合背景下，对乡村产业空间整治模式也提出了更高的要求。具体运作模式可以是基于传统农业发展涉农产业，并形成一种主导产业，其他产业依托于这一主导产业进行扩展，进一步发展加工业、服务业模式，如依托本地农产品发展农产品加工，采取产品店面直营的方式，发展农业旅游业；也可以采取从农业旅游业到农产品加工，进而推动农产品生产的反向运作模式，即依托市场导向推动相应的农产品加工和农产品生产的大型超市需求导向方式。综上所述，随着乡村产业的融合发展，其产业空间亦存在融合发展趋势。同一产业的产业空间边界因功能拓展而得到不断延伸，不同产业的产业空间边界因彼此融合而不断模糊。

5.3 产业空间整治目标

传统的土地整治主要在解决农地细碎化、增加耕地面积、促进土地集约规模利用、改善农村生产生活生态环境条件等方面发挥作用。然而，在我国目前家庭联产承包的小农经营模式下，以往开展的土地整治项目主要以满足农户的小规模生产需要为主，而不能满足规模化的产业发展要求，制约着乡村转型发展。随着农业产业化、经营现代化的农村转型要求，广大乡村迫切需要通过农业空间产业整治以适应新时期的生产发展要求。土地整治的本质是调控人地关系和谐，而农业空间整治作为重构乡村空间的主要动力，进一步协调人-地-业之间的关系，是产业空间整治的基础。

5.3.1 基本定位

农业空间：地块相对规整并连接成片，特色农业适度规模化种植形成农田景观，水利灌溉农业基础设施完善，农业生产方式向现代化转变。

工业空间：在农业空间基础上，形成相应的农产品加工、存储、运输、销售基地，构成相对完整产业链。

服务业空间：融合在农业空间和工业空间中，形成具有餐饮娱乐、住宿休闲、观光体验等多种功能于一体的田园综合体。

5.3.2 优化产业空间布局

乡村地区产业发展水平主要体现在乡村居民的收入上，进行产业布局优化及产业结构调整的最终目的都在于能够提高乡村总产值及当地居民的收入。随着城乡一体化的统筹发展，不仅仅要以增加乡村居民的收入为目标，更重要的是缩小乡村居民与城市居民之间的收入差距，减缓城市与乡村之间的内在矛盾。产业空间整治过程中，在尽量保证生态系统平衡及可持续发展的前提下，对产业空间布局进行调整优化，推行高附加值产业，提高科技支撑，积极推动产业非农化，实现各产业之间融合发展。

5.3.3 塑造可持续发展产业模式

生态环境是维持乡村各产业发展的基础属性，是反映一个乡村最基本的特征，中国自古以来就提倡人与自然和谐相处的发展模式，因此乡村产业发展绝对不能以破坏生态环境为代价，在开发过程中应当注意对生态环境、人文环境、传统文化等物质性或非物质性要素的保护与传承。整治中应当考虑当地居民的长远利益，权衡产业发展与生活环境之间的价值，充分认识生态效益和当地传统的乡土文化对村民的重要性。

5.3.4 推进"多规合一"

目前我国存在多种规划，对于空间的限制要求各有不同，一些区域的多项规划甚至发生冲突或衔接不完整，导致产业空间布局在整治过程中，"多规"相关部门对产业空间布局规划在空间上的要求不同。因此，在产业空间整治过程中，要努力推进多规合一，对"多规"所要求的不同的空间管制加以协调，在遵守基本农田保护原则及生态环境保护原则基础上，对各类产业所能使用的地块进行合理划分。

5.4 特色乡村产业空间整治的基本原则

5.4.1 可持续发展原则

在产业空间布局规划与综合整治过程中需要始终坚持科学发展观，采取"减排""少排"的绿色理念，利用现代科技手段提高资源利用效率，通过管理方式的改革提高产业管理者的管理能力与效率，使之能科学应对人与环境之间的关系，维持社会环境的可持续发展。从而提高生产效率，增强与市场的联系，实现乡村产业经济增长，提高农民收入，实现产业经济与社会发展之间的协调可持续。

5.4.2 景观生态保护原则

随着社会经济的快速发展，人们更向往高质量的生活，倾向于由繁忙的城市生活回归到平静的田园生活中，因此，在产业整治的过程中要重视自然景观生态的保护，立足于乡村景观生态保护与发展要求，节约资源、合理规划，确保乡村空间景观生态的持续稳定，才能吸引更多的观光者前来旅居与消费，为乡村发展提供源源不竭动力。

5.4.3 基本农田保护原则

《基本农田保护条例》第十七条明确规定了禁止任何群体在基本农田保护区内进行占用、破坏基本农田的生产生活行为。产业空间整治过程中会涉及产业布局的规划调整，土地利用性质随之发生变化，但是不管进行何种变化，都不能逾越基本农田保护红线，不能以占用基本农田为代价。

5.4.4 远近期结合原则

产业空间整治过程中以产业远期发展目标战略为导向，以产业近期规划为基础，完善产业规划建设时序，通过子项目优先发展逐步带动主项目发展，近期产业一般是乡村原有的支柱产业，如农业生产，而远期产业就是在近期产业的基础上进行农业非生产功能拓展，将产业重心逐步向第三产业倾斜，进一步完善产业结构体系，构建乡村空间的完整产业链。

5.4.5 一、二、三产业融合发展原则

在乡村振兴战略背景下，作为一个特色乡村，既有第一产业，也要有第二产业，还要有第三产业。而产业融合发展指的是农业与工业、服务业等其他产业之间的融合发展。发展农业产业集群，既是发展农业，又同时发展工业和服务业，既是发展第一、二产业，又带动第三产业的发展，产业空间整治要统筹一、二、三产业的同步全面发展。如何统筹协调一、二、三产业融合发展问题是整治过程的重点与难点。

5.5 产业空间整治重点及行为模式

5.5.1 产业空间整治重点

产业空间整治对区域土地利用格局完善和产业结构优化均具有重要作用。在不同经济发展阶段的农村，其内涵和侧重点也会发生显著变化。传统土地整治以耕地为重点对象，针对那些低效利用、不合理利用及受到损毁的土地的重新合理利用，旨在提高土地利用集约水平，盘活存量用地。目前，在乡村振兴战略大力实施的背景下，国土空间综合整治更加注重环境保护、景观提升及产业配套，更加强调生产、生活和生态三生空间的协同发展。现在各乡村正处于转型发展的关键期，产业结构调整决定转型的成败，作为调控地域空间的基础手段，国土综合整治要与产业发展规划相结合，尤其是要注意整治重点与产业空间的有效衔接。因此，立足产业空间的整治原则，以产业发展为目标，通过农业空间基础作用、工业空间带动作用、服务业空间提升作用同步发力，确定基于乡村产业空间的整治重点。

农业空间：围绕田块平整、田间沟渠道路通畅、推进重点水利基础设施及附属设施的点—线—面集中连片整治，不同作物的空间配种形成农业生产性景观。

工业空间：在不占用农业空间的前提下，利用老旧废弃宅基地、闲置工矿用地及未利用地的再开发等，在农产品生产加工经营销售基地，道路基础设施的局地微小空间景观生态整治。

服务业空间：结合特色农业产业进行居民点优化布局及其配套设施的完善、景观的提升，挖掘特色农业和当地传统文化的潜在内涵，发展民宿、农家乐及观光旅游业等产业。

5.5.2 产业空间整治行为模式

行为模式是从大量实际行为中概括出来作为行为的理论抽象、基本框架或标准，可用于指导行为主体的一系列活动。根据行为模式理论，可将国土空间整治运作模式概括为依据大量国土空间整治实践经验得出的行为标准，可通过行为模式来反映国土整治的运作模式。随着发展阶段的不同，行为模式也会发生变化。在国家精准扶贫和乡村转型关键期，单纯地依靠农用地整治项目已无法适应新时代农村发展的要求。在强调田、水、路、林、村综合整治的同时，更要注意乡村产业空间的协调发展。在乡村产业具有涉农特征这一基本认知下，产业整治就需要围绕具体特征进行相应调整，具体应包括农业行为模式、工业行为模式和服务业行为模式。

农业行为模式：以农用地整治为主的行为模式，主要涉及田块的平整、零散地块合并，农业基础水利设施和生态防护工程建设等。

工业行为模式：以建设用地整治和道路修建为主的行为模式，主要涉及工业产业园建设、废旧宅基地再利用、相关配套设施完善和景观生态改善工程等。

服务业行为模式：以建设用地整治为主的行为模式，主要涉及农村居民点布局优化、配套设施完善、人居环境治理、乡村景观提升和保护、文化商业服务区等。

5.6 乡村产业空间发展影响因素

5.6.1 自然资源禀赋是基础因素

自然资源禀赋是指该地区发展乡村产业所独有的光照、温度、降水、水资源、土地资源、生物资源、传统文化和地域环境等。乡村自然条件在空间分布上具有地域差异性和不可改变性，一个地域从出现人类活动到乡村产业空间的建立都受自然禀赋的影响。人类首先选择易于生产的具有优越自然条件的场所定居，进行简单的生产活动，围绕着生产内容进行有意识有目的的地域空间改造。农作物根据自身生长所需的自然条件不同，会出现某种农作物有最适宜种植与最不适宜种植之分。正是农作物这一依赖自然环境的特点，决定了农业产业布局的重要性，其布局一定要以遵循农业的种植条件为前提。

5.6.2 劳动力资源是必要因素

发展任何产业都需要有充足的劳动力资源，不管是体力劳动还是脑力劳动，都对产业空间的发展有着重要意义。如果没有劳动力的支持，产业发展就无从谈起。农业是劳动密集型产业，因此在劳动力资源相对丰富的地区，农业也会相对集中，农业产业空间发展更具优势。乡村剩余劳动力，为乡村产业空间的发展提供原始动力。但是随着城镇化的不断发展，由于城市优质的教育医疗条件及更多的收入，吸引大部分靠近城市周边农村的剩余劳动力流入城市，导致基本的农业产业发展都得不到保障。这种情况如果得不到改变，会使城乡差距越来越大，产业空间发展失去动力。因此目前在乡村振兴战略背景下，需要进一步发挥农村剩余劳动力的作用，为特色乡村工业服务业产业空间的发展提供充足动力，增强乡村发展活力。

5.6.3　社会经济发展水平是决定因素

乡村社会经济发展水平是一个乡村农民收入的集中体现，不管是农业生产还是发展工业和服务业都需要大量资金成本的投入。比如乡村产业空间发展布局首先要考虑交通运输条件，考虑原材料、产品等如何运输问题。修建乡村道路等基础设施需要花费大量的资金，而道路的通达水平对于构建产业空间格局有重要作用。交通作为联系乡村内部、城乡之间、人与人社会经济活动的纽带，促进乡村产业的合理分工，影响乡村产业空间相互作用的深度和广度。

5.6.4　政策支持是推动因素

乡村产业的发展，除了市场因素，政府引导亦是一种不可或缺的推动力。产业是一种市场导向行为，也是政府的主动引导，对促进乡村转型提升具有决定作用。政策因素主要是政府通过发布相关支持政策来营造一种制度环境，来助力产业的发展与转型。政策是推动乡村不断发展的外在因素之一，它不仅有导向作用，还有规范作用。通过政府干预更有利于市场的引导和乡村资源要素的合理配置。如国家基本农田保护政策直接影响乡村农业空间的基本格局，土地流转制度直接推动乡村产业空间的集聚效应等。乡村土地利用规划、空间规划等各项规划直接影响乡村各产业空间布局。过去由于缺少规划，农村产业空间呈现零散无序的布局状态，随着我国对规划的重视及"多规合一"政策的推广，将直接推动农村工业向产业园区集中，农业向规模化集中，服务业向多样化集中，极大改变了乡村产业空间的形态特征，强化了空间布局与功能分区规划。这些政策因素直接影响农村产业空间格局形态，并为之后的整治思路提供依据。

5.7　产业空间整治技术路径

5.7.1　农用地整合技术

农用地整合技术应用于农业空间，是为了实现农业产业的规模发展。农业空间作为乡村产业空间的基础，是其他产业发展的支撑。农业空间的核心要求是构建农田适度规模化、促进农用地集约利用、发展特色农业，因此农用地整合遵循原则：①依据农业资源禀赋确定适合乡村发展的特色农业产业；②统筹其他资源要素，通过土地平整、零散地块合并将农用地连接成片，发挥产业的规模优势；③以田间道路工程和农田水利工程为纽带，实现农业资源要素间的有效流通和优化配置；④通过实施农田防护工程、节水灌溉工程等，加强农用地的生态保护和资源节约利用水平，将过去粗放的农业生产模式转化为集约高效的产业优势。

5.7.2 建设用地盘活技术

建设用地盘活技术应用于农村工业空间和服务业空间，可以增加有效空间的利用。建设用地对产业发展起着关键作用，乡村地域空间广袤，但随着农村劳动人口的流失，建设用地甚至是农用地都出现了闲置现象，因此盘活建设用地关乎乡村产业的可持续性，关乎乡村未来发展。建设用地盘活遵循原则：①复垦废弃工矿用地补充农业空间并利用生物技术恢复地力；②对村落内部废旧宅基地依据村民意愿和房屋自身条件进行建筑立面的改造，利用特色建筑风格发挥民宿旅游产业的优势，从而带动服务业空间产业提升；③村内原有零散分布的废弃工厂、设施用地进行整体改造并发挥集聚规模效应建设工业产业园区；④通过基础设施和公共服务设施提升改造工程，使村庄整体环境得到改善，利于发展商业、休闲、旅游等活动，最终使闲置空间转变为能够高效利用的产业空间。

5.7.3 景观改造提升技术

景观改造提升技术应用于农业空间和服务业空间，可发展特色休闲产业。农村具有得天独厚的丰富自然景观，是其他景观得以展现的基础，因此需要在自然景观的基础上，营造创意农业景观、传统建筑景观，充分挖掘乡村的特色人文景观。景观改造提升遵循原则：①按照"斑块-廊道-基质"的景观格局，通过农用地整治技术实现集聚规模化种植，形成花海、林海等壮阔景观基质，以道路、沟渠、防护林作为生态廊道，连接林区、水塘、景区等斑块，有效提升景观基质之间连通性；②按照生态宜居原则，营造农村居民点周围绿色空间，围绕公共活动空间绿化、庭院绿化、水体绿化等斑块景观提升，构建集居住、休闲、景观功能三位一体的宜居宜业空间。

5.7.4 道路网络连通技术

道路网络连通技术应用于农业空间、工业空间和服务业空间，将整个农村地域空间不同部分连接起来，旨在促进各产业要素之间的流通。乡村地域的物质、能量和信息都要通过道路进行连接和传递，因此道路网络连通对于产业空间融合及城乡融合发展具有重要意义。道路网络引导乡村产业的分工，产业布局形态、产业发展模式，影响产业空间相互作用的深度与广度。道路网络连通技术规划设计应遵循：①农业空间中对田间道路、生产道路进行平整或适当硬化处理，但要注意尽可能不去占用、破坏原有农业空间，维持道路的乡土特性；②工业空间实施道路硬化和拓宽工程，尽量裁弯取直，以缩短农产品运输距离，减少时间成本；③服务业空间根据各景点不同特征打造最适宜游客欣赏美景的路线，连通城乡公路方便游客出行和城乡交流，新建登山步道、停车场等促进旅游业发展，最终通过道路网络连通实现产业空间的逐步融合。

5.7.5 不同产业类型的空间整治技术

产业空间整治的过程体现在一系列生产性景观的地域位置选择与景观营造，农村生产性景观是乡村景观的重要组成部分。将不同类型的产业进行空间上的合理配置及相应整治,对乡村的未来产业积极健康发展与整体景观提升有重要意义。当前,我国农村建设中对这部分的发展建设还处于起步阶段,大多数村庄还停留在单一类型的农业生产形态阶段。

在农业生产景观空间整治中,应该在稳定传统麦稻等农田生产基础上,适度配置空间种植果树、茶园、蔬菜和花卉等观赏性强的植物,建立具有较高生态稳定性和多样性的景观,形成主题性景观空间。农业生产性景观整治要考虑自然美的独特性,注重突出和开发农业自身的自然美,在顺应农业自然、生态规律和保持农业环境面貌的基础上,实现乡村美丽和经济发展。

1. 农田景观空间整治方法

1)农田的形状及位置

为了乡村田间管理的需要和便于机械作业的需求,农田形状一般要求较为规整。在田间经常见到的农田形状大多为长方形或者平行四边形;农田的位置主要由当地的土壤、水分、光照等因素决定。一般来说,农田以大片的、连续的布局方式为宜,这样有利于农作物的生长,从而提高劳动生产率。农田的朝向是指地作物生长的方向,对作物采光、通风、水土保持等有直接影响。实践表明,南北方向的农田比东西方向的农田种植作物能增产5%~10%。所以,对于一般的农田均应以南北方向为宜。

2)保持合适的空间尺度及景观结构

在农田景观整治中应保持合适的空间尺度,可通过农田景观自身的特征来控制空间尺度,避免给人以单调的感觉。有序化是对景观各要素之间的组合关系与人类认知的一种表达,如景观各成分之间的结构、比例大小失调,会进一步造成无序空间中的局部空间过分拥挤或土地资源浪费等。因此,在农田景观整治过程中,应坚持适度的有序化与无序状态的合理搭配,反而可以增强景观的动态变化。即在整体有序的基础上,融入少量的无序因素对于景观提升是有益的。

3)合理配置作物群体

随着多功能农业的发展,传统的以解决温饱为主的种植理念已不适应当代社会经济的新要求。对农田中进行作物种类、空间布局、面积比例的合理配置对于稳定农田生态功能及景观营造有重要意义。例如,可以按照一定的比例对几种不同的作物群体进行配置,或者通过轮作、休耕,使整个农田形成一个稳定的生态环境,从而有利于形成丰富多样的景观效果,提高生态经济效益。通过维护农田景观生物多样性创造的自然生境条件,能使景观结构层次更丰富、更加稳定和安全。

4)提升美学价值

目前乡村的农业生产景观在空间上缺乏层次变化,颜色上缺乏合理搭配,就会显得单调平凡,缺少美学观赏价值。农田景观由于自身的季节性特点,受自然因素的影响较大。农田景观在为人们提供农产品需要的同时,还能最大限度地发展景观农业,提高农田自身的美学价值和经济价值。农田之间可以在保证生产和尊重自然规律的前提下,通过地形空间上的层次变化,颜色上的合理搭配,营造出具有极高美学观赏价值的农田景观。如大片金黄色的油菜田、紫云英等,甚至可以在农田空隙地带种植一些野生草花地被植物,并与周围的农田景观合理搭配,增加乡野情趣。这些独具魅力的农田景观,将有利于乡村旅游业的发展,同时也能大大提高农田的经济效益。

2. 林地景观空间整治方法

林地景观是农村生产性景观的重要组成部分。乡村林地景观具有能够调节气候、防风固沙，保证农业生产景观生态系统平衡的功能，并且可以改善农业生产条件、保证农作物增产增收、维护农业生产景观生态安全。

1）林地景观空间布局

根据不同地区的自然条件特征，应该坚持因地适树的原则，把林木置于与主要工业污染来源风向相垂直的位置，并与农田景观、果园景观、河道沟渠等景观合理搭配。一般来说，林地景观应设于农田、道路、河道、沟渠的两侧，既可以充分利用沟、渠、路之间的空闲地和田边地线，又有利于保护农田设施，增加景观层次性。通过营造防污染隔离林等作为生态屏障，以道路林带、农田林网为网络，形成布局合理、功能各异、类型多样、景观丰富的乡村林网空间生态体系。

2）树种的选择和搭配

树种的选择上，应该根据当地的自然条件、农作物的生长要求进行综合考虑。按照"适地适种"的原则，选择最适宜当地土壤、气候和地形条件且成林速度快、抗病虫害感染能力强的乡土树种，且同一林带宜选择单一的乔木树种。比如防风林带应选择抗风性能好的树种，如印度橡胶榕、小叶榕、香樟、夹竹桃、天竺桂、高山榕、垂叶榕等，形成稳定而自然的防风林带。为了山地防火的需要，可采用一些防火树种，如木荷、银杏、珊瑚树、海桐等。同时，要注重在生物学特性上的共生互补，注意避免可能对农作物生产带来危害的树种。在树种搭配上，风力较大的地区，农田林地可以采用由乔木和灌木搭配种植的方式，防风距离大，效果好；风力较小的地区，可以采用透风型结构，由乔木组成，树干部分大量透风。另外，要坚持乔灌木相结合的原则，道路、沟渠旁配以防护性速生乔木，田埂旁配以经济高效的小乔木、灌木。这样既有利于发挥生态效益和经济效益，又能在空间上形成错落有致的丰富景观。

3）林地边缘景观

为了营造优美、和谐的林地景观，需要加强对林地边缘的美化，形成层次丰富、色彩绚丽、四季有景可观的林带。除去路旁和拐角处有碍视线的树木，应在尽量选择当地乡土树种的前提下，采用花、果、叶、枝有较高观赏价值的树种。树种上有阔叶树、大乔木、小乔木、灌木、花卉、地被植物等。注意布局要自然，竖向上层次错落，颜色上合理搭配，平面疏密结合，避免规整种植。

3. 果园景观空间整治方法

传统意义的果园基本上就是从事果品生产经营活动，产业链较短，附加效益很少，也无法形成具有地方特色的果园景观。通过景观空间整治，往往能够创造出令人神往、妙趣横生的现代果园，提高经济效益，增加果农的收入。不同农村地区根据其特殊的自然环境条件，利用优质果树资源，从传统果园生产经营模式向现代模式转变。如今，果园景观作为一种主要的农业景观，已经不再是单纯栽种果树的场地，而是一种在遵循生态系统的基本原则和规律基础上，经过人工改造后的生态系统。当前通过合理的规划与整治，乡村果园景观生态得到很大提升，也会促进乡村旅游的发展，真正造福于村民。

1）果园种群的选择、配置和栽植

要想让果园表现出良好的景观与效益，首先就要保证果树的良好生长。按果树区域化的要求和适地适树的原则，确定适宜的果树品种作为果园中的主要种群。果树种类要多样化，以满足人们的多样化需求；品种要良种化，以使其具有长期的竞争力；种群搭配上要注意主要种群、次要种群在熟期的搭配，如在果园中要安排好授粉组合；在栽植上应当注意，果园树种的搭配，以及植物品种间的间作，如果树与瓜菜的间作、果树与农作物的间作等，充分利用地力。适当采用复合立体栽植，如在果树树冠下栽培食用菌等物种，提高果树经济效益。

近年来，台湾水果对大陆市场的吸引力非常巨大，闽南的自然地理及气候特征与台湾相近，有着得天独厚的种植条件，而且目前台湾水果的种植园区非常有限。引入台湾水果的种植作为规划区的一大特色产业，对于生态农业产业观光具有重大的推动作用。

台湾水果种类繁多，热带、亚热带、温带水果都有，全年供应不断。在近50年的农业发展历程中，台湾农业极少把引进的品种直接应用到生产，而是注重改良创新工作，取长补短，推出更适宜种养、品质更加、产量更高、更具竞争力的改良品种。台湾农业品种改良的经验主要是：在广泛收集本土或引进品种资源的基础上，以岛内或国际市场为导向，进行有目的的改良，培育出适宜本土生产的新品种，以优质的品种开拓市场，出口创汇。

闽南地区可以选择台湾农业发展过程中的优秀经验为借鉴，积极引入台湾水果各品种的种植及改良工作，为当地特色农业的发展做出有力支撑，进一步促进农业增效，拓宽农民增收渠道，成为美丽乡村发展的先导区与示范区。

2）果园景观的旅游价值开发

果园在取得经济效益和生态效益的同时，充分挖掘果园景观建立起观光果园，通过旅游促进乡村的景观建设与经济发展，缩小城乡的差距。观光果园整治过程，总体上以农业生产为基础，坚持合理利用农业资源，配以园林景观要素，包括对园内多种景观元素进行整治。如图5.3所示。

图5.3 果园采摘体验活动

首先，应充分考虑果园用地条件，景观整治要考虑空间位置的最佳选择，使果园能够表现出最好的农业景观效果。其次，农业生产具有明显的地域性和季节性，发展观光果园必须根据各地区的农业资源、农业生产条件和季节特点，合理利用果园的景观要素，不同的地形、水体就会有不同的景观美和空间感，只有因地制宜的季节性整治方案，才是保留乡村果园传统风貌的最有效方法。另外，果园景观整治要在当地的生态环境能够承载的状态下进行,要以不破坏当地乡村景观的风土特色为首要前提。最后,要保持和挖掘乡村的乡土特色,必须坚持把保持乡土特色放在首位,让人们体验与城市生活完全不同的乡村田园气息,不要过分追求商业化,保持淳朴的乡土特色是乡村景观旅游开发中非常重要的一点。

4. 茶园景观空间整治方法

我国具有悠久的茶叶种植栽培历史,茶叶资源极其丰富,漫长的历史发展中,饮茶也逐渐成为人们的日常生活中不可或缺的组成部分。

随着观光农业和乡村旅游的蓬勃发展和人们生活水平和文化素质的不断提高,人们的价值观、消费观和美学观在发生改变,人们已不再满足游览观光、休闲娱乐、旅游购物的传统旅游项目,而对参与性、体验性和文化性较强的旅游活动产生越来越浓厚的兴趣,在这种背景下,茶文化旅游作为旅游的一种新形式迅速发展起来。到茶园中去亲近自然,享受品茗的惬意也成为越来越多的游人选择的休闲方式。

茶园景观改造设计过程中,设计师要按照景观建设规范,从茶园需求及景观建设的需求出发,合理制定规划计划,科学划分景观类型,最终实现自然景观与人造景观的完美融合,最大限度凸显茶园的特色。

茶叶生产景观空间整治中很重要的一点,就是要防止水土流失。建立山地茶园要因地制宜,搞好总体规划设计。在规划时,要注意分散建园,不实行大面积的连片栽植,以防止水土流失。另外,还要设计科学合理的排水系统,将山地茶园开垦成等高梯层。同时,要合理耕作,科学管理,提高土壤抗蚀性。山地茶园应提倡横向等高耕作,以缓和地表径流。另外,园边路面植树留草,既能减少水土流失,又可以改善茶园生态小气候,提高茶叶产量与品质,还可以提高景观美学价值,促进当地旅游业的发展。因此,要充分开发具有观光旅游价值的农业景观和农业产品,在设计中把农业生产景观、科技应用、艺术产品加工和游客参与农事活动等融为一体,创造出茶园的独特情趣。

1) 茶园景观地形整治

由于我国茶叶种植分布的限制,观光茶园选址多处于山区、丘陵等地形较为丰富的地区,山谷、高山、丘陵等起伏较大的大地形和土丘、台地、斜坡、平地等起伏较小的微地形兼有之。对于起伏较大的地形,如自然的山体、丘陵等很难靠通过整治来改变,在设计处理上要因势而就、随势造景,一般作为茶叶的生产种植区和作为自然山体的观赏区。对于地形起伏较小的微地形通常可以作为人工改造的地形加以利用。

一般依据功能和景观布局的具体需要来营造、配置植物、构建建筑设施等。要充分利用原场地中富有特色的地形,如台地地形可以营造优美的梯田景观;而一些必要的场地需要选择平坦地形,如茶叶加工、运输的场所,集散广场等。此外,考虑经济性和生态性,地形改造应尽量减少土方的调动和对周围环境的破坏,同时也要考虑场地排水的需要。

2) 茶园景观植物空间配种

观光茶园可运用的植物材料不仅包括常规的园林造景植物,还包括构成全园空间中的最为基本的底色植物——茶树,因此在植物配置的问题上不同于一般性质的园林。观光茶园的植物配置可以分成茶田种植区和游憩观赏区两部分进行植物造景。

茶田种植区中一方面是对茶树品种资源进行有选择性的收集和种植,在条件允许的情况下可建立一个茶品种资源圃,为茶树新品种的选育及改良等提供资源支持。茶树品种按树形大小分为乔木、小乔木和灌木三种，根据不同的茶树树形选择种植方式，合理选择不同高度树种搭配进行互补种植，并按一定间距进行茶树和经济林木的套种，形成复合性茶田生态系统，适合套种的常见阔叶树种如杨梅、柿树、板栗、梨树、白花泡桐等。近年来也有些利用复合种植的茶叶种植区进行家禽类养殖的案例，创造了更多的林下经济。另一方面，茶树一般呈带状成行种植，各行之间留有一定的田间道路间隙，在适当茶田间隙中种植豆科类植物如花生、大豆、紫云英等，利用豆科植物的固氮作用提高土壤肥力，可作为绿肥使用，对提高茶叶的产量和品质有所帮助。在茶田空闲小面积范围可种植油菜等十字花科植物，提高土地利用率的同时也有不错的观赏价值。此外，在茶田种植区的坡地间也可配置少量观赏性较高的园林植物，可供选择的植物如红枫、日本晚樱、碧桃、山茶、杜鹃等。

游憩观赏区指园内的服务性区域和休闲观光区域，是园区游览观光的主要区域，植物配置上以满足游客观赏需要为目的，对植物景观的整体视觉效果有较高的要求。在植物景观设计中要以适地适树的原则，根据具体区域内主题风格和环境氛围来配置不同的植物，可多选择与茶文化主题相符合的植物。同时，随着物候期的变化植物的季相也在改变，植物配置时尽量做到四季有景，季季有花的景观效果。春季观赏植物，如樱花类、海棠类、碧桃、迎春、玉兰等观花类植物；夏季观赏植物，如芭蕉、紫薇、木槿、含笑、合欢等，滨水区植物可以荷花为主题；秋季观赏植物，如银杏、红枫、栾树、鸡爪槭、枫香等秋色叶植物，柿树等观果植物及桂花等香味植物；冬季观赏植物，以茶树为观赏为主，搭配松、柏、竹、梅等植物。各景点的植物配置要与周围的建筑环境相协调统一，营造层次分明、高低起伏、错落有致、整体和谐的植物景观。

3）不同类型茶园景观整治

观光茶园作为农业观光园的一种类型，目前正在兴起，以大规模的茶业种植为主导，结合瓜果蔬菜及经济性花卉林木等农副产品的配置模式的观光茶园成为今后的发展方向。因此可将观光茶园按照用途分为游憩型观光茶园、体验性观光茶园和科普型观光茶园三种类型。

游憩型观光茶园主要以观赏目的为主，一般用作静态的景观要素被人们欣赏。该类型观光茶园中主要有茶田景观、农田景观、梯田景观、林果景观等。通过将生产种植区的茶树成片种植形成具有茶园特色的茶田景观，部分区域将茶树、果树、花卉进行等间隔种植，在茶田的边缘种植生态林带作为屏障，形成多层次的生态茶园景观。可在茶园中开辟部分区域作为游客采茶耕作的体验区；有的茶园中根据地形特点营造梯田景观，结合种植观赏性较好的油菜类、水稻等，有的还可以利用园区种植的经济性花卉提供采摘、购买、插花等艺术体验行为。

体验型观光茶园主要以参与体验为主，带有鲜明的主观性和娱乐性特点，属于动态的景观要素。该类型在观光茶园中主要以设置相关体验性活动的方式，如休闲垂钓、茶叶采摘制作、瓜果采摘及相关农业参与性设施的体验活动。

科普型观光茶园主要以科普展示教育为主，带有很强的目的性和教育意义。该类型在观光茶园中主要以展示茶叶文化历史和现代科学技术的方式，如设置茶文化科普展览馆、茶叶品种资源圃、高新技术的茶叶种植示范、现代灌溉设施的示范、太阳能灭虫技术示范等。在观光茶园中以多种形式展示相关的文化历史、科学知识，以半生产半开放的形式呈现科普型茶园类型，让游客在游玩中了解和学习相关知识。

生态茶园景观如图 5.4 所示。

图 5.4　生态茶园景观

5. 菜园景观空间整治方法

随着城乡居民生活水平的提高，对食物有了更多的选择，越来越重视食物营养搭配与健康绿色，因此对蔬菜的数量与质量也提出更高的要求。而农村的菜园一般面积较小，供给村民日常食用，分布在自家房前屋后，而且没有统一规划要求，因此布局散乱，严重影响农村整体环境的美观，亟须进行统一整治与管理以提升乡村整体景观。

1）菜园空间布局选择

目前在我国大部分乡村地区，菜地分布在村内宅基地附近，农户各自种植，在房前屋后的有限空间内开辟一方菜园，种植瓜果、蔬菜等农作物，自给自足的发展模式难以满足大量的需求且不便统一管理，另外，城市居民渴望体验田园生活的愿望日益强烈，因此在建设美丽乡村过程中，应将菜园整治纳入重点整治内容中，并利用蔬菜产业带动第三产业的发展，将原先分散的种植模式改造为规模种植，然后形成固定的产业链，成为乡村源源不断发展与城乡融合的内生动力。

首先在空间布局上，农村危房治理、违法建筑拆除后，大多不会在原址重建，而拆了旧房异地批建和置换安置的，都腾出大片空地，加上一些空地空间有限、位置不佳，也不适合绿化。应当鼓励村民将这些空闲地改成菜园，既可以调动村民的积极性，又解决了空闲地的合理利用问题。除了老的宅基地，还有杂物堆放场所、杂草丛生的荒地，村民可以用自己的智慧选材围栏、造型设计，并进行色彩搭配，开辟成一个个"高颜值"的菜园。菜园景观如图 5.5 所示。

图 5.5　菜园景观

2）景观菜园整治方法

景观菜园指以农业生产功能为载体，在产业化发展需求的推动下，依据当地的自然生态、人文特色进行规划，运用生产性蔬菜为材料，并充分融入艺术和创意元素形成的景观体系。景观菜园是休闲农业、新型农业的一类样板模式，以充分发挥农业资源优势和农村休闲旅游功能，增进规划地辐射、衍生地区的居民对农村和农业的体验，提升旅游品质，让农民收益，促进农村发展为目的。因此，除了第一产业农业生产带来的直接经济效应以外，景观菜园的经济效应还来自观赏体验产生的第三产业旅游业，以及一产和三产联合带动产生的衍生经济效益。产生经济效益是景观菜园得以长远经营发展的保证，生产特性兼备观赏特性是景观菜园核心价值的体现。

在色彩搭配上，菜园的色彩基调和搭配非常重要，不仅能够营造菜园的整体意境，还可以吸引游客注意力，丰富景观特性。景观菜园的色彩主要体现在所用蔬菜的叶色、花色与果色上。叶菜类、茎菜类、根菜类蔬菜在生产过程中主要可用于观叶，因此通过深浅不一的叶色能营造出菜园的色彩层次。花菜类蔬菜，以及果菜类蔬菜，除了叶色可观，花色甚至果色的表现也是菜园景观的重要组成部分。蔬菜的色彩呈现季相特色，与生产周期一致。蔬菜色彩的搭配和质感堆叠、空间构图相互依存，通过控制蔬菜间的株距，以及相邻区块之间的色彩差异，能够拼凑出菜园肌理（如图形、文字）。空间的立体感均会由于色彩搭配的不同而表现出不同。因此，掌握并合理应用色彩的搭配，可达到非常好的景观效果。

蔬菜并非只有绿色，在现代育种技术的发展下，新品种蔬菜在色彩上表现出更多的可能性。同一个蔬菜品种在不同生长阶段，随着形态变化，颜色也产生程度不同的变化。即使都是绿色，通过色彩浓淡差异、纯净度差异，形成色彩层次感，在一定程度上缓解视觉疲劳、调节心理情绪，营造出充满创造力且具有视觉冲击力的菜园景观。

3）柯城沟溪"一米菜园"种出美丽乡村新风貌

浙江省衢州市柯城区沟溪乡余东村在进行农房整治清零工程后，村民们房前屋后产生了大量零碎的拆后空间，为了破解农房整治拆后利用难题，在柯城区、沟溪乡两级政府和妇联组织的倡议下，余东村结合本土文化元素，引导村民合理利用拆后土地，在自家门口建起"一米菜园"。村集体就地取材，变废为宝，将农房整治拆后青砖、石板、废旧的农具、木桩、石磨等利用起来，扎起篱笆，每畦地规划近一米宽，以青砖石子小道分割造型，种上各色蔬菜，既整齐美观又方便行走灌溉。

余东村是沟溪乡推进"一米菜园"建设的典型代表。目前，全乡除了3个试点村，其他村也在自发开展"一米菜园"建设。2019年9月以来，沟溪乡抓住农房整治风貌提升契机，做好拆后利用文章，对一些空间有限、位置不佳、难以利用，影响整村风貌的拆后地、抛荒地、闲置地进行统一规划，打造乡土菜园，复原乡村农家门前的原生态绿色风景，实现整村环境提升。

对于农户自家的闲置土地，沟溪乡在了解农户意愿后，邀请市农科院专家实地指导，保留有价值可观赏的原生果树，并在菜园内套种黄花梨、无花果、枣树、柿子树、柑橘树、柚子树等果树，与蔬菜高低层次搭配、色彩种类结合，深受农户们欢迎。

而对于闲置的集体土地，沟溪乡各村充分发挥自身优势，开辟了一批特色菜园。地处沟溪乡北面山区的碗东村因地制宜，开辟出"党建＋共享"菜园，村内党员主动认领菜园，负责种植管理，收获的蔬菜免费供给村居家养老中心；斗目垅村是远近闻名的知青村，曾有 40 余名知青在此扎根生活，该村开辟出"知青菜园"，营造特殊年代的文化氛围，吸引知青们前来耕作，重温峥嵘岁月；余东村开辟"科普菜园"，结合农民画研学游，为中小学生提供田间实践课堂，邀请周边学校和家庭利用闲暇前来，种植和熟识各类蔬植，并开辟乡贤菜园、人才菜园，让在外乡贤留住乡村记忆，点燃乡贤回归的热情，为外来人才提供融入乡村途径，引才引智激发人才建设乡村热情；五十都村打造"智慧菜园"，依托科普智慧扫码，对菜系的品种、功效、营养价值等实现在线识别、下单购买支付，同时依托"天眼"工程，安装视频监控，对菜园挖地、播种、除虫、采摘等实行数字化监管，实现菜品可溯源可追踪智慧化管理。

2019 年来，沟溪乡紧紧围绕美丽大花园建设目标，结合"衢州有礼"诗画风光带建设，抓住农房整治风貌提升契机，因地制宜、干群联动，将一块块乡土菜园点线片面、串珠成链，形成绿色景观，既种出了风景新貌，又留住了乡土味道，形成了"好看好吃好玩好学"的乡村旅游新亮点。沟溪乡将用好党建统领金钥匙，在现有试点村的基础上，打造一批看得见、摸得着、有特色的"一米菜园"样板，助力乡村振兴。

6. 中草药园景观空间整治方法

随着人们中医养生意识的加强，中草药种植范围越来越大。原始的中草药种植、批发销售越来越难以满足大众的需求。中药草种植应该如何发展、拓宽产业链，如何与其他行业相结合，提升盈利空间是目前一个重点整治方向。近年来，休闲观光农业和乡村旅游的兴起，为中药材基地的发展也带来了商机，而抓住中草药文化主题，利用药草的特性，打造出集生态观光、教育科普、餐饮养生、文创工艺、药浴体验等为一体的养生庄园，将深受大众喜爱。

基于养生文化的中草药休闲农业园区具有综合性，需要兼顾休闲康养与农业生产、观光等功能，故园区内空间布局应据场地情况结合恰当的景观结构，进行合理的功能分区，保证园区功能性同时兼顾园区内交通游线及流线设置。

1）中草药休闲农业园景观整治

景观整治应充分结合园区特色及场地实际，基于养生文化的中草药休闲农业园区，在景观整治中应注意充分结合利用养生文化及中草药两个富有特色的主题。

（1）植物景观。农业园区中植物的布置应考虑乡土特色，不需要过多采用名贵树木在达到景观效果同时节约成本。善于利用农作物造景，可营造大地景观或稻草人、麦垛等富有乡村特色的农业景观。作为中草药休闲农业园，可在所种植中草药品种中挖掘选育景观效果较好的品种进行利用，能够达到景观效果同时也是对园区中草药特色很好的宣传。

（2）山水。山水是重要的景观要素，若场地本身山水自然条件良好，应善于利用，适当进行修饰增强设计感。若场地无过多的山水条件，可考虑人工筑山理水来加强景观，从而使之更符合审美需求，满足观光游览的同时便于在周边布设功能性设施。

（3）建筑。建筑是园区内必不可少的部分，农业园区建筑风格应当质朴，符合乡村特点。在合理满足园区内各项功能要求同时，建筑也要注意与自然景观的结合，尤其是植物与建筑的合理搭配能够柔化建筑边缘，营造出良好的景观效果。此外可适当融入文化来反映园区特色，使建筑实用、美观且具有文化韵味。

（4）地形。地形的起伏、围合能为游人观光带来不同的空间体验，使游览过程富有乐趣。但地形整治应考虑场地实际情况进行，场地如在山区内，地形起伏较大，加以利用同时可考虑对地形进行适当修整以便进行建设。场地如在平原，地形起伏较小，则可在部分小品中使用微地形或植物布设等形式使景观增加变化性。

2）中草药休闲农业园功能分区

园区内参与性、体验性活动的设置是很好的吸引游人的方式。基于养生文化的中草药休闲农业园区作为一处综合性园区，集多项功能为一体。其园内活动项目可根据各分区的不同，结合本区特点设置不同功能分区。

（1）休闲康养区。休闲康养区是园区最主要体现养生文化的区域，首先休闲项目应布置有餐饮住宿及休闲观光等活动满足游人基本需求。其次为体现养生特色可以在观光游览游线中设置宣传栏、养生小品供游人观赏，游客也可以参与养生运动课程或体验中医师根据每人身体不同定制的养生药膳药浴药茶等养生项目，从而能在观光同时领略养生文化。

（2）农业观光区。农业观光区中主要设置农业相关活动，例如可以租赁小块耕地供人体验种植。也可设置中草药及蔬果采摘项目，使游人体验丰收的喜悦。结合互联网技术，在药田及农田中布设标牌，游人可以通过扫码观看视频了解药材或农作物知识，达到良好的科普效果。

（3）生产加工区。生产加工区域主要为中草药生产加工厂房，能让游客观看中草药加工流程，并亲自体验简易烘焙制作中药的过程。游人可亲自采摘并使用园区设备烘焙制作中药材，可亲自体验生产过程，又从中学到中草药知识。此外园区生产的有机农作物与中草药除内供园区使用外，也在此处售卖，供游人选购。

3）北京房山区草根堂农场

草根堂农场位于房山区石楼镇大次洛村西园子，具体说来这是也是一片区域共同发展的典范。最初是以合作社模式成立的林下中草药种植基地，现已发展为占地面积约 2 300 余亩（其中 70 亩为休闲游乐区，2 000 余亩为中草药种植区），集休闲观光、中药材种植、自然教育、餐饮民宿、苗圃花圃等为一体的综合性农业园区。

农场利用林下空地，建造了一个寓教于乐的中药材大课堂，十分适合青少年科普游和亲子游。农场内种植有丹参、百合、天南星、防风等 30 余种中草药，药旁均设置有科普展板，对其药性药用进行简要说明。园区内配有专业讲解员，定期为游人进行自然教育科普讲解，这既是很好地利用了园区大量种植中草药的优势，也是对园区的一种宣传。假期举办的自然教育夏令营每年会吸引许多小朋友的参与。在园区的药用植物科普园内，有多种药用植物盆栽，前来游玩的家长不仅可以带着小朋友在这里识别各种中草药，还可以采购一盆带回家，观察植物的生长，体验种植的乐趣。园区内拥有一条长达 150 m 的文化长廊。在长廊里，可以学习农耕文化、传统文化、自然教育、有机农业等相关知识，也可以参加一些有趣的手工劳作活动。园区还有别具一格的户外游戏设施和小动物喂养区，可供小朋友们玩耍。此外，特色的蒙古包和林下餐桌，可为游客提供餐饮服务，在中医理论指导下，以食物、中药和调味品为原料，运用中国传统烹调工艺，制作成具有养生保健效能的菜品。

以中草药种植为主，兼设多种其他项目，给游人多样的游览观光体验，是草根堂农场的特色，此外草根堂施行"公司＋农户＋村集体＋农民合作组织"的运作模式，让农民看得到收益，集体致富，带动了周边诸多村庄种植中药材。如图 5.6 所示。

图 5.6　北京房山区草根堂农场
图片来源：https://www.itfly.pc-fly.com

7. 养殖园景观空间整治

1）不同类型特色生态养殖

（1）生态养猪。在我国农村，养猪业是比较普遍的养殖类型，只是在规模上存在差别，传统的养猪业给我们形成一种"脏乱差"的固定形象，现在随着生态养殖的大力提倡，要求农村地区改变过去落后的养猪模式，发展生态养猪，这对于农村社会环境及养猪产业的可持续发展有积极的意义。首先养猪场在位置选择上，优先选在地势较高、背风向阳、无高大建筑物遮挡处，而且要交通方便，水源充足，水质良好，用电方便，离居民区、工作区、生产区较远，并在下风方向，这样可减少猪场污水、污物和有害气体对人体健康的危害。

发酵床是基于自然农业理念，结合现代微生物发酵处理技术而新提出的一种环保、安全、有效的生态养猪法。发酵床零排放养殖技术主要以秸秆、锯末、稻壳等按一定比例混合作为猪圈的垫料，通过微生物发酵繁殖分解猪的粪便，保持猪圈温度，避免病菌传播。采用发酵床生态养猪技术后，真正达到无污染、无排放、无臭味的生态养殖效果。发酵床有机垫料还可以通过还田种植牧草和蔬菜，实现种养结合。

（2）土鸡、土鸭养殖。在禽类过了人工给温期之后，就可逐步将幼禽放养到果园、林地、草地中，让其自由觅食野菜、昆虫等。这种回归自然的饲养方式有很多好处：一是减少了饲料喂养量，可以节约粮食；二是能有效清除林间害虫和杂草，达到生物除害的效果，既节约成本又健康环保；三是能增强禽类的抵抗力和免疫力；四是大幅度提高禽肉、禽蛋的品质，食用口感更好，而且绿色健康。可以利用农村地区丰富的林地资源和闲置土地，养殖土鸡，水稻田则养殖土鸭，生产出无污染、纯天然的绿色土鸡蛋、土鸭蛋，深受广大市民的青睐。

（3）黑山羊养殖。养殖黑山羊需具备天然的条件，除草资源丰富外，养殖户可以实施人工优质牧草种植，利用好田好土，推行粮草轮（间）作或以牧草为主的种草方式，种植以黑麦草、白三叶、红三叶、紫云英、紫花苜蓿等为主的优质牧草。充分发挥可利用农作物秸秆的资源丰富的优势，加强秸秆贮制基础设施建设。

（4）发展蜂蜜养殖园。蜜蜂是进行果树授粉的好帮手，既可以利用蜜蜂授粉，提高瓜果坐果率，又可获得较高的蜂产品；在山区林下发展养蜂，对森林不但无害，还能促进林木的更新繁衍，每年春天树木开放出各种色泽艳丽的花朵，散发出浓郁的芳香，分泌出甘甜的蜜汁，蜜蜂被引诱来采花酿蜜，无意中又为树木做了传授花粉的工作。

（5）特色水产养殖。在水资源丰富的特色乡村地区，发展水产养殖业是其优势，随着人们生活水平的提高，餐桌上食品越来越丰富，鱼类、虾蟹类的需求也是越来越大，特色水产养殖非常适合市场需求。小龙虾近年来在市场上供不应求，成为大众喜爱的食物。小龙虾的适应性非常广，繁殖能力强，在湖泊、稻田、江河及池塘都可进行养殖，其池塘养殖，容易管理、饲料的来源非常广、产量也高，是常见的龙虾养殖方式。但容易受到地域、季节的限制，而大棚温室养殖小龙虾技术的广泛应用，有效解决了这一难题。在农村，几百亩的温室养殖场连成片，被2个大棚用双层薄膜覆盖，2个大棚中间有空气夹层。安装2个大棚主要是为了让整个温室封闭，保证温室内高含氧量，单层大棚封不住氧气。为了确保室内氧气充足，温室内冬季种满水草，夏季种植水稻。据测算，冬季温室的含氧量要高出室外树木的3～4倍。该项举措可以让小龙虾个头长大，水质变清。在控氧的同时，温室养殖场还注意夏天控光，冬天控温。研究显示，小龙虾在强光下和冬天都会打洞，躲在洞里不出来，这样，小龙虾的生长变慢，而在弱光下，小龙虾会主动外出吃东西。有了大棚，可控制夏季室外强烈光照，还可延长小龙虾一天的活动时间。控光之后，小龙虾繁殖次数从一般一年一次增加至一年2～3次，极大提高了产量。

2）推广营销模式

农村通过发展大规模的养殖业把产量提升上去了，但把销量提升上去更是重要。目前应采取"传统养殖＋现代营销"的模式，发展特色生态畜禽养殖业。可以通过建立一村一点的网销平台，注册一个公众号，每一个村设一个网销分点，利用网上订购的方式，将每一个村的特产都发布到网销平台上，并加大平台的宣传及产品的展示力度，既能让人们更加了解生态养殖园，又能加深客人对乡村的认识，增加乡村的知名度，实现各产业提升发展。

3）茂华生态养殖园种养循环经济模式

茂华生态养殖园位于四川眉山市，是茂华食品的产业延伸，通过配套发展种植业、养殖业，总体上形成"三业联动、相互促进"的种养循环经济产业链。即在食品加工业中将生产麦芽糖所产生的废料——饴糖糖糟，提供给养殖业作为猪的饲料来源；养殖业将养猪过程中产生的猪粪作为种植业的有机肥料，种植核桃、桂花、银杏、蔬菜、瓜果等经济作物；种植业将所获农产品提供给食品业作为加工生产原材料。通过种养循环的经济产业链既解决了粪污对环境的影响问题，又进一步促进了种植业和食品加工业的发展，成功探索出了一条种养结合、循环发展的生态之路。茂华生态养殖园的种养循环经济模式见图5.7。

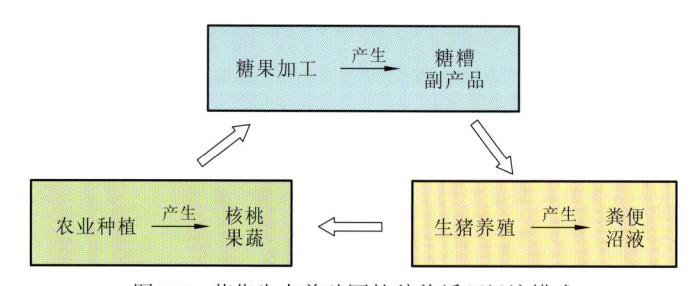

图 5.7 茂华生态养殖园的种养循环经济模式

5.8 产业空间整治模式

乡村产业空间可按其主导产业大致分为三种基本类型：农业主导型、工业主导型、旅游业主导型，对应着三种产业空间发展类型（表5.1）：即"1＋2"产业空间发展型、

"1+3"产业空间发展型、"1+2+3"产业空间发展型,其中:"1"指农业空间,主要包含农业生产及设施农业空间;"2"指工业空间,主要包含农副产品加工厂、手工业制造厂、车间厂房等空间;"3"指服务业空间,主要包含农业观光旅游区、民宿度假餐饮区、展示纪念馆及服务设施空间等。由于大部分特色乡村以靠单一产业空间发展的较少,本章对单一产业空间发展的乡村不加以讨论。

表5.1 不同产业空间发展类型内涵

模式类型	产业空间组合	总体发展趋势
"1+2"产业空间发展型	以农业空间和工业空间为主的乡村产业空间	通过产业转型升级等方式,促进农业空间和工业空间由各行其是向空间分离而功能连通的农、工产业互动发展转变,打造通过延长生产链而增加空间功能联系的发展趋势
"1+3"产业空间发展型	以农业空间和服务业空间为主的乡村产业空间	以农家乐、体验型农业、生态旅游等方式,促进服务业空间与农业空间、居住空间相互融合的空间共赢发展方式,打造空间复合利用的发展趋势
"1+2+3"产业空间发展型	农业空间、工业空间、服务业空间综合发展的乡村产业空间	同时发展一、二、三产业,促进农业空间、工业空间与服务业空间和谐共生的发展方式,打造通过不同产业链融合衔接而增加不同产业空间相互融合的发展趋势

由于不同产业空间发展类型对应着不同产业空间整治模式,将产业空间整治分成"1+2"产业空间整治模式、"1+3"产业空间整治模式、"1+2+3"产业空间整治模式。

5.8.1 "1+2"产业空间整治模式

"1+2"产业空间发展型即以农业空间和工业空间为主的乡村产业空间,这种发展类型最明显的特征是农业空间和工业空间相互分离,还没有形成相互融合的发展程度。现在大部分乡村工业的发展,虽其产业经济水平较高,但基本上仍处于产业链条中下游,生产附加值低,发展前景差。不依赖农业的工业产业发展,鼓励城市企业将土地密集型环节及劳动密集型环节转移到农村,包括产品加工、零部件生产等环节,形成"专业村",这样农村中小企业就可以解决剩余劳动力,带动乡村发展,和大城市形成协同合作。通过合理的城乡产业分工布局,可以降低每个产业链的成本,形成城乡合作共赢,互惠互利,共同发展的局面。除了少部分成为"专业村"的乡村工业空间呈现与农业空间毫无关联性的特征,大部分乡村的工业空间发展均与农业生产挂钩。

"1+2"产业空间整治的路径是:以本地特色农产品资源、传统工业生产资源为基础,通过产业转型升级,促进农业空间和工业空间由农工分离向产业互动发展转变,通过延长生产链而增加空间功能联系。基于城乡产业分工及企业联动,通过增加工业空间本身及工业空间与农业空间内在互动,来提高其产业发展的可持续性。

5.8.2 "1+3"产业空间整治模式

"1+3"产业空间发展型即以农业空间和服务业空间为主的乡村产业空间,该种类型乡村产业空间现状处于农业空间与服务业空间初步融合的探索阶段。发展乡村旅游的主要客源是周边城市居民，他们想利用周末或节假日空闲时间远离城市生活感受原生态的乡村生活。所以，乡村地区发展旅游业将大有可为，其具有独特的建筑景观、人文景观及丰厚的历史文化背景。例如通过打造"一村一品"，合理分析地区的特色，挖掘地区的文化内涵、农业基础、风俗习惯及标志建筑等资源，对其进行深入挖掘培育，使其成为地区乃至全国特色的农村开发模式。有特色的农产品培育是该模式培育的重点，也有部分文化或风俗项目对村庄特色产品的培育、对地方经济增长和劳动力就业也起到了显著的提升作用。乡村服务业作为乡村旅游业的基础支撑，必然会随着旅游业的发展而发展，乡村服务业空间也逐步扩张。

"1+3"产业空间整治的路径是：乡村依托田园风貌等自然资源、风土人情等文化资源，以农家乐、体验型农业、生态旅游等方式，促进服务业空间与农业空间、居住空间相互融合的空间共赢发展，打造空间复合利用的乡村产业空间发展类型。旨在利用原有资源的基础上进行功能的挖掘创新，并以此来吸引客流，促进乡村旅游业的发展。

5.8.3 "1+2+3"产业空间整治模式

"1+2+3"产业空间发展型即农业空间、工业空间及服务业空间综合发展的乡村，该种类型乡村产业空间现状处于农业空间与服务业空间初步融合，但与工业空间的融合较少。此发展类型兼有"1+2""1+3"产业空间发展特征。

当前，乡村一、二、三产业的融合普遍采取顺向融合方法：在农业基础上，发展农副产品加工业及旅游服务业，如兴办农产品加工基地、建立农产品物流中心、发展特色乡村游；与之相对应的逆向融合则相应的是在乡村服务业或农产品加工业基础上发展农业，建设大型农副产品超市，或是新建农产品加工基地等。同时，"大数据时代""互联网+"等信息技术又为农业涉及经营、流通、服务等领域提供了可能。乡村电子商务、食品短链、农商直供等新型经营、流通模式应运而生。在新技术、新业态模式下的产业融合，使得产业间的整体效益高于各个单独产业之和。农业空间、工业空间、服务业空间在乡村的和谐共存，在空间上或分或合，其内在需存在一定的联系性，形成三者融合大于单一发展的空间效应。

"1+2+3"产业空间整治的路径是：经济发展基础较好的乡村为寻求经济进一步发展，同时发展一、二、三产业，促进农业空间、工业空间与服务业空间和谐共生的发展，打造通过不同产业链融合衔接而增加不同产业空间相互融合的乡村产业空间发展类型。通过对原有产业空间功能置换或者发展新的产业空间以形成新业态，以此来促进乡村产业的全面可持续发展。

5.9 乡村产业空间优化策略

立足乡村本土特色及需求，不是一概而论地将所有乡村的产业空间向各类农业园区、工业园区、旅游区等"分区"的单一模式发展，产业空间应因地制宜地寻求不同的发展类型，整体上呈现出多种互动发展的特征。例如原本没有工业空间的乡村，其产业空间的发展应在此基础上选择性地创新发展，不能因为经济利益的驱动而大力发展工业空间，而是根据农业生产及旅游业发展需求适度发展手工作坊等有特色的工业空间；原本有工业发展历史的乡村，不能因为其产业发展单一或对环境造成潜在危害等因素抑制其发展，应在此基础上结合农业空间及服务业空间积极探寻转型发展之路。本节根据现阶段不同产业发展类型面临的具体问题，提出不同的优化策略。

5.9.1 盘活存量建设用地

对于"1+2"产业空间发展型建设用地增量不足的困境，建议在现有乡村建设用地存量的基础上，对乡村建设用地进行空间整理，对闲置或者利用率地下的农业空间、工业空间及居住空间，以提高集约利用水平盘活存量建设用地。让工业空间逐渐向农副产品加工等转型发展，并为旅游业的发展创造条件。

1. 工业空间整治

乡村工业向工业园区集中，并伴随产业的转型升级，是未来工业发展的趋势。一方面注重对工业空间整治，进行适当的功能置换。整治乡村分散的小型工业空间，引导其向开发园区集中；乡村有选择性地保留工业空间，淘汰落后生产工艺，引进先进技术改造现有工艺；强制关停重污染企业，引进绿色环保新能源企业。另一方面注重工业空间与农业空间的内在空间功能关联性。一是引入工业先进生产技术，以此提高农业机械化生产水平。二是发展农产品加工业，延长农业生产链提高农业附加值，带动工业农业同步发展。因此，采用工业化的技术和思维经营农业，有利于发挥工业空间对农业空间内在推动力，较早实现农产品的产、供、销一体化的生产经营模式。以此促进工业空间正面生产效益的提高及与农业空间的互动发展。再一方面可以尝试将部分工业空间向服务业空间转型融合发展，以浙江省安吉县为例，其主力打造"竹文化"创意产业，不仅拥有108万亩竹海的农业空间，有竹产品配套企业2 400余家的工业空间，还有能够一年吸引1 200多万人次游客的服务业空间，此外还发展以竹文化为特色的影视基地文化创意产业空间，带动当地经济的长效可持续发展。

2. 居住空间整治

乡村居民受经济利益驱动、教育医疗资源吸引等因素，尤其是年轻人更倾向于选择到周边城镇工作，乡村居住空间闲置现象较普遍。发展手工作坊是对闲置居住空间优化利用的探索方式之一，手工作坊既属于工业空间，亦能成为服务业空间，为"1+2"型乡村服务业空间的发展提供可能。对于有传统手工发展历史的乡村，在工业空间内保留手工业发展，是对乡村传统文化进行保护，也是对闲置居住空间的利用方式之一。受现代文明与科技进步的冲击，传统手工艺品面临消失的风险，对其加强保护亦是对中华文明优秀传统文化的传承与保护。可挖掘发展手工艺产品的乡村发展"体验经济"，在提高当地经济的同时，带动更多的消费者体验并传承历史遗留的手工艺。所谓"体验经济"是由美国的Joeph Pine 和 James Gimore 于1998 年提出，他们认为体验是继产品、商品、服务之后的第四大经济提供物，或称为服务经济的延伸。在体验经济中，企业不再只是销售商品或服务，更是提供体验经历，发生在个体购买者内部。手工艺品制作就是典型的体验经济，它为体验提供了直接载体。将"体验经济"项目融入传统手工艺制作中，以新颖的手工作坊形式，将生产加工、销售、观光等元素融合，通过参与手工艺品的制作，让游客不仅可以体验到传统手工艺品的制作过程，还可以欣赏传统手工艺文化的深厚内涵，扩展了人们对手工艺的认识和提高对传统文化传承的积极性。

5.9.2 发挥联动综合效应

对于"1+3"产业空间发展型乡村无法为大量劳动力提供就业的难题，建议通过对现有乡村建设用地指标的整理基础上，适当调整各用地指标，结合农业及服务业有针对性地发展工业，以拓展工业空间的方式增强不同产业空间的联动性。在服务业空间逐步与农业空间互动发展的同时，适当发展工业，平衡就业容量。

发展农副产业：长远来看，乡村不适合发展大型工业是必然趋势，实际上，乡村地区具有天然优势的产业还是农产品加工业。从目前乡村工业发展现状来看，其主要任务还是完善农产品链条，让农业产业化成为发展目标，并且要大力支持外部资金对农产品企业的投资，并为其适当放宽投资条件，使农产品企业提供充足动力而安全稳定运营，从生产，加工，到销售每个环节紧紧相连，最终实现农业的现代化发展，亦能解决乡村剩余劳动力问题，推动非农就业。因此对于"1+3"产业发展型的乡村应适当发展工业空间，着眼于调整到农副产品加工业上。

5.9.3 创新传承产业文化

对于"1+2+3"产业空间发展型乡村缺乏特色文化创新与传承的困境，建议以依托文化产业为纽带，增强农业空间、工业空间及服务业空间之间的互动关联，将三个子空间由简单的相加变为乘积，发挥更大的文化传承效应及经济社会效应。

提高空间功能复合性。乡村发展旅游业，会对乡村有新的空间功能要求，根据游客的不同需求丰富乡村空间功能，为了充分利用空间，避免乡村空间在旅游旺季与淡季的需求不同而造成不必要的资源浪费，就要求乡村空间具有较强的功能复合性，如民宿、农家乐、停车场、公共活动空间等都应该在旺季能给游客提供服务，并且在淡季也能给村民提供服务，有效合理利用空间。

1. 发展民宿产业

在乡村经济发展多元化的今天，许多居住空间的功能已经由自主衍生出商、住、工业等诸多功能，而民宿则是其中较为新型的探索方式之一，亦为"1+2+3"产业空间发展型乡村的发展提供相关配套支撑。民宿，主要是农村地区利用当地自然景观、环境资源、人文生态及农林渔牧生产活动，吸引游客前来旅游体验，农户提供自用住宅空余房屋，给城市旅客提供住宿，并收取费用。

民宿产业是依托本地的旅游业，在乡村发展中体现在能使生态效益转化经济效益，成为充分利用资源，促进经济发展的手段，民宿的发展对乡村旅游目的地的经济发展起到带动作用。往往"1+2+3"产业空间发展型乡村旅游资源尚可挖掘，民宿产业能诱发乡村居民结合农业、工业特色对旅游业资源进行不断创新开发，从而推动旅游业的发展，形成综合互动良性循环。

2. 创新田园文化

各地乡村田园旅游进行得如火如荼，随着各种水果采摘业成为产业空间综合型乡村经济的新的增长点，乡村田园旅游在蓬勃发展的同时也产生出许多问题：同质化竞争、低层次商业化开发、管理模式不规范等。对于古村落，可以通过发掘当地文化，经过包装、互联网宣传提升乡村知名度。考虑长期效益，乡村旅游的投资商和政府会在开发、经营中逐步意识到传统历史文化的重要性，进而加以保护。因此，将乡村文化遗产融入旅游产业开发中，是对其最好的保护方法之一。然而，大部分乡村并没有深厚的历史文化脉络，建议应该注重农业空间和服务业空间的融合发展，而不仅仅停留于水果采摘等活动，需要更为创新的方式，寻求异质化发展，为乡村发展提供新的思路。

注重空间文化延续性，乡村文化是乡村在历史的长河中慢慢积淀传承下来的民俗风情。乡村文化除了可以在人们做事的思维方式和一些表演的艺术形式等非物质层面体现，也可以在乡村的旅游体验活动和乡村空间设计等物质层面体现。发展旅游型乡村更应该注重对乡村文化的传承，例如在民宿、田园文化体验和观赏、宗教文化的体验参与、工业文化的展示与体验等来让游客体验学习文化。

5.10 案例分析：厦门军营村产业空间整治

5.10.1 整治背景

党的十九大首次提出实施乡村振兴战略，要坚持农业农村优先发展，按照产业兴旺、生态宜居、乡风文明、治理有效、生活富裕的总要求，建立健全城乡融合发展体制机制和政策体系，加快推进农业农村现代化，构建现代农业产业体系、生产体系、经营体系，发展多种形式适度规模经营，健全农业社会化服务体系，促进农村一、二、三产业融合发展，加强农村基础工作，健全乡村治理体系，到2050年，实现乡村全面振兴，形成农业强、农村美、农民富的繁荣景象。2018年1月2日颁布的《中共中央国务院关于实施乡村振兴战略的意见》明确实施乡村振兴战略是党的十九大作出的重大决策部署，是决胜全面建成小康社会、全面建设社会主义现代化国家的重大历史任务，是新时代"三农"工作的总抓手。2018年9月26日，中共中央、国务院印发《乡村振兴战略规划（2018—2022年）》，规划以习近平总书记关于三农工作的重要论述为指导，按照产业兴旺、生态宜居、乡风文明、治理有效、生活富裕的总要求，对实施乡村振兴战略作出阶段性谋划，分别明确至2020年全面建成小康社会和2022年召开党的二十大时的目标任务，细化实化工作重点和政策措施，部署重大工程、重大计划、重大行动，确保乡村振兴战略落实落地，并对构建乡村振兴新格局、发展壮大乡村产业、建设生态宜居美丽乡村、繁荣发展乡村文化、健全现代乡村治理体系、保障和改善农村民生、完善城乡融合发展政策体系等诸多方面提出规划安排与建议。

在国家乡村振兴战略实施背景下，军营村因地制宜，结合资源禀赋与产业基础发展乡村旅游，合理安排农业体验、生态观光游等项目来带动其他相关产业的发展，形成完整的产业链，构建以党建为带动引领的国家级乡村振兴示范区和厦门高山乡居休闲村落型社区生活景区。

5.10.2 整治目标与发展定位

1. 整治目标：以党建为带动引领的国家级乡村振兴示范区

以尊重乡村规律、遵循乡村特色为设计理念，通过"互联网＋三农"把军营村打造成一、二、三产融合，农旅结合的乡村振兴示范区，重点开发茶、果、农特、文化四大系列农特产品，建设各类产品基地，通过以军营村乡村淘宝，促进农特产品产业化发展，让村民足不出户通过互联网平台把产品卖向全国，目前形成了以电商销售、农特产品种养、生产加工、物流仓储、餐饮住宿、休闲旅游为主，三产融合发展的军营村乡村振兴示范区新模式。

2. 发展定位：厦门高山乡居休闲村落型社区生活景区

通过产业重构、空间重构、社会重构等路径，改善军营村生产环境、生活环境和生态环境，充分发挥旅游资源的作用，以农旅、商旅、文旅融合发展，将军营村打造为厦门高山乡居休闲乡村旅游目的地。借助国家乡村振兴发展政策，通过发展特色产业，构建具有地方特色的产业基地，推动乡村经济的快速发展，把军营村培育成高山乡居休闲村落型社区生活景区。

5.10.3 发展模式与规划理念

1. 合作多赢、互融开发的发展模式

乡村旅游发展不能仅以某一要素为唯一发展主体，应通过互融开发的发展模式推动乡村旅游的可持续发展。军营村正是基于前期的考察与研究，明确了与旅游企业合作，创建政府监督、企业运营、村民参与、精英策划的合作共赢的创新乡村治理体系。地方政府监督行为决定了乡村的建设前途，通过政府、企业、设计的三方融合为乡村发展指明方向。在地方政府持续给力、军营村村委会积极支持的背景下，村民的积极参与决定了乡村建设的速度。企业运营则有利于乡村建设的整体形象与品质的塑造，企业家前瞻性理解和情怀奠定基础。乡闲精英的出谋划策提升乡村发展水平，规划与建设方案则提高了村庄建设的合理性。军营村在多元行为主体的建设与管理下，以旅游为先行、以乡创、农创为项目引擎，逐步融入其他发展板块，实现互融开发，有利于乡村的有序发展。

2. 融合发展、以人为本的规划理念

军营村产业整治初期，当地政府和主创人员就提出乡村旅游、度假休闲在乡村发展与经济振兴中是引导性产业、带动性力量，应改变目前乡村破败、荒凉、空心的发展旧貌，让乡村"望得见山、看得见水、记得住乡愁"，让村庄成为旅游目的地、乡村度假地，在军营村发展与建设进程中始终秉持的乡村振兴理念，并坚持多要素的融合发展理念。三产深度联动发展要求种植业增产增收、深加工业创业创富、旅游业销售、服务，三旅结合发展要求以农旅为主引领乡村的建设发展、以商旅为力稳固乡村的产业支撑、以文旅为魂塑乡村的灵魂，三生融合发展要求以生产为基带动乡村发展、以生态为本支撑乡村发展、以生活为根保障乡村发展。同时，军营村在乡村振兴发展进程中始终贯彻以人为本的发展理念，把提升村民生活水平作为发展第一要旨，坚持三农与共、和谐共富，让农业更兴、让农民更富、让农村更美。

5.10.4　军营村产业空间整治路径

1. 产业：融合发展理念下的整治路径

1）创新发展理念与模式

在产业重构方面，军营村提出应以发展休闲旅游、乡村体验作为重要的产业发展着力点重新规划建设村庄，秉持"旅游+"的创新理念，通过三旅结合发展路径，打造具有地域特色的农旅小镇；随着"互联网+"国家战略的提出，军营村将"互联网+三农"的发展内容作为产业发展体系的框架，通过发展乡村休闲旅游、电子商务服务等产业类型推动产业发展，并培育新型农业经营主体、健全农业社会化服务体系，实现小农户和现代农业发展有机衔接。

2）重构产业发展路径

（1）三产融合、互融互通。深度优化种植业为主体传统农业，深度挖掘农产品加工为主体手工业、深度谋划乡村旅游为主体服务业，从而实现一产种植业增产增收、二产深加工创业创富、三产旅游业销售服务，三产深度联动。

军营村借助电子商务等互联网技术，驱动种植业等第一产业与加工业、旅游业等第二、三产业融合发展；因地制宜地结合乡村本底的资源禀赋和外部市场需求进行产业规划，原有的种植业、养殖业等第一产业只有与具有高附加值的加工业和旅游业结合在一起才能实现"让农民更富、让农村更美、让农业更兴"的目标。

（2）三旅结合、互依互补。三旅结合是指以发展旅游业为基础，并与商贸活动、农业发展、文化宣传相结合的一种发展模式。军营村应以农旅为基础，使农村成为旅游的场景和观光点，让农民成为旅游业的从业者，让农业成为旅游者的体验项目；商旅是重要的发力点，从而夯实军营村的产业支撑，商贸活动和旅游产业深度融合有利于军营村品牌的打造；文旅是塑造军营村社区的灵魂，充分利用高山党校、高泉国旧居、品牌茶叶等资源优势。在军营村规划建设过程中，提出以农旅启动乡村转型发展之路，以商旅夯实乡村特色产业支撑，以文化重构军营村社区的灵魂。三旅的结合发展更加尊重游客多样性的选址、提供多样的体验选择。

3）培育特色产业领域

军营村根据自身特色与需求，打造了乡创和农创两大特色双创基地，农创是指本地农民的就业创业，乡创是指本地年轻人返乡创业和外地年轻人入乡创客。通过搭建平台，让村里的年轻人回乡，让有激情、有资金、有技术、有情怀的年轻人（新农人）入乡，乡创项目运行搭建产业链条，带动本地农民加入产业链条，成为就业者和创业者；并依托村庄建设、农田修复、产业发展等手段，搭建就业创业平台，让更多的年轻人回乡就业创业。通过线上线下相结合的方式，对各农创产品进行承接，通过免租、配套公共设施等方式，提供更加开放安全的创业环境，并为创业妇女、大学生、返乡农民工等提供场地、培训、创业辅导等，帮助上述人群在基地内利用互联网开展农产品电子商务活动，解决农民就业及带动农民工增收。

2. 空间：精细整治的路径

1）整合三生空间形态

在乡村生态空间重构方面，军营村秉持生态文明建设理念，在保护生态环境的基础上对乡村进行改造。在整合三生空间形态层面，军营村注重三生空间融合发展，各有发展侧重点。首先是人与自然的和谐，保护和修复生态环境，并重构村庄的自我修复系统，保护生态，秉持自然可持续发展，建立多塘体系，还原村庄水系自我修复，并极力通过建筑整改、村庄治理等模式，将乡村生活空间与生态空间融合发展。另一方面，军营村通过土地实现休耕、轮作和建设化肥使用量的办法，逐步培育土壤地力。通过土地的复耕和复垦，让农田回归到正常的活性状态、重现升级，最后还原村庄生产力的自我修复功能。

在乡村生活空间重构方面，坚持保留乡村原有的肌理，保留传统乡村风貌；在保持原有建筑风格和房屋自身建筑肌理上的修复与改造，尊重乡村自身发展规律，让乡村回归自然。军营村除了部分有红砖大厝之外，还有很多石砌的老民居"石头厝"。在整治的时候保留军营村的闽南特色建筑风格，石头厝是建筑的典型，色彩以灰色为主，它是一个时代的缩影，更是一个地区地理环境的融合。

2）产业空间功能分区

在乡村生产空间重构方面，注重生产与自然的和谐共生，让产业经济在自然的状态下发展，科学构建村庄产业功能分区，并立足本土资源科学分工三个产业功能区，并科学构建生活空间、生产空间、生态空间的协调布局，见图5.8。军营村产业功能区主要分为：村部党校核心区、乡村振兴展示区、村史文传播古厝保护区、高山休闲生活区和民宿乡创商业区。这些产业功能区是以游客服务、商业、文创、民宿、旅游观光为主要业态。不同的功能分区内具体整治内容详见7.4.2小节所述。

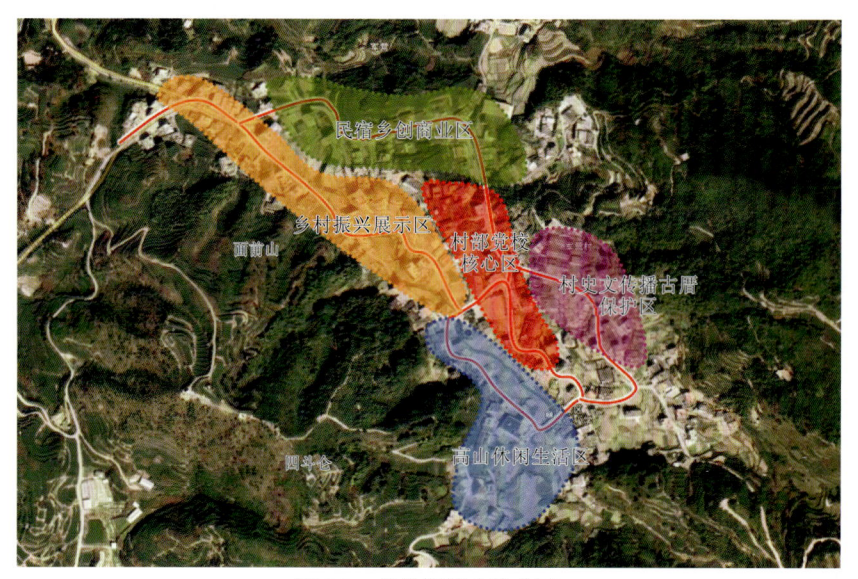

图5.8 产业空间功能分区

3. 社会：产业治理体系创新的整治路径

在乡村历史发展进程中，农民一直是乡村发展的重要参与者和受益者，国家提出的乡村振兴发展战略也是基于改善农民生活水平、提高农民主体地位这一目标，在乡村转型发展中应始终坚持以人为本的理念。根据上文可知，社会重构是乡村重构的核心所在，乡村发展阶段最终应落实社会的和谐发展，而社会重构主要是通过重构乡村治理体系和文化体系。军营村的乡村重构实践，不仅仅是"物"的重构过程，更是"人"的重构过程，包括农民文明程度提升、发展主体地位转变、乡土文化传承的过程，乡村重构发展是一个由农民、地方政府和社会资本等共同参与的系统性社会改造与乡村振兴活动。

1）创新乡村治理体系

乡村作为人类集聚居住地之一，是依靠种族关系和乡土社会关系作为联系纽带形成的熟人社会，是有着深厚农耕文化传承的社会，邻里关系作为一种基于地域关系而形成的体系，在乡村发展过程中起着举足轻重的作用。然而，随着城市化和工业化的推进，城市开始慢慢侵蚀并影响乡村社会，农耕文化的传统精神和乡土民俗文化也随着乡村的衰落开始淡出人们视野。因此，在军营村重构发展过程中，非常重视乡村治理体系的创新，坚持"共建共享、共同缔造"的理念，保证农民的主体地位，重构和谐乡村新秩序。军营村认为农民的参与度决定乡村建设的速度，只有让村民积极融入村庄的建设，才能推动乡村的可持续发展；地方政府行为决定了乡村建设前途，通过给予政策的支持和规划的实施，引导乡村有序发展；同时，也肯定了开发企业在乡村重构中的作用，企业的参与将提升乡村建设的品质，通过与外界民间组织合作，加强发展乡村发展活力。军营村在当地政府、村委会、开发企业、乡贤精英和村民等多元乡村治理体系的共同推动下，有效推动乡村转型发展，并为乡村重构发展提供了一定的体系支撑。

2）重构社会文化景观

在乡村发展历程中，乡土文化不断被外界要素冲击与影响，导致乡村文化破碎甚至衰败，而文化是维系乡村发展、保持乡村特色的重要元素，因此，乡村文化景观是塑造军营村乡居休闲社区的灵魂，依托军村村的自然文化资源优势，突出文旅方面的发展，并通过乡村空间肌理和乡村建筑的重构，修复乡村文化的空间载体。在三瓜公社重构发展过程中，坚持继承并发扬中国传统文化，军营村村内建有金山文化广场，民俗活动丰富，除了祭祖活动，有三年一度的"进香大典"，传统文化浓郁的拍胸舞、踩高跷、高音表演、车鼓弄、舞龙狮民俗等表演，具有古老传统的拍胸舞被列为第二批省级非物质文化遗产。乡土文化的传承发展需要健康坚实的载体，包括产业和空间两个方面；军营村在重构乡村社会文化景观的同时，充分结合产业、空间重构手段，把乡土文化内涵根植于空间风貌、建筑风格和产业发展之中，为乡土文化传承发展夯实基础。

参 考 文 献

[1] 姜申未, 杨朝现, 信桂新, 等. 基于乡村产业空间重构的土地整治研究[J]. 资源开发与市场, 2018, 34(6): 781-787.

[2] 岳芙. 城乡一体化发展背景下苏南乡村产业空间优化策略研究[D]. 苏州: 苏州科技大学, 2016: 1.

[3] 宋增文. 乡村旅游新业态发展机制研究: 以北京市为例[J]. 中国农学通报, 2013, 29(26): 217-220.

[4] 白永秀, 王颂吉. 马克思主义城乡关系理论与中国城乡发展一体化探索[J]. 当代经济研究, 2014(2): 22-27.

[5] 姜长云. 日本的"六次产业化"与我国推进农村一、二、三产业融合发展[J]. 农业经济与管理, 2015(3): 5-10.

第6章　乡村国土整治机制

随着城乡一体化进程的推进，乡村经济得到一定程度的发展。与此同时，乡村的资源环境也显现了许多矛盾，出现了国土开发失衡、环境污染严重、生态系统不断退化等问题。为此，国家提出大力推进美丽乡村建设、推进生态文明建设，积极应对乡村国土综合整治面临的风险与挑战。在这种情况下，为了极大地改善乡村的脏乱差等生态环境问题，更好地建设美丽乡村，需要探索乡村国土整治机制。本章首先引入乡村场域的概念，在此基础上界定乡村国土整治场域的概念内涵，并嵌入空间生产、污染整治、人居环境整治、乡村景观整治四个整治场域。其次，从动态视角探讨乡村国土整治场域治理，在遵循共建共治共享的理念上，分析规划队、工商资本所有者、党员委员会、村民委员会和团员委员会等整治主体及其相互间的关系，这些主体共同构成乡村国土整治场域的行动者网络。最后，在宏观层面分析乡村国土整治组织场域，主要分为乡村生活性国土整治组织场域和乡村生产性国土整治组织场域，结合案例分析乡村国土整治场域运行机制。本章内容结构如图6.1所示。

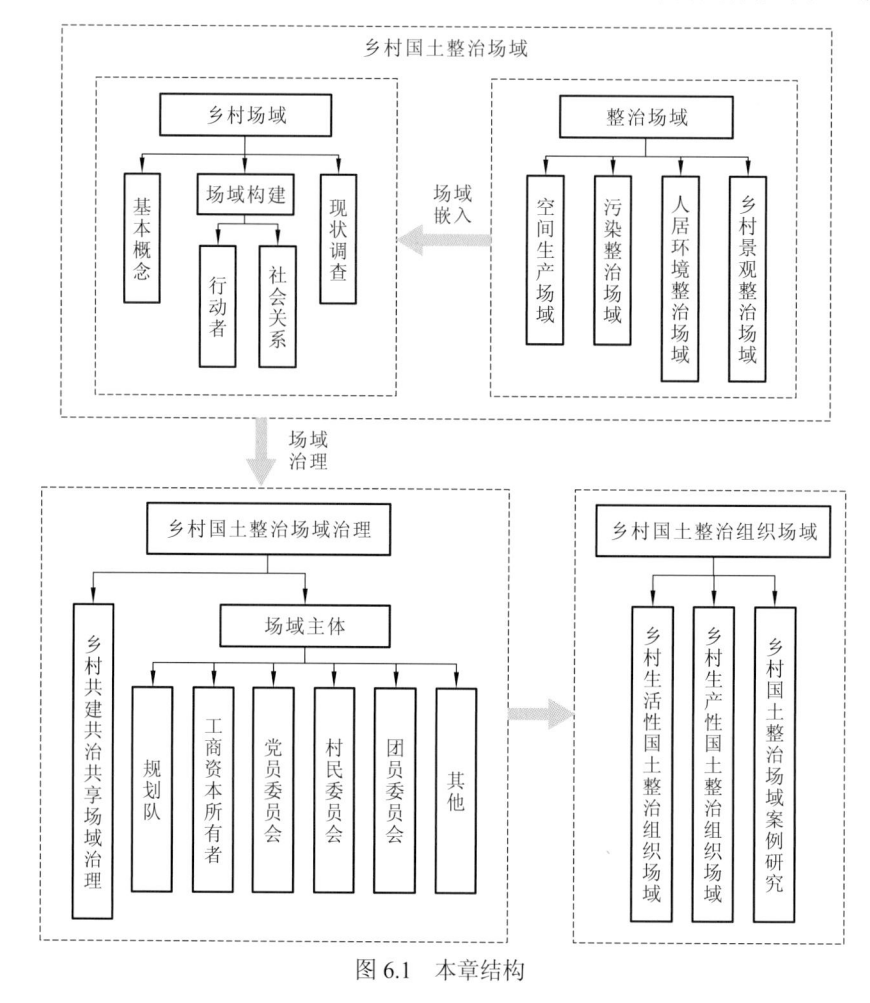

图6.1　本章结构

6.1 乡村场域基本概念

6.1.1 场域

场域理论源自 20 世纪 60 年代法国社会学家布尔迪厄关于文学与艺术社会学的研究。布尔迪厄在《实践的逻辑》一书中，首次从社会学的角度提出了"场域"的概念，他认为场域是由存在于各种位置之间的客观关系所构成的网络或构型，并且只有场域才能揭示社会空间的内在结构和作用机制。《布迪厄的"场域-惯习"论》从场域概念的本质来看，整个社会经济活动都处在不同的相对自主又彼此关联的场域中，不同的要素所形成的场域既遵循着各自不可替代的特有运行逻辑又具有协同关联作用。对于场域的作用原理，是一种资源的优化配置的过程，对于场域中的不同要素之间的关系，布尔迪厄用"游戏"来比喻场域的构成逻辑和作用机制。他认为游戏者在自觉遵守游戏规则的逻辑下表现为自我的不断强化，游戏者基于各自所掌握的不同资源要素和场域作用力，在和不同的场域产生关联时，场域中各要素会根据所掌握和可预期获取的作用力和结构，运用相应的策略来作出有利于自我场域优化的行动。

社会是一个相对空泛的概念，可以将其分解为相对独立的场域，场域一般都具有四个特征：第一，场域是多元社会关系的集合，是某领域中运行的多个组织或力量的集合；第二，决定场域结构的是能动主体所占据的位置和关系模式；第三，场域组织之间是一种动态的交互关系；第四，场域性质不同就会有不同的运作逻辑。资本主要包括社会资本、经济资本、文化资本，且只有在场域中才能实现其价值。场域会影响和塑造人们的惯习，反过来人们的惯习也可以把场域建构成一个充满意义的世界。

6.1.2 惯习

惯习在布尔迪厄场域理论研究中是一个重要概念，惯习不同于普通的习惯，是一个对于人的行为与空间具有恒久、可转移的行为关系系统，是一种可以激发人的行为活动和形成空间场所感的力量，包含了集体的意识、社会知识交往、空间行为体验、世界的认知和对生产生活的重构力量，对于环境和空间的表达具有一定的倾向性，有利于实现客观关系与空间之间的关联，形成一种具有指向性的行为活动，在惯习形成的环境中存在一种对于某种特定环境进行感知、知觉、行动和思考的行为倾向，并根据环境中的每个人其生存的客观条件和社会经历而无意识地发生内在变化。惯习一旦形成便具有连续性和可转移性，在一定的空间环境中具有较强的引导力和辐射力，从而在不同的领域里发挥着重构环境和重构行为活动的隐形力量，发挥着积极的空间再生产的作用。根据惯习这一深刻内涵，我们可以由此认识惯习与场域之间的逻辑关系，场域形成的结果就是惯习，惯习促使某种具有目的性的场域得以形成并发挥作用，这种作用并非具有个人或群体之间的意志性和结构主义性，而是在复杂关系里形成的有利于某种行为活动产生和发挥作用的一致性行为。

6.1.3 资本

马克思的资本概念被布尔迪厄进一步发展，变成跨越社会学、哲学和管理学的权力和能量普遍概念的社会实践工具[1]。资本理论由此成为新的解释典范，既可以从内在逻辑来解释社会个体实践行为的思想原则，也可用来分析场域行动者（主体、实践者）之间的逻辑。资本理论是布尔迪厄哲学思想的集中体现，其资本概念分为经济资本、文化资本、社会资本和象征（符号）资本。其中，经济资本在现代社会中最具有权力优势，而文化资本越来越具有影响力，各种资本之间可以某种方式转化或兑换。各种资本通过一定的空间结构来运作和转化，形成相互之间的位置关系，由多维的社会关系网络构成一种资本场域[2]。

6.2 乡村场域构建

由布迪厄的场域理论可知，场域既是一种社会结构，又是一个关系网络。一方面，对位于网络中的行动者来说，场域塑造了行动者的限制性条件，形成行动者的习性。外在因素从不直接作用于场域内的行动者，而是先通过场域特有的力量预先形塑过程再对场域内的行动者产生影响。另一方面，行动者也可以通过发挥主观能动性来改变场域结构。社会行动者是社会网络的建设者和资本的承担者，他们根据自身的资本数量及其在场域中所占据的位置，来构建社会结构[3]。布尔迪厄的"场域"观念试图联结社会科学中的两大研究传统——迪尔凯姆传统和韦伯传统，前者是结构主义，即认为社会个体的行动受到社会结构的约束；后者是理解社会学，即认为社会个体依据自身对社会和其他行动者的理解来采取行动。两种理论究竟何者能与行动者的决策思想更为吻合，对行动者的行为更具有影响力，还需要通过实证研究来得到仔细验证。

本书认为，一个村庄可以构成一种"限定场域"。村庄对外来因素或内生利益的反应，取决于村庄场域特有的特征形式（如场域的人口规模、收入状况、贫富差距、交往频率等）。同时，村庄也是村民开展社会活动、参与社会交往、建立社会关系纽带的主要场所。村民根据自己对村庄民风习俗的理解及仿照其他村民的行为采取行动，当一定数量的村民采用相同或相似的行动时，便在村庄层面体现为一定的村庄行动倾向特征（如村庄生活面向、村庄社会团结、村庄商业化程度等）[4]。

6.2.1 乡村场域中的行动者

1. 乡村场域与资本

乡村社会"场域"可以从一种简单的视角理解为在特定的社会时空中，基于一定的规则和利益关系的各种力量和因素相互作用，从而形成乡村社会实践的动态存在体——空间架构。布尔迪厄认为"社会场域可以描述成一种由各种不同的社会地位所形成的多维度的空间"，而每一个现实的社会地位又是根据相互调整的多维系统而界定下来的。这些相互协调的多维系统所包含的价值对应的是与不同的适当变量的价值。因此，在第一个层面上，根据行动者所掌握的资本总量来确定他们的社会地位；而在第二个层面上，则是根据他们所掌握的资本总量中各种不同的资本所占的比重。"[5]在乡村社会场域中,包括乡镇政府、村党支部、村委会、村民,以及随着农地流转和农业现代化而进入乡村场域的农业企业、农民合作社和家庭农场等,他们成为重要的行动者或者实践者。"行动者必须具有一定量的特殊资本,当受到场域和惯习的作用时,便携带自身拥有的资本参与场域的博弈,为占据一定的位置或提高资本总量而与其他位置上的行动者争斗,从而形成独特的社会轨迹。对行动者而言,要么保持现有社会占位和分配等级,要么就改变现有格局。"[6]由此可见,在乡村社会场域中,由于各个行动者所拥有的资本总量及属性不同,不同属性资本所占的比例不同,导致各个行动者的社会地位和功能发挥具有一定的差异性。

乡村场域中属于乡村基层民主的范畴的村民自治权力包含于乡村社会的权力结构中,通过对公共权力的配置,实施对村庄公共事务的处理,来推动整个乡村社会的运行。在乡村社会基层民主体系中,公共权力运行结构成为典型的有别于行政管理的社会资本场域,其主要行动者包括村民、村委会、村党支部、乡镇党委政府、农业企业、农民合作社等。

2. 乡村场域中行动者的资本属性

在乡村场域中,各个行动者都具有各种的资本属性。乡镇党委是农村基层的领导核心,乡镇政府是中国最为基层的一级政权,它们作为基层政权组织,拥有权力性社会资本,也就是政治资本;村党支部作为农村最基层的党组织,构成执政的中坚力量,也拥有权力性社会资本,即政治资本;村委会作为农民民主自治性组织,由村民民主选举产生,具有法律支撑,在法理上具有权力性社会资本,即政治资本,同时因其拥有村集体财产的管理权,也具有一定的经济资本;村民作为乡村社会场域的主要行动者,基于村集体所有的土地和其他集体资本,加上自身的村民主体资格,拥有经济资本和权利性社会资本;在农业现代化、农地流转过程中进入乡村社会场域的各种涉农企业,拥有强大的经济资本。随着社会主义市场经济的发展和农村活力的进一步增强,乡村场域中进入的资本总量不断增加,突出表现在涉农企业所带来的经济资本增值,总之,这个场域之中的资本总量不断扩大。同时,场域之中的行动者也相应增加,主要是涉农企业、家庭农场这些新的行动者的出现[7]。

1)乡镇党委、政府权力性资本行动者

乡镇党政机关是在农村地区设立的国家政权体系中最低一级的政权组织,它主要包括行政组织和党组织,以及与基层民主相匹配的权力机关体系——乡镇人大。乡镇党委在基层政权体系中处于领导核心地位,而乡镇政府则主要负责政策措施的实施。乡镇党委、政府在乡村场域中具有强大的权力资本总量,并且占据较大比例的场域资本总量。由于农业基础薄弱,相对城市经济来说,乡村经济明显处于劣势地位,乡镇作为一级财政,财政收入普遍偏低。虽然在中央实行各项支农惠农政策后,中央的财政转移支付在一定程度上缓解了县乡的财政运行困难,但由于财政困难,乡镇政权非常依赖省(区)市的财政,基层政权组织负债运行的情况普遍存在[8],对自身建设和各项公益事业的兴办形成一定障碍。乡镇政权担负着落实各项"三农"工作和政策的责任。实践中,由于所辖村庄分布区域较大,居住区分散,农民工的城乡流动,乡镇政权社会事业管理的成本很高,事务繁杂,财权弱小,造成自身的社会管理能力不强。乡镇政权工作人员在农村一线工作,但工资待遇与上级机关工作人员相比却相差甚远。总之,乡镇政府、党委的经济资本较弱,与其权力资本相比,呈非正比关系。

2）村支部、村委会权力性资本行动者

村支部是中国共产党在乡村场域中最基层的组织，在乡镇党委的领导下开展党的建设，形成党在农村的执政基础。从法律角度讲，村委会属于村民自治组织，不是我国现有政治体制内的政权机构，在政治制度安排上属于基层民主范畴，是村民群众在中国共产党的领导下，依据《村民委员会组织法》及《选举法》等有关法律政策规定，通过直接民主选举的程序选举出来的，具有实现自我管理、自我教育、自我服务的基层组织职能。根据相关法律规定，村委会并非乡镇政权的下属机构，两者是指导与协助的关系，但在实践中，村委会基本成为乡镇党委、政府落实党和国家政策法令实际操作上的终端，很大程度上代表了国家职能，具有"半政权"的性质。

村党支部和村委会分别通过党内民主选举和村民民主选举而产生，成员均为本村村民，其职权来源于本村党员和村民的授权，代表本村党员和村民行使党对各项事业的领导权和村民的自治权，管理包括村集体所有土地在内的各种财产和本村各项公共事业。村党支部和村委会发挥了与乡镇党委、政府之间"上政下传"与"下情上报"的双重功能，是农民群众与党和政府之间的桥梁纽带，可以防范和化解农村矛盾，它的职能发挥程度是影响乡村整治的一个关键因素。无论是从政治架构还是从基层民主来讲，村支部和村委会都具有较大的权力性社会资本，其权力资本包括国家授权委托的行政管理权，还包括村民自治权。但由于家庭承包责任制的实行，以及村集体经济的衰落，没有更多的经济资本可供村党支部和村委会支配，在取消农业税以后，其组成人员的工资和运转费用均由县乡财政负担，主要的成员书记和主任成为实际意义上的"公务员"。因此，在乡村场域中，村党支部和村委会主要借助其权力性社会资本来参与治理。

3）农民经济资本和权利性社会资本行动者

农民作为乡村场域的重要行动者，凭借村集体所有的土地及其他集体"三资"和村民主体资格，拥有以土地价值为代表的经济资本和以村民自治为代表的权利性社会资本。土地是一种经济资本，是农民赖以生存的物质基础，也是农民能够参与乡村社会整治场域治理的最重要资本。基于《村民委员会组织法》《农村土地承包经营法》《农村土地承包经营权流转管理办法》等法律法规和政策规定，农民作为土地等村集体财产的所有者，除经济资本基础上外，还在乡村场域中拥有权利性社会资本。但这些权利性社会资本由于具有分散性，具体到单个农民很少，并且由于农民"善分不善合"的天然小农意识[9]，行为"原子化"，存在"多数人悖论"，这种大集团并不比小集团更容易组织起集体行动[10]。农民人数众多但行动上难以统一，明显缺乏组织性，把有限的资本进行整合存在一定的困难，难以形成有力的经济资本和社会资本，从而在乡村场域中往往处于弱势的不利地位。

4）涉农企业进入乡村场域的经济资本的行动者

推行家庭联产承包责任制，不仅能提高农业效率、调动农民生产积极性，而且可以使能量释放也达到极致。党的十七届三中全会通过《中共中央关于推进农村改革发展若干重大问题的决定》，2013年"中央1号"文件都明确提出要创新农业生产经营体制，实现农业现代化。《农村土地承包法》规定："通过家庭承包取得的土地承包经营权可以依法采取转包、出租、置换、转让或者其他方式流转。"《中共中央关于做好农户承包地使用权流转工作的通知》也对农村土地流转做出了详细规定。随着农村土地流转政策的出台，逐渐消除了农业现代化进程中的重要阻碍，涉农企业作为市场经济的重要主体在逐利本性的驱动下开始进入农村,并对乡村场域产生了越来越重要的影响。"伴随农村土地流转不断推进,一大批工商企业进入农村,投资农业,建立农业企业,与农民建立了企业+农户的产业发展模式。这在一定程度上促进了农业结构调整,增加了农民财产性收入,带动了农村经济发展。"企业是现代资本主义工商业发展的产物,具有天然的资本逐利的特征,代表着经济资本的融合。企业能够进入乡村社会,是凭借着其强大的货币资本优势[11]。这些企业进入乡村社会的主要目的是获取农民流转的土地,从而获得大块集中土地来实现规模经营,其本质是完成货币资本和土地资本的转换,因此,这些涉农企业大多具有雄厚的经济资本。

6.2.2 乡村场域的社会关系

1. 弱关联乡村社区场域

弱关联乡村社区由于历史根基薄弱,社会结构一直处于生长期,本身就缺失历史传统记忆和族缘、家缘文化的维系基础,在政权下渗和现代性力量冲击下,原本脆弱的社会结构很快便被瓦解,导致村社成员行动能力较弱,个体原子化现象明显,呈现出组织无序、关系破裂的格局。这种自主秩序生产能力极弱的村庄,村民难以开展有效的组织合作。董磊明曾经对江汉平原湖北中部的农村调研后指出,市场经济冲击使中部农村利益受损,村庄内部资源日益枯竭,导致传统组织因素衰败,村庄内生地方性规范逐步解体。同时村落布局分散也使村民交往稀疏化,村庄自组织的生态系统极其脆弱,成为典型的原子化村庄[12]。换言之,像此类传统组织要素濒临消弭的村社场域由于内生自发规则与外在整治秩序同时离场,而面临着系统性制度失效的窘境,问题背后的逻辑很大程度是因为制度进场困难及制度效应式微。以村民自治制度为例,很多研究发现,村治制度在很多地区示范效应大于普遍效应,并未真正成为农村治理的决定影响力,这是由村庄内部的组织力量决定的,只有村庄有能力援引村民自治制度时,才能发挥作用。而对于"村庄自主生产价值能力不是很强的乡村,村民自治制度才可以在决定乡村治理状况方面,发挥较大的作用"[13]。这正说明了正式制度在上述类型的村社嵌入的合理性。同样如此,东部沿海城镇化程度较为发达地区的村落也面临同样问题。随着工业化、城市化进程迅速推进,这些地区自然村落萎缩消失态势明显,在商品经济和市场化大潮冲击下,当前村落兼并、乡镇兼并不断上演。如山东一些地方,在当地政府主导下,为加强城乡一体化,推动小城镇建设,推动近郊村落向城镇和中心城区集中。这种小村合并成大村,小社区变为大社区的新格局,由于地域和空间的转换,很大程度上打破了原有的村庄社会关联,切割了村社内部的行动单位和社会资本网络,极大降低了村社的集体组织程度和行动能力。这种地域村社类型是在传统型社会关联被打破后,现代社会关联尚未建构形式下面临的组织困境,同上述中部区域村社类型类似。因此,也是制度强力介入的一种治理类型。当然需要注意的是,这种制度强力介入并非完全按照制度安排者的意志实施,必须积极防范基层政府部门与村委代理人之间可能出现的共谋合利畸形治理格局,如所谓村干部"掠夺性"经纪人的角色及各种短视行为要尽量避免。这就要求涉农政策制度需要找到合理的进入农村场域和作用发挥的途径,基于重新激发和连接村社内部自生的规范秩序为目的,充当农村组织秩序建构的内驱力。依据村社组织的内生力量的增长程度而适时调整制度的嵌入强度和方向,以便维系农村社会组织系统运转内外动力的平衡性。

2. 中度关联乡村社区场域

中度关联乡村社区主要是指传统权威消解不够，现代权威尚未完善，村社社会关系网络处于中间关联强度的村社类型。如华北地区的某些村落，由于历史的宗亲传统本身并不浓厚，宗族权威缺失，在近代政治冲击下仅有的家族性质的权威网络也遭到瓦解，村社主要靠分散的小亲族或者家族姻亲关系维系。这样类型的村社行动大部分是基于家庭利益在家庭成员网络关系之间或亲缘团体间的合作，即贺雪峰所指的"短线关联"，而很难达致村社整体层面的集体行动。进一步说这种村社类型在东部经济比较发达的地区体现得尤为明显，随着现代性和市场浪潮的冲击，城市化进程的加快，传统迅速消解而现代性不断深入的过程中，会基本处于或即将处于既无传统又非现代的"夹生层"境地，农民兼业生产，土地撂荒，农民工城乡间候鸟式迁徙生存，逐渐扯断了与乡土的社会关联。因此，制度的引导性组织功能的发挥就显得较为必要。当然，跟强制嵌入村社组织类型的制度类似，引导性的制度进场依然是在寻求一种内在原生自主秩序和外力次生引致秩序间作用力的均衡。换句话说，引导性制度进场的真正价值一是要帮助村社通过重建和改造税费改革后正日渐衰败的基层组织，并以此带动社会组织的发展依此来解决乡村社会秩序问题。其次，由于城乡二元体制的失衡，在城乡一体化发展的迅速推进的过程中，大量的农村社会组织资源被吸纳流出，农村社会性组织发育愈加困难。引导性制度介入可以为社会组织提供资源、环境、政策、法律和舆论等村社组织建构产生良性互动的社会条件，同时营造较为活跃的氛围，在增强村社关联强度，改善整体行动能力同时也利于压制灰黑势力的兴起和泛滥，如何慧丽认为，当前农民合作存在三大结构性挑战：一是市场挑战；二是政府给的空间；三是村社经济基础和社会基础。如何对这种市场的不利于农民合作的强硬的结构及目前被筛选过的残缺的村庄社会结构，通过行动，注入活动流、运动流和行动流等途径来解决，由行动去不断地解构，即"外生促内发"的思路[14]。第三，重塑社区文化，保护传统社会组织资源的举措，提供村民生活的价值皈依和自我存在感，既能达到重建村落社会关联，提升组织效能，又能提升政府乡村治理的制度效度和社会公信力，实现转型乡村治理国家与农村社会的"双强建构"。唯此，才能不断激发制度本身的活跃因子，走出由路径依赖的惯性所引起的"制度锁闭"导致的农村社组织场域空间建构状态的固化和凝滞，推动"制度本身可以促进结构改善和功能提升，将会导致传统制度依赖路径的破除或转化，农村社会组织场域的边界随之发生位移拓展，这时候场域内外能量的交换也愈加频繁，场域空间新关系要素生产的动能逐渐增强，激发着场域边界不断走向开放的格局"[15]。

3. 强度关联乡村社区场域

强度关联乡村社区主要分布在福建、浙东、安徽、广西、苏南、云贵川等南方地区传统文化和乡土习俗保存完好的古村落。由于历史和地理原因，这些村落普遍保留着中国传统乡土固有面貌，村社大多由宗族和家族凭借宗法伦理和家规族法治理，村社内部成员大都保持着淳朴的人情关系和和睦的友邻氛围，村社集体意识浓厚，社会关联度高，整体理性行动能力很强。贺雪峰[16]认为，在社会关联度较强的农村，尤其是在存有突生结构的地方，乡村社会一定区域的人们都有可能以一个整体来进行理性行动。整体理性行动不仅利于降低组织与合作的交易成本，而且能够带动农村社会组织网络生长的巩固和发展。对于以上地区，由于其良性的历史传承和浓厚的乡土文化土壤强力维系了传统乡土的宗族礼俗的秩序权威,作为非正式制度的一种传统村社惯例、行为准则、行事规范、道德、礼仪、宗教典籍文化等传统意识标签和文化符号能够基本框定村社的社会生产生活秩序,并在长期的历史进程中,逐步建构和完善了地方特有的乡土生活秩序和特定的组织规范行动逻辑。这些村落依靠自身相对成熟的一套地方文化礼治和知识认知体系,形塑和稳固着村社系统的秩序架构。根据制度经济学的解释,这种非正式制度是一种群体选择的结果,其约束力来自一种内在的心理契约,并且还依赖于人内心的自省和自觉,因而带有"隐性"特征。依靠人们自觉遵守来执行,依靠道德的约束力来执行,它约束了人们行为选择的大部分行为空间,对人们的思想和行为产生了更为深入和广泛的影响。对于此类村社类型,外部制度的介入需要本着依循地方原生社会秩序为基础,顺应村社组织的行动规范和价值理念,做好村社秩序运作的维系和服务工作为基本方向。协同是一种处于复杂系统中的各个子系统之间的协调合作关系,子系统相互之间良好的融合和相互协调能达到任何一个子系统单独运作所无法达到的效果[17]。在正式制度进入村社场域之后,建立在地方性知识基础上的行动系统和规则系统的各子系统之间会产生互补、互促和互融的非线性动力作用,在这种双向建构中,正式制度的契约、规范和公平价值会逐渐融入地方性伦理规范和礼俗秩序中,使后者通过不断滤清传统文化的僵化和守旧因子而走向建构现代新型村落文化的秩序方向;同样道理,地方规则和文化认知也会把自身积淀的优良朴素的传统文化基因浸润于现代制度,使之具有更多德行和价值层面的内涵。这样的制度融合和建构路径,不仅是对农村传统礼俗文化和固有秩序的理性维护,并以此为基础建构结构更完善和理念更现代的村社组织模式和治理秩序。

6.2.3 乡村场域自然、人文、经济现状调查

乡村场域现状调查涉及乡村的多个方面,包括行政区划、区位交通、地质条件、产业结构、经济条件、人口结构、历史沿革等。本小节以厦门市翔安环山风景道修建为例,展示乡村场域自然、人文和经济现状调查内容。

6.3 基于嵌入理论的乡村国土整治

"嵌入"最初在经济社会学领域兴起,用于阐述市场与社会的关系,目的是维护市场经济社会良好运转;其中波兰尼和格兰诺维特的研究较为经典,后被引入人文地理学、建筑学领域。"嵌入"在不同领域中定义各不相同,本质上都是研究两个对象之间的逻辑关系[18]。王思斌[19]在《中国社会工作的嵌入型发展》中提出了相关的嵌入概念,主要包括嵌入主体、嵌入对象、嵌入过程及嵌入效果。乡村国土整治过程中,嵌入主体主要是指政府、游客、旅游经营者、企业、产业移民等或其组成的团体;嵌入对象是嵌入的整治领域,也可以理解为嵌入主体进行整治的领域;嵌入过程是指嵌入主体采用什么方法和措施对乡村进行整治;嵌入效果是指乡村国土整治后取得的整治效果。

国土空间可分为生产、生活和生态空间,中共十八大报告中明确指出国土生态-生产-生活空间的发展目标:"生产空间集约高效、生活空间宜居适度、生态空间山清水秀"。这

一空间划分方法与国内外认可的生态-生产-生活"三支柱"理念不谋而合[20]。生产空间与产业结构有关,是以提供工业品、农产品和服务产品为主导功能的区域,含工矿建设区域和农业生产区域;生活空间与承载和保障民居有关,是以提供人类居住、消费、休闲和娱乐等为主导功能的区域,含城市、建制镇和农村居民点等区域;生态空间与自然环境有关,是以提供生态产品和生态服务为主导功能的区域,在调节和保障区域生态安全中发挥重要作用。在"三生"空间中,生态空间是"三生"空间的基础,支撑生产和生活空间实现自身功能,是协调人地关系、乃至实现区域可持续发展的关键[21]。

6.3.1 空间生产场域嵌入

1. 空间生产的基本理论框架

空间生产的基本理论框架包括三个层次:空间实践、空间表征、表征空间,"空间实践"属于一般意义上被感知的物理空间,是生产空间之物质形式的过程;"空间表征"是各类技术人员对空间的设计构想;"表征空间"是人们对所在空间运用意象、象征与社会隐秘联系的符号体系在生活中生产出的社会空间。空间的生产不仅是对空间、社会空间的生产,也是对生产关系的再生产。空间生产理论的核心内涵即透过物质空间变化的背后是由一系列复杂的社会发展过程及其中的社会权力、社会联系、社会日常生活的变迁。

1) *空间的实践:物质空间的改变*

乡村国土整治对乡村物质空间进行了大量的生产实践,对乡村居民的物质生活条件和生活环境产生了重大影响。具体来说:一是改变了原来的建筑风格和乡村景观;二是改善了基础设施和居住环境,居民从原来的破旧的"土坯房"搬进了现在生活便捷、外表美观的"别墅"或者"特色民居";三是公共休闲空间和社区服务配套受限,缺少供村民休闲娱乐的小广场、健身器材、老年活动中心等,没有银行、邮局和社区卫生站等配套服务设施;四是由于开发建设和旅游活动,越来越多的外来者进入乡村空间,对乡村环境产生了一定的影响,尤其是节假日,周边环境变得拥堵、嘈杂。

2) *表征的空间:社会关系的改变*

由于开发商、旅游者、打工者等"外来者"参与乡村生产实践当中,乡村的物质空间、经济收益等方面都发生了一系列变化,乡村社会原有的社会网络关系随之改变:一方面,由于产业发展带来了更多就业机会,许多曾经外出务工的年轻人(尤其是女性)陆续回到村里从事乡村产业相关工作,改变了原来儿童、妇女、老人留守农村的现象;另一方面,由于乡村产业的发展,乡村的知名度提高,产业经济不断增长,乡村居民对乡村的归属感和依恋度都有所提高。

3) *空间的表征:权力结构的改变*

无论是开发商还是村集体主导的产业发展模式,其实都是一种"自上而下"的产业发展模式。最高权力机构无论是开发商还是村集体,都严格控制着村里的物质空间开发和生产过程,通过统一的规划建设和形象口号设计指导整体产业的发展,而村民作为被资本和权力控制下的个体,并没有太多发表意见和建议的机会及改变权力结构的能力。另外,一些村集体都通过成立合作社的方式对当地乡村产业发展进行统一管理,虽然由于村集体权力不一样,最终统一管理的效果并不一样。

开发商主导模式和村集体主导模式是两种典型的乡村产业发展模式，不同模式下产业发展对乡村社会空间生产的影响不同。开发商作为外来权力与资本的代表，其对乡村生产空间的生产与对原住民生活空间的生产是割裂开来的。对于原住民生活空间，除了物质空间生产开发商会进行统一的规划和建设，其对原住居民生活空间基本没有过多的影响，村集体对乡村产业发展的模式和方向影响也不大。但是由于开发商前期规划对原住居民生活空间考虑较少且缺乏有效管理，造成了一些空间不平等的现象。村集体主导的乡村旅游发展模式当中，村集体是最高的权力机构，其对乡村旅游发展的模式、管理、村民参与程度起到总体调控作用，同时严格限制开发商的参与程度。在此种模式下，村民的经济效益共享机制得到较好发挥，"新村民"的融合和社区网络关系也因为利益共享得到了较好的发展。

2. 物理空间的嵌入

乡村物理空间是具有文化共同体特征的乡村聚落内自然环境、社会环境和居住环境所构成的空间，包括公共空间和私人空间[22]。在乡村产业整治下，村庄物理空间实现了传统空间景观化，并完成了由传统空间向旅游空间的转变，同时民间资本的嵌入逐渐促成了服务空间的形成。在产业整治过程中，民间资本也嵌入村庄物理空间。政府作为乡村空间生产的主要推动者，应加强乡村基础设施建设，提高乡村人居环境质量，形成有利于城乡融合发展的乡村物理空间。乡村物理空间的整治主要包括农用地整治和乡村民居整治[23]。

1）农用地整治

农用地整治是指在以农用地为主的区域，通过实施土地平整、田间道路铺设、农田防护与生态环境保持等工程措施和生物措施，增加有效耕地面积，提高耕地质量，改善农业生产条件和保护生态环境的活动。目前，我国农业正处于由分散经营向规模化经营和家庭农场经营转型的时期。农用地整治要考虑对生产限制因素的改造，以提升耕地质量；还应考虑农用地整治的规模效应，以利于满足家庭农场等形式的经营需求；同时也要考虑农用地整治有利于保护和改善生态环境。农用地整治的根本目的是对限制农用地生产能力的自然因素进行改造，完善农用地基础设施，提高农用地质量，增加粮食产量，保障国家粮食安全和经济社会发展对粮食的需求。同时，农用地整治还应考虑通过田块合并等措施，使零散的田块规整化、规模化，以利于实现连片化种植和农业生产的机械化，促进农业转型和城乡统筹发展。

2）乡村民居（宅基地）整治

民居整治主要是通过对农村地区废弃、闲置和散乱的村庄建设用地（主要是宅基地）进行整治，加强乡村公共服务设施和基础设施建设，改善乡村生产条件和生活水平，提高农村建设用地的集约利用水平，推进美丽乡村建设和实现统筹城乡用地配置的活动。

对于某些村庄传统建筑的整治：一方面，政府支持部分村民以传统建筑入股，共同开发传统建筑，并获取一定的经济收益；另一方面，政府鼓励村民以开设"农家乐"的方式参与开发建设，使村内"农家乐"数量激增。历史上村庄的物理空间功能与传统农业文明息息相关，主要以满足村民农业生产和生活需求为主。随着乡村产业的发展，村庄传统空间功能属性逐渐发生变化。开发者的目的在于使村庄成为以居住为主并适度发展观光旅游的传统村落，而随着旅游开发的持续进行和民间资本的持续嵌入，村庄传统的空间功能转变为集村民生产生活、传统建筑旅游观光、传统地域文化体验及餐饮住宿为一体的多功能空间。

3. 社会空间的嵌入

产业开发以前，村庄的社会空间整治主体较单一，主要以从事农作物、花果种植采摘等农业生产的本地村民为主。产业开发以后，空间整治体呈现出多元化的局面，主要包括地方政府、开发公司、工商资本所有者、参与和未参与产业开发的两类村民群体。产业开发以后由于各空间整治主体诉求存在差异，社区联结关系弱化，社会空间也相应发生变化。村庄的产业利益主体主要包括政府、由政府所扶持运作的开发公司、自主经营参与产业开发的村民和未参与产业开发的村民四类群体共同组成。由于没有建立产业整治的利益协调机制，利益主体间不同的目标定位和利益诉求使不同主体间未能达成共同的社会空间整治目标。其中，政府更为关注的是地方税收和社会效益，在一定程度上忽视了对各方利益主体的协调和长期发展规划；开发公司意在通过挖掘村庄历史文化价值以获取相应的经济利益，他们管控着村庄传统建筑的风貌并力求维持统一的风貌，在一定程度上忽视了地方环境效益，也没有意识到有效培训和引导村民参与开发的重要性；而村民则更关注个人经济效益和地方环境效益，其中参与产业开发的村民（经营者）主要基于旅游者的食宿消费行为以获取一定的经济收益（以开发"农家乐"的村民为代表），他们不具有对传统建筑保护和传统文化宣扬方面的动机，相对而言忽视了对地方历史文化的保护与传承。各行动主体各自为利，并因此引发利益矛盾冲突，阻碍社会空间的良性发展。例如在某些以开发旅游为主的村庄，部分"农家乐"经营者和未参与开发的村民通过向游客承诺只要到店消费即可带其免门票进入村内来获取收益。旅游开发主体繁杂化：村庄的旅游开发虽然由政府发起，但是由于政府对古建筑的修缮维护资金不足，与部分村民和社会人士合作，共同开发古建筑。目前村庄对外开放的古建筑的产权所有者包括村民、外地购买者和地方政府。对私人所有的古建筑，旅游公司按照一定比例与所有者分成景区门票收入。部分古建筑户主因产权的私有性使其更注重谋求自身的经济利益，因此私人所属的古建筑往往被经营为家居旅馆。此外，开发主体的繁杂化使开发者难以对古建筑群体进行系统性开发、维护和修缮。村庄的一些古老的房子建筑工艺极具历史价值，建筑局部虽然破损但格局尚存，未能得到妥善维护和经营。

社会空间主要是通过社会关系来体现，因此，社会空间的整治要通过协调各方主体的社会关系来实现。空间规划以村民生活空间为中心，村民提出需求，村委会提供平民话语空间，实现民意化。将村民日常生活感知融入村委会的空间规划，形成村委会-村民协商共治的社会空间。

4. 文化空间的嵌入

文化的空间生产主要有几个方面。首先，文化是以一种不间断的空间生产来维持一种空间的平衡。其次，文化变迁可以通过文化的空间生产来推动。再次，文化的空间生产创造的文化产品主要包括两种，分别是人类文化运动的社会物理结果，以及生产这些文化产品的过程及过程中各种博弈力量的相互关系。"资本"是文化的空间生产中不可或缺的要素，资本影响并决定了不同空间生产主体在文化空间中的地位和作用。

在中国，传统文化主要来源于乡村，乡村在一定程度上沉淀和保留了社会的政治、经济和文化形式，中国优秀传统文化和民族精神深深植根于乡村。在一些传统村落，还保留有历史沉淀形成的文化古迹，如寺庙、祠堂、牌坊等。庙会文化、传统节庆文化，在许多农村地区经久不衰。家族家谱、家规家训、清明祭祖等传统活动一直以来都很受乡民重视，传统的建筑风格，随处镌刻的古典名言、圣贤人物、慈孝故事等在很多乡村随处可见。但加快城乡一体化进程以来，乡村传统文化根基受到严重消解和动摇，逐渐退化到传统惯性当中去，乡村资本空间是推动乡村传统文化发展的基础。

村庄整治开发后，开发者与居民合作将传统建筑开辟为旅游景点，营造乡村文化氛围，整治乡村文化空间。村集体会根据传统建筑的价值进行综合评估，并基于对古村落保护的需求，在现有利用方式基础上对传统建筑进行新的功能定位，引入农村书屋、文化中心等空间功能[24]。在整治后期，部分拥有传统建筑产权的村民在将传统建筑开发为景点的同时将空间功能规划为乡情民宿、农家旅馆等用以获取更大的产业收益。由此可知，当前村庄的传统建筑功能包括文化宣传、社区活动和商业活动等，形成了空间功能多样化的新的复合文化空间。村民与自然和谐相处，临溪建厝、傍山依石、巧用建材，形成溪厝空间和石头屋等特色空间形态；对神明、祖先的虔诚崇拜和宗族血缘的集体凝聚催生了多座庙宇和宗祠，产生了佛教文化、妈祖文化和各种民间传说，它们的存在是一种信仰和精神微反抗，为创意集聚的形成提供了良好的自然和文化基础，也为闽南乡村文化遗产转化为文化资本提供了条件。以"完善文化舞台、共创精神家园"为主题，坚持项目建设与精神建设同步，政府主导与村民参与相结合，科学规划和合理布局乡村文化空间，充分发挥乡村文化大舞台在塑造精神家园、创建乡村文化中的作用。一般而言，文化舞台的建造是利用现有村集体公共空间进行改造翻新，或者根据政策文件要求新建礼堂、舞台和广场，通过风俗礼仪与文体活动的有机融合，有效创建农民的精神家园，重构村落文化空间。根据有关政策文件部署，文化礼堂一般利用墙壁、亭台、廊道等不同空间样式，通过图片和文字来展示村庄面貌、风俗习惯、贤人能事等内容。此外，利用公共场地开展节日庆祝、娱乐节目、体育比赛等各项活动。通过举办各种传统风俗活动，缺失的村庄公共性又觉醒起来，同时为乡村文化的传承找到了一个合适的舞台。支持城市文艺团体下乡，鼓励城市文化机构到农村地区拓展服务，建立城乡一体化的农村公共文化服务体系。在重构乡村公共空间的基础上，建立农家书屋、村文化室等公共场所，引导乡村文化朝着健康的方向发展。新时代的村民发挥村庄公共文化空间生产的主动性和能动性，推动乡村文化朝着多元化方向发展[25]。

6.3.2 污染整治场域嵌入

城市化工业化进程不断加快，推动了经济高速发展、改善了人们生活水平，但同时也破坏了农村的生活环境。主要体现在工业"三废"任意排放所带来的工业污染，大量使用农药、化肥所产生的污染，由此引发的农业面源的严重污染，以及农村农民的日常生活垃圾乱丢乱弃、生活污水随意排放造成的农村生活污染及家禽无秩序、分散养殖导致的养殖业污染等几个方面。这种发展模式短期能给人们带来一定的经济收益，但放眼全局来看，这种通过牺牲环境为代价的发展，结果必将造成农村生活环境的急剧恶化，危害人们身心健康。如今，中国特色社会主义进入新时代，党的十九大提出的乡村振兴战略，更是将建设美丽乡村，开展乡村国土整治，全面提高农村人民生活环境质量放在农村工作的重中之重[26]。

1. 农村生活污染现状

农村生活环境污染主要有农村生活用水污染和农村生活垃圾废弃物污染两大类。随着农村经济的快速崛起，农村居民生活水平得到了显著的提升，同时，人们的生活生产方式较之前也发生了质的变化。生活水平的大幅度提高，物质条件的改善，带来的最明显的变化就是农村生活用水量的急剧增加，自来水、热水器、冲洗马桶等一系列新型生活用具的出现无不改变着农村居民的生活方式，从洗衣做饭、洗漱沐浴到厕所粪便冲洗，这些新型生活用具的广泛使用，在改善人们生活条件的同时也加剧了生活用水量的急剧上升。但农村排污水处理设施并不完善，导致这些大量生活污水未经处理就直接流入地表或沟渠，严重污染了地表水与地下水源。由于农村公共基础设施不完善，管理体制不健全，垃圾回收利用率几乎为零，再加之多数农民受教育水平有限，自身素质低。因此，农村农民的日常生活垃圾便随处乱丢，任意堆放，以至于农村中的河沟已然成为农民日常垃圾的回收站，严重污染农村生活环境。特别是一些废弃塑料袋及废弃电池等不可再生降解材料，如果不合理回收处理，不仅会污染地下水源、破坏土壤酸碱度，而且会减少农作物产量，一旦加以焚烧，所产生的有毒气体及微小颗粒状有毒物体将严重污染大气环境，危害人们身心健康。

2. 农业面源污染现状

化肥、农药大量使用。近年来，科学技术在农业生产方面的普遍应用，为农业生产提供了大量的化肥、农药。农民为了提高农作物的产量，在农业生产的过程中，大量使用化肥、农药，由于绝大多数农民没有经过专业知识的培训，对化肥、农药的使用缺乏科学系统的认知，只是单纯地加大投入量，化肥、农药的利用率较低。过量的使用化肥、农药，不仅会导致农作物减产，而且破坏了土壤结构，导致土地肥力减弱。同时，由于化肥、农药具有较强的挥发性，会严重污染水源与大气环境。不仅如此，这些带有化肥、农药残留的农产品一经食用，会严重影响人们的身体健康。

畜禽养殖污染。随着生活水平不断提高，农民也开始讲究生活质量，不再仅仅满足于之前的温饱，而是注重营养均衡，因此，对肉蛋类的食品需求逐渐加大。近年来，根据当前人们生活水平现状，加之政府的政策扶持，部分农村禽畜养殖业规模逐渐扩大。这在一定程度上增加了农民的经济收入，但是，由于农民自身思想局限性，环保意识较差，只是单方面考虑自己的经济收益，却忽略了禽畜粪便随处排放对环境造成了严重的污染。这些没有经过任何处理的禽畜粪便直接流进土壤表面，或者通过一些简易管道装置直接排放进入农村河沟之中，遇上多雨时节，蚊虫滋生，臭气扑鼻，不仅污染了土壤和水源，还对大气环境造成严重污染，严重地影响了人民身体健康与生活质量。

3. 工业"三废污染"现状

改革开放40多年以来，我国经济持续高速发展，伴随城市化进程的不断推进，城乡二元结构差距越发明显，许多大城市的第一、第二产业开始不断向偏远落后的小城镇转移。乡镇企业迅速崛起，虽然带动了农村地区的经济发展，解决了许多农民就业问题，促进了农民增收，但由于这些乡镇企业缺乏一定的资金技术支持，没有比较完善的管理机制，排污处理设备也比较简易落后，生产带来的污染问题没有得到妥善的处理。导致乡镇企业生产过程中所产生的"废水""废气""废渣"等污染物随意乱排放，严重破坏了乡村的生态环境，部分有毒物质甚至直接排入河流沟渠，严重污染土壤与水源，不仅影响了农作物的生长，而且严重危害农民身体健康。

4. 污染整治行动者网络构成

由于农村生活垃圾含有厨余类有机生物质的比例较高，含水分率也较高，而且掺杂着污水、化学废弃物，其危害性要比城市生活垃圾的危害性大，不仅危害农村的生态环境，更危害农村居民的身心健康，不利于农村生态宜居的建设和发展[27]。主要体现在三个方面。第一，影响村容村貌。农村生活垃圾被随意丢弃、堆放，得不到及时、合理有效的处理，会占用农村土地资源，影响村民的生活、活动空间，造成极大的浪费，而且从视觉上，严重影响了农村面貌。村容村貌是农村发展和建设直观外在表现，乡村振兴战略中对改善乡村的面貌比较重视。第二，污染水体。大部分农村地区的村民，将生活垃圾直接倒于周围池塘或者沟河中；或者垃圾被风吹落到水体中，或下雨天的地表径流携带垃圾进入河流等，垃圾长期的腐蚀降解，会分解出大量氮、磷等营养成分，提高水体的富营养化程度，将会造成水体的污染，不利于水体生物的生长，还会影响村庄附近的饮用水源安全，容易引发规模较大的病毒等传染病。第三，破坏土壤。农村大量生活垃圾没有得到有效清理，以至于村民庭院附近、村庄内外道路两边及一些沟渠和河道里的垃圾遍地，严重影响了农村的整洁度，尤其到夏天，垃圾腐蚀的味道充斥在空气中，农村的生态环境遭到破坏的同时，给村民的身体健康带来不言而喻的隐患，危害人们的身体健康。农村垃圾遍地、污染严重的现状，阻碍了宜居乡村的建设，因此需要重视对农村生活、生产垃圾的治理。

污染整治是乡村国土整治的基本组成部分，整治场域中主要有四个主体，即政府、村委会、企业（即市场）和村民，这是我国大部分农村地区生活、生产垃圾治理得到有效治理的主体保障。随着社会组织的发展及其社会影响力的逐步提高，污染整治的一个新趋势是社会组织的介入，为污染整治场域注入新的力量。政府、企业、村民三者共同发挥作用，再加上社会组织的新力量，乡村污染整治工作才能有序良好推进，乡村振兴中提到的建设宜居乡村也将早日达到目标，如图6.2所示。

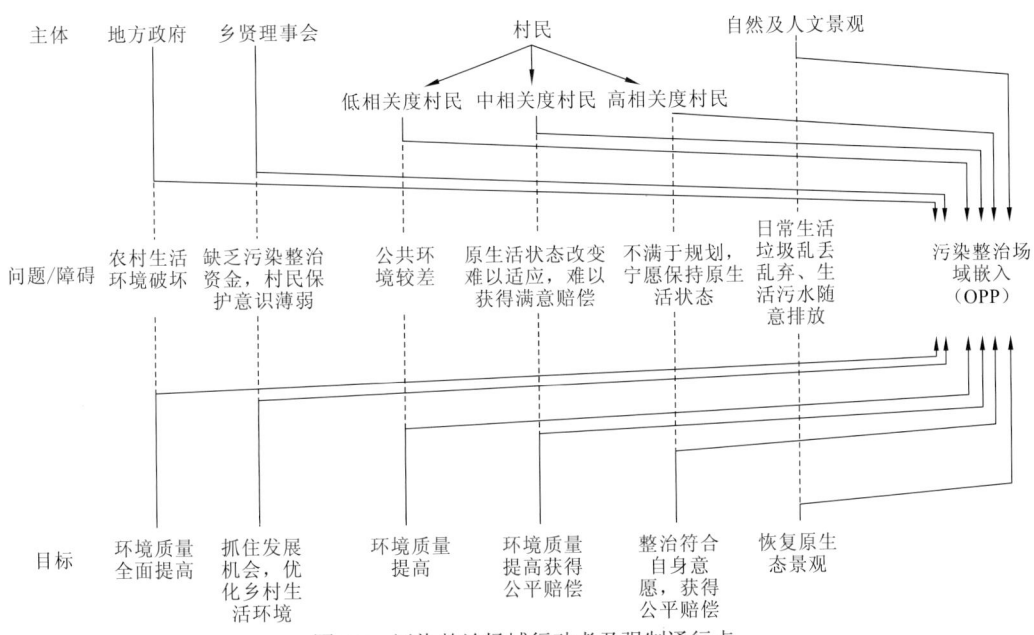

图6.2 污染整治场域行动者及强制通行点

为达成乡村污染整治目标，必须克服以下四个障碍。

（1）农民自身素质不高，缺乏环保意识。由于文化水平不高，大多数农民自身素质较低，环保意识比较淡薄。目光过于短浅，只注重眼前的蝇头小利，忽视了环境污染对子孙后代的危害，不注重可持续发展。因此，在农村中生活污水随意排放，日常生活中乱丢垃圾，禽畜粪便排入河沟，滥砍、滥伐树木，焚烧秸秆现象依然普遍存在。

（2）地方政府不够重视，环境监管体制比较薄弱。我国现有的环境监管体制主要还是针对大城市所存在的环境污染现象建立的，对农村环境污染现象还没有出台比较完善的防护体系。而且，我国农村环境污染种类多、范围广，加上县级监管机构的人员储备相对匮乏，监管力量比较薄弱，没有明确的整治任务方向，经常出现监管盲区。

（3）环境治理法律法规不健全。我国关于农村环境污染治理的相关政策法规本身就不完善，而我国农村环境污染现象又非常严重，类别多、范围广，如：农业面源污染、乡镇企业的工业"三废"污染、农村生活污水与生活垃圾污染都是亟待解决的污染问题，这就需要有关部门制定相关的政策法规进行依法监管，保证农村环境污染治理工作有序开展。

（4）城乡二元结构，农村治理资金不足。近年来，我国环境污染防护资金主要应用到大城市和工业上，经济发展呈"城乡二元化"结构，针对农村环境污染治理的资金投入严重低于城市。乡镇环境污染治理资金的来源主要是县级财政机构的拨放，但大部分县级财经资金都比较匮乏，因此，投入乡村环境污染整治的经费更是屈指可数，这些进一步制约了农村环境污染整治。

6.3.3 人居环境整治场域嵌入

乡村人居环境整治以生产、生活条件明显改善为目标，以田水路林村综合整治活动为乡村治理内容，为建设美丽乡村提供物质基础。改善乡村人居环境需要建设规范完善的住宅、道路交通系统，安全的饮水设施，稳定的供电网络，排水系统等基础设施。这些设施是保障农村居民生活、生产便利，提供安全、洁净环境里的物质基础。本小节将人居环境整治分为生产空间和生活空间整治。

1. 乡村生产空间整治

乡村生产空间为村民提供了基本的生活保障，通过使用适宜生产技术、提高生产组织的社会化与管理的科学化水平，也可以提高土地产出率、资源利用率与劳动生产率。乡村生产空间整治基于规划引导、市场机制，统筹城乡生产力布局，按照集聚发展、集约经营的原则，力图实现城乡经济的统筹发展。具体而言，应编制和实施城乡一体化空间布局规划，将生产发展相对低端、对农产品的依赖性较强、劳动密集型的产业适当集聚布局在农村地区；将技术密集型、资金密集型的高端产业布局在城镇地区，实现农村与城市地域上的有序分工协作。通过开展农用地整治，按照"田成方、树成行、路相通、渠相连、旱能灌、涝能排"的标准，大规模建设高标准集中连片的基本农田（图6.3），便于实现农业的规模经营，并建立相应的农业生产基地。通过开展工矿用地整治，使工业发展走园区化之路，向工业园区集中。同时，乡村服务业走集聚化之路，向商贸区集中。非农产业基地（如园区和商贸区）应集中布局在区位条件优越、交通和通信等基础设施完善的地区，农业生产适当远离城镇和中心村建设区，以防止优质耕地被非农占用。农村经济合作组织、专业合作社和产业协会等应针对性地重点围绕土地、劳动力和资金等农村发展基本生产要素，通过创新不同的生产要素优化配置模式，引领农民广泛参与社会分工和产业协作，优化重构集约高效的乡村生产空间[28]。

图 6.3　农用地整治后效果图

总的来说，生产空间整治的基本目标是田块相对规整，土地适度集中连片，配套完善农业基础设施，进而引导区域农业资源优势向产业优势转化，农业生产方式向产业化、机械化作业方式转变，主要围绕田块平整、渠网配套、道路通畅、布局优化的要求，重点推进农用地及其附属设施资源整合，在农地利用空间中统筹实施耕地集中连片整治与农田基础设施建设，为实现农业产业化与现代化提供资源载体，创新土地及其附属资源要素的配置模式，构建土地适度规模化、农业机械化、种植产业化、服务信息化的集约高效的生产空间。

2. 乡村生活空间整治

乡村生活空间是村民赖以生存的基本空间，完善农村基础设施，引导公共服务和环境保护设施在农村社区配套是乡村生活空间整治的基本目标，力图改善农村社区人居环境提供支撑平台，优化农村聚落布局，引导人口适度集中居住，完善配套基础设施和公共服务，构建设施配套、功能齐全、宜居适度的生活空间。

3. 人居环境整治重点

乡村人居环境整治的本质特征和最终使命是调整人与地的关系，并依据人口增长、经济发展、社会进步的客观需求及资源环境的现实状况和科技进步的可能，对人地关系作出统筹安排。乡村人居环境整治的目标应坚持人地关系系统正向反馈的调控方向，以人地协调为引导，遵循工业化、城镇化快速进程中人口的迁移变化规律，以保障粮食安全、食品安全，推动农业现代化发展，进一步支撑美丽乡村建设，优化城乡发展空间。乡村人居环境整治类型、目标和整治重点如表 6.1 所示，整治主体及其行为如图 6.4 所示。

·219·

要节点详细设计等。⑤生产性景观整治规划。包括农田、果园、鱼塘（场）、牧场等生产性场所景观的范围界定、分类建设指引、产业布局和农旅设施配置等。⑥历史文化遗产保护与利用规划。包括物质载体的历史文化遗产的现状分析及评估、保护措施、整治利用指引；精神载体的历史文化遗产调查分析、传承与创新的措施、途径等[31]。

图6.5 沟渠整治前后对比照

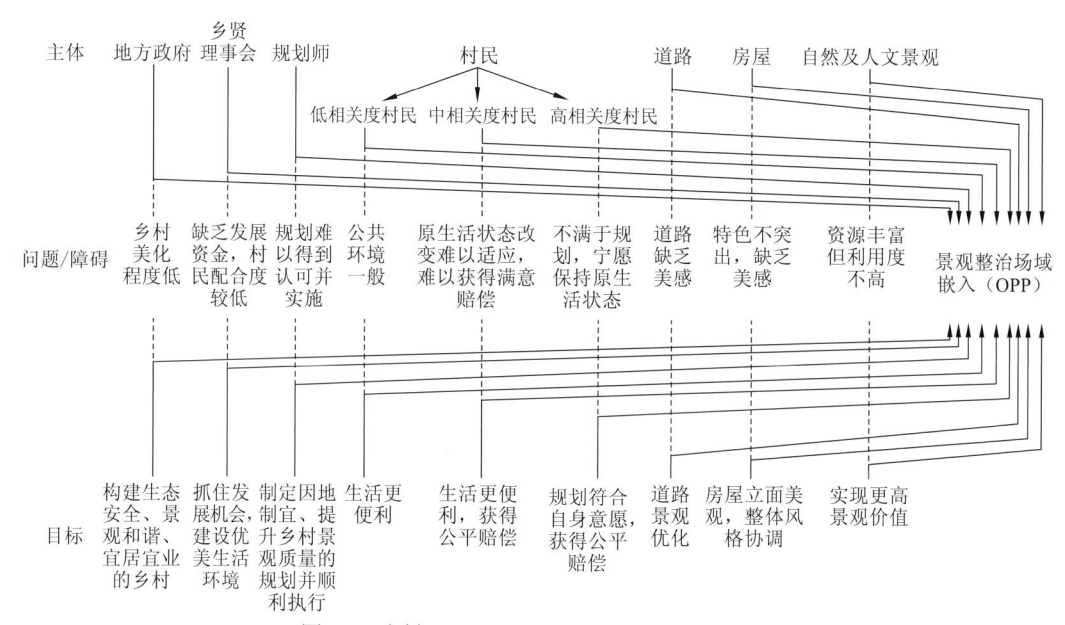

图6.6 乡村景观整治场域行动者及强制通行点

6.4 乡村国土整治场域治理

乡村国土整治场域结构复杂，治理场域的形成议题不同，其参与的行动者不同、问题及障碍也有所差异，再由于各乡村的人文、自然和经济现状必然不同，乡村国土整治场域治理会形成多样的乡村治理场域主体和制度。共建共治共享理念贯穿乡村国土整治整个过程，在不同场域治理中都有所体现，本节将论述共建共治共享场域治理的内涵与逻辑，并列举闽南乡村治理中典型的治理主体、制度及运行过程，以窥见乡村国土整治场域治理过程。

6.4.1 基本概念

治理场域的结构包括三个方面。一是治理场域构成主体。治理中的多元行动主体至少包含党组织、行政部门、市场单位、单个与组织化的公民，治理场域就是这些行为主体在处理公共事务中形成的关系网络和行为模式，每个能动主体在场域中都占有特定的位置。二是治理场域形成的原因。治理场域的形成既可以是基于地理空间的，如基层区治理场域；也可以是基于议题形成的，Hoffman 认为："场域不仅是围绕技术和产业形成，它还围绕吸引不同领域、具有不同目标的行动者的议题形成；议题界定场域，形成之前未出现过的联系。"如环保抗争议题治理场域、食品安全整治治理场域等，我国社会转型背景下，基于议题的治理场域迅速增多。三是治场域运行的制度。治理场域中的能动主体占据不同的位置，彼此之间具有不同的关系，那么其互动的行为依据是什么呢？要维持互动的持续和稳定，能动主体行动依据必须是相对稳定的、获得普遍接受和认可，实际上这种依据就是治理场域中的正式、非正式的规则、惯例、信念与制度。行动者只是构成治理场域的物质性要素，而精神性的制度要素才是赋予治理场域以生命和动力的关键[32]。

制度经济学、社会学制度主义、政治学新制度主义虽然有不同的哲学基础和因果过程，但这些研究总体上共同复兴、深化了制度研究。Scott 总结了不同流派对制度的定义之后，将其定义为制度包括为社会生活提供稳定性和意义的规制性、规范性、文化-认知性要素，以及相关的活动与资源。在 Scott 的定义中，制度的三大基础性要素是规制性要素、规范性要素和文化-认知性要素（表 6.2）。

表 6.2　制度的三大基础性要素

项目	规制性要素	规范性要素	文化-认知性要素
遵守基础	权宜性应对	社会责任	共同理解、视为当然
秩序基础	规制性规则	约束性期待	构建性图式
扩散机制	强制	规范	模仿
逻辑类型	工具性	适当性	正统性
系列指标	规则、法律、奖惩	合格证明、资格承认	共同信念、共同行动逻辑
情感反应	内疚与清白	羞耻与荣誉	确定与惶恐
合法性基础	法律制裁	道德支配	可理解、可认可的文化支持

注：数据来源于文献[33]

6.4.2　乡村共建共治共享场域治理

1. 乡村共建共治共享治理内涵

党的十九大报告提出："打造共建共治共享的社会治理格局"，这是党经过十几年的理式基本适应人民群众单一的物质文化需要的供给,但随着人民需求向着多样化、优质化、个性化的发展,对公共服务、社会治理提出了更高的要求。共建共治共享治理格局是满足人民对美好生活需要的现实回应。一是共建是实现人民对美好生活需要的前提和基础。"人民既是提出美好生活需求的主体,也是参与为他人和社会创造美好生活需求的客体",人人参与、人人尽责,共同决策、责任共担,才能反映、维护不同阶层和群体的利益诉求,实现共享[42]。二是共建治共享治理模式有利于提供多样化、多层次、立体化的公共服务和公共产品,满足人民高品质的生活需求。传统治理框架下,政府作为唯一的供给主体,提供的公共服务和产品品种单一、短缺,质量粗劣,而多元主体共建共治能有效应对民众全面、优质的需要,回应性强,有利于形成竞争态势进而提高产品和服务质量及个性化特征。三是共建共治共享治理模式促进了公众参与公共政策的制定和公共事务的管理,通过协商、对话、讨论使个体偏好趋向一致以达成共识,既符合多数人的利益关切,又兼顾社会弱势群体的合法权益,有利于破除阶层结构失衡的弊端,实现公共利益最大化。

3. 共建共治共享的主体诉求

人民主体论是马克思主义唯物史观的重要组成部分,马克思以人的现实性和人的利益需求为切入点,指出人民群众是历史的创造者和推动社会发展的基本力量。中国共产党始终恪守这一基本点,坚持执政为民宗旨、保持与人民群众的血肉联系。共建共治共享的突出特征和核心理念体现为"共"字,指广大人民群众共同进行社会建设、共同参与治理和共同享有成果,人民群众是共建共治共享构建的主体要素和基础条件,紧紧依靠人民群众推动社会治理现代化进程。

1)人民群众社会化参与对现代治理的形塑

社会民众的政治参与及与政府协同合作是现代治理的基本意蕴,充分展现了对人民主体地位的肯定和对人民群众首创精神的尊重。一是促进共治格局的构建。合作共治是现代治理的鲜明特色,它内在要求社会各方面的积极参与,以形成网络化的治理主体结构和多层次的互动合作关系。人民群众广泛而有序参与公共事务治理有利于实现主体多元化,是共治架构形成的关键要素。二是增强公共决策的正当性、科学性。公共决策正当性依赖人民群众的认可和支持,科学性也要从人民群众的实践中获取,符合人民群众的实际需求和切身利益。在基层社会治理中,公共产品和服务的供给、公共政策偏好关系本地居民的实际利益诉求,各相关利益群体参与公共决策的制定和执行能够准确反映民意、满足群众关切,增强公共决策群众认同基础、提高科学性。三是弥补政府治理不足。当前中国社会正处在改革的攻坚期和深水区,各种矛盾凸显利益格局错综复杂,改革任务艰巨繁重,社会公共问题盘根错节。僵化于政府单一管控不仅会出现治理低效的困境,还可能导致政府公信力降低,或由于政治沟通障碍引发社会冲突、增大社会风险几率。社会公众参与的现代治理结构通过政治系统与民众或各利益相关者的平等协商、真诚对话和理性反思形成民意聚合,共同解决公共问题,克服政府一元治理的有限性,同时有利于形成广泛的共识、夯实公共政策的群众基础,缓解行政压力,增进政治行为和决策的合法性。

2)人民群众参与治理凸显了以人民为中心理念

共建共治共享关键要旨在于广大人民群众的参与和全体人民在发展中体会到更多获得感,是以人民为中心的实践体现和策略选择,是人民主体地位的彰显。习近平指出:"人民是创造历史的动力,我们共产党人任何时候都不要忘记这个历史唯物主义最基本的原理。"人民群众是一切社会活动的主体,坚持唯物史观就要树立人民主体地位思想,这是中国共产党人始终不渝的执政追求,共建共治共享社会治理模式正是对此的现实观照[43]。共建共治共享为组织、鼓励广大人民群众参与社会主义现代化建设提供了制度支持和保障,构建起了以人民为中心的、凸显社会主义本质特征的社会治理模式。"让政府、企业、社会组织、群众等主体在党的领导下都广泛参与社会治理,努力做到治理问需于民、问情于民、问计于民,尊重并落实人民群众的知情权和参与权,是现代社会治理必须遵循的基本要求[44]。"在共建共治共享的治理框架下,广大人民群众成为公共事务的积极管理者和主体,对公共决策产生了重要影响,使人民当家做主地位更加凸显。

4. 乡村共建共治共享治理格局

(1) 制度保证:搭好共建框架。如何使得共建格局稳步形成,必须设立好相关制度,制度先行以搭好共建框架。通过制度的设置避免以往政府党政部门一揽子包揽的"一元主导治理模式",设立分管机构,将党务部门的工作分管出来,充分发挥社会组织、村民等的作用,并且开展多样化的村民自治活动,培养村民自治意识。从制度上进行把控,让制度作为共建的保障,对机构设置、职权职责等进行划分。一是要理清共建主体,从制度上明确好社会组织、村民、村委会等的职能,并在政府、党委、村委的把控下将部分职能让渡给社会组织,形成多主体共治的局面。同时,要保证制度在实践中得以修正和完善,让共建制度落地实施,培育起乡村治理的共建意识。例如厦门山边村在共建共治共享格局打造时成立了村民议事会、乡贤理事会和道德评议会"三会"农村基层社会组织,弱化一元领导,加强多元参与。二是要完善共建架构,在制度保证的情况下,通过理清政府、村民、社会组织、村委会的机构设置及利益关系,界定好各方职责,确立好职责边界,完善其共建的架构。厦门市东孚镇在进行共建共治共享社区格局打造时,建立镇村企"命运共同体"共建机制,理清各方的职责并成立内设机构,梳理各方职责关系,各司其职,形成良好共建局面[45]。

(2) 多元参与:促进共治发展。共治即社区事务共同治理。政府不可能将所有的事都做好,加之社区事务中杂事多、突出矛盾较多,多方力量制衡。不能仅仅只依靠政府自上而下的管理,必须考虑其中社会组织的参与及村民的诉求,让各方主体积极参与,让村民参与治理过程,提高社区治理的有效性。一是加强社区多元联动,协调共治。打破以往的单一的唯命令式社区治理,提高各主体的积极性共同参与治理,各方平等负责其职能范畴,发挥村民、社会组织、村委会等的不同职责,形成优势互补,多元共治。例如,厦门寨后村在进行乡村国土整治时,根据市委"美丽乡村共同缔造"总体要求和区委"美丽厦门健康生态新海沧"总体布局,坚持以"美好环境"为基础、以"惠民利民"为切入、以"同驻共治"为核心,以"网络化微自治"为支撑,以生态业发展为基础,建设"共谋、共建、共管、共享"的社会价值体系,形成"党组织引领、村级自治、群众参与、统筹协调"的多元共治局面。二是推动社区多元主体参与,政府应该为多主体参与共治创建更多的渠道及平台,整合各类资源优势互补,实现良好的共治机制。如洪塘村在进行乡村国土整治时,设立洪塘村两委会、村民议事会、乡贤理事会和道德评议会,多方主体诉求得以表达。现今社区多元共治的平台和渠道还可以增加,使信息更加畅通,信息的快速采集、交流和反馈能够更好地促进共治局面的发展,全面推进乡村社会治理和服务三个方面。

（3）社区认同：提升共享动力。共享是愿景，注重治理后的成果共同享有，除建立好相应的共享机制外，培育共享意识尤为重要。社区治理的目的就是要通过相应的机制能够使参与共建共治的人共同享受治理成果，这也是共建共治共建社区治理格局的最终目标。一是要提高村民的社区归属感，提高村民的公共参与意识。提高村民的参与意识和归属感，必须建立在共建共治的基础上。因此，要多搭建多主体参与的平台及渠道，多开展相关活动并加强宣传，提高村民的归属感及对于社区事务的参与意识，营造社区是我家，幸福靠大家的良好氛围。厦门市山边村微梦圆愿小屋爱心基金会、洪塘村温馨夕阳工程等都是培育居民社区归属感的体现。二是要提高居民的社区认同感及共享意识。社区参与在不断生产和再生产居民的社区认同感，同时在活动参与中增强了社区参与的价值感和使命感。因此，要积极号召村民参与社区活动。社区认同感是居民参与社区治理的情感源泉，只有广大居民产生较强的社区认同感时，才会积极主动地参与到社区治理当中，社区共建共治共享格局才能拥有源源不断的持续的动力。治理活动见图6.7。

图6.7 共建共治共享场域治理系列图

6.4.3 场域主体之规划队

乡村国土整治过程中规划师是场域运行的关键角色，由于不同地区各个乡村的资源禀赋、乡土人情及整治愿景存在差异，规划队需依据其他规范、标准，因地制宜地进行设计，缺乏统一的运行制度。本小节根据相关资料查阅及现场调研，总结治理场域运行制度如下。

城市绿地分类标准，城市绿地设计规范，城市绿化条例，城市道路绿化规划与设计规范，城市居住区规划设计规范，城市绿化条例，城市绿线管理办法，风景名胜区规划规范，公园设计规范，国家森林公园设计规范，建筑场地园林景观设计深度要求，园林电气规范，园林规范标准，园林景观工程电气设计，园林景观中的电气设计。规划队参与乡村国土整治的整个过程，从方案设计、可行性调查至整治成果维护，规划队是至关重要的先行者及守护者。由于乡村整治的相对独立性和不可复制性，不同村庄的整治过程差异较大，本小节以翔安区莲塘社区为例，详细展示乡村整治某一阶段的治理过程。

6.4.4 场域主体之工商资本所有者

1. 治理动机

工商资本所有者的动机是追求资本增值、利益最大化。随着中国土地市场逐步形成，土地的投资价值越加明显。政府政策支持乡镇企业，重视乡村整治项目，大大调动了工商资本所有者的投资积极性，为追求剩余价值、自身利益最大化，许多企业进驻乡村，投资建设新型社区、村庄改造等项目，欲深入挖掘村文化底蕴，与当地自然、人文资源相结合，建设美丽乡村。

企业（资本）作为乡村建设的外源性动力，既要对乡村经济发展做出贡献，又要受到乡村环境、乡村文化等差异性空间的制约，带头建立乡村开放性空间；第三方技术咨询机构作为持有公平、公正立场的，为乡村长期可持续发展为目标的经济、社会、工程技术的科研单位介入乡村建设。企业作为资金投入方和组织生产方，对村庄的发展投入资金和技术，开拓农村市场，以期获得投资预期回报和良好的社会形象。

2. 治理制度

（1）不断挖掘和发展乡村产业。在发展三农方面，农业发展为农民增收和农村稳定提供了基本保障。发展和建设乡村产业，利于扩展农民的增收渠道，因此大力发展乡村产业，仍然是我国目前解决"三农"问题的重要路径。目前，乡村社会治理精细化发展，必须不断挖掘和发展乡村产业，努力实现乡村产业现代化的目标，为乡村和乡村人民的发展夯实基础，提供强有力的动能。各乡村地区要坚持精准发力的原则，通过实践调研等科学民主的方式，挖掘和选择适宜自身发展的产业；政府要完善乡村产业供给侧结构性改革和相关的支持保护制度；依托现代科学技术，不断促进乡村产业实现转型升级[46]。

（2）增强地区经济发展活力，切实落实好现有的鼓励自主就业创业政策。坚持三产融合，把旅游业等第三产业作为主导产业，支持发展茶叶、水果采摘等配套相关产业，加强技术创新，大力发展农家乐等生产性服务行业，形成具有地方特色的产业发展模式，促进乡村经济发展转型升级，扩大农民就业和创业机会，吸引乡贤能人返乡并防止村庄人才流失。今后应加快资源整合步伐，鼓励农民创新创业，支持项目进村，统一协调整合项目、资金、人才等，形成各部门相互协调的联动局面，简化政策和手续，适当降低准入门槛，让政策真正发挥其应有的效果。

（3）提高乡村教育投入，增强乡村社会治理的内生力量。乡村社会治理水平在一定程度上与村民综合素质有着直接关联。当前，随着城乡一体化进程的推进，越来越多的乡村精英人才流向城市，留在城市，这使得乡村民众文化水平和综合素质低的状况更加显著。研究表明，知识是有助于形成政治技能的政治资源。坚持共建共治共享的发展理念，村民参与乡村治理，发展成果由村集体成员共享，政府应加大对乡村教育资源的投入力度，鼓励优秀大学生去往偏远山区支教，提高乡村教育水平，不断增强乡村有效治理的内生力量。

（4）加强健全乡村社会保障机制，提升村民幸福感。当前，随着城镇化的发展，大量年轻农村劳动力进城务工，使得乡村逐渐出现空心化、老龄化、儿童化现象，给乡村带来一系列社会问题。在共享发展理念下，加快缩小城乡差距，坚持共享的理念，形成良好的社会治理。因此，政府应该加快建立健全对乡村的财政投入机制，加快乡村医疗保险、社会保险、养老保险覆盖范围、加大公共卫生与公共安全资金的投入力度，发挥其在社会资源配置中的重要作用，建立健全乡村社会保障机制，让乡村居民和城镇居民享受一样的社会福利待遇和社会保障，回应乡村民众的利益诉求[47]。

6.4.5　场域主体之党员委员会

1. 幸福义工治理场域形成原因

在农村基层党员中开展"幸福义工"活动，是为在厦门市海沧区东孚镇大力弘扬"奉献、互助、友爱、和谐"的精神，充分履行党的全心全意为人民服务的宗旨，在农村中树立"人人为我，我为人人"的和谐共进的道德风尚和社会责任感，让东孚镇人民充分体验到社会进步带来的时代幸福感，在参与活动中巩固全镇党和群众的血肉联系，加快全镇的社会发展步伐。农村党员比重大、影响大、作用大、潜力大，是东孚镇党员队伍的主体，发挥好他们的作用一方面可以改善农村党员队伍的整体形象，另一方面可以加强党在群众中的威望和基层政权的稳定。目前农村党员队伍还存在一定的问题，有些党员政治素质不高，党的观念淡薄，发挥先锋模范作用不明显等，这些党员不会、不能、不敢、不愿发挥作用，特别是在一些关系个人利益的问题上，思想觉悟低，影响了农村党员队伍整体的先进性。通过活动的开展，把东孚镇广大农村党员聚集在镇党委的周围，进一步凝聚党心、汇聚党智，提高适应新形势新任务的能力和水平，增强"讲党性、重品行、作表率"的历史责任感和使命感，发挥先锋模范作用，肩负起历史的重任。

2. 幸福义工治场域运行制度

1）指导思想

高举中国特色社会主义伟大旗帜，以《党章》和十八大精神为指导，运用幸福心理学的理论，组织农村党员通过以"幸福义工"的形式，深入家家户户进行思想疏导和心理辅导，弘扬"奉献、互助、友爱、和谐"精神，帮助村民解决思想问题和实际困难，让广大村民感受社会进步带来的幸福；传播党"为人民服务"的宗旨，把党员和群众密切联系起来，把农村的各项社会事务落实到村民的幸福感上来，进一步发挥党支部的战斗堡垒作用和党员的先锋模范作用，把村民的创业积极性引导到正确的道路上来，让群众积极投入共建幸福和谐的社会主义新农村中来。

2）基本原则

（1）坚持自愿参加与组织引导相结合。激发广大党员履行党员义务、服务群众、奉献社会的自觉意识，全镇所有党员自愿加入"幸福义工"组织，在镇村两级党组织的领导下，有计划、有组织、有针对性地开展义工服务活动，为群众理心气、解难事、做好事，为社会公益事业献爱心、作贡献。

（2）坚持集中活动与分散活动相结合。以党员各自联系的群众对象为主，结合支部安排开展义工服务，主要针对群众生产生活和社会生活中亟须解决的思想问题和实际问题，把义工活动延伸到群众生产生活的各个角落。各党支部要根据各个时期的工作重点，把集中活动与分散活动有机结合起来，分块组织、创新形式、富有特色地开展幸福义工行动。

（3）坚持力所能及与长期服务相结合。在研究确定幸福义工活动服务内容时，要根据服务对象的服务要求与幸福义工的能力和水平，尽可能地满足服务对象的要求，而且要坚持长久，不搞"一阵风"，真正帮助服务对象解决思想问题和实际困难，真正抓得长久、抓出实效。

3）幸福义工的权利、义务及要求

（1）权利。参加党支部组织的党员幸福义工服务活动；接受相关的服务培训；对本项活动提出意见和建议；参与自愿、退出自由。

（2）义务。严格遵守党组织和幸福义工的各项规定；履行党员幸福义工作出的承诺，完成党组织安排的各项服务工作；不得以党员义工身份从事任何以营利为目的或违背社会公德的活动；尊重服务对象，保护服务对象的个人隐私；自觉维护党组织、党员幸福义工和党员队伍的良好形象。

（3）要求。自觉带头学习和宣传党的方针、政策；带头参加社会服务；带头帮扶困难家庭；带头协调邻里关系；带着维护社会治安；带头遵守社会公德；带头参加村集体组织的文体活动；带头创建文明家庭。

4）幸福义工加入条件、方式及职责

（1）加入条件。党组织关系（临时组织关系）在东孚镇的中共正式党员、预备党员和入党积极分子，或在东孚镇登记的流动党员；政治思想素质好，工作能力强，热心公益事业，自愿参加义工队伍，接受各类培训；有无私奉献精神，身体健康，具备自愿服务活动相适应的基本素质和技能；遵纪守法，廉洁自律。

（2）加入方式。个人自愿向党支部党员幸福义工站进行申请、登记，签订承诺书，领取徽章和工时登记本。

（3）职责。党员幸福义工以联系户为主要服务对象，兼任一个专业义工组开展服务工作，每月服务时间不少于20小时。

3. 幸福义工治理过程

1）治理行动

（1）政策法规宣传。利用各种途径及时向群众宣传党和国家的法律、法规和各项方针政策，上级党委、政府的政策规定，党支部、村委会的重大决策等，协助做好群众思想政治工作。

（2）民情民意收集。经常性地入户走访，随时掌握服务对象的思想动态，了解群众疾苦；听取群众意见，及时反映群众心声，为村"两委"决策提供参考和服务。

（3）公益设施维护。加强对各类公共设施的管理和维护，如健身器材、宣传栏、广告栏、活动室设备、公园绿地等。

（4）校外护导。每天学生上、下学期间，协助维护好学生下车秩序及学校周边家长停车秩序，检查校园周边安全情况，营造良好的校园周边环境；帮助有需要的家庭做好学生的接送工作等。

（5）交通宣导。开展道路交通安全知识宣传，每天交通高峰期，在重要路口、路段协助维护交通秩序，劝阻交通违法行为，有效遏制和避免各类交通事故的发生。

（6）扶贫助困。对本村老年人、残疾人、困难家庭等特殊群体加强帮扶与救助。

（7）应急服务。结合重大活动及些急难险重任务的需要，组建应急救援义工服务队，在防汛抗旱、抢险急救、重大活动中及时开展各种应急服务，推动广大党员义工在重大活动和其他急难险重任务中冲在前、作表率，真正成为"推不垮、打不倒"的战斗堡垒和先锋旗帜。

（8）其他服务。其他需要提供的服务。

2）治理形式

（1）日常式服务。打破节假日、休息日界限，采取党员义工日工作制度，由村党支部安排党员义工轮流接待群众来访，解释有关政策，介绍村务工作开展情况，帮助解决困难和问题。

（2）上门式服务。即针对老弱病残、留守儿童、空巢老人等弱势群体的服务需求，到有需要的群众家中提供服务。

（3）定点式服务。群众可以根据党员义工的特长，选择服务项目和人员接受定点服务。

（4）代理式服务。党员义工依托镇党员服务中心和为民服务中心，为群众提供优质、高效、便捷的代理服务。

（5）集体式服务。根据群众需求，结合村党支部党日活动，由党支部组织全体幸福义工工集中为群众进行服务。

4. 乡贤理事会治理场域形成的原因

厦门市海沧区东孚镇山边村乡贤理事会，以参与农村公共服务，开展互帮互助服务为宗旨的公益性、服务性、互助性的农村基层社会组织，以自然村为主要活动区域。力图民事民办、民事民治，通过协助调解邻里纠纷、协助兴办公益事业、协助村民自治，推动群众参与农村基层社会建设及管理，"共谋、共建、共管、共评、共享"美好幸福家园。

5. 乡贤理事会治场域运行的制度

（1）组织机构。乡贤理事会发起人由山边村委会推荐；设理事长1名、副理事长2名，经乡贤理事全体成员以无记名投票形式选举产生；执行机构、最高权力机构是理事成员会议；理事长、副理事长，任期三年。

（2）工作制度。理事成员会议，理事会会议须有2/3以上理事出席。每年要召开理事会总结大会。会议由理事长也可由理事长委托的副理事长召集，会议的议程由理事长拟定，其决议须经到会理事半数以上同意方能通过。理事会会议要发扬民主，对议题进行充分协商讨论，全面反映各方面的意见和建议。理事会每年年终召开总结大会，以"满意、基本满意、不满意"三个等次，对理事履职情况开展评议活动，被评"不满意"超半数者，理事资格自动丧失。

（3）资金管理。资金来源有理事捐赠、社会捐助、政府资助、利息；资金必须用于本章程规定的业务范围，不得在理事中分配；必须建立规范的财务管理制度；资金使用必须经理事长、副理事长会议同意后方可开支；每年至少公示一次财务情况。

（4）理事权利。理事会的选举权、被选举权和表决权；参加本会的活动；对本会工作的批评建议权和监督权；入会自愿、退会自由。

（5）理事义务。积极支持参与公益事业建设；发动群众参与公益事业建设；完成本会交办的工作；加强与广大会员和村民朋友的联系，及时反映他们的意见、建议和要求。

6. 乡贤理事会治理过程

（1）协助发动群众申报和建设竞争性"以奖代补"项目、村级公益事业建设一事一议财政奖补项目；协助开展信用户评定工作。

（2）协助开展弘扬优秀传统文化，促进奖教助学和乡风文明；协助落实居民公约，促进乡村治理。

（3）协助组织村民代表或户代表集中议事。

（4）其他事项。

7. 低保评议民主票决治理场域的形成原因

为进一步完善山边村城乡居民最低生活保障制度，规范纳保退保行为，完善村级民主评议程序和村民自治机制，做到公正、公平、公开，真正实现困难群众能够应保尽保，东孚镇党委研究决定以山边村为试点，推行城乡低保民主评议票决制度。

8. 低保评议民主票治理场域运行的制度

1）指导思想

以加强城乡社会救助体系建设为前提，提高低保工作规范化、科学化管理水平为目标，努力使低保民主评议工作符合政策条件、符合群众意愿、符合家庭实际，达到低保对象确定真正符合村民的意志，得到村民代表的有效监督，确保公平、公开、公正确定低保对象，减少党群干群矛盾，促进社会和谐、维护安定稳定。

2）评议内容和对象

原低保户：还未享受低保待遇但符合城乡低保条件，且个人提出申请的城乡特困家庭。

3）基本原则

（1）实事求是原则。在票决中，村民代表对票决对象采取坚持实事求是、保证客观公正的原则，公平地对待每个票决对象。

（2）逐户公开原则。对票决对象要逐户公布家庭收入、家庭人口及困难情况，使每位代表全面了解每个票决对象的基本情况，从而做出正确客观公正的评议。

（3）一人一票原则。在票决时，每个村民代表只能投一票，因故未出席的会议代表不能委托他人代为投票。填写确有困难的，可委托他人成由村党支部、村委会指定专人按其本人意愿现场填写。

（4）唯一意愿原则。票决意见分为同意、不同意和弃权三种，村民代表对某一户需要表决的对象，只能选择"同意""不同意"或"弃权"。对票决对象表达两种及以上意愿的，视为无效票。不表达意愿的视为弃权。

（5）票决计数原则。召开村民代表大会票决时，首先应核实到会代表人数，到会代表不得少于代表总数的三分之二，票决有效。在上级下达的年度动态管理指标范围内，按照票数高低，产生纳入低保的申请人名单。

（6）公开计票原则。会议在村党支部的领导下进行，推荐监票人和计票人，汇总表决票，并现场集中计票、汇总，保证审议票数的公开透明。

4）工作要求

（1）高度重视，加强领导。镇党委、政府要高度重视，切实加强领导，把握好工作方向；要在认真调研的基础上，制定切实可行的工作方案；要加强指导，帮助村级组织认真做好票决前的准备工作，对于票决过程中出现的比较集中的问题，要认真研究，妥善处理，不断丰富和完善票决制度。

（2）加强教育，注意引导。镇村党组织要加强对村民代表的教育培训，不断提高村民代表的法律意识和依法履行职责的能力；要教育村民代表树立大局意识，引导村民代表正确行使民主权利，从维护全村发展稳定的大局参与村级事务的决策，对村级低保评议做出客观、公正的决策；要动员村民代表在决策前积极深入群众中，向群众征求意见和建议，做好宣传和解释工作，统一思想，完善方案，使真正对全村发展有利的重大事项在表决时能够得到顺利通过，在实施过程中能够得到广大群众的支持和拥护。

（3）认真负责，加强监督。按照要求和程序抓好村民代表大会评议票决制的落实。包村领导要参与低保民主评议表决大会，在票决中教育引导村民代表，本着对村、对家庭、对个人负责的态度，实事求是的表明自己的意愿，认真填写表决票。民主评议票决可邀请人民代表、村低保评议小组成员等对象参与，切实做好公众参与和舆论监督。

（4）规范程序，确保稳定。对票决对象一时有争议、难以做出决定的，可暂时停缓审议，待进一步摸清情况后，再进行票决审议。要保证村（居）民代表到会人数，保证表决按照要求进行。

9. 低保评议民主票治理过程

1）方法步骤

（1）村干部、网格员、民政辅导员等入户走访调查，广泛宣传，讲解低保资格条件、分类施保、动态管理等有关政策。

（2）村级乡贤理事会对申请对象进行审议，以户为单位初步确定进入评议票决的低保对象名单。

（3）将拟进入评议票决的低保对象名单在村务公开栏上公示三天，接受群众监督。公示期间，群众反映强烈的不符合条件的对象应剔除，对遗漏的符合条件的对象可让其进行申请确定。

（4）公示后最终确定评议对象，提交村民代表大会进行票决。

（5）评议票决结果在村务公开栏上公示七天。

初始阶段，要针对低保民主评议票决工作成效，进一步征求百姓和低保户意见，不断完善评议和票决过程中的科学性、合理性，切实做到应保尽保，探索总结全面推广低保民主评议票决工作的有效机制。

2）票决程序

召开村民代表会议对村级重大事项进行票决时，按照下列步骤进行。

（1）主持人宣布会议议程，报告村民代表的应到会人数，实到会人数，同时对未到会村民代表的原因进行说明。

（2）由党支部将重大事项的提议情况、有关政策、征求意见情况、公示情况等向村民代表会议进行通报，提出需要决议事项和决议草案。

（3）组织与会人员进行讨论，发表意见，村"两委"干部或有关人员负责答疑和解释，形成比较一致的讨论意见。

（4）主持人宣布两委会关于监票人（2人）、唱票人（1人）和计票人（1人）建议人选名单，提交村民代表会讨论通过。

（5）由唱票人和计票人领取、分发表决票。

（6）主持人作填写表决票的说明。

（7）村民代表填写表决票，投票。

（8）唱票人和计票人清点收回票数，确认票决是否有效（如收回票数多于发出票数，本次票决无效，应重新投票）。

（9）当场唱票、计票和汇总、填写《低保民主评议票决情况汇总表》（一式两份，其中一份报镇党委备案），监票人、计票人和唱票人分别在《低保民主评议票决情况汇总表》上签字。

（10）由监票人报告计票情况。

（11）主持人宣布票决结果，做出决议。

6.4.6 场域主体之村民委员会

1. 绿地认养义工队治理场域形成的原因

山边村绿地认养义工队由居民志愿者自愿联合发起成立，是经厦门市海沧区山边村村民委员会核准登记的义工队。义工队的宗旨是团结从事村居绿地认建认养的单位和个人，在共产党和人民政府的领导下，遵守宪法、法律、法规和国家政策，遵守社会道德风尚，通过绿地认养制的形式，达到村居美化环境，绿色村居的效果。

2. 绿地认养义工队治场域运行的制度

1）山边村绿地认养制度

为进一步做好"美丽厦门共同缔造"试点工作，建设"美丽山边你我共建"，广泛发动群众，自觉参与环境的建设和维护。坚持以美化环境为基础，本着自愿认养、互相监督的原则，进行规范化、制度化、科学化管理，制定山边村绿地认养制度如下。

（1）将绿地、花术等绿化带按区域分块，由村民和志愿者按区块编号认领，并签订认养协议书。

（2）认养绿地的村民和志愿者应负责对所认领区城内的绿地、花木等定期进行检查、巡视，防止人为损坏。

（3）认领者应定期对认养的绿地、花木进行日常护理，及时清除杂草，修剪树枝。

（4）对所认领绿地出现异常情况应及时向村委会汇报，请求及时组织处理。

（5）及时清除所认养区域的死树、危树、补种新的苗木。

（6）保持认养区域内的绿地整洁、干净、美观，做到无杂草，无垃圾。

（7）认养期限年满后表现好可申请续养。

2）绿地认养义工队条件、权利和义务

（1）条件。拥护本义工队的章程；秉着自愿参与原则；在本义工队的业务（行业、学科）领域内具有一定的影响。

（2）加入绿地认养义工队的程序。向居委会负责人报名，提交申请书；经村居综合分析、讨论通过；由义工队组织机构授权颁发认养证书。

（3）权利。本团体的选举权、被选举权和表决权；参加本团队的活动；获得本团队服务的优先权；对本团队工作的批评建议权和监督权；自愿加入，自由退出。

（4）义务。执行本团队的决议；维护本团队的合法权益和声誉；完成本团队交办的工作；向本团队反映情况，提供有关资料。队员如有严重违反本章程的行为，经义工队组织表决通过，予以除名。

3）组织机构

该团体的最高权力机构是山边村绿地认养义工队（代表）大会。其主要职责是：制定和修改章程；审议绿地认养义工队的工作报告；决定重大变更和终止事宜；决定其他重大事宜。

绿地认养义工队的职责是：执行大会的决议；选举和罢免绿地认养义工队队长、副队长；筹备召开绿地认养义工队人会；向会员（代表）人会报告工作和财务状况；决定绿地认养义工队成员的吸收或除名；领导本义工队各机构开展工作；制定内部管理制度；接受监事会提出的对本义工队违纪问题的处理意见，提出解决办法并接受监督。

义工队的队长、副队长必须具备的条件：坚持党的路线、方针、政策、政治素质好；在本团队业务领域内有较大影响；队长、副队长最高任职年龄不超过 70 周岁；身体健康，能坚持正常工作；未受过剥夺政治权利的刑事处罚；具有完全民事行为能力。

3. 绿地认养义工队治理过程

认养义工队的治理行动范围如下所示。

（1）组织从事绿地认养工作的单位和个人，进行绿地养护的科学实践和研究工作，组织成果鉴评和推广，做到多出成果，快出成果。采取多种形式，积极推广绿地养护的创新技术。

（2）组织相关单位和个人进行绿地养护技术培训，逐渐培养一批高水平、高质量的从事绿地养护的单位和个人。

（3）发挥义工队的协调管理职能，协助政府做好厦门绿化施工准人把关。定期进行对绿化企业工程质量的检查、评估、评比、评奖活动。

（4）进行绿化的科学普及，组织讲座、培训，开展多种形式的宣传教育活动，提高全民绿地养护意识。

4. 微梦圆愿小屋爱心基金会治理场域形成的原因

微梦圆愿小屋爱心基金会是由东孚镇政府主办，山边村委会承办的一个常设非营利捐助物资收发机构，是对"美丽山边共同缔造"工作的重要补充。基金会名为"微梦圆愿小屋"爱心基金会，资金及实物主要用于帮助低保户、贫困户和一时无法满足生活需求的人群。

5. 微梦圆愿小屋爱心基金会治场域运行的制度

（1）基金会组织梦圆活动时，应当向外界公布资金物品的详细使用情况。包括许梦人姓名、微小梦想、许梦人电话、是否圆梦、圆梦人姓名。

（2）基金会建立捐赠物品进、出明细账，严格财务、物品管理制度，并由管理员具体负责，每天及时登记入帐，做到账相符、账物相符。

（3）社会捐赠的物品一律登记入账，单位捐赠需出具收据。

（4）基金会设立物品发放明细账，发放物须由领取人签字。

6. 微梦圆愿小屋爱心基金会治理过程

本基金会的收入来源于山边村各企业、政府拨款、爱心企业、热心群众捐赠。接受机关、企事业单位、社会团体、社会各界爱心人士、爱心企业、成功企业家、部队、党代表团、村民代表团和村民群众的捐赠。

基金会工作人员认真散好捐赠物品的统计、保管工作，严禁私分、调换和挪用物品。

基金会每月对物品数量及时上报，各类明细账目及单据保存完整，及时归档。

基金会每月向村民和社区单位张核公示捐赠情况，主动接受捐赠单位和村民的监督。

捐赠人有权向本基金会查询捐赠财产的使用、管理情况，并提出意见和建议。对于捐赠人的查询，基金会应当及时如实答复。

6.4.7 场域主体之团员委员会

1. 青年创业大讲堂治理场域形成的原因

青年创业大讲堂的形成主要基于两大背景：一是山边村涉及征地拆迁，大多农村青年资金较充裕，且创业意愿较强；二是依托东孚工业园，山边村外来人口多，消费市场大，创业机会多，为青年创业提供有利的外部环境。为深入贯彻落实市委、区委关于开展"美丽厦门共同缔造"试点工作的重要部署，镇团委主动深入，问需青年、问计青年，集青年之智、汇青年之力，引导东孚镇团员青年为建设"美丽厦门健康生态新海沧"挥洒青春。

2. 青年创业大讲堂治场域运行的制度

（1）高度重视。各试点村居团支部要充分认识团员青年在推动试点工作中的重要性，积极联系、组织、引导和服务青年，吸引广大团员青年参与服务"美丽厦门共同缔造"试点工作中。

（2）组织保障。镇团委工作人员要深入试点村居，与试点村居共同发现问题、解决问题，共同推进试点工作。

（3）以奖代补。一改以往直接资金补助的形式，镇团委依据项目活动落实的情况及成效，根据村居"美丽厦门共同缔造"建设的情况予以资金奖励。

（4）总结推广。在工作推进过程中，及时总结好做法、好经验，选树典型，加以推广。

3. 青年创业大讲堂治理过程

项目由团区委、东孚镇团委、山边村团支部共同实施，开展山边村青年创业情况大调查活动，准确掌握青年创业意向、创业困难、项目规划等情况；组织开展创业青年交流座谈会，邀请农村青年致富带头人参加，搭建"共享信息、互通有无、思想碰撞"青年创业交流平台；成立青年创业导师团，针对山边村创业青年的项目选择、资金运作、中长期规

3. 美丽西山督导队

1) 美丽西山督导队治理场域形成的原因

为了维护美丽西山的美好环境和正常生活秩序，树立良好的村风、民风，构建温馨和谐的社会主义现代化新农村，现结合西山村实际，成立美丽西山督导队，实现村民就房前屋后乃至整个村庄的环境、卫生、文化、氛围进行自我管理、自我督促、自我服务，形成西山村独特的共同缔造氛围和良好的风气，为西山村村民提供一个良好的生活环境。

2) 美丽西山督导队治理场域运行的制度

（1）监督与举报制度。组建美丽西山督导队，负责对全社的环境卫生进行督查。要经常性地进行宣传普及卫生常识，通报环境卫生"脏乱差"的家庭。设立环境卫生投诉电话，受理查处群众反映的环境卫生问题。鼓励单位和个人举报乱倒垃圾等违反环境卫生管理的行为。举报一经查实，给予举报人以适当的物质奖励。

（2）日常巡视考勤。在村庄内部设立各个巡视点，巡视点设有巡视记录本，由巡视员负责在巡视过程中进行签字确认，巡视记录本由副队长按片区收集整理。

（3）抽查。由队长或其他领导不定期对巡视情况进行抽查。

（4）评比制度。对村庄内部划分片区，由各个副队长分别负责。每月通过发放问卷、实际考察等形式对片区内的环境、卫生、氛围等进行调查，对表现突出的片区给予适当奖励并通过在村公告栏上张贴的形式进行表扬。

3) 美丽西山督导队治理过程

队长从总体上负责全面工作和文书工作，副队长协助、管理督导队其他成员做好日常工作，同时加强团结，加强队长、副队长及各成员之间的沟通交流、配合协作，做到有整体性和连续性。

日常巡视分为早巡和晚巡。早巡时间为早上6点至7点，主要巡视房向屋后环境、卫生整治程度、公共基础设施是否完好。早巡日常工作由副队长分片区进行督促，针对每个成员的情况进行时间分配，充分利用空闲时间，尽量做到不影响成员的日常生活；听取意见、建议，劝导、纠正不文明行为等职责由每个成员在日常生活中落实，对不文明行为、赡养老人教导孩子等做得不到位的情况进行记录、汇总；每季度末美丽督导队成员要进行工作总结，并提出建设性意见和建议，队长和副队长要完成工作总结，并根据实际情况对工作进行调整、改进。晚巡时间为晚上8点至9点，巡视内容有房前屋后环境卫生整洁程度，走访入户，了解家庭邻里和睦等情况，听取意见、建议。

6.4.9 乡村国土整治场域行动者网络

1. 行动者网络的构成

乡村国土整治过程中存在多样的利益团体，每一个群体和个人都追求自身利益最大化[48]，闽南乡村国土整治的主要参与者有地方政府、乡贤理事会、规划师、当地村民等人类行动者，以及道路、房屋、自然资源、人文景观等非人类行动者。政府具有支配社会资源的权利和实现社会塑造的能力[49]，在追求"美丽中国"的大背景下，调动资源进行美丽乡村建设、改善农村生活环境、促进乡村发展、缩小城乡差距是政府的重要工作目标。乡贤理事会由村中干部和年老精英自发组成，代表整个村庄的集体利益，具有浓厚的乡土情结，深得群众信任，希望借助政府扶持带动本村发展，对乡村建设具有不可替代的征召和动员作用。规划师是政府和村民之间沟通桥梁，其规划设计既要体现政府的改造意见，又要满足村民的修整诉求，更要能够真实改善农村的生产、生活面貌。村民是乡村国土整治的主要服务对象，直接影响项目成功与否，其作为一个整体，既希望提高生活质量、改善乡村面貌，又希望能够留存本乡本土的原始风格特色；作为不同的理性个体，根据建设过程中所涉及的利益大小将村民分为三类：低相关度村民、中相关度村民和高相关度村民。低相关度村民指房屋、田地距道路等公共场地较远，规划对其影响较小的群体，其目标即修缮自家房屋、提高生活便利度；中相关度村民指自家旱厕、猪圈等小型建筑需要拆除的群体，希望在享受乡村建设便利的同时获得满意赔偿；高相关度村民指规划设计中需修建或拆除规模较大的群体，例如修缮自家鱼塘、房屋改建公共活动场所，其目标既使规划符合自身利益并获得满意赔偿。道路、房屋及其他自然、人文景观是行动者网络中的非人类行动者，同人类行动者具有同等地位，是乡村国土整治网络的主要转译对象，在保持原始风貌的基础上加固工程质量、实现更高价值是其主要目标。各利益主体扫除障碍，实现其行动目标，最终将所有问题与目标汇聚到一个核心行动议题——乡村国土整治。

2. 行动者转译

乡村国土整治是异质行动者网络结构、利益相关者联盟不断发展更新的动态过程，行动者转译的五个关键部分：问题呈现、利益赋予、征召、动员和异议[50]的出现顺序及频次并不固定，而是随着问题的更新交替重复进行。闽南乡村国土整治行动者网络大致可分为三个阶段：前期以地方政府为核心行动者，征召、动员村民、规划师、社会资金等投入乡村建设行动；中期以乡贤理事会为核心行动者，动员村民参与规划建设；后期以村民为核心行动者，主动征召、动员规划师、施工单位为自家房屋等建筑物实现转译。不同阶段不同行动者的作用方式及重点存在差异，但通过转译、征召、动员机制的转换与更新，各方力量有效整合，形成一种协调关系，促成乡村国土整治。美丽乡村建设行动者网络如图6.8所示。

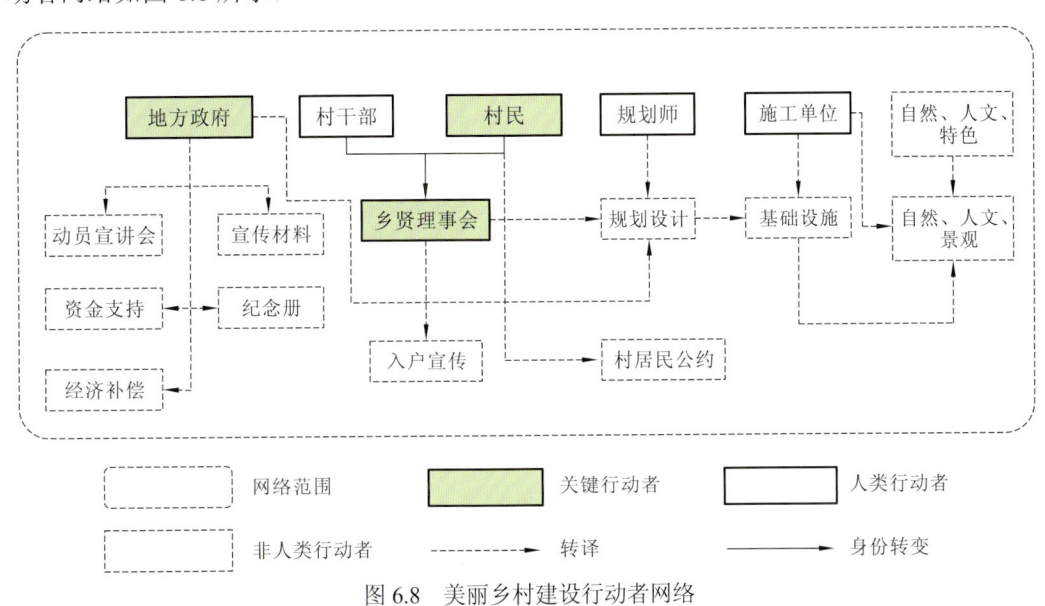

图6.8 美丽乡村建设行动者网络

项目建设初期，地方政府是主要的发起者和推动者，为吸引规划师、乡村干部、村民及非人类行动者积极参与乡村建设，政府提出"美丽中国""美丽乡村""乡村振兴"等问题。不同网络行动者代表不同的利益主体，其利益定位及实现方式各异，因此更深层次的网络整合需要核心行动者采取针对性的征召、利益赋予及动员方式。在信息公开方面，地方政府开展动员宣讲会、发放材料、发送短信以保证村民的知情权；在财产保护方面，地方政府保证村民的房屋、田地所有权和使用权不变，前庭后院及公共场所的修缮美化由政府出资；经济补偿方面，规划实施中必需拆除的旱厕、猪圈、牛棚等，按照建造成本适当给予补偿；项目参与方面，规划师同村民深入交流，听取百姓意见，在技术层面尽最大力量满足村民诉求；在名誉提升方面，村民、社会企业或个人贡献资金或付出劳动，主动协助乡村美化并提供土地，都将记录在册，铭记于纪念碑之上（图6.9）。在行动者网络中，政府将乡村建设的责任、管理的义务、资源的调动、决策的权利分配给村干部、村民、规划师等利益相关者，有效发挥网络行动者作用，保证公众具有参与乡村建设的权利，鼓励社会成员参与各层次的决策，赋予网络行动者可接受的任务，从而完成利益赋予，同时也意味着被征召和动员的行动者加入美丽乡村建设网络并发挥作用。

图6.9 厦门示范村拍摄图a

政府成功的征召与动员促使乡村国土整治理念深入人心，在政府动员的高潮阶段，即项目建设中期，被动员的村干部和村年长精英自发组成乡贤理事会，逐渐走向网络前端替代政府成为新的关键行动者。村民是网络中异质性、不确定性最大的行动者群体，征召和动员工作困难较多，但乡贤理事会源于村民，较地方政府能够更有效发动、推动和协调网络运行。乡贤理事会成员同党员、网格员入户宣传讲解，通过最原始有效的面对面交流，用通俗易懂的语言答疑解惑，依次征召配合度高村民、利益相关度低村民。乡村建设改造是规划、建筑施工、公众参与的渐进式过程，难以全面铺开实现道路、房屋等自然人文景观一次性转译，闽南示范村将待转译非人类行动者进行模块化分类，采取灵活可变的规划和施工方式，适当变更转译路径。非人类行动者转译在村干部、党员等成功动员的人类行动者可控范围内率先进行，将"泥泞小路"向"道路景观"、"破旧老宅"向"新式故居"、"臭鱼塘"向"村中一景"等转译直观呈现给村民（图6.10），通过认知范围内人类及非人类的转译效果最大化联动其他村民参与建设。但行动者网络中不可避免会出现异质行动者，威胁网络运行的稳定、发展和联盟，必须通过平等协商消除障碍，达到合作目的。该项目建设中的异议多表现在行动者的短期利益行为，例如少数旱厕、猪圈等占据乡村建设主要道路，但其所有者不满于补偿款，意图通过拆迁获取不合理的大额补助；极少数村民不愿参与整治，拒绝改变原有生产、生活状态。短期利益行为若处理不当，极易影响施工工期及公平和谐的建设氛围。对此，施工单位调整施工路线，暂停障碍道路施工，改从其他方向重新开始，既保障了工期，也尽快满足其他行动者的转译需求。

图6.10 闽南示范村拍摄图b

项目建设后期，已转译成功的非人类行动者给村民带来直接的感官体会，直现网络运行赋予的利益，动员仍处于观望状态的村民参与乡村建设。在其他行动者的联动影响下，村民的利益定位逐渐靠近美丽乡村建设强制通行点并向网络中心移动，成为网络的核心行动者。村民的异质性降低，开始动员规划师为自家房屋、前庭后院进行改造设计，主动要求参与公共场所选址和建设的决策，以更理性的方法实现个体和群体的利益最大化。意见征求座谈会、意见公示栏等成为村民表达诉求的主要途径，网络行动者的异议趋小、利益关系趋稳，各行动者以差异化的转译路径通过强制通行点，最终实现乡村国土整治。乡村建设将会持续影响前后若干代村民的物质生活和精神寄托，村民在享受村庄面貌的转译成果的同时需要树立建设成果共同维护意识，以保证美丽乡村的可持续发展。闽南示范村村民在政府的协助下，结合村实际情况设立"村居民公约"、签订"屋前屋后环境管理责任书"（图6.11），树立村庄共建共管共享共同维护意识，提高全村居民文明程度及其他各项素质，共同营造村容整洁、乡风文明的居住环境。

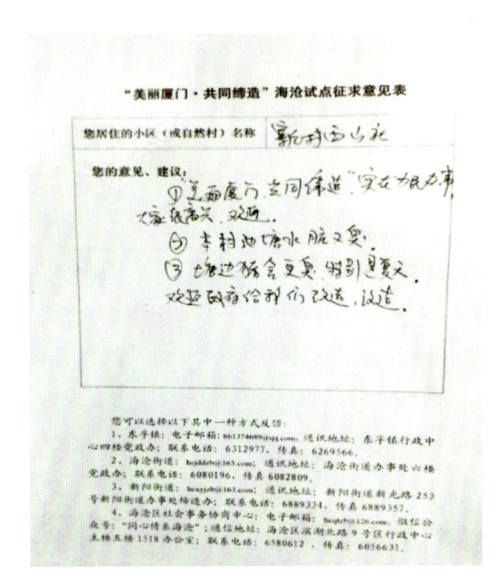

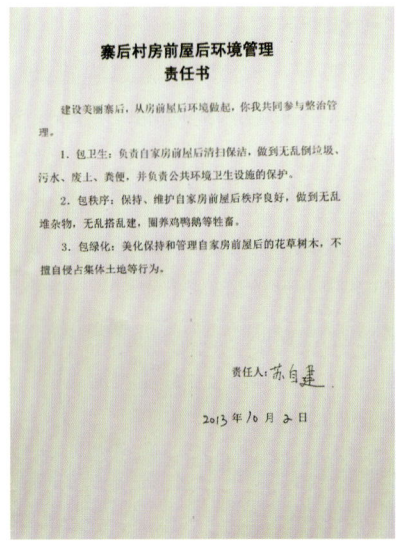

图 6.11　闽南示范村拍摄图 c

6.5　乡村国土整治组织场域

　　村国土整治的利益相关者在组织场域中位于关系和制度的背景环境中，通过更高级的组织集合为研究单位留意组织的演进过程。这些参与者彼此交互影响，共同遵循场域内制度、准则，形成权力位置、合作、竞争、斗争等复杂的关系系统[7]。关系层面以外，从制度理论演化层面来看，组织场域还格外强调制度逻辑对场域参与者的行为引导，场域制度甚至与整个场域的结构变迁密不可分。组织的行为要在符合场域准则的要求下开展，即场域参与者需要在共同认可的制度逻辑指导下展开活动，这在一定程度上可以保证场域成员行为的规范性和稳定性，同时也明确了场域的边界。制度创建诠释了制度的创造和范式的改变，制度环境对场域存在和运行至关重要，制度规则的形成过程也就是场域的结构化过程，新制度的产生与组织场域去结构化和再结构化等变迁息息相关[51]。

组织场域的研究对象不是单一组织，而是组织群体构成的集合；分析的也不只是组织内部架构，更关注组织群体间的关系和组织运行背后的"环境"，比起过去的组织丛、组织种群、组织间群等概念，"组织环境"的存在和影响在组织场域视角下更加清晰地显露出来[10]。乡村国土整治是一个庞大的建设项目，包含参与整治的政府、规划队、施工队和当地社区等利益相关者，是众多组织的集合。多元主体彼此间协同联系，与所处的整治环境发生物质、信息交换，共同完成乡村国土整治。乡村国土整治作为一个相对独立的整治空间，空间内利益相关者因为乡村国土的整治形成了各种客观关系联系着彼此，并伴随着规划、设计、建造等活动和争斗。组织场域是一个由有关联的组织聚集形成的制度性生活领域，而整治过程中，乡村国土整治可以看成一个临时的组织场域，是众多组织互相联系、依赖、进行乡村国土整治活动并不断演变的开放性复杂领域[52]。

6.5.1 乡村生活性国土整治组织场域

1. 组织种群

组织种群是具有一类特征的组织的集合体，是组织环境层次分析的一级亚层次，组织生态学中将组织种群看作类似生态群落的一个集群。现有研究对组织种群的界定大多以常识划分，本小节把乡村国土整治组织场域内发挥相应角色职能的组织聚集看作组织种群。乡村国土整治组织种群有政府、规划队、村民委员会、团员委员会、党员委员会。

2. 场域关系系统

组织种群并非孤立存在，各种直接或间接的组织间关系把各组织种群联结为重大工程组织网络。乡村国土整治的立项和实施就是在复杂的场域组织种群交互关系中形成[15]。乡村国土整治组织种群间正式关系的建立需以规章制度及合同作为纽带，如政府、村委与规划队、施工队的相关合同，此外，还存在村委、团委、党委、村民与规划队、施工队的监督关系等，这些错综复杂的关系网络即为场域内部组织间的基本关系。

3. 场域制度系统

乡村国土整治组织场域的制度系统可以视为由法律法规、建设标准、合同文件、特殊规则与规范和组织文化构成的组织行为准则系统。规制性要素上，法律法规、建设标准等具有强制约束力，在乡村国土整治期内一般不会变化，这是场域内组织种群行为活动的根本原则；规范性要素上，建筑行业规范、范例、评价工程绩效优良的标准，通过道德和价值观念约束组织种群，是参建组织面对任务要求，渴望荣誉时参照的行为准则；文化-认知性要素上，组织文化是乡村国土整治参建组织对整治目标和活动理解认可的信念和行为逻辑，受到整治背景、整治当地社会文化氛围影响，乡村国土整治组织种群情况和组织文化对项目文化也会产生影响[53]。总之，这些规则制度共同指导、限制着乡村国土整治的所有组织活动，是乡村国土整治实施项目管理，履行社会责任等行为"合法化"的制度支撑。

4. 乡村生活性国土整治场域模型

组织场域使得割裂开来的组织层面的建设活动、项目层面的结构与制度和社会层面的压力和反响等联系起来。将乡村国土整治看作一个组织场域，是将乡村国土整治的利益相关者嵌入项目建设的环境背景里，通过场域的结构化过程和变迁历程探究组织种群场域位置关系，如图6.12所示。

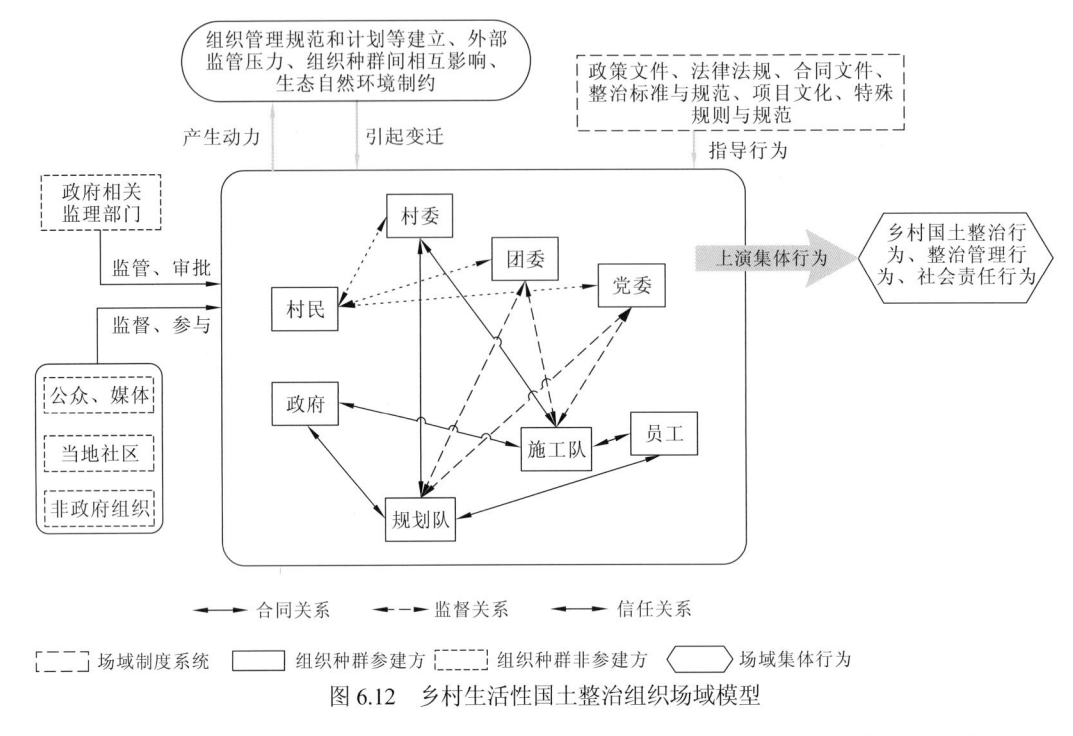

图6.12 乡村生活性国土整治组织场域模型

场域的制度建构和演化牵引着场域的运行，塑造了组织种群的行为模式。法律规范、组织架构、政策文件、项目管理模式等作为初始动力构成了场域基础结构，场域里组织种群占据的"权力位置"和关系架构被确定下来。在各建设阶段，场域制度扩散，组织种群内部的管理体系、进度计划等各种规章、制度建立，治理结构明确化，各个组织种群活动行为被建构。

场域成员的组织类型、数量随整治阶段演变，场域内参建的组织种群受到外部的压力如监管部门、公众参与等，参建组织为追逐各自利益，也会有合作、纠纷等行为发生，交互影响。组织种群的行为选择产生了新的场域结构化或变迁动力如乡村整治成果等，造成整治方案修改，进度计划调整，合同变更等，引发乡村国土整治组织场域的变迁，同时，乡村国土整治的变迁又会对乡村国土整治内外部利益相关者产生作用。如此不断下去，重大工程组织场域持续演变，直到乡村国土整治完工，发生解构，村民进入主导，规划队、建筑队等组织种群退出（表6.3）。

表6.3 乡村生活性国土整治组织场域核心要素

核心要素	属性
组织种群	政府、规划队、建筑队、村民委员会、党员委员会、团员委员会、村民
场域关系系统	合同关系、监督关系、信任关系等
场域集体行为	乡村国土整治行为、整治管理行为、社会责任行为
场域制度系统	政策文件、法律法规、合同文件、整治标准与规范、项目文化、特殊规则与规范等

6.5.2 乡村生产性国土整治组织场域

1. 组织种群

乡村生产性空间组织种群中，人类行动者是参与乡村生产性空间生产的利益相关者，如政府、村委会、村民、工商资本所有者、创意阶层。村委会和众多参与乡村生产建设的村民在产业发展中聚集形成村集体的组织种群，政府和各种投资乡村产业建设的企业也会聚集起来合作，协同进行项目的设计等工作，紧密的联系形成"产业战略组织种群"。非人类行动者是参与生产空间整治的物质实体或人文精神，如资本、土地、宗教、风俗文化等。

2. 场域关系系统

乡村生产性空间的建设和发展是在复杂的场域组织种群交互关系中形成的。乡村生产性空间组织种群间正式关系的建立需以规章制度和利益合同关系作为纽带，如政府、村委与工商资本、企业单位等签订的相关合同，此外，还存在村委、村民与生产企业的监督关系、与运营企业的合作关系等，这些错综复杂的关系网络即为场域内部组织间的基本关系。

协调难、纠纷多的乡村生产性空间需要治理有效的结构关系来协调场域内的参与组织种群行为关系，获得超额价值，促进产业空间的稳定持续发展。这不仅包含组织场域内部参与整治的组织种群间的治理关系子系统，还关系来自外部非参建方的监管部门和公众参与。譬如，在制定重大产业发展决策时，会有社会公众参与决策，听取民情民意，充分考虑村民的意见。

3. 场域制度系统

乡村生产性空间组织场域的运行系统可以当作由法律法规、产业发展规范、合同文件和项目协议构成的组织行为准则系统。场域内组织种群行动的基本原则上，法律法规、建设标准等规制性要素在约束方面具有强制性，在产业发展建设期内一般不会变化；参建组织渴求荣誉时参照的行为准则上，通过道德和价值观念约束组织种群，来评价产业发展规范、案例、评价项目绩效优良的标准；产业文化是生产性空间参与组织对建设目标理解认可的信念和行为逻辑，受到产业类型、整治背景和当地社会文化氛围的影响，生产性空间组织种群的战略安排也会对项目建设文化产生一定的影响。总之，这些规则制度共同指导、限制着乡村生产性空间生产的所有组织活动，是生产性空间生产实行产业管理，践行社会责任等行为"合法化"的制度支持。

4. 乡村生产性国土整治场域模型

组织场域驱使分割开来的制度层面的开发活动、建设层面的结构与制度和社会方面的压力和反响等联系起来。把乡村生产性空间当作一个组织场域，是将生产性空间的利益相关者嵌入开发整治的环境背景里，由场域的变迁和结构化过程来探究空间组织种群的场域位置关系。场域的社会建构和演变关联着场域的运转，造就了组织种群的运行模式。法律规范、组织结构、制度规定、产业运营模式等作为原始动力组成了场域的基本结构，乡村生产性空间场域中组织种群的关系结构和权力架构由此确定下来。在各产业发展初期，场域的运行制度分散，组织种群的操作体系、进展规划等各种规制创立，管理结构明晰化，各个组织种群行为活动被建构。组织场域成员的类型、数量随产业发展的阶段而不断演变，场域内参与开发建设的组织种群受到来自外部的压力如监管部门、公众参与等，参与空间生产的组织为逐利，也会有进行合作、争斗，相互影响。组织种群的行为选择激发了新的场域结构和变迁动力，如重要产业的发展效果情况等，促成生产方案完善，进展计划调整，合同变更等，引起乡村生产性空间组织场域的变迁，同时，乡村生产性空间的变迁又会对生产性空间内外部利益有关者发生作用（图6.13）。如此不断往下发展，乡村生产性空间组织场域连续嬗变，直到生产性空间生产完成，产生解构，村民成为空间的核心，驱动生产性空间结构再次强化，构成新的一套机构关系、社会系统，如表6.4。

图6.13 乡村生产性国土整治组织场域模型

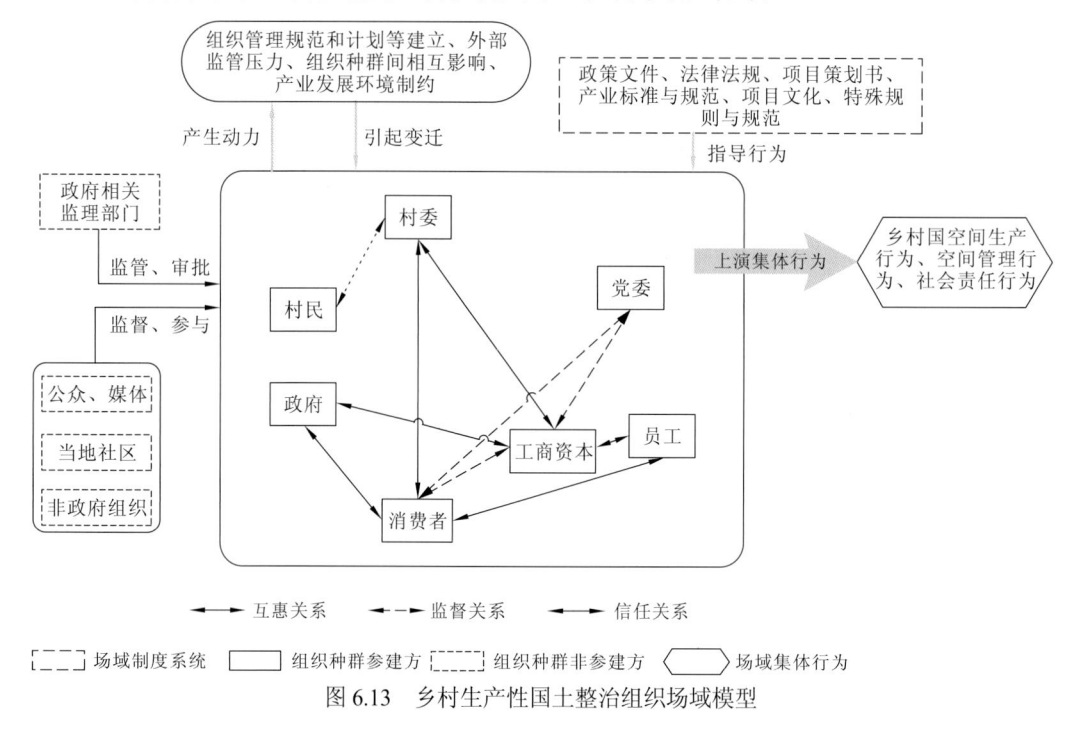

表6.4 乡村生产性国土整治组织场域核心要素

核心要素	属性
组织种群	政府、村委、党委村民、工商资本、消费者
场域关系系统	监督关系、信任关系、互惠关系等
场域集体行为	乡村空间生产行为、空间管理行为、社会责任行为
场域制度系统	政策文件、法律法规、合同文件、生产标准与规范、项目文化、特殊规则与规范等

6.5.3 乡村国土整治场域案例研究

1. 军营村国土整治组织场域结构化

军营村国土整治涉及空间生产、污染整治、人居环境整治和景观整治四个组织场域，各场域相互影响、相互嵌入，包含众多整治项目（图6.14），例如：军营村空间生产组织场域有高山产业园、高山党校教学点、拓展训练项目、公共食堂、旅游动线周边古厝修缮工程等；污染整治组织场域有溪流污水管网改造工程、农村安全硬水工程、"厕所革命"、垃垃圾分类不落地等；人居环境整治组织场域有裸房整治及平改坡、道路改造提升工程、交通整治项目、卫生服务提升项目等；景观整治组织场域有美丽庭院提升、道路及沿线节点景观提升工程、村口山体复绿工程、杆线规整等。在乡村国土整治场域中，整治项目多根据建设内容和责任单位划分，项目内容综合性较强，涉及多个组织场域，如：军营村水尾山地公园景观工程涉及人居环境整治和景观整治组织场域，军营村标志标牌等附属设施工程、军营村乡土文化节点布置工程涉及生产空间和景观整治组织场域，军营村基层党建、乡村事务理事会、乡规民约、共同缔造项目涉及四个组织场域。为统筹管理并完整覆盖乡村整治的建设模块及微景观治理，军营村按"产业兴旺、生态宜居、乡风文明、治理有效、生活富裕"方针将乡村国土整治工程项目结构化为五个部分（表6.5）。

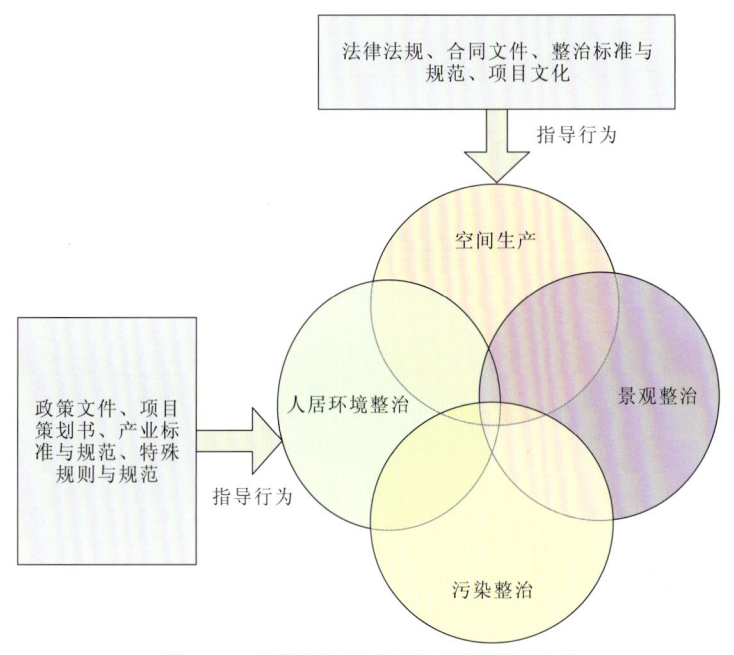

图6.14 军营村国土整治组织场域间关系

莲花镇工作组的设立标志着政府组织种群的出现，并在军营村国土整治场域中占据着高层的场域位置，掌握重大话语权，起关键协调和引荐作用。从整体结构来看，莲花村工作组与区文旅局工作组、区建设局工作组、区农业农村局、区卫建局等组织种群存在指挥和监督关系，在上层组织种群提供的乡村国土整治制度环境下实施管理行为和集体行动（图6.14）。

"产业兴旺"导向下，由合作公司和莲花镇国土分局牵引，市旅游集团、区置业公司、区教育局等配合，通过合同制引入新的场域力量，与政府形成代理关系。相关项目在代建合同、建设法律等初始场域制度的指导下，开展招标采购、完成审批手续等活动，通过制定项目管理方针、多方协调配合完善场域基本制度架构，将其他参建组织种群集合引入场域，逐渐构建承包模式、组织架构及合同关系，以塑造下层次组织种群的场域位置和行为。例如，高山产业园项目中，为尽快收回祥裕茶叶有限公司茶厂并改造为前店后厂，由区置业公司负责启动白交祠安置地周边地块收储工作，积极推动点状供地，由军营村委会执行共同缔造理念，加快茶厂回收。高山党校教学点项目中，厦同政纪委（2019）161号纪要明确，高山党校作为党建强村富民项目交由高山红公司统一运营，统一管理，高山红公司

表 6.5 军营村"二十字方针"乡村国土整治项目（产业兴旺部分）

序号	项目名称	投资额	主要建设内容	业主单位	最新进展情况	牵头单位	配合单位	责任人	完成时间节点	存在问题	意见建议	代建单位	备注
1	高山产业园		尽快收回祥茶茶叶有限公司茶厂。茶厂收回后，作为前店后厂，集散中心，由市旅游集团负责运营	合作公司	1月15日，潘全胜副校长调度会明确由教育局将部分校舍委托国有资产管理公司管理，再由国有资产管理公司与市旅游集团签订协议。目前市旅游集团托管协议、国有资产管理公司已发文同意，根据1月26日王雪敏区长调度会，项目3年内无条件交由市旅游集团托管，国有资产管理公司正在办理移交交接手续	国土分局、莲花镇	区重大办、区置业公司、国有坏迁公司	吴文东、洪国清	2019年2月5日	近期军营村多次与企业法人代表联系，对方表示近期会前来商谈，但具体时间不确定	暂无		
2	前店后厂	1000	参学习其他地区先进经验做法，引导恒利茶叶有限公司对集地进行改造，实施"前店后厂"模式，坚持以民宿集散为主，结合村庄民宿集散中心、会议接待功能。该项目可由业主运营，或交由市旅游集团统一运营	合作公司	已初步确定流转7户，正在组织签订协议等工作	合作公司	市旅游集团		2019年5月底	暂无	暂无		
3	高山党校教学点		拟由市旅游集团托管，做好高山党校教学点工作，打造全市、全省党员党建教育培训基地	合作公司	1月15日，潘全胜副校长调度会明确由教育局将部分校舍委托国有资产管理公司管理，再由国有资产管理公司与市旅游集团签订协议。目前市旅游集团托管协议、国有资产管理公司已发文同意，根据1月26日王雪敏区长调度会，项目3年内无条件交由市旅游集团托管，国有资产管理公司正在办理移交交接手续	合作公司	区委党校、区教育局、市旅游集团、国有资产管理公司		2019年3月底	暂无	暂无		
4	拓展训练项目		以体验厦门高山新生活作为主题，将军营村防空哨所作为拓展场所，由军营村参与运营与管理获得收益	合作公司	由市旅游集团确定拓展地块；由村合作社负责土地流转	合作公司	市旅游集团		2019年3月底	暂无	暂无		
5	公共食堂	200	在村内选取适宜场所，由合作公司运营，快速产生生水	合作公司	已初步确定。开始组织设计，对内部进行微调整。按照3月8日开张运营时间节点倒排工作计划。市场监督管理局要指导做好明厨亮灶工作	合作公司	市旅游集团		2019年3月8日	暂无	暂无		厦同政专纪（2018）201835 4号

· 250 ·

以"收费标准透明、具体方案清晰、工作对接顺畅"为目标，努力为学员提供有人对接、有人负责、有人落实的一条龙服务。在此类规定条款的要求下，市旅游集团与军营村白交祠村共同成立高山红教育培训公司，负责高山党校教学点运营工作，区委党校等协调发文告知所有上山开展培训的单位。

"生态宜居"导向下的整治项目众多，是军营村国土整治场域中耗资最多、耗时最长、最为复杂的一部分，主要由莲花镇工作组、区文旅局、区建设局和同安城建公司牵头配合，依据相关法律法规及合同文件进行裸房整治及平改坡、房前屋后环境整治提升、村口山体复绿、杆线规整、交通整治、溪流污水管网改造、乡土文化节点布置等一系列项目。裸房整治及平改坡项目中，泉州凹凸耐建筑装配有限公司负责施工，并按厦同政专纪（2019）43号提出的"在安全及材料工序有保障的前提下加快项目施工进度"要求，加快施工进度，于规定时间完成。军营白交祠村山上带帽造林绿化工程中，厦同政专纪（2018）354号为主要专项文件，据此由区农业局作为业主，同安城建公司作为代建，选择经济实惠、易于管养的草皮解决山体黄图裸露问题。军营村乡村民宿管理系统平台技术开发服务项目中，莲华镇与厦门旅游集团签订委托合同，自筹资金并纳入区财政体制补助决算，以定制开发莲花村高山民宿管理系统平台。军营村农村安全饮水工程中，区委专题会议明确指出，由区水利局负责饮水工程建设。

"乡风文明"旨在提升军营村景观成效、突出文化特色、培养文明新风气，为本地村民及外来游客提供一处既高山流水风光宜人、又有乡村故里农家风韵的乡土情结的寄托。相关项目主要由莲花镇工作组和区建设局牵头负责，据专题调度会议及厦同政专纪的规定要求进行建设和管理。高山党校初心使命馆项目选址于军营村村口初心广场，展厅集中讲述习近平总书记当年两上高山访贫问苦、指导脱贫的高山情缘，再现了习近平总书记当年在厦门经济特区与广大干部群众并肩奋斗的探索与实践，开辟了重温鹭岛红色印记的党员政治生活空间，反映了厦门践行特区使命、建设高素质高颜值现代化国际化城市的生动实践。自今年建馆以来，吸引了同安区广大党员、厦门市广大党员乃至全国各地前来参观学习。成为广大党员过"组织生活"、开"民主生活会"、开展"党日活动"、举办党员教育培训的必去之地、党内政治生活的必去之地、举办人才教育培训的必去之地。该项目由专题会议明确施工单位，组织部、建设局配合，按照施工图设计顺序执行。一把扫把扫到底项目由区建设局负责，负责军营村清洁工作，后移交同安城建公司开展日常保洁工作。军营村动线节点景观提升工程主要依据专题会议决定，采取以奖代补形式，直接由区财政划拨资金给莲花镇，由莲花镇作为业主单位，园典设计为设计单位进行建设。

"治理有效"旨在保护前期建设成果，促成军营村国土整治成效可持续发展，相关项目制定了新的规则规定，引入了新的组织种群。军营村卫生服务提升项目由卫计局负责，莲花镇配合，充分研究论证项目可行性、进行项目选址及原服务改造。军营村基层党建和乡村事务理事会是厦同政专纪（2019）1号明确要求组建的基层组织，具有同安特色、军营特色，用于指导包括制度上墙在内的系列工作。军营村乡规民约由区民政局根据民政部等七部委办联合下发《关于做好村规民约和居民公约工作的指导意见》文件精神，按问题导向修订完成军营村村规民约，该约定成为军营村维护整治成果的制度规范。共同缔造项目由区妇联、区工会、团区委等团组织负责，开展宣传活动，寻求政策支持、服务支持、打造品牌、树立典型、倡导文明、提升素质，在此过程中引进新的专业公司进行策划运营。

"生活富裕"是军营村国土整治的重要目标之一和可持续发展的必要保障，主要有合作共建项目和乡村民宿示范项目。合作共建项目主要由区委组织部负责，积极探索与草柄村合作事宜，推动草柄村教学基地与军营村、白交祠村高山党校建立结对共建、共享资源等机制。乡村民宿示范项目由市旅游集团负责盘活村民现有闲置物业，改造为民宿，村民采用收取物业租金或合作经营模式获取收益。在此过程中，厦门旅游集团通过制定民宿标准规范，将民宿纳入平台进行统一营销、监管、培训等方式规范项目参与组织种群行为。

2. 军营村国土整治组织场域变迁

场域制度是维持组织场域稳定性和秩序性的基础，也是组织群体行为合法性的支撑，但组织群体不能以制度为唯一准则，应具有维持、创造、修改场域制度的能动性。制度指导行为，组织种群的行为也会形成新规则，而当制度系统不能解决场域问题、场域运行出现障碍时，组织种群就会发挥能动性，实施去制度化决策，重新选择合适的制度和关系系统，发生组织场域的变迁。去制度化或场域变迁的动力来自场域功能要求，在乡村国土整治场域里最具代表性的变迁压力就是整治成效。当然，突发自然灾害或人为破坏、罢工等风险影响更甚，不只会造成场域制度演变，还会导致工程项目停止、引发组织场域结构的后果。但成本超支、质量验收不合格、部分村民不配合、进度拖延及安全事故等是乡村国土整治过程中难以避免的问题，会造成合同文件、项目管理制度、进度计划等改变，原有场域制度体系、组织结构被取代。

在军营村国土整治组织场域中，施工单位在进行房屋立面整治和前庭后院整治过程中，受到一户农家的强烈反对，该农户拒绝参与整治（图6.15），且破坏了周边栽种的景观树木，声称树木影响其庭院的阳光，不利于晒茶、晾衣等活动。与农户的协商意见迟迟未达成一致，严重影响了施工计划，对此，合作公司领导决定暂时搁置此农户及其邻近位置的景观整治，仅进行基本的污染整治及人居环境整治，并由设计单位调整原设计方案，尽量减小此农户对军营村整体景观的负面影响。这次事故导致的材料损失、工期滞后等现象，使得建设方案、合同、进度计划发生变更，影响接下来的相关施工方的建设活动，导致场域发生变迁。

（a）不配合整治农户的房屋　　（b）配合整治农户的房屋

图6.15　房屋整治效果对比图

参 考 文 献

[1] 宫留记. 资本-社会实践工具: 布尔迪厄的资本理论[M]. 开封: 河南大学出版社, 2010.

[2] 陆月宏. 试论布尔迪厄的场域概念: 哲学问题与问题哲学[M]. 哈尔滨: 黑龙江人民出版社, 2008.

[3] [法]布迪厄, 华康德. 实践与反思: 反思社会学导引[M]. 李猛, 李康, 译. 北京: 中央编译出版社, 1998: 144, 149.

[4] 韦璞. 村庄特征与农村低保瞄准偏误的实证研究: 基于场域理论视角的探析[J]. 理论月刊, 2013(10): 157-162.

[5] 高宣扬. 布迪厄的社会理论[M]. 上海: 同济大学出版社, 2004.

[6] 张意. 文化与符号权力: 布尔迪厄的文化社会学导论[M]. 北京: 中国社会科学出版社, 2005.

[7] 马洪伟. 基于资本场域的涉农企业与乡村治理研究[J]. 求实, 2014(7): 92-96.

[8] 王占国, 柴艳宏. 县域经济发展与财政预算管理若干问题研究[M]. 北京: 中国农业出版社, 2008.

[9] 陈胜祥. 分化与变迁转型期农民土地意识研究[M]. 北京: 经济管理出版社, 2010.

[10] [美]奥尔森. 集体行动的逻辑[M]. 陈郁, 等, 译. 上海: 三联书店, 上海人民出版社, 1995.

[11] 长子中. 资本下乡需防止"公司替代农户"[J]. 红旗文稿, 2012(4): 29-31.

[12] 董磊明. 村将不村: 湖北尚武村调查[J]. 中国乡村研究, 2007 (辑刊): 174-202.

[13] 贺雪峰, 董磊明. 中国乡村治理: 结构与类型[J]. 经济社会体制比较, 2005(3): 42-50, 15.

[14] 何慧丽, 古学斌, 仝志辉, 等. 城乡链接与农民合作[J]. 开放时代, 2009(9): 5-28.

[15] 李志强. 转型期农村社会组织治理场域演进: 从适应、整合到均衡的路径分析[J]. 中南大学学报(社会科学版), 2016, 22(2): 145-152.

[16] 贺雪峰. 论社会关联与乡村治理[J]. 国家行政学院学报, 2001(3): 61-64.

[17] 辛杰. 基于正式制度与非正式制度协同的企业社会责任型构[J]. 山东大学学报(哲学社会科学版), 2014(2): 45-52.

[18] 程露, 车震宇, 陈行. 嵌入理论视角下的特色小镇风貌研究: 以大理沙溪为例[J]. 华中建筑, 2019, 37(7): 82-87.

[19] 黄春燕. 嵌入理论视角下学校社会工作发展的困境研究: 以淮南市 26 中为例[J]. 智库时代, 2018 (23): 121-122.

[20] 陶慧, 刘家明, 罗奎, 等. 基于三生空间理念的旅游城镇化地区空间分区研究: 以马洋溪生态旅游区为例[J]. 人文地理, 2016, 31(2): 153-160.

[21] KATES R W, CLARK W C, CORELL R, et al. Sustainability science[J]. Science, 2001, 292: 641-642.

[22] 刘亚玲. 场域嵌入: 乡村传统文化发展的认识论和方法论研究[J]. 图书馆, 2018(9): 5-9.

[23] 龙花楼. 乡村生产生活生态空间重构的土地整治策略[C]//中国自然资源学会土地资源研究专业委员会、中国地理学会农业地理与乡村发展专业委员会、青海民族大学公共管理学院. 2013 全国土地资源开发利用与生态文明建设学术研讨会论文集, 2013: 30-35.

[24] 秦杰. 新型城镇化背景下传统村落保护研究[D]. 杭州: 浙江师范大学, 2014: 1.

[25] 程川. 传统村落公共空间生产与乡村文化传承[D]. 杭州: 浙江师范大学, 2017: 1.

[26] 王凯旋, 江雪. 浅谈农村环境污染问题及解决措施: 以宿州市灵璧县为例[J]. 农村经济与科技, 2019, 30(13): 49-51.

[27] 王晓楠. 乡村振兴背景下农村生活垃圾治理问题研究[D]. 郑州: 郑州大学, 2019: 1.

[28] 王刚. 论土地整治与乡村空间重构[J]. 门窗, 2019(9): 172.

[29] 王刚, 侯少锋. 基于景观效应的山区乡村土地整治探析[J]. 河北工程大学学报(社会科学版), 2017, 34(3): 20-21.

[30] 信桂新, 杨朝现, 魏朝富, 等. 人地协调的土地整治模式与实践[J]. 农业工程学报, 2015, 31(19): 262-275.

[31] 黄雯婷. 韶山市美丽乡村环境景观整治规划策略与实践[D]. 长沙: 中南林业科技大学, 2018: 1.

[32] 李姚姚. 治理场域: 一个社会治理分析的中观视角[J]. 社会主义研究, 2017 (6): 151-158.

[33] [美]理查德.斯科特. 制度与组织: 思想观念与物质基础[M]. 姚伟, 王黎芳, 译. 北京: 中国人民大学出版社, 2010.

[34] 张志远. 论民族地区以人民为中心的社会治理: 以共建共治共享的视角[J]. 四川行政学院学报, 2019(3): 30-39.

[35] 张国磊, 张新文. 基层社会治理的政社互动取向: 共建、共治与共享[J]. 内蒙古社会科学, 2018(3): 30-39.

[36] 江国华, 刘文君. 习近平"共建共治共享"治理理念的理论释读[J].求索, 2018(1): 131-137.

[37] 郎晓波. 新时代中国特色社会主义治理体系的逻辑框架和战略方向[J]. 理论导刊, 2018(2): 32-38.

[38] 刘燕妮. 以人民为中心与"共建共治共享"的基本逻辑关系[J]. 中共济南市委党校学报, 2019(3): 34-38.

[39] 刘京希. 论新时期中国共产党与社会的新关系建构[J]. 社会主义研究, 2016 (2): 68-73.

[40] 陈界亭. 公平正义: 全面深化改革的核心价值理念[J]. 中国社会科学院研究生院学报, 2015(1): 12-17.

[41] 习近平. 决胜全面建成小康社会夺取新时代中国特色社会主义伟大胜利[R]. 北京: 人民出版社, 2017.

[42] 刘须宽. 新时代中国社会主要矛盾转化的原因及其应对[J]. 马克思主义研究, 2017(11): 83-91.

[43] 中共中央宣传部. 习近平总书记系列重要讲话读本[M]. 北京: 人民出版社, 2016: 127.

[44] 夏锦文. 坚持走中国特色社会主义社会治理之路[N]. 新华日报, 2017-11-01.

[45] 杜艳, 冯婷, 周兰. 共建共治共享: 社区治理路径优化研究: 以贵阳市云岩区为例[J]. 经济研究导刊, 2019(7): 140-142.

[46] 杨林, 常承明, 吕磊. 乡村旅游发展与"三农"利益之探讨[J]. 甘肃省经济管理干部学院学报, 2008(2): 55-58.

[47] 陈丹薇. 乡村社会治理存在的问题及建议[J]. 现代化农业, 2018(3): 46-47.

[48] 孙施文, 殷悦. 西方城市规划中公众参与的理论基础及其发展[J]. 国际城市规划, 2009, 24(S1): 233-239.

[49] 张康之. 论主体多元化条件下的社会治理[J]. 中国人民大学学报, 2014, 28(2): 2-13.

[50] SAYES E. Actor-network theory and methodology: Just what does it mean to say that nonhumans have agency? [J] Soc. Stud. Sci., 2014(44): 134-149.

[51] 陈怀超, 范建红.组织场域研究脉络梳理与未来展望[J]. 现代财经(天津财经大学学报), 2016, 36(2): 101-113.

[52] 谢琳琳, 褚海涛, 韩婷, 等. 重大工程组织场域的结构化与变迁: 以港珠澳大桥珠海口岸工程为例[J]. 工程管理学报, 2018, 32(6): 92-97.

[53] ZHOU Z, MI C.Social responsibility research within the context of megaproject management: Trends gaps and opportunities[J].International Journal of Project Management, 2017, 35(7): 1378-1390.

第 7 章　军营村国土空间整治案例

"多规合一"所形成的国土空间规划日臻完善和认可，国土空间整治作为国土空间规划的专项整治工程，逐步成为我国新时代背景下国土治理的核心手段。另一方面，乡村发展问题凸显，城乡差距仍然较大，中央适时提出"乡村振兴"战略，以期盘活乡村资源，增强乡村发展动力。通过国土空间整治，对乡村进行统筹性、综合性治理，是助力"乡村振兴"战略实现的有效路径。

人口、国土和产业是乡村社会经济发展的核心要素，实现乡村振兴，就是要构建人口、国土、产业协调发展的格局，推动乡村的多维度提升[1]。其中，人口是乡村的发展主体和振兴的动力之源，其通过对乡村资源的开发利用、传承乡村风土人情、经营乡村企业等多种方式，实现乡村经济、生态、社会功能的发挥；国土作为乡村发展的本底性要素，为乡村发展提供了空间、资源等核心要素，其多功能性催生出不同模式的乡村发展道路，在乡村发展中肩负着基础性作用；产业则通过利用土地资源与吸纳就业人口，将人口与土地有机结合，形成乡村的关键推动力，产业结构的优劣与兴旺程度直接关系乡村发展的可持续性。人口、国土、产业三要素之间耦合机制明显，实现"人口-国土-产业"的协调，培育乡村发展动能、盘活乡村资源、增强乡村竞争力，是实现乡村振兴的关键路径。

乡村振兴所面对的是乡村衰落。当前我国乡村，尤其是特色乡村的衰落、消逝现象日趋严重：城市的快速扩张不断侵蚀农业用地与乡村建设用地，乡村土地资源流失严重；城市产业的迅猛发展吸纳了大量乡村劳动力，致使乡村人口日益减少，乡村产业停滞不前乃至凋零；加之乡村人居环境的逐步恶化，越来越多的乡村居民选择进入城市寻找更好的发展与生活空间。在众多因素的互相作用、互相影响下，我国乡村发展举步维艰，大量特色乡村"特色不再"，逐步沦为普通乡村甚至消逝。华夏文明是建立在农业、农村基础上的农耕文明，重视乡村建设、保障农业发展、传承乡村文化，是我国新时代下社会发展的必然要求。乡村振兴战略的提出明确了农业在我国经济中的基础性地位，强化了乡村在社会发展中的重要作用，是对我国传统农耕文明的传承，是全面建成小康社会的重要保障。实施乡村振兴战略，是为破解城乡发展不平衡、乡村发展不充分等问题，缓解城镇化过程中乡村快速衰落的局面，弥补全面建成小康社会的乡村短板[2]。

2018年9月，中共中央、国务院印发《乡村振兴战略规划（2018—2022年）》，明确指出要按照"产业兴旺、生态宜居、乡风文明、治理有效、生活富裕"的总体要求对实施乡村振兴战略作出阶段性谋划：统筹城乡发展空间，优化乡村发展格局，妥善利用和布局乡村"三生空间"，坚持可持续发展思想，有机结合经济、社会与生态，实现人与自然的和谐共存；进一步发展壮大乡村产业，完善利益联结，创新制度、技术与商业模式，推动农村产业深度融合，激发农村创业创新精神，培育并完善产品、服务交易市场，拓宽、延长农业产业链；建设生态宜居的美丽乡村，持续改善农村人居环境，加快实施乡村生态的保护与修复工程，强化资源保护与节约利用，着力提升村容村貌；保障和改善农村民生状况，加强农村基础设施建设，强化乡村就业服务功能，改善农村交通物流设施条件；繁荣发展乡村文化，发展乡村特色文化产业，丰富乡村文化生活，广泛开展群众文化活动。

实现乡村振兴，走乡村可持续发展之路，不但需要外力的扶持，更需要深度挖掘乡村自身所具备的特色与资源，激活乡村的内生动力，增强乡村的自我造血能力，从而达到振兴的目标[3]。随着国土空间规划的不断发展与完善，国土空间整治已经成为乡村振兴的重要手段，其能够科学、统筹地利用和保护资源环境，合理规划乡村发展格局，达到乡村区域的整体性与统一性，维护了乡村发展在空间上的统一。同时，国土空间整治强调因地制宜，在乡村空间整治过程中充分尊重乡村原有气息，并能够根据乡村环境特点量身定做整治方案，打造具有特色且符合地域风情的乡村发展空间。国土空间整治与乡村振兴战略在乡村发展策略上具有高度的一致性：通过实施国土空间整治工程，能够统筹调整乡村发展格局，优化乡村空间布局，提高乡村土地利用强度，从而提高乡村国土空间利用效率；治理乡村环境污染，改善村容村貌，切实提升人居环境质量，打造绿色生态可持续的乡村发展道路；修缮、维护乡村特色景观，发挥景观多重价值，传承、发扬乡村文化，增强乡村吸引力；优化产业结构，调整产业布局，增强乡村产业竞争力，推动乡村产业深度融合；加快乡村基础设施建设步伐，增强乡村人、货流通能力，夯实乡村发展基础。

综上可知，依托国土空间规划，在乡村发展进程中全面实施国土空间整治，通过调整、优化乡村空间格局，修复、维护特色乡村景观构建，合理开发、利用优势资源，妥善保护乡村生态环境，提高乡村人居环境质量，进而加速农业产业多元化发展及乡村产业融合进程，提高乡村居民收入，发扬乡村特色文化，增强乡村竞争力与吸引力，实现乡村"留得住人"，最终达到城乡融合的发展目标。实施国土空间整治，实现"国土"推动"产业"、"产业"留住"人口"、"人口"治理"国土"的良性循环，进而推动特色乡村向"资源-资本-资产"的发展转变，深度挖掘乡村发展的内生动力，达到外力支持、内力推动的发展框架，助力乡村振兴战略的实现。可以说，国土空间整治是耦合乡村"人口-国土-产业"三要素共同发展的重要方式，是实现乡村振兴战略的核心手段。

此外，国土空间整治重视乡村的全面性，其不仅通过优化空间布局对乡村景观、生态进行保有及维护，提高乡村宜居程度，而且能够科学、合理、充分地利用乡村多种资源，有效推动乡村产业的升级转型与融合发展，同时国土空间整治强调受益者在整治过程中的参与度，使村民能够在整治过程中积极发挥其主体作用，进而让村庄建设真正反映出村民的需求与愿景，提高乡村整治的成效[4]。并将乡村所特有的文化与传统进行传承，强化农耕文化在乡村生活中的重要性，实现现代文明与传统文化的交织与互通，盘活乡村文化市场，丰富村民的精神需求，最终全方位、多角度地提高乡村居民的生活品质。通过实施国土空间整治，可以实现乡村振兴的"产业兴旺、生态宜居、乡风文明、治理有效、生活富裕"的总体要求，助力乡村振兴战略的实现。

本章内容组织逻辑如图 7.1 所示，以厦门市军营村为例，探讨国土空间整治策略及其与"乡村振兴"战略的内在关联逻辑。

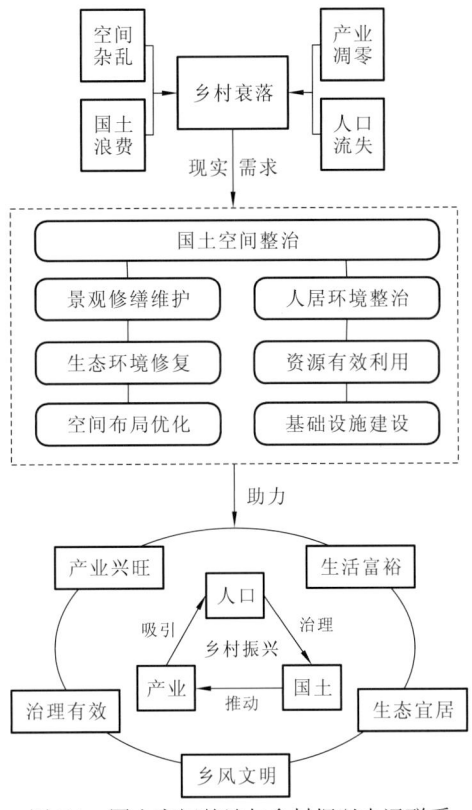

图 7.1 国土空间整治与乡村振兴内涵联系

7.1 军营村现状、条件

7.1.1 军营村区位条件

军营村（图7.2）地处厦门、漳州、泉州交界，东临小坪村，西接白交祠村，西南与漳州市长泰县接壤，北部与泉州市安溪县接壤。莲花镇地处厦漳泉一小时经济辐射圈内；军营村距莲花镇区约 17 km，至同安城区约 24 km，至厦门岛内、翔安区、漳州市区约 41 km，距泉州市区约 64 km，地理位置条件优渥，同时区域环境优美，植被丰富，生态环境所受干扰较小。

7.1.2 军营村资源条件

军营村作为中国最美休闲乡村，历史悠久、风俗文化深厚，环境优美，形成了一大批独特的人文历史与自然景观。

厦门同安军营村名称的由来与民族英雄郑成功有着千丝万缕的关系。明末清初，郑成功以控制东南沿海地区的海外贸易为经济基础，以厦门、金门为抗清复明的基地，修筑了多处城寨作为驻扎和训练军队的营地，如高崎寨、嘉兴寨、集美寨、龙头山寨等，成为当

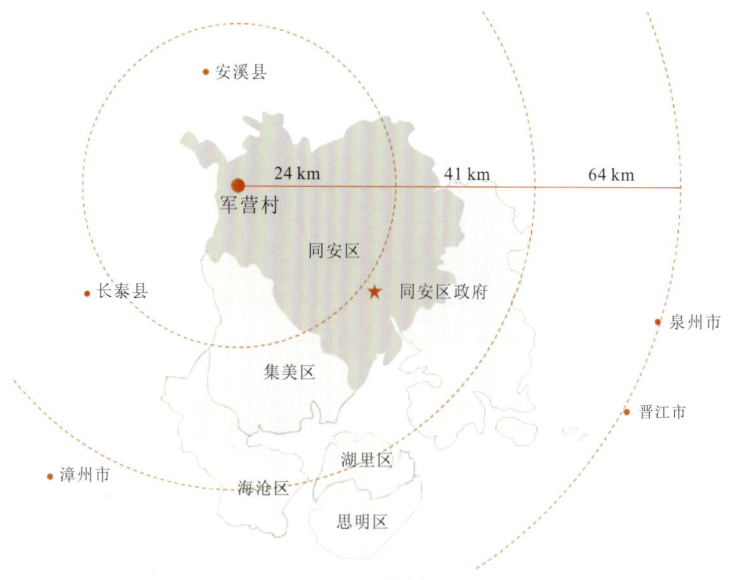

图 7.2 军营村区位

时这一时期厦门城寨的一个特点。军营村位于同安区莲花镇西北部，与漳州长泰、安溪大坪成犄角之势，紧邻南安市，地理位置十分突出，作为当初东南沿海地区防御军事基地十分理想。且军营村村庄坐落处地势平坦，视野开阔，非常适宜驻扎军队和作为训练军队的营地，加之周边地势高峻险要，易守难攻，是军队安营扎寨的理想选择。而近年来，人们也在莲花镇西营片区相继发现多座古寨遗址及废弃的烽火台（图 7.3），甚至在军营村中发现了埋藏已久、类似明清年代的喂马槽，不禁令人对军营村的名称由来与郑成功在此扎营的历史产生了无限遐想。

军营村具有月牙形的高山湖，人称"七彩湖"（图 7.4），堪称闽南小九寨；关帝庙处在睥睨军营村的一角，颇有一览众山小的气概；防空哨所位于军营村山巅，历经 2013 年、2014 年两次翻修后，已经成为中国海西厦门革命老区国防、人防、爱国主义和红色旅游教育基地。军营村不仅有着红砖大厝，更有大量石砌的老民居，被当地人称为"石头厝"，见图 7.5。其以灰色为主，墙壁上由不同尺寸石头所堆叠而成的各式图案成为了军营村的别样风景，不仅是军营村的建筑典型，更是区域人文与自然相融合的产物。同时，军营村民俗活动丰富，三年一度的"进香大典"影响非凡，大量传统文化浓郁的民俗表演活动诸如拍胸舞、踩高跷、车鼓弄、舞龙狮得到良好传承。

图 7.3 军营村高山防空哨所　　　　　　　　　　图 7.4 七彩湖

图 7.5 古民居、民厝

此外，相传朱熹初登仕途，曾游历同安的山山水水，留下许多墨迹。而在军营村就留存这样一处半亩方塘美景：池水清澈见底，水面平静如镜，有"一鉴开"的感觉；天气晴朗时，蓝天云朵相互掩映，完全显现出"天光云影共徘徊"的意境，更巧的是池底有活泉涌现，更是映衬了诗句"为有源头活水来"，让这个天然的原始景观更富于隽永诗意。

7.1.3 军营村基本状况

军营村村庄面积 768.52 hm², 其中居民点范围面积 114.33 hm²。村庄居民点海拔最高 1040 m，最低 866 m，平均海拔约 900 m，属于半山地半丘陵地区。居民点规划范围内地形坡度中部平缓，临近山体侧坡度较陡，坡度变化明显处位于村庄东部山地，村庄内部大部分建筑建设于坡度 10° 以下。

交通方面，军营村目前延村庄外围贯穿南北向的 416 县道是全村重要的对外交通性道路，路面宽度约 7 m，路面硬化。现状村庄内部道路基本硬化，已形成一定的道路体系。但因村庄内部建筑过于密集，且建成的道路宽度普遍较窄，路面宽仅为 3~5 m，且部分转弯半径过小，造成出行不便。

基础设施方面，村委会综合楼位于军营村中部，占地面积 690 m²，主楼共 2 层，建筑面积约 220 m²，其中包含卫生所、文化活动室等设施。军营小学位于军营村居民点中南部，同时作为中共厦门市委党校高山教学点。村庄已建金山文化广场，占地面积约 2300 m²，位于军营村村委会南侧，配置戏台一座，占地面积约 100 m²。村庄现有关帝庙、盘古宫、尪公宫等多个宗庙祠堂。其中关帝庙位于村庄东侧山腰，占地面积约 600 m²。盘古宫位于村庄北侧金山路旁，占地约 100 m²。尪公宫位于金山文化广场西南侧，占地面积约 750 m²，建设有景观长廊（话仙廊）与放生水池。全村建成与在建公厕 11 处，分别位于文化广场南侧、游客服务中心北侧、盘古宫北侧、七彩池东侧、防空哨所、森岩农庄、关帝庙南侧、番茄基地和锦鲤溪沿岸。军营村村容村貌如图 7.6 所示。

图 7.6　军营村村容村貌（整治前）

7.2　整治策略

  实施乡村振兴战略，要坚持党管农村工作，坚持农业农村优先发展，坚持农民主体地位，坚持乡村全面振兴，坚持城乡融合发展，坚持人与自然和谐共生，坚持因地制宜、循序渐进。乡村景观是一个由自然生态环境、农耕文明形态、人文生态环境共同作用下的生态共同体，其所构成的景观是区域地域特色的标签。对于乡村景观而言，自然是环境的主体，人为的干扰因素较低，景观的自然属性较强。远离城市的喧嚣，体验自然的静谧，是每一个人对于纯粹乡村景观的向往和追求，因而彰显出军营村的乡村特性，营造闽南古朴、生态的野趣景观，是军营村村容村貌整治的重要方向。

  在军营村整治策略上，要重视文化与产业的双重建设，通过文化"塑形"，以产业"铸魂"。依托军营村自身文化、延续历史文脉（国防文化、闽南建筑文化、山水文化、茶文化等），以整治改造为契机，改善居住环境，全面提升军营村人居环境质量，达到"塑形"的目的。结合军营村自身产业特色，激发乡村活力。打造独特的"一产促三产，三产带一产"产业振兴思路，植入具有活力的乡村产业，配合物质空间的优化，引导乡村产业发展，激活乡村活力，从而实现宜居宜业的"产业兴旺"，铸造军营村的振兴之"魂"。

  在整治过程中，要根植本土，突出地方特色，传承当地文化，保护特色建筑、延续风貌特色，对已有建成村落进行更新改造，打造特色旅游项目。传统风貌建筑色调以灰色、土黄色为主，应考虑建筑与景观的协调性，营造协调统一、素雅的古朴乡村景观。同时重视提取军营村当地的乡土景观元素，运用出砖入石的手法，结合条石、块石、竹子等自然材料应用于景墙、铺地等建设中。

  军营村村容村貌整治要基于生态，强调规划先行，从生态战略全局和产业发展规律上把握乡村发展方向；围绕乡村环境展开整治工作，改善建筑风貌，推动裸房整治，对沿线民居重新围合改造，营造质朴、雅致的最美庭院景观，进行庭院内绿化种植，树立"一院一树"的绿化理念，进而提升建筑的居住性能与居住环境质量，全面提升人居环境质量。因地制宜营造溪流生态步道，增加亲水体验，打造生态乡村溪流景观游览路线。

此外，根据目前在编的《厦门全市村庄空间布局专项规划（2017—2035）》，军营村被划为城镇空间外保留村庄，并将村域空间划分为适建区村庄、农业空间与生态空间，可适当新建与翻改建。同时，规划将军营村主要划定为农业与生态空间，并划定了生态保护红线，属于北部山乡生态旅游区，适宜发展乡村旅游业。

因此，在进行军营村国土空间整治过程中，要注意：①以市场导向为需求，深入了解厦门、漳州及泉州的城市居民对乡村旅游的期望，并以村庄本身的生态纵深和文化厚度为依托，结合游客需求打造特色乡村旅游风格；②最大限度地保留原始风貌，在乡村整治过程中尽量运用乡村材料，将自然与人文充分结合，融入乡村景观建设，充分挖掘和展现乡村风土人情；③要采用整体推进的方案，从宏观和整体上把握村庄特征，将军营村打造成一个完整的乡村景区，并提高村民在村庄旅游建设中的参与度，实现村民增收与村庄改造的良性结合；④要符合国家政策与发展趋势，结合厦门市乡村发展规划，领会乡村振兴战略的要求，并深入理解"三区三线"的重要意义，将乡村发展与生态保护统筹考虑，建设出"资源节约、环境友好"型的乡村，走可持续发展的乡村振兴之路。

7.3 村容村貌整治

7.3.1 村容村貌整治整体规划

乡村振兴不是简单地回到从前，而是不断提高村民在旅游发展中的参与度和受益面，形成特色乡村品质游，贴合乡村振兴战略的需求，才能真正实现有品质、可持续发展的乡村振兴。在进行军营村建设过程中，应围绕"如何让人留下来？玩什么？带走什么？"的振兴核心展开。故而要搭建起军营村特色游平台，建立"一轴、一环、三区、二十景"的主要结构布局，即以主要游览路线为一环，入口核心思想区、村部文化核心区、军营历史发源区为三个主要区域，结合村内二十节点为点、线、面空间布局形态，串联主要区域和景点。

以生态停车场为起点，军营桥为终点，途径议事广场、习主席下车点、军营溪等景点，打造军营村闭合游览路线，并分为主要游览路线和次要游览路线，如图 7.7 所示。主要游览路线总长约 2500 m，动态游览时间约 80 min；次要游览路线全长约 380 m，动态游览时间约 10 min。

主要游览路线：全长约 2500 m，动态游览时间约 80 min。主要游览动线：生态停车场——政治生活馆——感恩广场——规划广场——海堤合作茶园教学点——香樟大道——柿林大道——议事广场——金山路——四季果园——习主席下车点——金山桥——尪公宫——军营溪——乡村民宿示范点——高山党校——金山襃歌广场——村部文化中心——古厝文创体验点——民宿乡创商业街——山地公园——军营桥。

次要游览路线：全长约 380 m，动态游览时间约 10 min。主要游览动线：村部文化中心区——村保护古建筑群乡村振兴展览馆——樱花茶园。

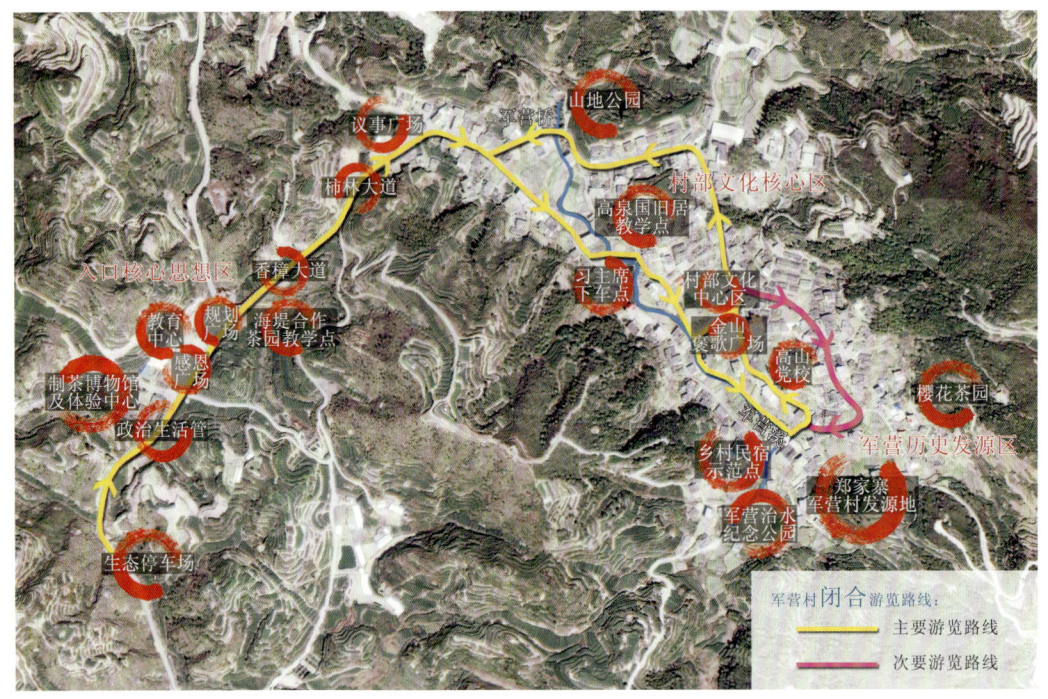

图7.7 闭合游览路线

现状景观基础上新增感恩广场、香樟大道、柿林大道、山地公园、军营治水纪念公园等景点，对规划建设的生态停车场、制茶博物馆及体验中心、政治生活馆、教育中心、海堤合作茶园教学点等进行景观设计，并对全村绿化进行提升改造，种植乡野植物、设置休憩点，新增乡村老物件等营造特色乡野风光。对村庄闭合游览路线沿线进行景观提升改造，如图7.8所示，主要包含沿线绿化提升、挡墙改造、防撞墩改造、标识系统改造、电线杆彩绘、破旧棚屋拆除、场地清杂等。梳理现状房屋前方开阔空间，布置乡村老旧物件，栽植乔木，营造最美乡村庭院景观。对生态溪流两侧景观进行改造提升，营造跌水景观，建设滨水步道、生态过水汀步等，清理清杂，提升绿化，恢复自然生态溪流景观，营造特色溪流。

7.3.2 庭院景观整治

在住宅庭院的绿化中，应坚持生态价值、经济价值和美学价值并重的原则，合理搭配，构建出和谐、实用的乡村庭院景观，如图7.9所示。

军营村的庭院进行统一设计，采取一院一树的原则，在每户庭院门前栽种树木，不仅可以起到乘凉休憩的作用，还具有明显的观赏价值，使人得到心灵上的放松。庭院周围用小矮墙进行围合，矮墙采用块石或条石等乡土材料，并在其周围种植绿化组团。矮墙下放置饮马槽、陶罐等物品以进行绿化装饰。同时，在房前留出菜地空间，用篱笆围合，庭院较为宽敞的农家可在内设置休憩石凳石桌。庭院中放置一些老物件、农耕用具、石桌凳等内容用来丰富场地景观，并将柴火堆放置在庭院内部，整齐摆放，并用农用具进行装饰。矮墙和围栏不仅能够分隔庭院空间，也对庭院起到一定的防护作用。

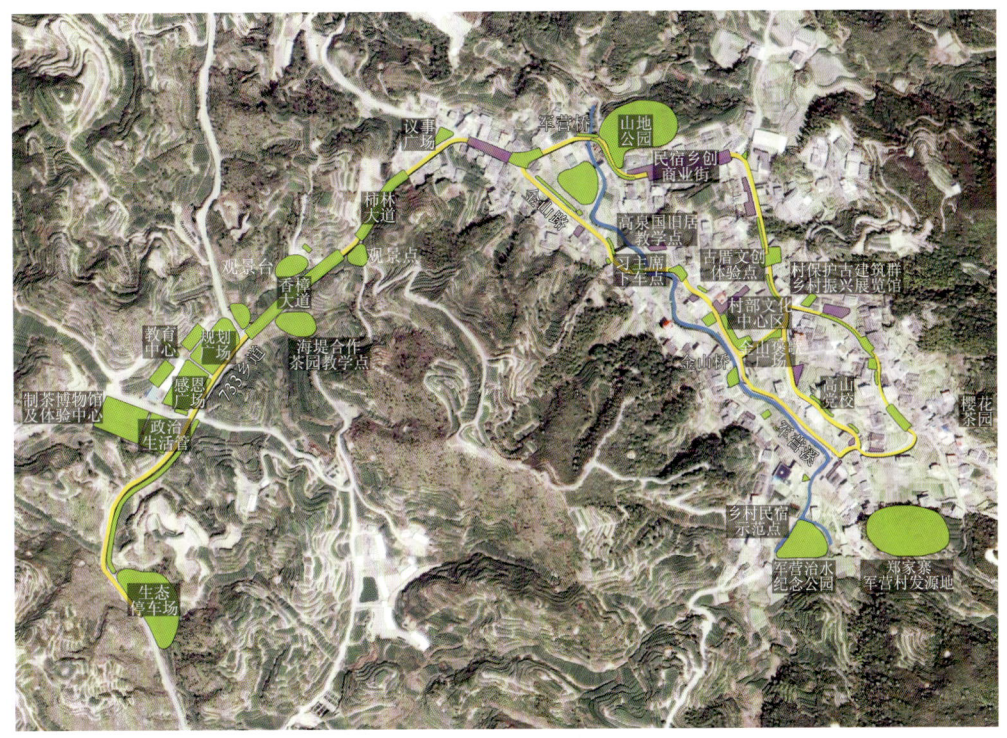

图 7.8 新增景观布局

图 7.9 庭院整治实景及效果图

· 263 ·

在铺装方面，由于军营村位于海拔高，气候变化多样，雨水充沛，故而院内常常润泽潮湿。因此，庭院内的铺装应多采用花岗条石或卵石密排，周围留出排水沟槽，便于雨水的排出，以保证庭院的正常使用。在铺装过程中，要通过铺装的颜色、形状大小和拼接方式的变化将庭院灵活地划分为若干区域，以不同的拼接方式塑造多种图案与图形，达到景观的多变与和谐，避免千篇一律的装饰而产生审美疲劳。

在绿化方面，采取地面绿化与立体绿化相结合的形式，地面绿化以种植树木、花草、盆景及蔬菜等方式达到绿化效果，立体绿化则可以通过搭设花架、种植爬藤植物达到绿化效果。在绿化植物种类的选择时宜选择兼具经济效益和生态效益的本土植被，强调庭院绿化的层次感与色彩感，乔木、灌木与地表植被相结合，花与树相结合。庭院中佛手瓜的瓜棚可全部改成竹架，营造生态、质朴的乡土景观美感。

7.3.3 道路系统景观整治

村庄对外交通中，规划区设置三处主要对外交通出入口，北侧对接泉州市安溪县，西侧通往白交祠村，南侧通往莲花镇与市区。村庄内部道路按村庄主路、次路、步行道、滨水漫步道四等级设置。分别作为村庄主路、生活性道路和滨水畔的观光步道建设，并根据不同等级的建设标准与需求规划道路，如图7.10所示。

图 7.10 道路整治效果图

村空道路整治方面，村口作为村庄的重要位置，其道路重要性不言而喻。在原有的基础上，对村口道路进行硬化，清理周围杂物，并在两侧种植柿树，打造柿树大道。道路绿化带设计上，应该充分考虑景观渗透性与行车舒适性，绿化乔木应具有较高枝干，适应村庄的生长条件，植物景观搭配上采取乔灌木、地被植物相结合的方式，再加上沿途农田、果园景观、林带景观的衬托，形成景观层次丰富、移步异景的良好效果，使得一进村就能体会到军营村良好的田园风光。

环村道路整治方面，首先对现有的街巷进行清理，包括主街及分支的巷道等各级道路。其次，以修缮为主、建造为辅的方法对街巷空间结构进行整合，使街巷层次清晰明确，并保留街道走向、名称，强化核心道路使其具有明显的引导作用。在村庄周边道路采用块石堆砌矮墙，围合道路边界，矮墙之上种植地被植物。对于村庄东南侧和北侧路段，重新设计花池砌筑样式，丰富场地绿化，并以景观小品进行点缀。对于村庄巷道，选取乡土气息浓厚的铺装材料，如毛石、条石、砾石等等，并在道路铺装间隙中种植地被植物，起到美化道路的作用。环村道路两侧设置路灯，巷道中可设置地面灯及墙面灯，不仅起到照明作用，同时具有观赏价值。

7.3.4 广场空间景观整治

广场作为村落举行传统节假日和宗教活动的举办场所，为人们提供了相互交流的机会，增进村民间的感情。通过提升现有广场的空间景观，并利用空闲地和宗祠设置休闲广场，满足居民对交流与休憩的需求，同时又能够为村庄老龄人口提供日常休闲活动的场所。

毛泽东语录广场与道路关系不协调，空间亲和力不足。因此在广场边界设置隔离物，间接放置饮马槽，并种植绿色植物，不仅能够起到隔离道路作用，还可以提高观赏性。广场内部设置石桌石凳等耐用型工人休憩景观小品，方便村民日常交流。在广场内的标志墙上进行绘画、涂鸦，将多元文化带入乡村，提高广场的人文气息。标志墙两侧多种植乡土植物，做到乔、灌、花的有机结合，营建"四季常绿，三季有花"的群落景观，并用竹篱笆进行围合。

在现有广场的提升整治之外，也应将闲置用地纳入到整治范畴之中。清理闲置用地内的杂草、杂物，用碎石块和条石铺装场地，场地中央应放置石磨等农用具作为装饰，在场地周边设置石凳供人休憩，并用竹篱笆将场地进行围合，在篱笆内部种植低矮植物。场地内测应种植较高灌木和乔木，不仅能够提供遮荫、纳凉的休憩场所，又能够营造生态、绿色的自然环境。同时，在广场入口处设立标志牌，起到引导作用和点缀环境作用。广场空间整治如图 7.11 所示。

7.3.5 房屋建筑景观整治

军营村建筑以村民民宅为主，少量宗祠建筑和公共建筑，按风格大致可分为现代风貌建筑和传统风貌建筑两大类。军营村有很多具有文化历史价值和观赏价值的古建筑群，随着时间的推移，古建筑得不到有效的修缮，加上现代建筑元素的乱入，导致军营村建筑景观风貌遭到巨大破坏，严重影响村庄整体建筑风格。军营村建筑整治是保护村内传统建筑景观的重要措施，是推动军营村人居环境建设的重点，是助力国家乡村振兴战略的推手。

图 7.11 广场空间景观整治效果图

军营村建筑景观整治总体延续闽南传统单体建筑的特点。一方面，对于结构色彩破坏程度较低的传统原生乡村建筑景观，在整治过程中要注重对村内原生建筑的保护和传承，较少加入人为改造设计手法，要合理展现乡村建筑与天空、山、水、植物等形成的乡土的、生态空间，展现军营村区域建筑景观风貌，如图 7.12 所示。另一方面，对于军营村需要大幅度改建的现代乡村建筑，在空间设计中将当地建造技法与先进技术、工艺恰当结合，再现乡村生活形态下的乡村建筑景观。借鉴式乡村建筑景观需要对当地的乡村建筑特色、地域文化、环境、气候、地形地貌、植被、民风民俗等因素充分了解，提炼本土建筑与环境生态的精华，进行景观品质的提升，如图 7.13 所示。

图 7.12　景观延续实景图　　　　　　　　　图 7.13　品质提升实景图

军营村大量富有闽南特色的建筑景观因为年久失修、风化、受潮等原因，造成建筑外立面严重受损，致使危房与废弃住宅数量增多，对于此类建筑应从屋顶、墙体、门窗三个方面进行整治，并在其周围进行景观营造，如图 7.14 所示。①屋顶方面，由于早年村庄建设没有规划，村民住宅存在不规范、失序的情况。因而要统一屋顶颜色和样式，根据门窗及建筑高度和样式选择不同的屋顶形式，在屋檐的细节处理上要保留原真、传统。②墙体方面，原有建筑多为砖混结构，不注重外立面的美感，导致建筑外立面表面凹凸不平。故而在进行外立面改造时，要确保建筑景观外墙面的主体统一粘贴米色仿石材瓷砖，进而能够遮盖住原有外立面，不仅使建筑耐热性增强，而且外立面景观色彩明亮更具观赏价值。③军营村外立面的门窗均为旧式门窗，应统一更换为现代化门窗。选择浅色窗框使其与整体建筑风格相协调，并采取简洁的开窗形式构成简约的立面，塑造现代建筑风格提取窗棂方格的样式。同时要结合当地手工传统雕花装饰，制造原生态木质窗户，体现军营村传统文化、自然特色。④在住宅建筑周围进行人工绿化，使建筑景观和周围环境景观结合，从整体上提高村容村貌。同时根据军营村的建筑颜色样式和颜色选择是适合当地种植的灌木、开花秀木和观赏草等。

图 7.14　建筑整治实景图

军营村古厝整治方面，要从其转角景观与外立面入手（图 7.15），从而实现古厝的多功能利用。对于自然侵蚀破坏下的屋檐要重新进行修缮，墙外的植物景观根据古厝的具体样式和颜色进行植物品种选择，注意选用低矮的绿色植物进行种植，避免选择高大树木遮盖墙体。并在墙体外面用栅栏圈出种植范围，结合村庄规划合理确定每片种植区域。古厝外立面改造要确保不改变原有建筑肌理和色彩。更换统一的现代简约样式门窗，采用老红砖按照错位顺序将破损的墙体进行重新构建，将传统与现代建筑元素相结合，完成传统建筑文化的传承。通过古厝整治，将一部分古厝建设成集家风家训馆、百姓书房、文化讲堂为一体的书院,展示军营村民俗文化、书画工艺品等;还可将古厝打造成民宿,为游客提供住宿、休闲、娱乐的场所。对于古厝的多功能利用,既有效利用了闲置房屋,又打造一批具有特殊功能的建筑景观文化,还可以吸引游客从而推动乡村经济发展。

图 7.15 古厝外立面整治对比图

7.3.6 人居环境整治

1. 污水整治

军营村现状污水管网不完善,村庄内部的污水管网系统不成熟,村民生活污水主要排入现有的雨水沟渠中,导致路面垃圾容易被带入沟中,造成管道堵塞且不易清理,对村庄水质造成了严重污染。针对污水整治,首先要完善村内市政管网系统、整治排水设施。根据军营村现有的污水工程增加污水排放管道,在溪流底部埋入污水排放管道,避免排放管道露天放置,使雨污处理形成体系。其次疏通村内所有的排水沟渠,避免由于管道堵塞造成的污水排放问题。最后,要注意污水设置的景观整治,将排水沟渠改为盖板形式,可以有效避免污水污染环境,以及影响村容村貌等问题,又能合理疏通雨水,避免道路积水等情况的发生。同时在排污沟渠周围种植特色植物美化周环境,既可以吸收污水异味又提升了整体环境景观品质。并在井盖上可以雕刻各种样式的花纹或形状,使其能与地面相融合,如图 7.16 所示。

图 7.16 沟渠及花纹井盖

2. 垃圾场景观整治

军营村所采取的垃圾处理方案是在固定地点放垃圾桶并且按村庄人口配备一名保洁员。同时,为了方便进行垃圾处理监督,村内将保洁制度纳入村民公约,设立监管机构对乡村环境卫生进行监督保护,并成立美丽乡村建设理事会,制定村规民约、完善保洁制度。

同时设置宣传栏，实时公布垃圾处理进度表，形成全民参与、全民监督的有效治理制度，引导村民投工投劳等共同参与美丽乡村建设。

军营村在村内建造多个垃圾收集点，基本覆盖整个军营村区域范围，且间隔一定距离便放置垃圾桶。垃圾桶作为展现军营村风貌的景观的一部分，要注重形状和细节设计，不能拘泥于固定套用的样式，力求体现地方区域特色。垃圾桶采用木制或者塑料材料，在形状上可以选择椭圆形、圆柱形或规则的长方形，在细节处理上要注重视觉感受，可在垃圾桶上表面放置小型盆栽来美化垃圾桶景观。规则形状的垃圾桶上表面可以设计成房屋屋顶的形式，垃圾桶投放垃圾的入口形状设计也应多样化，如图7.17所示。垃圾桶的设计既要体现地方特色，又给住户和游客留下良好的印象。

图 7.17　垃圾场景观整治

3. 厕所外观景观化整治

军营村厕所整治分为公共厕所整治和户用厕所整治，在整治设计上应对二者进行适当区别以保证其能够更好地符合景观特征。

公共厕所整治方面，军营村全村共建成与在建公厕11处，分别位于文化广场南侧、游客服务中心北侧、盘古宫北侧、七彩池东侧、防空哨所、森岩农庄、关帝庙南侧、番茄基地和锦鲤溪沿岸。根据军营村的区域特色，公共厕所整治应以传统木屋为原型，利用柔展自由的曲墙限定空间，营造一种自然让人放松的氛围。厕所灰白色墙面采用灰白色仿古水泥漆、传统壳灰工艺或灰白色涂料，并采用铝合金材料作为门窗以增强其耐久性。公厕小路的设计上，要采用村内的条石、块石、碎石、花岗岩旧料、卵石等材料，排列成多种形状图案，并在厕所、小路周边种植观赏性草坪和开花秀木，强化层次美感，给住户或者游客轻巧美观的感官体验。如图7.18所示。

图 7.18　公厕外观景观整治

户用厕所整治方面，首先是推动厕所入户入院，改变传统厕所的建造方式，不再实行露天式厕所。之后开展农村厕所粪污处理，通过沼气池建设等方式开展农村粪污处理，不仅可以改善军营村厕所环境，同时可以杜绝污水排放导致污染等问题。户外厕所的设计以军营村本土方式为主，结合村内地形不同而选择不同的厕所建筑设计形式。厕所外立面墙体铺贴厚薄不同的两种石材，以模拟小青瓦的肌理，从而增强外立面景观的表现力；内部墙体粘贴白色瓷砖或者粉刷成白色墙面，方便后期清洁打扫。在墙体周围种植攀爬类植物，营造出与众不同的景观形式。在设计排列方式可自由发挥，营造出整体统一与细节分散的矛盾美。如图 7.19 所示。

图 7.19　户用厕景观化整治

7.3.7　九龙溪整治

九龙溪全长 910 m，处于军营村的生活区域中心，对村民日常生活与生产起着重要作用，村内的溪流景观是整个军营村的灵魂所在，也是景观提升的重点内容。由于多年来对环境保护的重视程度不高，九龙溪周边杂草丛生、污水横流，致使其水质恶劣，景观生态遭到破坏，严重影响了军营村村民的日常生活。

在滨水步道景观营造方面，拆除原有的混凝土桥梁，收集村内废弃闲置的石板、石磨等乡土原材料打造过溪汀步，既增加亲水体验，又体现乡土特色。拆除毛石挡墙，使用卵石挡墙，并在挡墙上方可以种植耐旱观赏性的植物，使人文景观与自然风景相融合。步道主要采用卵石加条石铺砌，并结合旧石磨等物件，将美观、舒适与便捷完美结合。重视溪汀步道的设计，拉近人与大自然的距离，真正体验乡村多彩的乐趣。此外，由于溪流整体水量较小，需要水循环系统保证其在枯水期能够继续保有一定的水量流动，防止其断流。九龙溪整治设计方案如图 7.20 所示。

河道植物景观营造方面，在河道两岸种植多种观赏草、水生植物等以形成缓冲带，充分发挥其吸附和分解的作用，能够有效控制水土流失，防止河床冲刷，减少泥沙进入河道，同时能够减少来自农业区的氮磷等营养物质进入河道，达到保护和改善水质的目的。缓冲带在溪流沿岸构成一定的自然风景线，能够美化河流生态景观、改善人居环境，具有良好的生态、经济和社会可持续性发展作用，如图 7.21 所示。

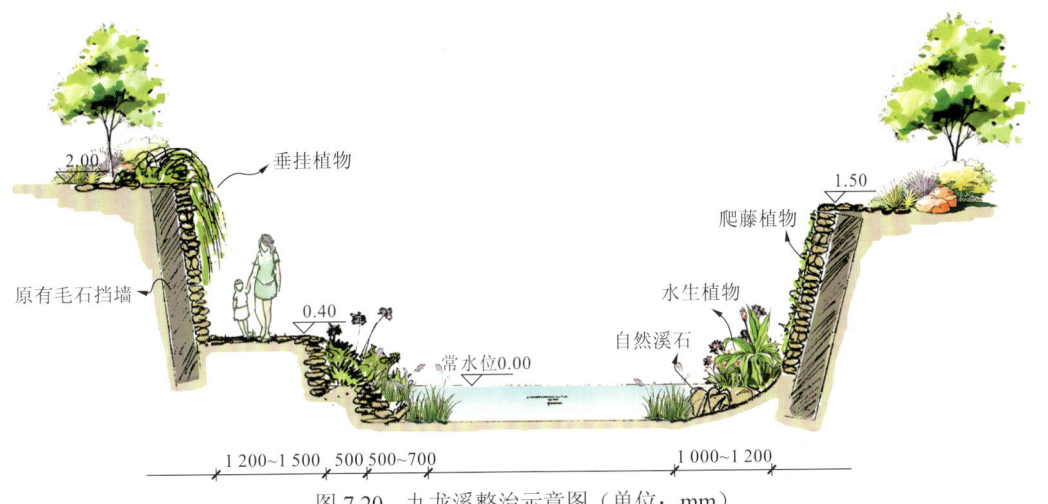

图 7.20　九龙溪整治示意图（单位：mm）

图 7.21　九龙溪生态景观化整治

完善雨污分流排水系统对村庄生态环境改善有极其重要的意义。将村民的排水管接入污水管道并沿着溪流步道填埋，避免污水直接排入溪中污染水质，同时在步道上设置多处污水井盖以便于检修，同时在井盖上绘制多种图案，使其与地面环境契合，营造和谐美。

此外，九龙溪的整治关键是"三分治七分养"，后期对溪流的管理保护才能确保溪流不会陷入"治了又脏，脏了又治"的怪圈。要重视建立、实行村民共治的联动机制，发动村民共同监督，组织义务管养河道人员，维护中心溪的生态环境。

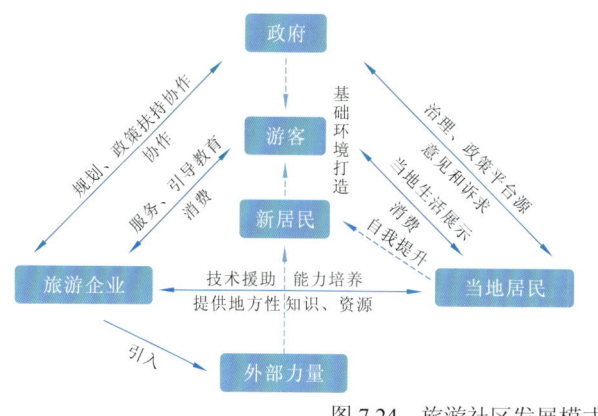

图 7.24 旅游社区发展模式

新居民指具有生态精神、创新精神、文化精神的本土的及外来的从事旅游经营活动的人和组织 可能是由企业招商进入或被吸引的具有成熟经验的从业者；也可能是在企业的指导及培训下成长的本土居民或返乡青年。游客也可能被当地社区环境吸引而成为旅游从业者

旅游企业在此特指整体开发运营社区的企业。外部力量即知名IP、旅游文化投资商和运营商

7.4.2 产业整治内容

1. 民宿建设

民宿是指利用当地民居等相关闲置资源，经营用客房不超过 4 层、建筑面积不超过 800 m², 主人参与接待，为游客提供体验当地自然、文化与生产生活方式的小型住宿设施。其核心是利用村庄闲置建筑进行经营，从而实现接纳游客、并为游客提供多种服务，是乡村旅游发展的关键。

军营村民宿建造原则是围绕乡村生活、利用闲置建筑、指导当地村民、打造乡村文旅业态，其主要有三种业态：精品民宿、乡村民宿和农家民宿，如图 7.25 所示。军营村民宿建筑来源包括两个方面。一是选取合适建筑改造民宿，与村集体合作运营或者招商运营。二是选取合适的建筑，指导村民改造经营民宿，由旅游集团进行平台建设，建设内容主要包括：①民宿房间、家具、卫生间、前台空间布局等硬件标准；②服务标准；③易耗品标准；④布草洗涤标准；⑤民宿从业者服务与经营培训；⑥根据市场统一定价灵活调价；⑦线上线下统一销售推广；⑧投诉处理机制。同时，要合理利用道路两侧的民居房屋，打造民宿乡创商业街，引入乡村特色美食、特色餐饮咖啡、轻食、伴手礼等销售吸引游客，在其上层发展民宿经营。做到一居多用，有效利用民居生活空间。通过民宿经营，既能够为游客提供住宿、餐饮、娱乐、休闲的场所，增强其旅游获取感，又能盘活乡村闲置资源，增加村民收入，更能够向外界展现村落形象，一举多得。

2. 茶树种植

军营村和白交祠村，位于厦门西北角的狭长地带，海拔 900 多米，处在厦门市最边缘的区域。在 1986 年之前，受限于该地的地形、地貌等条件，两村村民人均年收入不足 300 元，生活处于温饱线以下。

1986 年 4 月 7 日，时任厦门市委常委、副市长的习近平视察两村状况，指出要围绕山地谋发展，多种树种果，既能保护环境，又能发展经济。此后，两村村民开始尝试种植茶树与柿子树。至 1990 年，军营村的茶园面积增加到 1 000 多亩，原有的 250 亩柿子林也以每年 8 000 元的租金对外承包，村民的人均年收入从 200 多元增至 900 多元，温饱问题已经得到有效解决。1998 年 10 月 16 日，时任福建省委副书记的习近平再次来到军营、白交

图 7.25 民宿建设

祠两村，提出要绿化造林，保护生态，多种茶、多种果，运用现代科技成果大力发展农业和林业。此后，厦门市委农办和市农技中心投资 70 万于 2000 年建立茶叶加工厂，一举改变以往两村由于缺少设备和技术而导致茶叶品质低的困局。至 2009 年，两村的茶园面积达到了 10 000 亩，并于 2013 年双双突破人均收入万元大关，真正实现了小康生活。同时，由于林木茂盛，两村区域内的水土流失问题得到了妥善解决，生态环境得以恢复，如图 7.26 所示。

军营、白交祠两村的茶树种植致富案例深刻说明了乡村具有广袤的发展空间，大量闲置资源等待开发与利用。同时，该案例也证明了"绿水青山就是金山银山"的正确性，发展乡村经济，就是要在保护环境的基础上，发挥乡村区域、自然优势，真正做到人与自然的和谐相处、平衡发展，打造生命共同体。

图7.26 白交祠茶园生态恢复

3. 产业空间布局

对于乡村产业空间重构，要注重生产与自然的和谐共生，使产业经济在健康的状态下发展，科学构建村庄产业功能分区，并立足本土资源，科学分工三个产业功能区，构建生活空间、生产空间、生态空间的协调布局。军营村产业功能区主要分为：村部党校核心区、乡村振兴体验区、村史古厝保护区、高山休闲生活区和民宿乡创商业区，其以游客服务、商业、文创、民宿、旅游观光为主要业态。

村部党校核心区作为军营村旅游环线的核心，是军营村的整体印象区，发挥一定的游客集散的功能，如图7.27所示。主要节点包括村部、村广场、古厝文创体验点、农村淘宝、高山党校。提供简单的游客集散功能，引入文创IP及各类商品和体验项目，以文创的形式打造当地特色商品，开展乡村节庆活动，宣传并推广乡村振兴思想及当地乡村文化。在游客服务方面，利用村部和村广场，提供游客咨询、游客服务、公共休憩、电瓶车换乘等旅游服务。商业业态表现为对现有的农村淘宝商店进行升级改造，打造乡村文创商店，展示销售当地的农副产品及旅游伴手礼等。文创业态则是利用连片古厝，引入文创元素与旅游体验，开展竹器手作、制茶及茶艺、染布手作、乡村柴火饭等体验项目。利用村广场，开展褒歌节等乡村特色节庆活动。

乡村振兴体验区要围绕习近平到军营村访贫问苦的历史，结合"山上戴帽山下开发"、《摆脱贫困》、两山论等乡村振兴理念形成的历程，串联村部、平安桥、高泉国旧居等习近平曾走访过的地点、毛主席语录墙等红色文化展示点。并在沿线的民居、田间、路边等用标志性雕塑、文创壁画、标语牌、历史照片展示等多样的方式将乡村振兴的理论及实践成

图 7.27　村部党校核心区

果进行展示。商业业态以体现精准扶贫为主的商业业态，如农副产品及衍生伴手礼的销售；文创业态为忆苦思甜的农事生活体验，地瓜酥制作、麻糍制作等手作体验，家禽喂养等活动。如图 7.28 所示。

图 7.28　乡村振兴体验区
图片来源：https://www.zhifujing.org

村史古厝保护区围绕村史及党建主题，利用村保护古建筑群，集中打造展示乡村振兴思想史、村史、党史等的纪念馆，如图 7.29 所示。同时引入文创的内容，以文创的方式进行包装，使党建参观活动生动化、年轻化、市场化。沿线通过樱花等季节性观赏植物的种植打造景观，连接上山步道，开展登山、健步、山地自行车等户外运动，并根据季节打造樱花节、柿子节、冰雪节等节庆活动。文创展示方面要设立乡村振兴展览馆，党建相关主题的文创产品的开发销售，旅游观光建设方面，要种植樱花道、柿子林等季节性景观，推动户外休闲运动活动的开展。

图 7.29　村史古厝保护区

高山休闲生活区围绕厦门高山乡居生活主题，打造茶厂精品民宿区，并延伸连接高山哨所。利用现有五栋闲置民居组成的小集群，进行改造提升，采用合作运营或者招商等方式，打造高端精品民宿，作为军营村精品民宿示范样板。高山哨所作为配套的山地户外拓展区，为游客提供户外登山、亲近自然、锻炼身体、愉悦身心的乡村休闲体验。并考虑利用高山哨所，引入国防拓展培训项目，如图 7.30 所示。商业业态表现为党校到金山桥沿线有若干民居可用于植入以生活配套为主的商业休闲业态，如餐饮、咖啡、轻食、伴手礼销售等。同时以高山哨所作为户外拓展场所，引入相应的拓展培训项目。

图 7.30 高山休闲生活区

民宿乡创商业区围绕乡村生活，利用闲置建筑，指导当地村民，打造乡村文旅业态。对乡村闲置资源进行开发，发展农家精品民宿、农家餐饮、乡村商业街等。为游客提供最直接的本土文化接触的同时，为本地创造就业机会，发展民宿经济、主人经济。全面带动区域旅游发展，增加村民收入。选取合适的建筑，指导村民改造经营民宿，由旅游集团进行平台建设，提供餐饮休闲、公共休憩、伴手礼展示销售等服务，并利用室外区域打造露天的咖啡吧、露天电影等。如图 7.31 所示。

民宿意向图 　　　民宿前台意向图 　　　伴手礼展示意向图

餐厅意向图 　　　露天咖啡吧意向图 　　　露天电影意向图

图 7.31 民宿乡创商业区

· 278 ·

7.5 整治成效

1986年8月,由时任厦门市委常委、常务副市长的习近平同志牵头,集合了一百多位学者、专家编制出《1985—2000年厦门经济社会发展战略》(简称《战略》)。该《战略》明确指出农业在经济发展中的重要地位,在发展第二、第三产业时也要确保农业能够得到长久、有效、健康的发展,为厦门市的农业、农村发展指明了道路。同时,习近平同志于1986年和1997年两次视察军营村,为军营村的发展提出了建议。2013年,厦门市从政治、经济、文化、社会、生态的"五位一体"角度出发全面建设军营村,力争将其建设成"美丽乡村"。2016年12月1日,福建省委常委、厦门市委书记裴金佳在视察军营村时表示,军营村发展第三产业的条件已经完全具备,要重视进一步推动第一、二、三产业的融合。

在各级党委的指导和军营村村民的共同努力下,军营村取得了明显的发展。生态环境不断变好,村容村貌整洁,乡村民俗发展迅猛,产业兴旺,村民生活显著改善。获评全国"一村一品"示范镇、中国最美休闲乡村、福建省文明村、福建省生态村、福建省美丽乡村、文明建设示范村、省级先进基层党组织等荣誉。

军营村经历村容村貌与产业空间整治后,乡村竞争力不断提高。军营村原著人口回流速度不断提高,乡村人口数量增加明显,同时大量乡村建设人才、农业技术人才加入军营村建设队伍,极大地提高了军营村的整体人口素质。此外,由于在村庄建设过程中坚持村民参与的方针,村民积极加入乡村建设的过程中,对乡村的发展变化感同身受,激发了村民对整治成效的维护热情,故而大量乡村景观得到了有效保护,传统乡村农耕文明被传承并发扬光大,与现代文明交织,构建了丰富多彩的文化市场。同时,军营村国土空间整治彻底改变了村庄面貌,以往脏、乱、差的局面得到了明显改善,生态环境得到了显著保护,山水林田湖草的生命共同体已初现成效,人文景观与自然景观实现了协同发展,人与自然实现了和谐相处,村庄整体恢复了以往的宁静气息,大力营造的传统乡村风貌使得军营村名声广泛传播,极大增强了村民的乡村自信心与归属感,建设军营村的热情高涨,并对军营村的未来发展充满希望。景观整体整治效果鸟瞰图见图7.32、图7.33。

多年来,同安区依据现代农业的发展思路,结合社会经济发展情况及区域条件,以龙头企业为重点,依靠科技进步,实施"一村一品"工程,已经取得了明显成效。军营村产业空间整治使得农户种植业发生了明显调整,收入来源及比重不断变化。2013年,军营村抓住"五位一体"的建设契机,以农业发展、旅游发展和就地增收工作为抓手,积极引进新技术、新品种,同时当地产业龙头企业也提供产供销一条龙服务。此外,军营村开拓发展思路,种植杨梅、蓝莓、西红柿等多种水果,进一步提高了村民的收入,又增强了乡村经济的抗风险能力,从而实现了乡村经济的快速发展,提高了村民收入。

产业空间整治使得军营村产业结构更加合理,村民经营方式多样性日趋明显。军营村积极改变乡村经济发展结构,建立起基础业态(包含生态停车场、游客服务中心、政治生活馆)、中间业态(包含乡村民宿、农家餐饮、民间工艺博物馆、旅游产品)及扩展业态(包含精品民宿、休闲餐饮、精品餐饮、文创工作室、文创旅游产品)的发展结构,通过文旅产业带动第一、二产业的发展,并拓展产业链长度与深度,形成多梯度、多层次的乡村经济模式，充分利用了村庄的多种资源，避免千篇一律的同质化产品与服务，满足不同游客的需求，增强乡村经济的多元化程度。同时，军营村积极运用高新技术，探索"互联网＋"的发展策略，建立起厦门市首家"农村淘宝"店。此外，公安部与网商银行及阿里巴巴集团合作，在军营村开展了全国首个创新型农村普惠金融贷款服务试点，进一步解决乡村发展所需要的资金问题，为农村小型生产经营户、农村电商、农村小微企业提供了便利与支持，促进乡村产业发展，提高村民收入水平。整治成效对比如图7.34所示。

（a）整治前

（b）整治后

图7.32 军营村整治前后鸟瞰图

（a）整治前

（b）整治后

图 7.33　军营村整治前后效果图

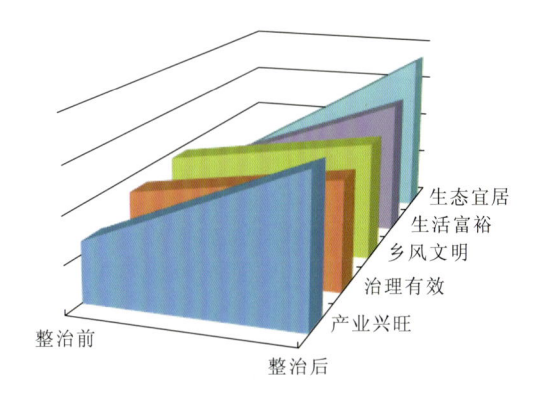

■产业兴旺　■治理有效　■乡风文明　■生活富裕　■生态宜居

图 7.34　军营村整治成效对比图

· 281 ·

7.6 小　　结

厦门市军营村区位优势明显,自然资源丰富,历史文化底蕴浓厚,为其发展奠定了良好的基础。而长久以来军营村发展空间布局不合理,资源未得到充分利用,使得军营村难以取得实质性发展,因此在军营村实施全面的国土空间整治以提升乡村发展水平刻不容缓。

军营村国土空间整治以村容村貌整治、产业空间整治为核心,制定乡村发展规划,全面提升村庄的建设水平与发展结构。通过村容村貌整治改善乡村生产、生活质量,完善基础设施建设,保护生态环境,修缮破损景观,发扬传统文化,为军营村的文旅产业发展打下了坚实的基础。同时在村庄发展中引进资本与技术,将现代先进的管理与发展经验带入乡村发展过程中,创造出多元化的乡村产业架构,以此充分、科学、合理地利用乡村资源,从而实现乡村经济实力的快速提升,更好地反哺村容村貌整治工程。可以说,军营村国土空间整治成功协调社会、经济、生态三者的耦合发展,以保护生态、改善人居环境为基础,以文旅产业为纽带,推动乡村第一、二、三产业的深度融合,进而达到乡村社会效益的整体提高,最终推动三者的协同发展。另一方面,军营村国土空间整治项目合理利用高山资源和红色资源,打造了生态宜居、产业兴旺的乡村发展模式,农民收入不断提高、生活不断富足,加之对传统农耕与乡村文化的传承与发扬,军营村乡风文明的程度明显提高。同时,在整治过程中,积极发挥了村民的主体地位,采用村民建设、村民受益、村民维护的建设方式,真正做到了治理有效,为实现军营村的振兴提供了坚实基础。

完善国土空间规划,实施乡村国土空间整治工程,改善村容村貌质量与产业空间布局,营造具有独特魅力、宜居宜业的乡村发展环境磁场,达到"国土"推动"产业"的目标。再以良好的生态、人居环境及完善的产业发展结构增强乡村竞争力与吸引力,从而将更多人口聚集在乡村中,实现"产业"留住"人口"。村民作为乡村建设发展的主体与受体,肩负着乡村国土空间整治的重任,只有实现人口在乡村的聚集,才能过有效做到国土空间整治工程的落实,推动"人口"治理"国土"的进程。军营村从国土空间入手,修复生态环境、改善村庄面貌,从而推动产业融合发展,盘活了乡村发展的内生动力,实现了其发展的精细化、人性化与常态化,做到了"国土-产业-人口"的耦合。

军营村国土空间整治充分调动政府、社会、村民等多方面积极因素,注重发挥"试点村、示范村"典型榜样的正向激励作用,通过发挥乡村资源优势,打造出厦门市独具特色的休闲观光型村庄,从贫困村转型成为富裕村,真正实现了乡村振兴。

参 考 文 献

[1] 龙花楼, 张英男, 屠爽爽. 论土地整治与乡村振兴[J]. 地理学报, 2018, 73(10): 1837-1849.
[2] 刘彦随. 中国新时代城乡融合与乡村振兴[J]. 地理学报, 2018, 73(4): 637-650.
[3] 陈坤秋, 龙花楼, 马历, 等. 农村土地制度改革与乡村振兴[J]. 地理科学进展, 2019, 38(9): 1424-1434.
[4] 夏方舟, 杨雨濛, 严金明. 中国国土综合整治近40年内涵研究综述: 阶段演进与发展变化[J]. 中国土地科学, 2018, 32(5): 78-85.
[5] 姜申未, 杨朝现, 信桂新, 等. 基于乡村产业空间重构的土地整治研究[J]. 资源开发与市场, 2018, 34(6): 781-787.

后　　记

　　传统意义上的乡村，是在一定时间阶段和地域范围内，由乡村各构成要素集聚而成的一种组织形态和生存状态，其本质是承载村民、依附环境、基于第一产业劳作的国土空间范围。乡村尺度的国土空间必须遵循人、地、村三者和谐，对应着乡村人文景观、自然生态景观和生活生产景观之间的协调关系，引导人们对乡村视觉感受和文化取向创造高品质的物质和精神环境。因此，基于景观系统的乡村国土空间整治，具有多学科性和应用性的特点，涉及地理、生态、园林、建筑、文化、艺术、哲学、美学等多个方面，要求人们跨越所属领域的界限，跨越人们熟悉的思维模式，并建立与其他领域融合的共同基础，更好地将景观技艺融入各种工程建设、国土规划及人居环境的改善、生态修复等具体项目建设上，使得项目依靠设计承建单位持续投入、学界研究不断总结与创新、产业与应用得以可持续，驱动产、学、研、用一体化联盟的形成。

　　2013年，党中央首次提及要建设美丽乡村，作为社会主义新农村建设的补全和延续。从乡村建设，到新农村建设，农村人居环境整治至新时代的美丽乡村建设、乡村振兴战略、全域土地综合整治的发展时期，各阶段的工作主要有三个参与方，即：政府部门（主导）、设计承建团体（支持）和村民主体（参与），并同时引申出三个参与方所涉及和涵盖的三个阶层，即政府层面、专家层面和群众层面。政府层面，是指中央政府及其下设的基层政府、农业农村部门等相关管理机构；设计承建团体，包括规划师、建筑师、施工单位和建造者等相关领域的专业人员，其中包括设计单位、高校教师、建设单位等；村民主体，由村委会成员、村民社团和村民代表等组成。三方参与模式决定着乡村景观整治系统是自上而下的线性链接式的结构形式，具有很强的导向性。上级领导部门主要负责决策，下级乡（镇）政府、村委会等主要负责执行，村民主要负责接管使用。上级政府部门制定美丽乡村建设、乡村振兴、国土整治等规划，县级或乡镇政府会与承建的专业人员，包括规划师、建筑师、建造者等专业者团队进行多方面的规划设计和可行性评估；乡（镇）政府也会与村委会干部、村民进行协商，最终达成共识，并进行职能分工、逐步推进落实。显然，"政-产-学-研-用"协同合作才能完成军营村的景观整治。

　　"政-产-学-研-用"协同模式下乡村景观国土空间整治，在军营村景观空间整治项目得到很好诠释。军营村景观整治需要多主体、多方面、多学科助力支持，政策规划引领，以基层政府为主导，以一、二、三产业为助力，以设计承建单位提供专业服务支持，以村民为主体，形成社会共同参与的共建共享共同缔造的协同整治机制。

　　本书系统总结了"政-产-学-研-用"协同模式下乡村景观国土空间整治方法及机制，既源于军营村，又不限于军营村，可扩展到国内一般特色乡村普遍存在的问题，并提供解决方案的参考。通过乡村景观国土空间整治，军营村实现了优化农村生产、生活、生态空间，挖掘潜力、整合资源，全面实施特色人居环境、产业空间整治与景观生态修复工程，推动形成"山水林田湖草治理、茶园集中连片、农业规模经营、村庄集聚特色与美丽、环境宜居宜业、一二三产业融合发展"的新格局,打造成乡村振兴的示范地,引起了媒体广泛关注和良好的社会反响。

2020年8月26日,福建省厦门市同安区莲花镇军营村被国家文化和旅游部、国家发展改革委列为第二批全国乡村旅游重点村(编号258)。第二批全国乡村旅游重点村名单的通知要求,各地要在政策、资金、市场、人才等方面加强对全国乡村旅游重点村的支持,充分发挥其示范带头作用,更好地服务国家乡村振兴和脱贫攻坚战略。军营村不断改善村居面貌,发展乡村旅游和特色产业,走出一条具有自身特色的产业脱贫路、生态脱贫路,不仅变身为远近闻名的"生态村""文明村",还成为农村基层治理和乡村振兴的样板。2019年,军营村游客量突破20万人次,村民年人均纯收入突破3万元。

《人民日报》2020年09月02日11版以厦门市同安区军营村为典型,探索乡村有效治理解决方案,展现军营村在脱贫致富、基层自治等方面的成果与经验。

2020年厦门高山乡村旅游休闲季在同安区莲花镇军营村、白交祠村启动,现场发布了7个高山乡村旅游休闲季特色旅游线路产品,为市民游客营造一个夏季避暑的"清凉世界"(2020年08月08日来源厦门日报报道)。

厦门网讯(厦门晚报记者黄文水,通讯员叶少静、陈小超、何东方)题为"盛夏时节,茶香满村"的报道:从军营村即将建成的新时代文明实践站,望向村内,"母亲河"九龙溪穿村而过,广场、田园分布两侧,溪水潺潺,屋舍俨然,"平改坡"改造让138栋老屋戴上"新帽"。经过生态修复,军营村如今已是"绿盈乡村"(同安莲花镇军营村坚持绿色发展理念 成乡村振兴生动范例,来源:厦门网 2020年08月03日)。

从厦门最偏远的一个高山乡村,到如今的富美家园,军营村在"山上戴帽、山下开发""扶贫扶志"的思路指引下,致富路越走越宽(厦门广电《厦视新闻》乡村振兴栏目,题为:厦门同安军营村:从边远山村到富美家园,2020年07月21日)。

厦门同安军营村通过新农村建设,摘掉贫困帽,赢得游客青睐,村民纷纷回乡发展(福建日报报道,2020年07月07日)。

"高山党校"与特区"高山两村"的振兴 | 厦门军营村、白交祠村蹲点观察(2020年06月23日《新华每日电讯》特别报道)。

村支书高泉阳和一个"穷村"的变化(人民日报报道,2020年04月28日)。

厦门市省委常委、市委书记胡昌升前往同安区莲花镇白交祠村和军营村,实地调研农业农村工作,与当地干部群众交流谈心,探讨在新起点上推进农业农村工作(2020年03月06日 来源:厦门网)。

厦门市同安区莲花镇军营村曾一度是厦门最穷的高海拔村,交通不便,资源匮乏,经济基础薄弱。充分利用当地生态资源,军营村不断改善村居面貌,发展乡村旅游和特色产业,变身为远近闻名的"生态村""文明村"(经济日报在2019年12月23日,以"厦门同安军营村高海拔村美丽蝶变"为题进行报道)。

实践证明,"政-产-学-研-用"协同模式下乡村景观国土空间整治助推军营村乡村振兴的成效显著,体现在:①结合了乡村人文环境,打造村容整洁、文明干净的人居环境,山水风情自成一体,特色院落、村落、高山农田相得益彰的独特乡风景观,保护和利用、引导和控制自然景观资源,协调人与自然的和谐关系;②充分利用农村特色民宅等资源,形成涉及农家乐体验、旅游节庆、生态度假等多样类型的融合党建、生态、农业、观光、休闲于一体的，发挥乡村景观艺术公益性的深层价值，带动集乡土文化产业、特色旅游、环境和历史保护等多种功能于一体的乡村振兴发展模式。

乡村景观空间整治作为乡村振兴的基础和平台，每个乡村都其独特性和地方性，发展模式有多样化选择，各地因地制宜探索具体的整治方案，适用且实效是乡村景观国土空间整治可持续性的判断依据。

作　者

2020年9月10日